사랑,

중세에서 종교개혁기까지

사랑,
중세에서 종교개혁기까지

서울대학교중세르네상스연구소 엮음

산처럼

| 일러두기 |

1. 외래어 인명과 지명의 표기는 국립국어연구원 외래어 표기법을 준용했다. 단, 실제 발음이 외래어 표기법과 현저히 다른 경우는 예외로 했다.

2. 다국적 베스트셀러의 등장인물처럼 언어권에 따라 이름이 다르게 발음되는 경우, 라틴어 저술의 저자처럼 자국어 이름과 라틴어 이름이 다르게 표기되는 경우에는 표기를 통일하지 않고 개별 필자의 판단에 맡겼다. 동일 인명의 다른 표기법은 '찾아보기'에 교차 수록했다.

3. 실존 인물의 생몰년과 작품 집필 시기는 정확한 (또는 대략의) 연대가 알려진 경우에 한해 선별적으로 제공했다.

4. 서지 정보는 '시카고 스타일'(Chicago Style)에 따라 제공하되, 필자별·학문별 관행을 부분적으로 허용했다. 글의 쪽수와 운문의 행수는 부호 없이 숫자로만 표시하고, 혼동의 여지가 있는 경우에 한해 숫자 앞에 p., pp. 또는 line, lines를 붙였다.

5. 필자에 따라 문학 장르로서의 '소설'과 '로맨스'를 구별 짓기도 하고 '소설'로 통칭하기도 했다. 프랑스어 '로망'(roman), 독일어 '로만'(Roman), 영어 '로맨스'(romance)는 모두 '자국어로 쓰인 이야기'를 뜻하는 고대 프랑스어 '로만츠'(romanz)에서 파생했으나, 중세 성기(盛期) 이후 기사의 모험과 사랑이 로망/로만/로맨스의 대표 소재가 되면서 오늘날의 '로맨스'와 비슷한 의미를 갖게 되었다. 문학사에서 중세 '로맨스'와 근대 '소설'의 관계를 설정하는 방식이 언어권마다 다르기에 두 장르의 구별 여부는 개별 필자의 판단에 맡겼다. 작품 제목에 쓰인 'roman' 또한 필자에 따라 '소설' 또는 '이야기'로 옮겼음을 밝혀둔다.

책을 내면서

　서울대학교중세르네상스연구소는 2009년 8월 설립된 이후 독문학, 불문학, 서문학, 영문학, 서양미술사, 서양사, 서양철학 등 인문학제 분야를 아우르는 학제 간 연구의 산실로 자리 잡았다.『사랑, 중세에서 종교개혁기까지』는 2015년 출간된『중세의 죽음』에 이어 우리 연구소가 두 번째로 내놓는 공동 저작이다. '죽음' 이후에 '사랑'으로의 회귀를 꿈꾼 우리는 2016년 봄 경제인문사회연구회 인문정책연구사업의 지원을 받아 이 연구를 시작했다. 그리고 1차 결과물을 그해 12월 두 권의 인문정책연구총서(2016-24, 2016-25)에 모아 보고서 형식으로 발간했다. 우리의 최종 목표는 전문지식을 포함하되, 비전공자도 이해할 수 있는 수준의 교양서를 펴내는 것이었다. 아쉬운 부분을 보완하고 내용을 조율해 더 나은 모양새를 갖추려다가 이제야 책이 완성되었다. 여기 실린 글 열두 편 가운데 열한 편은 인문정책연구총서에 포함된 원고를 경제인문사회연구회 승인하에 재수록하거나 개고한 것이다. 구체적인 개고 범위는 해당 필자가 주석에 밝혀놓았다.

공동 연구를 지원하고 단행본 출판을 허락한 경제인문사회연구회에 감사드린다. 원고가 완성되기까지 크고 작은 도움을 준 연구소 전·현임 조교 강소정, 김선오 씨, 원고를 세심하게 편집해 책으로 엮어준 유현희 씨에게도 감사의 뜻을 전한다. 무엇보다 이 힘든 시절에 또다시 우리를 믿고 선뜻 손을 잡아준 도서출판 산처럼의 윤양미 대표에게 감사드린다.

출간이 늦춰지는 사이 연구소 설립자이자 초대 소장인 이종숙 선생님이 2018년 2월 정년을 맞으셨다. 그러다 보니 이 책이 자연스레 선생님의 정년을 기념하는 의의를 갖게 되었다. 더 근사한 선물을 마련하지 못한 아쉬움을 담아 선생님이 긴 항해 끝에 무사히 '이타카'에 정박하신 것을 축하드린다. 하지만 미지의 세계를 향해 다시 돛을 올리실 것을 알기에 학문의 바다에서 순항하시기를 새삼 기원하기보다 오래도록 건강하시라는 말씀을 드리고 싶다.

2019년 봄
서울대학교중세르네상스연구소
교수 일동

사랑, 중세에서 종교개혁기까지

차례

'근대적 사랑'의 전사(前史)

이종숙 서울대학교 영어영문학과 명예교수

    서양의 사랑의 역사를 가름하는 성(聖)과 속(俗), 영(靈)과 육(肉)의 분열과 화해 노력은 헬레니즘과 헤브라이즘이라는 이중적 전통을 지닌 서양 역사의 축도다. 서양이 감정에 투자해온 양과 밀도를 고려한다면 사랑의 역사는 서양 역사의 축도 정도가 아니라 서양 역사를 이해하는 핵심 기호라고 주장할 수도 있다. 물론 사랑이라는 감정은 인류 고유의 자연 발생적 감정이며 만인 공통의 것이라는 '자연설'을 받아들인다면 그런 주장은 가능하지 않다. 그러나 최근 30여 년 동안 활발하게 진행되어온 감정의 역사의 중요한 전제, 즉 감정이란 사회적이고 정치적인 환경에 의해 구성된 역사적 체계라는 전제를 받아들인다면 얘기가 달라진다. 감정을 역사적으로 구성된 체계라고 전제한다면 감정의 역사는 감정에 대한 담론의 역사, 감정에 수반되는 행위의 역사, 감정의 사회적 작용과 기능의 역사가 될 것이다. 이 책은 생물학적 감정으로서의 사랑이 아니라 사회적 감정으로서의 사랑에 관해 다룬다. 중세에서 종교개혁기까지의 서양에서 사람들이 사랑에 대해 뭐라고 말했는지, 사랑을 어떻게 정의하고 이해했는지, 사랑이 실제 역사 속에서 어떤 작용을 했고 사람들을 어떻게 움직이게 만들었는지, 사랑이 어떤 방식과 맥락에서 성(性)과 섹슈얼리티로 번역되었으며 사회적 제도로 기능하게 되었는지 살펴본다.

1. '근대적 사랑'과 '낭만적 사랑'

사랑의 역사를 얘기하는 학자들은 근대적 사랑의 특징을 대충 다음과 같이 묘사한다. 근대에 이르러 사람들은 사랑이 자신의 심장의 심장에 자리 잡은 주관적이고 개인적인 감정이라 여기고 자신의 정체성과 주체성이 거기에 정초한다고 믿게 되었다는 것이다. 이들은 사랑이 자신만의 것이고 궁극적인 자기표현이라고 믿기에 다른 사람에게 양도할 수 없을 뿐 아니라, 다른 사람의 말을 빌려 형언할 수도 없다고 생각한다. 이성 간 사랑을 사랑의 표준으로 상정하고, 두 사람의 영혼과 육체가 사랑 속에서 하나가 되는 상태를 사랑의 이상으로 삼으며, 사회적인 강제와 간섭, 유형무형의 압박으로부터 자유로운 사랑을 진정한 사랑이라고 자리매김한다. 사랑으로 뭉친 두 사람에게 사랑과 결혼은 하나이기 때문에 사랑과 성을 결혼 밖에서 찾을 필요가 없다. 결혼은 이들이 성적 열정을 합법적으로 누릴 수 있는 공간일 뿐 아니라, 성적 열정과 사랑을 스스로 분리할 필요가 없는 공간이기도 하기 때문이다. 이들이 이루는 감정적이고 성적인 친밀 관계는 스스로의 진정성을 참조할 뿐, 그 밖의 세계로부터 분리된다. 이들은 자신의 사랑이 독자적이고 자율적이라고 믿는 만큼 자신의 결혼과 결혼이 제공하는 공간의 독자성과 자율성도 믿는다. 한몸한마음의 두 사람은 스스로 하나의 세계를 이룬다고 믿는다.[1]

이렇게 정리해놓고 보면 이제는 한물간 무슨 연애소설에서나 만날 수 있는 사랑론처럼 낯설게 느껴지지만 이것은 사랑의 다양성을 논하고 결혼보다 결합의 유효성을 신봉하는 요즈음에도 우리가 '사랑'이라고 말할 때 부지불식간에 참조하는 사랑 모형이다. 우리가 '본능적'이라고 믿는 사랑의 감정도, 당연한 것으로 요구하고 받아들이는 사랑의 의식(儀式)과 권리도, 무의식적으로 참조하는 사랑의 이상도 모두 다 '근대적 사랑'으로 흔히 불리는 이 사랑 모형의 자장 안에서 구성되었다.

'근대적'이라는 수식어가 이미 말해주듯이 '근대적 사랑'이란 기존의 사랑과 차별되는 '새로운' 사랑이다. 사랑의 역사를 논하는 학자들은 서양의 근대적 사랑이 1800년을 전후한 낭만주의 시대로부터 유래한다고 말한다. 이 시기에 사랑이라는 개념이 새롭게 정의되었고, 개인이라는 개념이 좀 더 명확하게 정의되었으며, 개인의 사적 행복 추구가 권리로 인정되었고, 사랑과 애정이 행복한 결혼의 초석으로 정립되었으며, 결혼에서 얻어지는 감정적이고 성적인 친밀성을 사회제도로서가 아니라 그로부터 독립된 사적인 것으로 이해하기 시작했다는 것이다. 그에 덧붙여 이들은 이 '새로운' 사랑이 낭만주의적 사랑이 아니라 '낭만적 사랑'이라는 이름으로 근대성을 정의하는 요소가 되었고, '진정한' 사랑의 보편적 모형이 되어 오늘날까지 전 지구적(全地球的)으로 지속적인 영향력을 행사하고 있다고 말한다. 그러나 다른 일군의 학자는 '낭만적 사랑'의 특징적 면모는 18~19세기의 낭만주의적 사랑에 훨씬 앞선 12세기의 '궁정식 사랑'에서도 찾아볼 수 있다고 말한다. 낭만주의적 사랑 자체가 중세의 궁정식 사랑에서 전경화(前景化)된 사랑과 결혼의 문제를 함께 나누고 있을 뿐 아니라, 그 해결 전략에 있어서도 중세의 사랑 모형을 참조하기 때문이라는 것이다. 달리 말해 '근대적 사랑'은 중세의 궁정식 사랑이라는 '전근대적'인 전사(前史)를 가지고 있다는 얘기다. 서양의 사랑의 역사에 관한 한 우리는 어쩌면 12세기에서부터 근대에 이르는 '아주 긴 12세기'를 말해야 할지도 모른다. 그 긴 전사가 이 책의 관심사이다.

2. 12세기의 새로운 사랑과 '근대적 사랑'

11세기 말~12세기에 서양 역사가 중대한 변화를 경험했다는 데 의견을 달리하는 학자는 없지만, 그런 변화를 촉발한 원인과 관련해서는 의견이 분분하다. 그러나 이 시대적 변화가 인간과 인간성에 대한 새로운 시각의 등장과 관계되며 인간과 신, 자연, 또는 다른 인간과의 관계를 다시 정의하고 설정하는 방향으로 진행되었다는 점에 대해서는 대체로 의견을 같이한다. 제1차 십자군 원정(1096-1099년)을 전후하여 일어난 여러 가지 굵직굵직한 변화가 새로운 시대적 분위기를 만드는 데 기여했다는 것이다. 여기서 우리가 주목하고자 하는 것은 이 변화가 주로 인간의 감정, 특히 사랑에 대한 논의와 함께 나타났다는 점이다. '사랑의 시대'(aetas amoris)라고 부를 정도로 '사랑'은 이 시대의 중요한 화두였으며, 이 시대에 나타난 '새로운' 사랑 모형은 크고 작은 조정을 거치고 수없이 '재생'을 거듭하면서 오늘날까지 중요한 사랑 모형으로 남게 되었다.

11세기 말 프랑스 남부 푸아투, 아키텐, 프로방스의 궁정에서 공작을 포함한 귀족층이 여성을 사랑의 대상으로서 노래하고 이상화하기 시작했다. 서양 역사상 처음으로 여성이 사랑 담론 체계에 나타난 것이다. 새로운 사랑이 시작되었고, 이후 사랑과 성의 역사는 달라졌다. 남성에 대한 것이든 여성에 대한 것이든 열정적 사랑은 파괴적이고 병적이며 광기에 불과하다고 깎아내리고, 여성을 성적 쾌락의 직업적 제공자, 남성의 욕정을 자극하여 동물처럼 만드는 존재, 또는 번식의 수단으로 치부하던 엘리트 계층 남성들의 금욕주의적 사랑 담론에 여성이 들어와 사랑의 대상이 되었을 뿐 아니라, 이제까지 신이나 주군의 몫이던 자리를 차지하고 남성에게 명예를 부여하며 덕을 가르치는 존재로 이상화되었으니까 말이다.[2] 실제로는 '사랑'보다 아키텐 궁정의 정치적 현실과 더 관계 깊은 이 사랑 모형은 프랑스 북부, 이탈리아 남부와 카탈루냐로 퍼졌고 12세기 중엽부터는 개인적 사랑과 모험을 다룬 이야기인 로맨스에 이념적 골격을 제공하게 된다. 13세기에 이르러서는 도시 부르주아 계층에게 전파되고 전 유럽적인 현상을 낳는다. 이후 유럽의 사랑 담론은 궁정식 사랑이 제출한 의제를 변주하게 된다.

중세의 여성 혐오 사상과 동전의 양면 관계에 있다는 지적에도 불구하고, 후대가 궁정식 사랑이라고 부르게 된 이 새로운 사랑이 신호하는 변화는 획기적이다.[3] 이 책의 제1부 '사랑과 중세 문학'에서 심층적인 분석이 이루어지겠지만, '낭만적 사랑'에 이르기까지 중세와 르네상스가 변주하게 될 궁정식 사랑의 주요 의제 몇 가지만 짧게 짚어보기로 하자. (1) 남녀 간 사랑과 그것에 포함된 성적 요소를 그 자체로서 추구할 만한 가치라고 말한다. 이것은 전에 이루어진 적이 없는 새로운 주장이었다. 남성 간 우정이라는 이상이 지배하던 세계에서의 일이었다. (2) 그뿐 아니라 그 사랑에 인간을 교화하는 힘이 있다고 주장한다. 사랑하는 사람을 정련하여 고귀하게 만드는 힘이 그런 사랑에도 있다고 말함으로써 남녀 간 사랑에 도덕적 가치를 부여한다. (3) 남녀 간 사랑이 감각적 쾌락을 선사하는 성적 관계로 환원될 수 없다고 말한다. 남녀 간 사랑에도 영적 합일이라는 차원이 있다고 주장하는 셈이다. (4) 여성을 자신이 닿을 수 없는 높은 곳에 올려놓고 닿을 길 없는 그녀를 계속 사랑한다. 여성은 사랑하는 남성의 내면과 시선에 존재할 뿐, 실질적으로는 부재한다. 사랑은 상상적 구성체가 되며 부재하면서도 존재하고 존재하면서도 부재하는 여성은 남성의 내면성 형성을 돕고 기사로서의 명예 획득 기회를 제공하며 궁정 정치의 안정화에 기여한다.[4] (5) 위에서 짚은 모든 의제는 남녀 관계라는 필터를 통해 인간적 사랑이 세속적 현실에서 갖는 가치를 들여다보기 위한 것이기도 하다. 후대에 궁정식 사랑의 '대본'으로 여겨진 크레티앵 드 트루아(Chretién de Troyes)의 랑슬로 이야기는 '간통'이라는 좀 더 특정적인 문제를 필터로 선택한다. 이 시대 귀족층의 결혼이 거의 예외 없이 가문의 정략적 계산에 의한 것이었다는 점에서 볼 때 이 선택은 거의 필연적이다. '간통'이라는 주제는 상호적이고 열정적인 사랑을 진정한 사랑으로 자리매김하고 그 사랑을 결혼 밖에 위치시킴으로써 결혼과 열정적 사랑에 기왕 존재하던 간극을 극적으로 확대해 보여줄 뿐 아니라, 열정적 사랑에 기반한 남녀의 결합으로서의 결혼을 상상 가능하고 어쩌면 선택 가능한 것으로 만든다.

남녀 간 열정적 사랑에 의한 결합은 궁정식 사랑과 당대의 신성한 사랑 모형이 공유하는 상상(想像)이다. 그 결합이 궁정식 사랑에서는 보통 결혼 밖에서 일어나지만, 당대의 신성한 사랑의 모형에서는 결혼 안에서 이루어진다는 점이 다를 뿐이다. 신성한 사랑의 언어는 궁정식 사랑의 텍스트 속에 깊숙이 침투해 있다. 여성의 '은총'과 '자비', 구애하는 남성의 '참회'와 '속죄', 그리고 은총을 통해 달성하는 합일의 '지복'과 같은 말은 그리스도와 인간 영혼의 신비적 합일을 연상케 한다. '간통' 주제를 다루는 로맨스에서 이런 경향이 심화된다는 점도 눈여겨볼 부분이다. 왜 남녀의 성적 사랑이 신성한 사랑의 언어로 묘사된 것일까? 궁정식 사랑과 당대의 신성한 사랑이 동일한 문화적 환경에서 나왔다고 할 수 있을까? 왜 랑슬로는 그니에브르의 침대에 절을 하고 그녀를 성물처럼 숭배했을까?[5] 여기서 기억해야 할 점은 '사랑'이라는 주제가 궁정뿐 아니라 당대 교회와 수도원도 사로잡았다는 사실이다. 교회와 수도원에서 생산된 '신성한 사랑'의 모형이 어떤 의미에서 궁정식 사랑과 동시대적인 것이라 할 수 있는지 잘 보여주는 텍스트가 베르나르 드 클레르보(Bernard de Clairvaux, 1090–1153년)의 『「아가(雅歌)」에 관한 설교』(*Sermones super Cantica Canticorum*, 1135년경)다. 베르나르는 솔로몬의 『아가』가 인간 영혼의 "욕망과 결혼의 노래"를 담고 있다고 말하면서 그 결혼 축가에 넘쳐흐르는 관능의 환희에 대해서는 이렇게 표현한다. 인간의 몸을 한 그리스도를 인간의 감각과 감정으로 사랑하는 것, 입맞춤하고 어루만지고 갈망하는 것이 신성(神性)을 사랑하는 인간의 방법이다. 인간은 그렇게밖에 할 수 없기 때문이다. 인간-신(deus homo)을 인간으로서 사랑하는 것이 영적 사랑으로 올라가는 길이고 영혼과 신

성의 끝없는 결합을 약속해준다는 것이다.[6]

다시 말해, 인간의 몸과 감각으로 표현되고 느끼는 사랑을 비이성적이라고 부정하지 않고 신성한 사랑의 시작으로 인정하는 것이다. 사랑과 갈망이 구원으로 가는 길이라는 뜻인데, 그렇다면 남녀의 열정적 사랑에 의한 결합이라는 상상이 신성한 사랑의 합일에 모형을 제공한 것일까? 아니면 신성한 사랑이 궁정식 사랑의 모형이 된 것일까? 교회가 금욕의 끈을 바싹 졸라매며 성직자들의 결혼을 금지하고 세속 권력과의 차별화를 시도하면서 다른 한편으로는 세속의 사랑을 참조하고 있었던 것일까? 아니면 궁정이 교회의 권위를 찬탈하여 '(세속적) 사랑의 종교'를 세우려 한 것일까? 그 선후관계는 논란거리지만, 이 시대의 신성한 사랑과 인간적 사랑은 교회의 금욕주의적 성(性) 담론에서와 달리 서로를 배척하지 않고 서로의 일부가 되어 있는 셈이다. 베르나르는 『아가』의 인간적 갈망이 신성한 사랑에 대한 비유라고 얘기하지 않는다. 오히려 인간이 몸으로 느끼는 사랑과 갈망의 불꽃 한가운데서 신성의 불꽃이 타고 있다고 말한다. 그리스도를 향한 인간의 사랑은 신부(新婦)의 사랑과도 같고, 신부의 사랑은 "너무나 저돌적이고 맹렬하며 격렬하고 충동적"이라고 말한다.[7] 그리스도는 '사랑의 신'이고 인간은 그의 사랑의 화살에 맞았다는 것이다. 여성을 향한 '순정한' 사랑을 얘기하는 궁정식 사랑과 베르나르의 신성한 사랑의 동시대성은 바로 여기, 인간적 사랑과 격정의 존재와 가치가 인정되는 이 지점에서 발견될 수 있다.

솔로몬의 『아가』 속 신부는 열정적 사랑의 신비롭고 맹렬한 힘으로 인간의 육체성을 벗어던지고 신성과 합일하는 인간 영혼일 수도 있고, 인간의 열정적 사랑이 신에 대한 사랑으로 흡수, 통합, 추상화되는 순간의 형상화일 수도 있으며, 자신의 사랑과 성적 갈망을 남편 앞에서 주장한 최초의 아내일 수도 있다.[8] 그러나 베르나르의 『아가』 설교와 궁정식 사랑을 동시대적 현상으로 놓고 볼 때 가장 눈에 띄는 것은 베르나르가 인간을 사랑의 주체로 정의하고 그 '인간'을 여성으로 젠더화하고 있다는 점이다. 궁정식 사랑에서 여성이 남성 주체의 대상으로 자리매김되고, 남녀가 사랑의 동등한 주체로서 결합하는 결혼이란 상상 세계에 뜬 신기루에 불과할 뿐이라는 점을 생각한다면, 또는 베르나르의 사랑 모형에서는 여성의 육체성과 갈망의 가치가 긍정되고, 그의 성모(聖母) 숭배가 기획하는 신성의 인간화/인간의 신성화의 단초가 이 모형에 있다는 점을 생각한다면, 베르나르의 신성한 사랑이 궁정식 사랑보다 오히려 더 여성 중심적이고 더 '근대적'이라고 말할 수 있을지도 모른다. 그러나 그건 어디까지나 담론 세계에서의 일이다. 현실 세계에서 베르나르는 당대 교회 개혁의 중심인물로서 계율이 엄격하기로 이름난 시토 수도회(Cistercian Order)를 이끈 철저한 금욕주의자였고 여성 신비주의자들의 명상에서 관능적인 면모를 제거하고자 노력했다니까 말이다.

3. 엘로이즈의 '마음'과 사랑의 자율성

이 시대의 사랑 담론이 실제에 어떤 작용을 했을까? 궁정과 수도원에서 인간적 사랑에 신성과 도덕성의 도장을 찍으려고 궁리하는 사이, 이 시대의 사람들은 과연 어떤 '사랑'을 만들어내고 어떤 '사랑'을 살았을까? 실제 남녀 관계에서도 이 새로운 사랑을 발견할 수 있을까? 12세기의 '낭만적 사랑'을 논의하면서 엘로이즈와 아벨라르의 이야기를 빼놓을 수 없다. 이 사랑의 시대에 사랑하며 살다가 사라진 수많은 보통 사람의 목소리는 침묵 속에 갇혀 있지만, 엘로이즈와 아벨라르의 목소리는 여전히 깊고 큰 울림을 가지고 있기 때문이다. 엘로이즈와 아벨라르는 트리스탕과 이죄, 랑슬로와 그니에브르와 더불어 가장 '낭만적인' 사랑의 주인공으로 서양의 집단 신화에 굳건히 자리 잡고 있다. 게다가 엘로이즈와 아벨라르는 오직 역사적 인물들만이 가질 수 있는 '진짜'로서의 권위까지도 함께 가지고 있다. 이들의 이야기가 저항할 수 없는 흡인력을 갖는 중요한 이유 가운데 하나가 그것이다. 그렇지만 이들의 사랑 이야기처럼 후대의 '읽기'에 의해 텍스트화되고 정형화된 경우도 드물다. 이들의 이야기는 꽤 긍정적인 여성상을 보여주는 '괜찮은 여자'에 대한 것으로, 남녀 간 열정적 사랑의 전설적 예로, 최고 지성인 남녀의 우정에 대한 이야기로, 열정적 사랑이 신성한 사랑으로 정리되는 모범적 경우로, '중세'의 억압적 성 담론이 만들어낸 비극으로, 그런 억압에 저항한 능동적 여성에 대한 이야기로, '진정한 마음의 결합'을 이룩한 고전적 예로, 또는 자기 비하를 통해 남성 주체에 기생하려는 시녀상(侍女像)으로 자리매김되어 끊임없이 텍스트를 만들어냈기 때문이다.

이들의 이야기는 처음부터 이들 자신의 펜에 의해 욕정이 가져온 '재난'과 열정적 사랑의 비극성을 보여주는 텍스트로 제공되었다.[9] 이 책에 실린 강상진의 글이 보여주듯이, 이들의 과거 세공 작업은 이들 자신이 이미 소유한 사랑 담론들을 동원하여 이루어진다는 점에서도 흥미롭다. 엘로이즈와 헤어지고 15년쯤 지났을 때 아벨라르는 불행을 당한 친구를 위로한다는 명목으로 자신이 겪은 여러 불행에 관한 자전적인 글을 써서 유포한다. 여기에서 아벨라르는 자신이 겪은 커다란 불행 가운데 하나로 엘로이즈와의 사랑을 꼽는다. 그 얘기를 따라가보면 그는 트루바두르처럼 사랑시를 지었고, 오비디우스의 구애자처럼 몸이 달아 처녀를 유혹했으며, 마르스와 베누스처럼 그녀와 사랑을 나눴고, 히에로니무스의 타락한 인간처럼 '재난'이라는 대가를 지불한 다음, 이제는 돌아와 신의 섭리에 모든 것을 의탁하고 교육과 연구에 매진하는 신학자/수사 아벨라르를 만나게 된다. 그가 세공한 엘로이즈도 그의 회고적 자기 재현을 크게 방해하지 않는다. 자신은 늑대였고 엘로이즈는 순진한 양이었다. 자신들의 밀애가 드러나고 아이가 태어나자 자신은 결혼을 제안했으나 놀랍게도 그녀는 온갖 결혼 혐오론을 인용하며 반대했다. 지혜의 추구자를 한 여자의 남편으로 만들어 관능과 세속의 삶에 가둘 수 없다는 것이 이유였다. 비밀 결혼을 강행했지만 이를 책임 방기로 오해한 엘로이즈의 삼촌이 악당들을 시켜 자신을 '처벌'했고 그녀와 자신은 각자 수도원에 들어갔다. 자신의 명령에 복종하여 수도원에 들어가면서 엘로이즈는 폼페이우스의 몰락을 초래한 코르넬리아의 말을 인용한다. 아벨라르와 결혼해 그의 재난을 초래한 죄의 대가를 기꺼이 치르겠다는 것이다. 아벨라르가 그린 엘로이즈는 머리카락 한 올까지 그의 수제자다. 그의 수제자답게 기독교와 고대 로마의 성 담론을 잘 학습하여 고스란히 내면화했을 뿐 아니라 열정적인 사랑을 '여성다운' 자기희생과 욕망 통제로 바꿔 표현할 줄도 안다.

엘로이즈의 첫 번째 편지는 아벨라르의 이런 자기 신화화에 대한 대응이다. 아벨라르를 "나의 주인, 아니, 아버지, 남편, 아니, 오라비"라 부르고 자신을 "당신의 시녀, 아니, 딸, 아내, 아니, 자매"라 부르며 시작되는 첫 번째 편지에서 엘로이즈는 신성한 사랑과 열정적 사랑의 대립, 또는 이성과 욕망의 대립이라는 아벨라르의 줄거리를 받아쓰는 것처럼 보인다. 그러나 실제로는 그것에 대담한 수정을 가한다. 이제 자신의 차례인 것이다. 엘로이즈는 아벨라르가 말한 결혼 거절 장면을 받아서 자신의 개인적인 사랑의 자율성을 주장하기 위해 사용한다. 자신은 아무것도 바라지 않았고 오직 아벨라르만을 원했기 때문에, 결혼보다 사랑을, 의무에 의한 사랑보다 자발적인 사랑을 원했기 때문에 결혼을 반대했다는 것이다. 이런 엘로이즈가 자신과의 사랑을 "애정이 아니라 욕망", "사랑이 아니라 욕정"이라 부르고 자신이 당한 재난을 신이 내린 형벌이었다고 얘기하는 아벨라르의 신화를 그대로 받아들일 리 만무하다. 엘로이즈는 아벨라르와 자신에게 닥쳐온 불행에 대해 그것은 "전적으로 제 죄입니다"라고 인정하지만, 바로 그다음 순간 그 말을 다시 고쳐 쓴다. "당신도 아시다시피, 저는 전적으로 죄가 없습니다. 왜냐하면 잘못은 행동 그 자체가 아니라 행위자의 의향(affectus)에 있으며, 정의는 행해진 것이 아니라 마음에 있는 것을 판단하는 것이기 때문입니다"(59). 엘로이즈는 여기서 아벨라르의 과거를 자신의 과거로, 아벨라르의 이야기를 자신의 이야기로, 아벨라르의 죄와 벌의 윤리를 인간적 사랑과 갈망의 권리로 고쳐 쓰는 것이다. 주목할 만한 것은 엘로이즈의 사랑 옹호가 '마음'을 개인적 욕망의 소재지로 정의하는 것과 연결된다는 점이다. 사랑이 마음이고 마음은 언제나 자기가 원하는 곳에 가 있다는 것이다. 아벨라르와 15여 년 전에 나눴던 사랑이 자신에게는 여전히 생생하게 느껴진다는 엘로이즈의 유명한 고백은 바로 마음의 이 특성, 마음의 자율성에 관한 발언이기도 하다. "우리가 함께 나눴던 사랑의 쾌락은 너무나 달콤했기에 이제 와서 저를 불쾌하게 만들 수는 없습니다. (…) 사람들은 저를 보고 정숙하다고 생각하지만 제가 위선자라는 사실은 모르고 있습니다. 그들은 몸의 정결이 미덕이라고 생각하지만, 미덕은 몸의 것이 아니라 영혼의 것입니다"(79-80). 마음은 부재를 실재로 느끼며 과거를 현재로 산다는 것이다. 엘로이즈가 여기서 세우는 개인적 욕망의 윤리는 그녀의 다음과 같은 주장의 연장선상에 있다. 사랑이 마음에 있다는 주장과 그 마음이 언제나 현재적인 것으로 남아 있는 갈망과 추상(追想)으로 이루어진 지극히 개인적인 공간이라는 주장이 그것이다. 그렇게 보면 니클라스 루만(Niklas Luhmann)이 얘기하는 낭만적 사랑의 규준화가 심장의 심장에 자리 잡은 사랑의 작은 방이 자신에게는 세상 전부라고 선언하는 이 엘로이즈와 함께 시작된다고 말할 수 있을지도 모른다.[10]

폭력적인 세상의 억압과 세상이 불러주는 대로 과거를 길들인 것처럼 보이는 아벨라르에 대항하여 엘로이즈가 자신의 편지에서 세우는 사랑의 윤리는 사랑의 공간과 사회적 공간의 분리로부터 시작된다. 앞서 언급한 대로 궁정식 사랑의 의제 가운데 하나가 열정적 사랑과 결혼의 분리였다면 엘로이즈의 사랑은 분명히 궁정식 사랑의 가장 중요한 의제를 건드리고 있다. 그러나 엘로이즈가 얘기하는 사랑의 공간은 이미 결혼의 안과 밖이 아니라 마음의 안과 밖 어디쯤에 자리하고 있다. 그녀에게는 사랑의 은밀함이 중요한 게 아니라 사랑의 자율성이 중요하다. 아벨라르의 『내가 겪은 재난들』(Historia calamitatum)이 자신과 엘로이즈의 과거를 기독교의 금욕주의적 성담론에 짜 맞춘 이야기라면, 엘로이즈의 편지는 낭만적 사랑 모형의 주조 과정을 보여준다. 인간적 사랑을 처리하는 방법을 둘러싼 12세기의 투쟁이 여기 엘로이즈와 아벨라르의 대화를 통해 재연되고 있는 셈이다. 다시 말해 엘로이즈가 옹호한 개인적 사랑과 마음의 자율성에서 '근대적 사랑'의 자율성 추구의 전사를 찾을 수 있다는 뜻이다.

엘로이즈가 인간의 신성 추구를 방해할 뿐 아니라 인간 감정에도 족쇄를 채울 거라며 반대했던 결혼이 종교개혁기의 결혼론에서는 인간이 지상에서 누릴 수 있는 유사(類似) 낙원, 또는 에덴동산의 완전한 성과 사랑을 맛볼 수 있는 공간으로 변화된다. 엘로이즈가 자신의 마음에서만 찾을 수 있었던 자유로운 사랑의 공간을 이제 결혼 안에서 찾을 수 있게 된 것이다. 그녀 혼자만의 마음이 아니라 남편과 함께 '둘이서 하나'가 된 마음에서 말이다. 아벨라르를 향한 엘로이즈의 '신부(新婦)의 사랑'이 밀턴이 노래하는 아담과 이브의 '신성한 결혼'을 예고한다는 뜻이다. '근대적 사랑'의 역사는 엘로이즈의 첫 번째 편지로부터 시작되는 것인지도 모른다.

4. '궁정식 사랑'에서 '신성한 결혼'까지

이 책은 11세기 말에서부터 17세기에 이르는 궁정식 사랑의 행로를 '근대적 사랑'의 전사로서 그린다. 먼저 제1부~제3부에서는 11세기 말 트루바두르(troubadour) 사랑시에서 시작된 이 사랑 모형의 특징적인 면모를 분석하고 이 모형이 중세 성기, 후기와 르네상스기의 문학, 신학, 또는 역사적 실제에서 이루어진 여러 사랑 논의를 어떻게 규정하는지 살펴본다. 제4부에서는 궁정식 사랑 모형이 어떤 경로를 통해 종교개혁기에 도달하여 사랑에 기초한 '신성한 결혼'이라는 근대적 이상을 구성하게 되는지 살펴본다.

제1부 '사랑과 중세 문학'에서는 궁정식 사랑이 그 시작점인 남프랑스를 일단 넘어서서 전 유럽적인 현상이 되었을 때 어떻게 조정되고 변형되는지 유럽 각국의 자국어 문학을 통해 살펴본다. 김정희의 「12세기의 사랑」은 궁정식 사랑으로 불리는 사랑 모형을 세 개의 원형적 텍스트군을 통해 분석한다. 첫째는 궁정식 사랑의 원형인 '순정한 사랑'(fin'amor)의 텍스트군, 즉 남프랑스 트루바두르들의 사랑 노래다. 궁정식 사랑의 가장 중요한 특징인 여성의 이상화가 여기서 이루어진다. 둘째는 트리스탕과 이죄에 관한 텍스트들이다. 궁정식 사랑이라는 모형이 전제하는 열정적 사랑과 결혼의 분리를 극적으로 보여준다. 셋째는 궁정식 사랑의 '대본'이 된 크레티앵의 『수레를 탄 기사』다. 궁정식 사랑이 영주 계층의 전략적 사고가 만들어낸 것임을 보여준다. 궁정식 사랑의 전통은 그 발생점에서부터 여성을 도구화했다는 김정희의 주장은 김현진이 「크리세이드와 궁정식 사랑」에서 진행하는 궁정식 사랑의 비밀주의 분석과도 맥을 같이한다. 김현진은 14세기 말 영국에서 생산된 초서의 『트로일루스와 크리세이드』가 사랑, 비밀, 명예의 함수관계를 탐구하는 텍스트로서 궁정식 사랑의 전통을 완성하는 동시에 해체한다고 말한다. 김현진은 이 시의 여주인공 크리세이드가 겪게 되는 곤경을 꼼꼼히 분석하면서, 로맨스가 '역사'와 현실에 침윤될 때 여성 보호 장치의 꼬리표를 단 비밀주의는 필연적으로 여성의 명예를 훼손하는 결과를 낳고, 비밀에 대한 미학적 집착은 여성의 은밀한 사생활에 대한 관음증적 도착과 같은 궤적을 그리게 된다고 주장한다. 중세 로맨스 서사가 이데올로기

적 기능과 더불어 유사 포르노그래피의 기능을 수행했다고 할 수 있다는 것이다.

김정희와 김현진이 궁정식 사랑이 여성을 위한 새로운 사랑법이 아니라 남성들이 여성을 새롭게 이용하기 위해 고안한 수단일 수 있다고 강조한다면 오순희, 김운찬, 김경범은 궁정식 사랑의 여성 이상화를 문자 그대로 받아들일 때 어떤 효과가 발생하는지에 대해 얘기한다. 오순희는 「모더니즘의 눈으로 바라본 『니벨룽엔의 노래』」에서 궁정식 사랑이 남성을 '여성화'하는 힘으로 번역될 수 있는 가능성을 보여준다. 남성에게 작용하는 궁정식 사랑의 여성적인 힘은 단테의 『신곡』에서 그 궁극적인 표현을 획득한다. 이 작품은 또한 궁정식 사랑의 여성 이상화 추구가 베르나르의 신성한 사랑의 추구와 같은 구조를 가진다는 것을 잘 보여주는 예이기도 하다. 김운찬은 「단테와 베아트리체」에서 단테가 어떻게 현실의 여인인 베아트리체를 영원한 천상의 여인으로 바꿔놓는지 보여준다. 단테가 베아트리체에 대한 사랑을 기독교 체계 속에 성공적으로 편입했다면, 김경범이 「『사랑의 감옥』 그리고 사랑이라는 종교」에서 얘기하는 15세기 후반 스페인의 센티멘털 소설은 궁정식 사랑이 그 자체로서 종교가 될 수도 있음을 보여준다. 이 대중소설에서 궁정식 사랑의 작동 원리는 공식이 되고, 여성에 대한 남성의 이루어질 수 없는 사랑이 인간을 숭고하게 만든다는 생각은 축자적으로 집행되어 남성의 순교를 요구하고 사랑을 감옥으로, 또는 종교로 만들기 때문이다.

제2부 '사랑과 중세 신학'에서는 궁정식 사랑의 맥락화를 시도한다. 이 시대의 종교적 사랑 담론을 중심으로 신성한 사랑과 세속적 사랑이 어떻게 얽히고 대립하면서 서로를 참조하게 되는지 살펴본다.

강상진은 「헬로이사와 아벨라르두스」에서 궁정식 사랑이 탄생한 바로 그 시대에 실제 인물이 만들어간 사랑에 관해 얘기한다. 강상진은 헬로이사(엘로이즈)와 아벨라르두스(아벨라르)가 자신들의 젊은 날의 열정적 사랑을 바라보는 시각이 서로 '평행선'을 달린다고 조심스레 진단한다. 아벨라르두스가 열정적 사랑의 기억을 그리스도의 사랑 안에서 승화하려고 시도한다면, 헬로이사는 열정적 사랑이 그리스도적 사랑과 근본적으로 같은 정신이라고 믿고 있는 것 같다는 것이다. 강상진이 말한 이 두 사람의 시각 차이는 13세기 신학자 토마스 아퀴나스의 아모르(amor)와 카리타스(caritas)의 관계 정의의 맥락에서 조명될 수 있다. 손은실은 「토마스 아퀴나스의 사랑론」에서 아퀴나스가 체계화한 사랑의 신학을 소개한다. 즉 아퀴나스가 말하는 사랑의 네 가지 이름을 소개하고 그 의미를 같이 살펴본 다음, 자연적 차원에 속하는 정념을 뜻하는 아모르와 은총의 차원에 속하는 카리타스에 집중하여 이 두 가지 사랑이 서로 관계 맺는 방식에 대해 설명한다. 카리타스는 아모르를 제거하지 않고 더 헌신적이면서 보편적인 사랑으로 완성하고 통합한다는 것이다.

신성한 사랑과 세속적 사랑의 관계는 르네상스의 사랑 담론에서도 여전히 중심적인 자리를 차지한다. 「마리아 막달레나의 사랑」에서 신준형은 마리아 막달레나의 삶의 전환점을 이루는 세 가지 일화, 즉 막달레나가 예수의 발을 씻어주는 일화, 부활한 예수가 막달레나에게 "나에게 손을 대지 마라"고 이르는 일화, 그리고 은자가 된 마리아 막달레나에 관한 일화를 소재로 한 르네상스 시대 그림들을 다시 읽는다. 이 그림들을 연속선상에 놓고 보면 마리아 막달레나가 육체로 매개된 신성의 이해로부터 시작하여 점차 육체를 부정하게 되고,

결국 순정한 영적 존재로서 신성에 다가가게 되는 모습이 드러나며, 그 모습을 통해 중세로부터 내려온 그리스도교의 전통적 가르침인 영성의 상승 단계가 이 성인의 삶에서 그대로 관철되고 있음을 알게 된다는 것이다.

제3부 '사랑과 중세 역사'에서는 이 시대의 사랑 담론과 역사적 실제가 어떤 관계를 갖는지 짚어본다. 궁정식 사랑이라는 추상화된 담론이 현실 세계의 균열을 감추는 가리개로 사용될 수 있다는 가능성을 중세 문학이 제기한다면, 그 가능성이 단지 가능성만이 아니라 실제였음을 박흥식의 「중세 도시에서의 매춘」은 보여준다. 결혼과 성을 별개 영역으로 인식하는 궁정식 사랑의 시각과 이 시대 교회의 금욕주의가 합작하여 성을 직업적으로 상품화하는 매춘을 승인하는 쪽으로 작동했을 개연성도 있기 때문이다. 이 글에서 박흥식은 12~13세기 중세 도시가 발전하면서 도시 문화의 한 부분으로 자리 잡았던 매춘에 대한 여러 시각을 검토하고, 이를 통해 기독교화된 유럽에서 매춘이 제한적으로 허용된 이유를 짚어본다. 박흥식은 최악(最惡)을 피하고자 차악(次惡)을 선택하는 세속적이고 실용적인 도시민의 태도가 교회의 금욕적 가르침과 양립하고 있었기 때문이라는 결론에 도달한다. 홍용진의 「샤를 6세의 '사랑의 궁정'」과 함께 우리는 다시 한 번 더 프랑스의 엘리트 계층에게로 돌아가 이들이 궁정식 사랑의 전통을 어떻게 전유하는지 살펴본다. 1400년에 조직된 프랑스 왕 샤를 6세의 '사랑의 궁정'은 과거 궁정식 사랑을 재현하고자 한 것이었다. 그러나 홍용진에 의하면 『장미 이야기』의 장 드 묑 집필 부분에서 발견되는 여성 혐오적 주제를 둘러싸고 벌어진 크리스틴 드 피장과 남성 인문주의자들 사이의 논쟁이 보여주듯이, '사

랑의 궁정'은 궁정식 사랑의 재현을 빌미로 실제로는 정치적·사회적 위기를 맞이한 남성 귀족들의 상실감과 노스탤지어를 달래는 역할을 수행했다. 궁정식 사랑이 다시 한 번 남성들의 정치적 목적을 위해 동원된 셈이다.

제4부 '사랑, 르네상스, 종교개혁'에서는 르네상스 특유의 '감정구조'가 문화적으로 재현되는 방법을 살펴보는 한편, 르네상스와 종교개혁기의 사랑 담론이 궁정식 사랑의 핵심적 의제를 계승하여 '근대적 사랑'의 이상 가운데 하나인 '신성한 결혼'이라는 사랑 모형을 생산하게 되는 과정을 짚어본다. 「사랑의 소비와 소년 배우」에서 김보민은 여장 소년 배우들이 핵심적 요소로 등장하는 르네상스기 극예술이 근현대의 그것과는 아주 다른 욕망구조에 기반한 것이었다고 주장한다. 소년 배우의 '복장 도착'에서 남성 관객은 소년애와 이성애가 중첩된 욕망 대상을 발견하였고, 여성 관객은 현실에서 얻기 힘든 주체적 자기 결정과 이성(異性) 정복욕을 충족시킬 수 있었다는 것이다. 이종숙은 「개혁된 사랑과 신성한 결혼」에서 궁정식 사랑의 르네상스적 재연 양상을 살펴본다. 궁정식 사랑이 인간적 사랑과 신성한 사랑의 관계를 다시 설정하고자 하는 노력이었다면, 그 노력은 르네상스기 사랑 담론에서도 계속된다. 14~15세기 이탈리아 르네상스 휴머니즘과 16세기 프로테스탄티즘의 사랑 담론에서 발견되는 인간적 사랑의 윤리성에 관한 질문이 잘 보여주듯이 말이다. 인간적 사랑의 윤리성 추구는 종교개혁기가 생산한 '신성한 결혼'이라는 사랑 모형에서 일단 완성된다. 이 모형은 궁정식 사랑이 갈라놓았던 열정적 사랑과 결혼을 결합하는 동시에 인간적 사랑에 도덕성과 일종의 신성을 부여하기 때문이다. 부부간 사랑을 전제조건으로 하는 이 모

형을 통해 '자유연애'와 '영육이 일치하는 사랑', '연애결혼', '일부일처제' 같은 '근대적 사랑'의 이상들이 형성되었고, 이 근대적 이상들은 1920년대 일본을 경유해 한국에 수입되어 '자유연애'를 부추기고 '신여성'이라는 새로운 여성형을 만들어내는 데 기여하게 된다.

제1부

사랑과
중세 문학

12세기의 사랑

김정희 서울대학교 불어불문학과 교수

중세의 사랑에 대해 우리는 무엇을 알고 있는가? 조르주 뒤비 (Georges Duby)가 중세의 여성에 대해 말했던 것처럼 우리는 "글로 쓰인 증언에 반영된 이미지들"밖엔 알 수 없다.[1] 안타깝게도 사랑의 현실과 관련해 글로 남아 있는 것은 그리 많지 않다. 결혼 문서와 달리 연애편지는 공개하지도, 보관하지도 않는 법이다. 피에르 아벨라르(Pierre Abélard, 1079-1142년)와 엘로이즈(Heloïse, 1090년경-1164년)의 편지들은 이 점에서 예외적이다. 이를 제외한다면 중세의 사랑은 문학작품에서 그 반향을 찾을 수 있을 뿐이다. 적어도 문학에서만큼은 사랑은 당시에도 독보적인 자리를 차지하고 있었다. 특기할 만한 것은 사랑 이야기가 대부분 남성에 의해, 지배 계층의 남성을 위해 쓰였다는 점이다. 문학작품을 통해 중세의 사랑을 이해하려 할 때 그것이 이러한 조건 속에서 창작되었다는 점은 반드시 기억해야 할 부분이다.

1. 트루바두르

프랑스어로 된 문학 텍스트들이 본격적으로 나온 무렵인 12세기 초, 북프랑스에서는 무훈시가, 남프랑스에서는 서정시가 등장한다. 무훈을 노래하는 장르의 특성상 무훈시에서 사랑은 거의 자리를 차지하지 못하고 있다. 초기 무훈시를 대표하는 『롤랑의 노래』(*La Chanson de Roland*)에서 기사 롤랑의 관심은 온통 전투에서의 승리와 기사로서의 명예에 쏠려 있다. 죽음을 목전에 둔 롤랑은 숨을 거두는 마지막 순간까지도 오로지 자신이 아끼던 칼 뒤랑달(Durendal)의 운명을 두고 긴 탄식을 할 뿐, 사랑하는 여성에 대해선 일언반구도 없다. 그런 롤랑이 죽었다는 소식을 듣고 약혼녀 오드(Aude)가 상심해 그 자리에서 죽어버리는 장면은 사랑에 대한 무훈시적 관점을 명확히 보여준다. 무훈시에서 사랑은 전장에 나간 기사를 기다리는 여성의 일방적인 감정일 뿐이다.

거의 같은 시기 남프랑스에서 쓰인 서정시가(抒情詩歌)는 사랑에 대해 전혀 다른 관점을 드러낸다. 프랑스 최초의 서정시를 지은 사람들은 직접 시를 쓰고 노래한 음유시인인 트루바두르(troubadour)다. 트루바두르는 당시 사회 최상층에 속한 귀족 남성들로 대부분 기사였다. 이들이 지은 다양한 형식과 주제의 시 가운데 그 수가 가장 많은 것은 단연 사랑을 노래한 칸소(canso)다. 사랑에 대한 최초의 시들을 귀족 남성들이 지었다는 사실은 일반적으로 여성이 노래한 민중적 성격의 연가(戀歌)가 먼저 등장한 다른 문화권에 비해 상당히 특이한 점이라고 할 수 있다.

중세 유럽 최초로 라틴어가 아닌 속어로 시를 쓴 원조 트루바두르는 당시 막강한 권력을 지녔던 아키텐 공작(Duc d'Aquitaine)이자 푸아티에 백작(Comte de Poitiers)인 기욤 9세(Guillaume IX, 1071–1127년)로 알려져 있다. 그는 모험심이 많고 용맹스러운 기사였지만 당대 유명한 호색한이기도 했던 인물로, 사생활 문제 때문에 여러 차례 파문을 당한 전력도 있다. 그가 남긴 열한 편의 시 대부분이 그런 경박했던 삶의 흔적을 고스란히 담고 있다. 시 「벗들이여, 내 어울리는 시를 한 수 읊으리다」(Companho faray un vers … covinen)는 그 일례에 불과하다.

> 나는 내 훌륭한 안장에 걸맞은 두 마리 말을 가지고 있다네.
> 둘 다 겁이 없고 무장을 하고 싸우는 일에도 능숙한 훌륭한 말들이라네.
> 하지만 이 둘은 서로를 견디지 못하니, 둘 다 데리고 있는 건 불가능한 일이라네. (6–8)[2]

각각은 흠잡을 데가 없으나 함께 있기를 싫어하는 까닭에 둘 다 데리고 있을 수 없다고 시인이 말한 두 마리 말은 결국 아녜스와 아르상이라는 여성에 대한 비유로 드러난다.

> 기사들이여, 내게 조언을 해주게나.
> 내 이렇게 힘든 선택을 해본 적이 없으니 말일세.
> 나로선 아녜스를 택해야 할지, 아니면 아르상을 택해야 할지 모르겠구려. (21–23)

물론 기욤 9세가 프랑스 최초의 연시를 쓴 시인으로 칭송받는 것은 이처럼 외설스럽고 여성 비하적인 시를 남겼기 때문은 아니다.

> 우리 사랑은
> 산사나무 가지와도 같다네.
> 밤새 비와 서리를 맞으며 떨고 있다네.
> 아침이 되어 해가 떠올라
> 그 푸른 잎과 가지들을
> 비추기까지는. (13–18)

「따뜻한 봄이 오니」(Ab la dolçor des temps novel)라는 제목의 이 칸소에서 그는 밤새 비를 맞으며 떨면서도 아침이 되어 햇살이 따뜻하게 감싸주기를 기다리는 산사나무 가지에 자신을 빗댐으로써 당시로서는 획기적이라 할 만한 새로운 감수성을 보여준다. 여성이 더는 남자가 먹잇감을 사냥하듯 포획하는 대상, 또는 남에게 기꺼이 넘겨줄 수도 있는 대상이 아니라 남자가 그 마음을 얻어야만 하는 존재로 승격한 것이다. 이렇게 사랑에서 드디어 여성의 의사가 고려되고 욕망의 상호성이 전제된 것에 주목해 C. S. 루이스(C. S. Lewis)는 11세기 프랑스 시인들이 사랑이라는 감정을 "발명하거나 발견했다"고 표현하기도 했다.[3]

기욤 9세를 계승한 트루바두르들이 12세기 내내 계속 변주해나간 이러한 새로운 사랑의 이상은 '핀아모르'(fin'amor)라는 이름으로 불렸다. '순정한 사랑'이라는 뜻의 핀아모르가 가지는 독창적인 점은 여성에게 절대적 우위를 부여했다는 데 있다. 사랑하는 여성을 자신의 주군 대하듯 하는 연인이 품은 유일한 기대는 그녀가 자유롭게 베푸는 '호의', 연인을 구원할 수 있는 '자비'를 얻는 것이다. 베르나르드 방타두르(Bernard de Ventadour, 1135-1194년)는 시 「종달새가 날아오르는 것을 볼 때면」(Quan vei la lauseta mover)에서 자신의 그러한 처지를 다음과 같이 묘사한다.

> 저는 어떠한 자비도 기대할 수 없는 처지로
> 마치 다리 위의 미치광이와도 같습니다.
> 아! 저는 잘 알고 있습니다.
> 어찌하여 이 모든 일이 제게 일어났는지 말입니다.
> 그것은 제가 너무 가파른 오르막을 오르려 했기 때문이지요. (37-40)[4]

여기에서도 여성이 주도권을 가졌다는 것은 분명히 드러나지만, 정작 사랑의 주체가 된 여성은 전면에 등장하지 않는다. 그녀는 단지 '자비'를 베풀지 않아 시인을 죽게 만드는 무정한 거절의 주체일 뿐이다.

> 사랑에 대해선 충분히 알고 있다고 생각했건만
> 저는 아는 것이 전혀 없었습니다.
> 아무것도 기대할 수 없건만
> 저는 그녀를 사랑하지 않을 수 없었으니까요.
> 그녀는 제 마음을 빼앗곤 멀어져 갔습니다.
> 그녀는 저 자신, 그리고 온 세상을 앗아가버리고
> 제게는 욕망과 타는 듯한 심장만 남겨놓았습니다. (9-16)

베르나르 드 방타두르가 노래하는 것은 여성이 냉담한 태도를 보이고, 욕망의 실현이 끝없이 지연됨에 따라 더욱더 그것을 갈구하면서 고통스러워하는 남성의 감정이다. 트루바두르들이 이러한 감정 상태를 가리키는 단어가 바로 '조이'(joi)다. 그것은 욕망 충족에 대한 기대감과 불안감이 뒤섞인, 남성의 고통스러운 흥분 상태를 지칭한다. 그것은 원하는 것을 얻지 못해 괴롭지만, 그렇다고 그 괴로움으로부터 벗어나고자 하지도 않는, 오히려 그 고통스러운 상태를 즐기는 감성이다.

아이러니한 것은 이러한 고통이 시인으로 하여금 더 절절한 사랑의 시를 쓸 수 있게 한 원천이 되었다는 점이다. 지체 높고 냉담한 귀부인이라는 이미지는 남성의 어떠한 권력 개입도 용납하지 않는다는 측면에서 순수한 사랑을 가능하게 만드는 조건이자, 시인을 계속 애끓는 욕망 상태에 둠으로써 좋은 시를 쓸 수 있게 만드는 조건에 다름 아니다. 욕망은 충족되기를 갈구하지만 일단 충족되고 나면 더는 욕망으로 존재하지 않는다는 딜레마, 욕망의 충족과 욕망에 대한 욕망 간 해결할 수 없는 갈등 때문에 사랑하는 여인은 쉽게 손에 넣을 수 없는 사람이어야 한다는 것이 핀아모르의 대전제다. 여성은 바야흐로 손쉽게 소유할 수 없는 지고의 존재로 승격한 듯하지만 실제로는 가상의 '냉담한 여성'을 빌미로 한 남성의 자기도취적 고통, 그것을 자양분 삼아 좋은 시를 쓰고자 하는 욕망에 동력을 제공하는 수단에 지나지 않을 뿐이다.

그러한 기제를 극단적으로 밀고 간 시인이 바로 조프레 뤼델(Jaufré Rudel)이다. 그는 한 번도 직접 본 적이 없고, 단지 트리폴리에 다녀온 순례자들을 통해 그 명성을 들었을 뿐인 트리폴리 백작부인에게 빠져「머나먼 사랑」(Amour lointain)을 노래했다. 갈 수 없는 곳에 있는 여인을 향한 사랑은 응답을 바랄 수 없는 사랑의 토포스(topos)에서 가장 멀리 나아간 것이다.

> 멀리서 온 객이 묵어 갈 곳을 그녀에게 청할 수 있다면
> 그 얼마나 기쁜 일이겠는가!
> 그녀가 허락한다면, 내 그녀 근처에 묵을 것이라네.
> 내 비록 지금은 아주 멀리 떨어져 있지만 말일세.
> 이토록 사랑하는 여인 옆에 있게 된다면
> 그 얼마나 감미로운 대화를 나누겠는가!
> 이 머나먼 사랑을 만나게 된다면
> 슬퍼도 기쁜 마음으로 그녀와 헤어질 것이라네.
> 하지만 지금 우리는 너무나 멀리 떨어져 있어
> 언제 그녀를 볼 수 있을지 알 수 없다네. (15-24)

만난 적도 없고, 또 만날 가능성도 없는 머나먼 사랑에 대한 상상 속 탐닉은 샤를 발라디에(Charles Baladier)가 지적한 것처럼, 당시 신학자들이 관심을 가지고 있던 '몰입의 쾌락'(delectatio morosa)에 해당된다고 할 수 있다.[5] 물론 중세 신학자들이 욕망과 쾌락을 탐사했다면 그 동기는 시인이나 소설가의 동기와는 전혀 달랐다. 욕망과 쾌락에 대한 신학적 성찰의 주요 동기는 무엇보다 도덕적인 것이었다. 이들은 고해와 단죄, 처벌의 대상이 되는 죄의 정확한 발생 시점 및 범위를 파악하려는 의도를 가지고 '쾌락'으로 간주될 만한 모든 것을 탐색했다.[6] 12세기 말부터 13세기 초에 걸쳐 이루어진 신학자들의

작업은 '몰입의 쾌락'으로 명명되는 쾌락의 발견과 개념화로 이어졌다. 그것은 금지된 행위에 대한 상상을 음미하며 느끼는 만족감, 즉 "온정신을 사로잡는 사람을 향한 육체적 욕망, 그에 대한 상상에 하염없이 빠져드는 것 자체가 주는 즐거움"으로 정의된다.[7]

이 '몰입의 쾌락'은 고통스러운 결핍 단계인 욕망의 상태와 탐내던 대상을 드디어 소유함으로써 이르게 된 쾌락의 상태 사이에 위치하는 것으로, 욕망하는 행위 자체에 내재된 쾌락을 지칭한다. 발라디에는 트루바두르들이 비록 해당 용어는 알지 못했다 해도 그들의 시가 보여주는 것, 즉 금지되고 접근이 불가능한 존재일수록 더 머릿속을 맴돌면서 괴롭히고 더 감미로운 쾌락을 야기하는 상태가 이에 해당한다고 봤다.[8] 트루바두르가 탐닉했던 것은 사실 이러한 자족적 쾌락이자, 그것의 시적 형상화에서 오는 쾌락이었다. 여기서 여성은 불쏘시개, 그리고 문학적 오브제에 지나지 않았다. 무훈시에서 사랑이 여성만의 감정이었다면 초기 서정시에서 사랑은 남성만의 감정이었다.

2. 트리스탕

트루바두르가 주창한 사랑의 담론은 북프랑스와 앙글로·노르망(Anglo-Norman) 궁정으로 옮겨가 그 맥을 이어간다. 그 결정적 계기가 된 것은 기욤 9세의 손녀 알리에노르 다키텐(Aliénor d'Aquitaine, 1122년경–1204년)의 결혼이다. 그녀는 프랑스 국왕 루이 7세(Louis VII, 1137–1180년 재위)와 결혼하지만 몇 년 지나지 않아 이혼하고

트리스탕과 이죄의 밀회를 엿보고 있는 마크왕(상아로 된 함에 새겨진 부조, 1340–1350년, 파리 루브르박물관).

1152년 영국 헨리 2세(Henry II, 1154–1189년 재위)와 재혼한다. 그녀가 헨리 2세와 결혼하면서 데려간 시인들을 통해 남프랑스의 감성과 문화예술이 영국 앙글로·노르망 궁정에, 이어서 북프랑스로 퍼져 나갔다. 중세의 전설적 연인 트리스탕(Tristan)과 이죄(Iseut), 그리고 랑슬로(Lancelot)와 그니에브르(Guenièvre)의 사랑을 이야기한 소설들은 바로 알리에노르와 그녀의 딸 마리 드 샹파뉴(Marie de Champagne)의 궁정에서 쓰였다.

삼촌인 마크(Marc)왕의 부인 이죄와 사랑에 빠진 기사 트리스탕의 이야기는 프랑스에서 운문 소설 형태로 처음 등장한 이래 12세기부터 13세기에 걸쳐 독일, 아이슬란드에 이르기까지 전 유럽을 휩쓸었다. 주군의 아내와 독신 기사의 사랑이 이렇게 한 시대를 풍미한 대표적인 토픽이 된 이유는 그것이 사회적으로 어느 정도 반향을 일으켰기 때문일진대, 이에 대한 역사가들의 지적은 충분히 귀 기울일 만하다.

뒤비는 궁정식 사랑이라는 문학적 토포스의 배경으로 강제성이 농후하던 당시 결혼 풍습에서 비롯된 두 가지 현상을 지적한다.[9] 그 때는 사춘기에 갓 들어선 여자아이가 거친 남자의 손에 맡겨지는 것이 일반적이었고, 이렇게 결합된 부부 사이에는 애정이 아니라 '겁에 질린 경외심'과 '교만한 자애심'만 교차되었다. 남편에게 아내는 자기 마음대로 할 수 있는 대상에 불과한바, 애초에 사랑은 부부 사이에 존재할 수 없는 것이었다.

겁에 질린 부인이 구원의 여인상으로 변신하는 촉매로 작용한 또 하나의 역사적 요인은 장자 상속 제도였다. 당시 귀족 가문의 가장 중요한 재산이던 영지가 분할 상속되어 규모가 작아지고 가문의 권력이 약화되는 것을 막고자 장남만 결혼시키던 관행은 정착하지 못한 '청년들'(jeunes), 즉 미혼남들을 양산했다. 귀족 가문의 적자 가운데서도 차남 이하 아들들은 결혼하지 못한 채 수도원에 들어가 성직자가 되거나, 떠돌이 기사로서 사회적으로 불안정하고 위협적인 세력을 형성하고 있었다. 트리스탕 같은 등장인물은 결혼과 상속에서 배제된 이 독신 귀족 기사를 상징한다.[10] 뒤비가 지적했듯이 트리스탕과 이죄의 광적인 사랑은 이 기사들의 욕망과 그 대상이 되는 귀족 여인을 비롯해 당시 지배 계층 내에서 성으로 야기되던 문제들을 가리키는 것일 터이다.[11]

현재 남아 있는 것 가운데 가장 오래된 트리스탕 소설은 12세기 후반 프랑스어로 쓰인 베룰(Béroul)의 『트리스탕 소설』(*Le Roman de Tristan*)과 토마 당글르테르(Thomas d'Angleterre)의 『트리스탕 소설』(*Le Roman de Tristan*)이다.[12] 이 두 운문 소설은 트리스탕과 이죄에 대한 가장 강렬하고 매혹적인 이야기를 담고 있지만 두 소설 모두 필사본 내용이 상당 부분 누락되고 훼손되어 작품의 온전한 내용은 알 길이 없다. 현재 베룰의 소설은 처음과 끝이 누락된 중간 부분만 단 하나의 필사본에 남아 있으며, 토마의 소설은 열 개의 파편화된 에피소드가 필사본 여섯 개에 분산되어 전해진다.

혹자는 트리스탕처럼 큰 반향을 불러일으킨 소설의 이러한 이례적인 보존 상태에 대해 일종의 검열 효과를 언급하기도 한다. 트루바두르의 칸소가 이미 자신보다 신분이 높은 기혼녀에 대한 혼외의 사랑을 주제로 삼되 어디까지나 다다를 수 없는 여성임을 부각하고 있다면, 트리스탕 소설 속 혼외의 사랑은 여기서 한발 더 나아가 사회적으로 더욱 불편한 내용을 담고 있기 때문이다. 그것은 결혼식을 앞둔 이죄와 마크왕을 위해 이죄의 어머니가 조제해준 사랑의 미약을 트리스탕과 이죄가 실수로 마시고 통제 불가능한 사랑에 빠져버린다는 이야기, 즉 독신 기사와 주군 아내의 광포한 사랑 이야기다. 트리스탕 소설은 너무나 강렬해 미약(媚藥)의 개입으로밖에 설명되지 않는 비이성적 사랑을 당시 사회의 가치 체계 안에서 어떻게, 또 어떤 대가를 치르며 수용할 것인지를 묻고 있는 소설인 셈이다.

베룰본(本)에 남아 있는 부분은 트리스탕과 이죄의 밀회들, 그리고 밀회의 증거를 잡고자 혈안이 된 마크왕과 그의 신하들이 벌이는 일종의 숨바꼭질로 시작된다. 연인들의 애정 행각은 결국 발각되고 화형에 처해질 위기에 놓이지만, 이들은 가까스로 도망치는 데 성공해 아무도 살지 않는 깊은 숲으로 들어가 원시적인 삶을 산다. 3년으로 예정된 미약의 약효가 끝나버린 어느 날 이들은 비로소 광적인 사랑으로부터 벗어나 궁정 밖에서 고된 삶을 살고 있는 서로의 모습에 연민을 느끼고 마땅히 수행했어야 할 사회적 의무를 방기한 자신들의 모습을 돌아보게 된다. 숲속에서 만난 은자의 중재로 이죄는 남

미약을 마시는 트리
스탕과 이죄(프랑스
국립도서관 ms. fr.
112, fol. 239).

편인 마크왕의 궁정으로 다시 돌아가고, 트리스탕은 궁정을 떠난다.

마크왕이 재판을 통해 이죄가 범한 불륜의 죄를 가리고자 할 때
그녀는 트리스탕과의 관계를 부정하지 않으면서도 또 마크왕의 충실
한 아내로서 자신을 입증해 보이는 교묘한 말장난으로 신명(神明) 재
판을 무사히 통과한다. 그러나 미약의 약효가 끝났음에도 둘은 다시
밀회를 이어가고 이들에 대한 감시 또한 다시 시작된다. 어느 날 마
크왕이 없는 틈을 타 트리스탕과 이죄가 궁정에서 만날 때 트리스탕
이 자신들을 염탐하는 자를 활로 쏘아 죽이는 것이 베룰본의 유일
한 필사본에 남아 있는 마지막 장면이다.

베룰의 소설에서 이죄의 비중은 주목할 만하다. 그녀는 핀아모르
의 대상이 되는 냉담한 여성상과는 거리가 멀다. 미약이라는 구실이
있긴 하지만 이죄는 남자와 똑같이 욕망을 느끼고 그것을 남자 못지
않게 필사적으로 채워가고자 한, 온전한 사랑의 주체로서의 모습을
보여준다. 그뿐 아니라 그녀는 자신의 사랑을 훼방꾼으로부터 보호
하고 지속하는 데 있어 트리스탕보다 더 주도면밀하다. 염탐꾼의 존
재를 먼저 간파하고, 궁지에서 빠져나오고자 해법을 찾으며, 심지어

재판에서조차 절묘한 언어 전략으로 유죄를 무죄로 만들어낸 것 모두가 이죄의 역할이다. 이죄는 재판정으로 가는 길에 깊은 웅덩이가 나타나자 그 옆을 지나던 나병 환자를 불러 세운 뒤 그의 등에 업혀 건넌다. 재판정에서 이죄는 마크왕과 방금 웅덩이를 건너려고 잠시 등에 업혔던 나병 환자 외에는 다른 남자를 안은 적이 없노라며 하느님의 이름으로 맹세한다. 그 말의 액면은 사실이었고 이죄는 신명 재판에서 무죄를 입증받는다. 나병 환자는 이죄가 시킨 대로 변장하고 그 자리에 나타난 트리스탕이었기 때문이다.

베룰본은 아름답고 지체 높은 귀부인이지만 트루바두르가 노래한 무정한 여성과는 달리, 남자와 똑같이 욕망으로 달아오른 여성, 그리고 사랑을 은폐하면서도 공표하는 언어의 기술에서 남성을 능가하는 여성을 보여준, 당시로서는 상당히 이례적인 소설이다.

반면 토마의 『트리스탕 소설』은 거의 전적으로 트리스탕의 심리에 집중한 작품이다. 토마본에 남아 있는 부분은 이죄가 마크왕에게 돌아가기로 한 뒤 정원에서 작별하는 에피소드를 비롯해 이미지의 방, 이죄의 행렬, 트리스탕의 결혼 장면 등 모두 트리스탕이 마크왕의 궁정에서 추방되어 이죄와 헤어져 있는 동안 벌어진 일들을 이야기한다. 따라서 연인의 밀회와 그것에 대한 외부의 감시 및 견제, 그리고 연인의 대응으로 이루어진 베룰식의 줄거리는 존재하지 않는다. 토마가 이야기하는 것은 연인으로부터 멀리 떨어진 트리스탕의 그리움과 고통이다. 이 점에서 토마본이 핀아모르의 연장선상에 있다는 말은 거의 정확하다.

여기서 이죄는 오로지 트리스탕의 추론을 통해 심리가 재구성된다. 트리스탕은 마크왕과 함께 머무르는 이죄를 두고 자신과의 사랑을 망각한 채 육체적 욕망에 매몰되어 있는 것으로 상상하며 원망한다. 트리스탕은 오로지 그런 상황에 놓인 이죄의 심리 상태를 이해해보겠다는 심산으로 다른 여성과 결혼하기로 한다. 그의 결혼 결정은 '금발의 이죄'(Iseut la blonde)의 심리에 대한 순전히 자의적이며 왜곡된 해석이 낳은 결과인 셈이다. 그의 결혼 상대로 선택된 이는 '흰 손의 이죄'(Iseut aux blanches mains)라는 이름을 가진 여성이다. 트리스탕은 금발의 이죄와 이름이 같고 또 그녀처럼 아름답다는 이유만으로 결혼을 결심하지만 결혼식을 올리고 동침해야 하는 순간 금발의 이죄를 떠올리며 자신의 결정을 후회한다. 트리스탕은 이런저런 핑계를 대며 흰 손의 이죄와는 결국 형식상 부부로만 남는다. 나중에 우연히 그 이유를 알게 된 흰 손의 이죄는 금발의 이죄가 배를 타고 트리스탕을 치유하러 오고 있다는 사실을 알리는 흰 돛을 보고도 검은 돛이라고 거짓말해 병든 트리스탕을 절망케 하고 결국 죽음에 이르게 한다. 뭍에 내린 이죄 또한 트리스탕의 시신을 보고 그 자리에서 숨을 거둔다. 토마본의 이 같은 결말은 연인을 사회에서 서서히 주변화하고 결국 죽음에 이르게 하는 열정적 사랑의 파괴력을 보여준다고 할 수 있다.

토마본은 트리스탕이 결혼하는 흰 손의 이죄라는 인물 때문에 특히 흥미롭다. 그녀가 가지는 의미에 대해서는 다양한 해석이 가능할 것이다. 사랑 없는 결혼을 대표한다는 점에서 마크왕과 유사한 인물일 수도 있고, 진정한 사랑은 단순히 아름다운 여성에 대한 육체적 욕망으로 환원될 수 없다는 것을 보여주기 위한 인물일 수도 있다. 또 사랑의 감정을 유발하거나 진정한 사랑을 이해할 수 없는 인물, 심지어 진실한 연인들에게 해악을 끼치는 훼방꾼의 전형으로도 간주될 수 있다. 트리스탕에게 복수하기 위해 거짓말을 하고 그 거짓말로 두 연인이 가냘픈 희망의 끈마저 놓아버린 채 절망감과 상실감에 빠져 결국 죽게 된다는 점에서 그녀는 최고의 훼방꾼이다.

그러나 비참한 최후를 맞는 베룰본의 염탐꾼들과 달리, 토마는 흰 손의 이죄의 최후에 대해서는 침묵한다. 베룰본처럼 연인 대 훼방꾼의 선명한 선악 구도가 드러나지 않는다는 점에서 어쩌면 우리는 흰 손의 이죄에 관한 또 다른 해석을 시도해볼 수 있을 것이다. 토마가 그리는 금발의 이죄, 흰 손의 이죄는 둘 다 트리스탕의 자기중심적 사랑의 희생자다. 트리스탕이 아무리 금발의 이죄를 닮은 이미지를 만들어놓고 매일 바라보며 경배한다 해도 트리스탕의 상상을 통해 그 감정과 생각이 왜곡된다는 점에서 그녀는 결국 객체화된 여성에 불과하다. 그러나 흰 손의 이죄는 그보다 훨씬 더 소외되고 철저히 타자화되는 인물이다. 트리스탕에게 그녀는 육체적 욕망이 진정한 사랑보다 강할 수 있는지를 알아보는 시험 대상이자 금욕의 실천 대상에 불과했다. 토마본에서 트리스탕의 죽음은 마크왕보다 더 소외된, 사랑도 육체적 욕망도 누릴 수 없을 만큼 철저히 타자화된 여성의 불행이 야기한 결과다. 그녀가 마침내 트리스탕의 본심을 알게 되고 지극히 단순하면서도 강력한 거짓말로 트리스탕의 마지막 희망을 무너뜨리는 장면은 트리스탕의 자기중심적 사랑의 희생자인 여성이 행한 통렬한 복수라고도 할 수 있는 것이다. 토마는 트루바두르의 핀아모르 이후 전통으로 자리 잡은 남성만의 판타지에 금을 내고 싶었던 것일까? 아니면 흰 손의 이죄는 그저 트리스탕의 치명적 사랑을 완벽하게 만든, 한낱 조력자에 불과했던 것일까?

3. 랑슬로

 크레티앵 드 트루아(Chrétien de Troyes)의 소설 『수레를 탄 기사』 (*Le Chevalier de la charrette*, 1170년경)에 등장하는 왕비 그니에브르와 랑슬로의 사랑은 가스통 파리스(Gaston Paris)에 의해 '궁정식 사랑' (amour courtois)으로 명명되며 중세를 대표하는 사랑으로 자리매김 했다. 핀아모르나 트리스탕적 사랑과는 다른 궁정식 사랑의 개념을 이해하기 위해 먼저 소설 전반부의 줄거리를 간략히 소개하면 다음 과 같다.

 어느 날 아서왕 궁정에 한 기사가 돌연 나타나 아서 왕국의 많은 백성이 자신의 왕국에 포로로 잡혀 있으며, 아서왕은 그들을 구출 할 힘이 없고 그들에게 아무런 도움도 주지 못한 채 죽게 될 것이라 는 폭언을 퍼붓는다. 놀랍게도 아서왕이 이 상황을 덤덤히 받아들이 자 멜레아강(Méléagant)이라는 이름의 그 기사는 아서왕 궁정의 기 사 가운데 한 명을 뽑아 왕비 그니에브르를 호위해 자신을 찾아오 라고 제안한다. 자신이 결투에서 이기면 왕비마저 얻고, 지면 왕비와 더불어 유폐된 백성들도 돌려주겠다는 것이다. 궁정의 허풍선이 기 사가 왕비를 호위해 떠나지만 결투에서 패배하고 왕비는 멜레아강의 왕국으로 끌려간다. 그때 홀연히 나타난 익명의 기사 한 명이 그 뒤 를 쫓는다. 그러던 중 수레를 끌고 가는 난장이를 만나게 된다. 당시 수레는 죄수를 호송할 때 사용하던 것으로, 수레에 올라탄다는 것 은 기사로서 명예를 포기하는 것이나 다름없었지만, 말에서 내려 수 레를 타면 왕비가 간 곳을 알려주겠다는 난장이의 말에 기사는 잠 시 망설이다 이내 수레에 올라탄다. 기사는 이 일을 비롯해 아주 위

수레를 타면 왕비의 행방을 알려주겠다는 난장이의 얘기에 말을 버리고 수레에 올라탄 랑슬로(프랑스국립도서관 ms. fr. 115, fol. 355).

험하고 괴이하기 짝이 없는 모험들을 성공적으로 완수하고 마침내 가장 힘든 관문이자 멜레아강의 고르(Gorre) 왕국으로 이어지는 '칼날로 된 다리'(le pont de l'épée)까지 무사히 통과한다. 이어서 멜레아강과의 결투에서 승리함으로써 고르 왕국에 끌려간 왕비와 아서 왕국의 백성들을 해방시킨다.

혼외의 사랑, 그중에서도 독신 기사와 왕비의 사랑이라는 설정은 트루바두르 이후 50여 년에 걸쳐 확립된 문학적 전통에 입각하고 있음을 보여주지만, 이 소설은 기존 주제에 대한 새로운 해법을 제시한다. 트리스탕이 미약 덕분에 단번에 사랑을 이루었다면 랑슬로는 왕비의 사랑을 얻고자 모험이라는 이름으로 온갖 육체적·정신적 시련과 유혹을 이겨내야 했다. 그것은 때론 기사로서의 명예도 망설임 없이 포기해야 할 정도로 전적인 자기희생을 요구했다. 이를 집약해 보여주는 것이 왕비가 있는 곳에 가기 위해 건너야 했던 칼날로 된다리다. 랑슬로는 미끄러지지 않으려고 무장을 다 벗고 아무런 보호 장구도 없이 피를 철철 흘리며 칼날 위를 지나갔다.

왕비를 구하려면 반드시 초인적인 무훈을 쌓아야 하는 이러한 구도에서 우리가 특히 주목하는 것은 랑슬로가 왕비뿐 아니라 포로로 잡혀 있는 아서 왕국의 백성들도 같이 해방시켰다는 점이다. 왕비를 매개로 아서왕과 기사의 이해가 일시적으로 일치하는 것이다. 즉 이 소설은 왕비를 향한 사랑 때문에 아서왕을 대신해 왕국의 위기를 해결하는 한 기사의 모험담이라 하겠다.

랑슬로의 사랑은 기사와 왕비의 사랑이라는 기본 설정은 같지만 왕비를 둘러싼 관계가 왕과 기사의 양자 구도인 트리스탕적 사랑과는 달리, 왕비를 중심으로 왕과 도전 세력, 그리고 기사라는 삼각 구도를 형성한다. 영주 계층이 궁정식 사랑이라는 테마를 묵인한 것은 바로 여기서 파생되는 긍정적 효과 때문일 수도 있다. 독신 기사의 힘을 빌려 왕국을 도전 세력으로부터 보호하되, 뒤비의 말처럼 여성의 간통이 한 특성이던 사회에서 왕비의 일회적 사랑을 허락하는 일 외에는 다른 대가를 치르지 않아도 된다는 것 말이다.[13] 이 점에서 『수레를 탄 기사』는 여성에 대한 절대적 숭배와 여성의 수단화가 절묘하게 엮인 소설이라고 볼 수 있다.

이는 당시 영주들이 아내의 불륜을 예찬하는 문학이 자신의 궁정에서 쓰이고 유행하는 것을 묵인한 이유를 일부 설명해준다. 뒤비는 혈기 넘치는 젊은 기사들을 다루고자 영주들이 일종의 전략적 차원에서 궁정식 사랑 문학을 만들어냈다고 보고 있다. 영주들은 기꺼이 자신의 아내를 내세워 기사들 사이에 경쟁을 조장하되, 절도의 개념을 부각함으로써 그들의 충동을 제어하고자 했다는 것이다. 아울러 왕비에 대한 절대적 복종과 헌신적 봉사를 통해 기사들로 하여금 봉신으로서 가장 중요한 덕목을 갖추게 하고, 나아가 자기 자신보다 남의 행복을 추구하는 심성을 가지게 해 사회 조직의 토대를 공고히 하는 목적이 있었다는 것이다.[14] 결혼하고 대대로 내려오는 영지를 다스리는 영주의 처지에서 볼 때 독신 기사들은 잠재적 동요 세력인 동시에 자신들 권력의 주축을 형성한다는 점에서 이러한 뒤비의 지적은 타당성을 가진다.

문제는 왕국의 위기가 해결된 다음이다. 궁정식 사랑이 왕의 입장에서 유효한 것은 왕비가 신기루로 존재하는 동안, 그리고 기사가 외부로부터의 위협을 견제하는 동안만이다. 기사가 오직 왕비에 대한 사랑으로 왕을 대신해 왕비를 구하고, 동시에 왕국의 위기를 해소하는 것을 궁정식 사랑의 본질로 본다면 왕국이 위기로부터 벗어나고 더 이상 도전 세력이 왕국을 위협하지 않게 되었을 때도 궁정식 사랑은 여전히 존재할 수 있을까?

그 뒤에 전개되는 이야기는 왕국의 위기 상황이 소멸되면서 삼각 구도가 붕괴하고 궁정식 사랑이 트리스탕적 양자 구도로 전환될 수 있는 개연성을 보여준다. 랑슬로와 왕비의 동침, 그리고 그다음 날 아침 벌어지는 사건들에서는 트리스탕적 모티프들이 등장한다. 왕비의 불륜에 대한 의심과 위증, 결투 재판이 바로 그것이다. 외부의 도전이 사라지고 기사가 궁정에 머무르면서 기사와 왕비의 사랑이 고착화될 때 그것은 궁정의 통합이 아니라 분열을 가져온다. 왕비와 기사의 궁정식 사랑이 더 이상 왕의 이해관계에 합치되지 않는다면 그것은 파국을 향해 갈 수밖에 없다.

『수레를 탄 기사』의 후반부는 바로 그런 파국의 순간을 미루는 일련의 사건들로 이루어져 있다. 1년 뒤로 미뤄진 최종 결투 전까지는 필요하지 않은 인물이라는 점을 보여주기라도 하듯, 랑슬로는 결투 재판에서 승리하자마자 납치되어 행방이 묘연해지고, 아서왕의 궁정은 다시 왕과 왕비를 중심으로 평화로운 일상으로 돌아간다. 그리고 놀랍게도 왕국이 평화로운 시기에는 사람들 모두 랑슬로를 잊어버린다. 1년 후 마침내 탈출에 성공한 랑슬로가 최종 결투를 위해 아서 왕국으로 찾아온 멜레아강을 죽이고 기쁨에 찬 사람들이 성안으로 들어가려는 순간, 이번에는 소설 자체가 급작스레 끝나버린다. 그렇게 해서 랑슬로가 아서왕 궁정에 합류하는 것은 기약 없이 유보된다. 이러한 전개와 결말은 사회적 효용성을 상실하는 순간 용도 폐기될 수밖에 없는 궁정식 사랑의 속성을 의미하는 것일 수 있다.

작품 후반부에 랑슬로가 보이는 미세한 변화들을 고려한다면 이 소설이 급작스럽게 끝나버리는 방식이 갖는 의미는 더 분명해진다. 궁정식 사랑의 사회적 효용성이 사라지기 전, 즉 최종 결투 전에 이미 랑슬로의 사랑 자체가 소진된 양상을 보인다는 점은 상당히 흥미롭다. 왕비의 운명은 여전히 멜레아강과의 최종 결투에 달려 있었으나 랑슬로는 그 결투가 더는 왕비가 아니라 자신의 개인적 복수를 위한 것임을 명확히 한다. 왕비는 남몰래 그를 계속 바라보지만, 랑슬로는 왕비가 있는 곳을 바라보지 않는다. 랑슬로가 왕비만을 넋놓고 바라보다 위기에 처했던 1년 전 멜레아강과의 결투 때와는 완전히 다른 모습이다.

이 두 번의 결투 사이, 어떤 일이 있었던 것일까? 랑슬로가 납치되어 외딴곳의 탑에 갇혀 있는 동안 왕비를 비롯해 아서왕 궁정 내 어느 누구도 랑슬로의 행방에 관심을 보이지 않았고, 아무도 그를 찾아 나서지 않았다. 자신을 구하러 오지 않는 동료 기사 고뱅 (Gauvain)에 대한 랑슬로의 원망은 왕비와 아서왕 궁정 전체를 향한 원망을 에둘러 표현한 것이기도 하다. 랑슬로를 구출한 여성은 랑슬로가 목숨을 걸고 구한 왕비가 아니라, 예전에 랑슬로로부터 사소한 도움을 받은 적이 있는 멜레아강의 누이다. 그녀는 랑슬로가 사라지자 그에게 위험이 닥쳤음을 직감하고 정처 없이 그를 찾아 나섰고, 마침내 외딴 바닷가 탑에 갇힌 랑슬로를 구해낸다. 랑슬로는 그런 그녀에게 "저의 몸과 마음, 그리고 제가 소유한 모든 것을 받아주십시오. 저를 위해 최선을 다하신 당신께 저를 바치겠습니다"라고 맹세한다. 즉 멜레아강과의 최종 결투를 하러 왔을 때 랑슬로는 이미 왕비가 아닌 다른 여성에게 헌신을 약속한 상태인 것이다. 이것은 곧 그니에브르에 대한 궁정식 사랑의 종식 선언이 아니겠는가?

랑슬로가 멜레아강의 누이에게 아서왕의 궁정에 할 일이 남았다며 떠날 수 있게 해달라고 허락을 구하자, 그녀가 자신은 랑슬로의 명예와 행복을 바랄 뿐이라고 답하며 말을 선사하는 장면은 소설 전반부에서 랑슬로가 말을 포기하고 불명예의 상징인 수레에 올라탄 장면과 짝을 이룬다. 이는 사랑을 위해 기사의 명예까지 포기하는 궁정식 사랑의 이데올로기를 작품 내에서 반박하는 것이라고 볼 수 있겠다. 이른바 궁정식 사랑은 그것을 가장 잘 보여준다고 하는 소설이 채 끝나기도 전에 그 안에서 이미 부정되는 셈이다.

궁정식 사랑의 예찬과 비판이라는 이 소설의 이중성을 어떻게 설명해야 할까? 소설의 프롤로그에서 크레티앵은 이 작품이 샹파뉴 백작부인, 즉 마리 드 샹파뉴의 뜻에 따라 쓰였음을 강조한다. 앞서 언급했듯이 샹파뉴 백작부인의 궁정은 어머니 알리에노르의 궁정과 마찬가지로 남프랑스에서 먼저 개화한 문학적 전통이 북프랑스로 이전되는 주요 경로였다. 따라서 백작부인이 크레티앵에게 주었다고 하는 소설의 '소재'와 '의미'가 남프랑스의 핀아모르에 닿아 있는 것으로 볼 여지는 충분하다. 그녀가 의미와 소재를 주었으며 크레티앵 자신은 그것을 가지고 작업을 했을 뿐이라고 하는 대목은 단순히 후원자에 대한 전형적인 아첨에 불과한 것일까? 그것은 자신이 쓴 소설의 소재와 의미에 대해, 즉 랑슬로와 그니에브르의 이른바 궁정식 사랑에 대해 소설가가 거리 두기를 한 것으로 해석될 수도 있지 않겠는가?

이 소설의 에필로그는 후자에 무게를 실어준다. 에필로그를 쓴 사람은 자신이 크레티앵 드 트루아가 아니라 고드프루아 드 라니(Godefroi de Lagny)이며, 자신은 랑슬로가 탑에 갇힌 장면부터 크레티앵의 뜻에 따라 집필했다고 말하고 있다. 궁정식 사랑을 예찬한 전반부는 크레티앵이 샹파뉴 백작부인의 뜻에 따라, 궁정식 사랑을 부정하는 후반부는 고드프루아가 크레티앵의 뜻에 따라 집필했다고 볼 수 있는 것이다. 그렇다면 랑슬로가 아서왕의 성안으로 들어가려는 대목에서 소설이 끝나버리는 것은 단순히 트리스탕적 구도로 회귀하는 것을 피하기 위함이 아니라, 샹파뉴 백작부인이 구상했던 궁정식 사랑의 지속 불가능성을 보여주기 위한 것으로 해석될 수 있다. 기사가 명예를 포함해 자신의 모든 것을 포기하고 오로지 사랑하는 여인에게 절대적으로 복종하는 후원자의 구상을 크레티앵은 바로 그 작품 안에서 무너뜨린 셈이다.

거의 신격화된 여성에 대한 숭배, 가히 초인적인 무훈을 쌓아야만 그런 여성의 사랑을 얻을 수 있게 한 게임의 법칙, 그 과정에서 얻어지는 공동체 차원의 긍정적 효과, 용맹스러운 기사의 헌신과 절대적 복종에 도취되었을 뿐 그의 운명에는 무관심한 왕비, 이것이 과연 사랑일까? 크레티앵은 그것을 묻고 있는 듯하다. 소설 마지막 장면에서 랑슬로가 왕비에게 보인 무심한 태도는 이에 대한 부정적 답변으로 보인다.

궁정식 사랑은 남성에 의한, 남성을 위한 사랑 너머 영주 계층의 전략적 사고가 만들어낸 사랑에 가깝다. 더 이상 왕비를 위해서가 아니라 오로지 자신의 명예를 위해 벌이는 최종 결투는 랑슬로 자신이 비로소 이를 의식하게 되었음을, 자신이 갈구하던 사랑이 신기루에 불과함을, 자신의 헌신이 사랑이라는 이름으로 종용된 일방적이며 전적인 희생에 지나지 않음을 깨달았다는 것을 보여준다. 이렇게 『수레를 탄 기사』는 트루바두르가 만들어낸 핀아모르의 이상, '냉담한 귀부인'에 대한 거의 종교적인 열광과 헌신에 의심을 드리우며 끝나버린다.

크레티앵은 이렇게 해서 트루바두르 이후 이어져온 혼외의 사랑, 순정한 사랑이라는 문학적 전통에서 적잖게 비켜나는 문제의식을 보여준다고 할 수 있는바, 이 소설에서 그가 지향하는 사랑 개념을 희미하게나마 드러내는 것은 랑슬로와 멜레아강의 누이 간 조합이다. 신분 높은 기혼녀와 그녀에게 절대적으로 복종하는 젊은 편력 기사가 아니라, 미혼의 두 남녀가 이상적인 커플로 제시되고 있는 것이다. 랑슬로가 새로이 헌신을 맹세하는 대상은 열정보다 배려, 일방적이 아니라 호혜적 관계, 욕망의 충족보다 명예의 추구를 우선시하는 미혼 여성이다. 비록 이 소설에서 이들의 관계는 서로에게 헌신을 맹세하는 데서 그치지만, 그것은 혼외의 사랑보다 이상적 결혼의 문학적 형상화에 더 천착했던 크레티앵의 작품세계 속에서 조명될 때 그 온전한 의미를 부여받을 수 있다.

크레티앵이 쓴 다섯 편의 소설 가운데 무려 세 편이 결혼을 주제로 하고 있다. 바람직한 결혼 모델에 대한 그의 관점은 첫 소설 『에렉과 에니드』(*Erec et Enide*)에서 이미 명확히 드러난다. 에렉과 에니드 커플을 통해 크레티앵이 구현하고자 한 이상적인 결혼의 요체는 오늘날 우리에게는 무척이나 당연한 것이지만 12세기 후반에는 당연하지도, 실현 가능해 보이지도 않던 것, 바로 사랑에 기반한 결혼, 그리고 배우자 간 평등이다.[15] 그러나 12세기 내내 결혼과 양립할 수 없는 것으로 간주되던 사랑을 결혼 제도 안으로 끌어들이고, 아내를 남편과 동등한 사랑의 주체로 끌어올리는 이러한 작업은 후대 작가들에게 그리 큰 반향을 일으키지 못한다. 반면에 미완성으로 끝난 미혼의 미남 기사 랑슬로와 왕비 그니에브르의 궁정식 사랑 이야기는 13세기 작가들에게 무궁무진한 이야기를 길어낼 수 있는 원천이 되었다.

『수레를 탄 기사』는 크레티앵의 또 다른 미완성 소설 『그라알 이야기』(*Le Conte du graal*)와 더불어 13세기 『랑슬로 · 그라알』(*Lancelot-Graal*) 연작 소설로 재탄생한다. 『수레를 탄 기사』에서 병존하던 궁정식 사랑에 대한 열광과 비판의 두 목소리는 연작을 통해 확대, 재생산되었다. 연작을 이루는 여러 작품 가운데 가장 먼저 쓰인 『산문 랑슬로』(*Lancelot en prose*, 1225년경)는 랑슬로를 왕비에 대한 사랑으로 아서 왕국을 구원하는 낭만적 영웅으로 그리고 있다. 그러나 그들의 사랑은 『성배 탐색』(*La Quête du saint Graal*, 1230년경)에서는 종교적으로 용서받을 수 없는 음탕한 간통 행위로 격하되고, 연작의 마지막 작품인 『아서왕의 죽음』(*La Mort du roi Arthur*, 1230년경)에 가서는 아서 왕국의 몰락을 가져온 결정적 요인으로까지 지목된다.

요컨대, 12세기의 사랑은 감정의 순정성, 욕망의 상호성이라는 파격을 선보였으나 지고의 존재로 칭송된 여성도, 그리고 혼외 관계에서만 존재할 수 있다는 '순정한 사랑'도 남성의 자기도취적, 모든 것을 가진 권력자 남성의 전략적 창안에 지나지 않은 것으로 보인다. 순정한 사랑이 작품이 쓰인 종교적·정치적 맥락에 따라 달리 수용되는 것은 순정한 사랑에 대한 시선 또한 그리 순정하지 않음을 보여주는 것이 아닐까?

모더니즘의 눈으로 바라본
『니벨룽엔의 노래』

오순희 서울대학교 독어독문학과 교수

1. 서론

독일 영화감독 프리츠 랑(Fritz Lang)의 작품 「니벨룽엔」(Die Nibelungen, 1924년)은 중세 독일의 서사시 『니벨룽엔의 노래』(*Das Nibelungenlied*, 1200년경)를 바탕으로 만들어진 영화다. 전체 2부로 이루어진 영화 「니벨룽엔」은 게르만 영웅들의 활약과 몰락을 보여주는데, 영화 제목이 말하듯 『니벨룽엔의 노래』에 나오는 기본 구도를 대체로 따르고 있다. 제1부의 주인공은 지크프리트(Siegfried)고, 제2부의 주인공은 크림힐트(Kriemhild)다.

'용을 죽인 자'라는 별칭으로 표현되는 지크프리트의 이미지는 『니벨룽엔의 노래』와 크게 다르지 않지만, 크림힐트의 캐릭터는 비교적 많이 달라진다. 줄거리상으로만 보자면 중세 서사시에 나오는 크림힐트와 크게 다르지 않다. 지크프리트를 사랑했고, 지크프리트가 하겐(Hagen)의 계략에 의해 희생되자 죽은 남편을 생각하며 복수의 집

넘에 빠져든다. 그러나 영화에서는 크림힐트 캐릭터가 『니벨룽엔의 노래』에 비해 훨씬 계획적이고 강인한 인물로 그려지고 있다.

주요 등장인물 중에서 『니벨룽엔의 노래』와 가장 많이 달라지는 인물은 제2부에서 크림힐트의 두 번째 남편으로 나오는 에첼(Etzel)이다. 유럽 역사에서는 공포의 아이콘처럼 작용하던 훈족의 지배자 아틀리(Atli)가 에첼의 모델이다. 『에다』(Edda)에서는 극도로 잔인한 인물로 나오고, 『니벨룽엔의 노래』에서는 점잖은 군주로 나오는 그이지만, 영화 속 에첼은 잔인한 야만인도, 점잖은 군주도 아니다. 그는 한마디로 '사랑에 빠진 남자'이기 때문이다. 그렇다면 영화에 나타나는 크림힐트와 에첼의 변화가 말해주는 것은 무엇인가? 이것이 이 글의 첫 번째 문제의식이다.

중세 서사시 『니벨룽엔의 노래』는 게르만족 역사에 대한 구전의 소산물이다. 라인강 유역을 중심으로 5세기에 융성했던 군다하르(Gundahar) 치하 부르군트(Burgund) 왕국의 몰락 과정에 기반하고 있다. 서사시의 화자도 부르군트족 시각에서 이야기를 풀어나간다. 보름스(Worms)에 있는 부르군트 왕국이 중심 공간이고, 그것에 맞서는 공간으로 에첼의 훈제국이 설정되어 있다. 영화도 이 점에서는 다르지 않다. 그런데 문제는 보름스의 성이 보여주는 분위기가 서사시에서 묘사되는 그것과 매우 다르다는 점이다.

부르군트 성의 풍경을 통해 중세 기사들의 전투적 역동성이 공간적으로 재현될 것이라고 기대한 관객은 이 영화를 보고 실망할지도 모른다. 부르군트 성의 풍경은 고도로 정태적이기 때문이다.[1] 역사에도 그 이름을 뚜렷이 남긴 군터(Gunther, 군다하르)의 거점이자, 게르만 영웅서사의 간판 격인 지크프리트의 활동 영역이던 공간이 이토록 둔중하고 정적인 분위기로 표현되는 이유는 무엇일까? 그리고 부르군트족의 보름스에 비하면 놀라울 정도로 역동적인 훈족의 분위기는 무엇을 의미하는가? 이것이 이 글의 두 번째 문제의식이다.

『니벨룽엔의 노래』가 쓰인 시기는 1200년 무렵으로 유럽 중세의 로맨스가 발달하던 시기, 즉 기사문학의 영웅서사가 근대적 러브스토리로 탈바꿈하는 시기였다. 이런 맥락에서 이 글은 영화에 나타나는 지크프리트, 크림힐트, 에첼의 특징을 '영웅서사'와 '러브스토리'의 충돌이라는 관점에서 살펴보고자 한다.

중세 역사학자 자크 르 고프(Jacques Le Goff)는 그의 유명한 저서 『서양 중세 문명』에서 근대 이후의 선진 사회가 중세를 논할 때 보여주는 양면적 자세를 거론하고 있다. 예컨대 18세기 계몽의 시선에서 본 중세는 암흑의 시대였지만 비슷한 시기 낭만주의는 중세의 의미를 복권하려 애쓴 것처럼, 서양 근대의 관점에서 바라본 중세는 동경의 대상이자 경멸의 대상이었던 것이다. 그리고 이러한 시선은 현대에 이르기까지 계속 이어져왔다.[2] 이에 르 고프가 말하는 '양면적 자세'가 중세 서사시를 현대 영화로 각색하는 과정에도 반영되고 있다는 가설 아래 부르군트족의 공간과 훈족의 공간을 분석해보고자 한다.

먼저 2장과 3장에서는 지크프리트를 중심으로 보름스에서 펼쳐지는 '영웅서사'를 살펴보며 그 바탕에 깔린 '사랑과 폭력의 하이브리드'를 논구하고, 지크프리트의 죽음 이후 전개되는 크림힐트의 복수에서 '여성 영웅서사의 가능성'을 도출해볼 것이다. 4장에서는 에첼의 모습을 통해 나타나는 '탈영웅서사'의 의미를 중세적 로맨스의 맥락에서 찾아본다. 그리고 5장에서는 군터의 성과 에첼의 막사로 이

원화되는 영화의 공간을 분석하면서 중세를 바라보는 현대 서구의 이중적 시선 및 이를 통해 드러나는 모더니즘적 자의식을 추론할 것이다.

2. '용을 죽인 자' 지크프리트: 영웅신화와 운명론의 결합

『니벨룽엔의 노래』에 묘사된 지크프리트의 모습은 게르만 신화에 나오는 영웅보다 중세 영웅 문학에 자주 등장하는 기사에 더 가깝다. 그의 고향으로 거론되는 크산텐(Xanten) 왕국은 이후 나오게 될 부르군트 왕국의 분위기와 차이가 없고, 심지어 나중에 나오는 에첼 왕국과도 큰 차이가 없다. 이들은 공통적으로 전성기 중세의 궁정 분위기를 보여준다.

이에 반해 영화는 전성기 중세를 연상케 하는 배경을 없애고 태곳적 자연의 일부처럼 보이는 숲속에서 지크프리트의 이야기를 시작한다. 『니벨룽엔의 노래』에서처럼 체계적인 교육 과정을 거치면서 봉건제 사회의 주역으로 성장해가는 것이 아니라, 운명적으로 주어진 신화적 영웅의 길을 걷는 것이다. 그리하여 숲속 대장장이의 동굴에서 최고의 칼을 만드는 기술을 배우고, 용을 죽여 천하무적의 신체를 얻으며, 니벨룽족의 보물을 획득해 세계 최고 부자가 된다. 이 밖에도 세상에서 제일 좋은 칼인 발뭉(Balmung)을 얻고, 언제라도 투명 인간으로 변할 수 있는 마법의 베일도 확보한다. 영웅에게 필요한 모든 요소가 갖추어진 것이다. 이제 재력이건, 무력이건 지크프리트는 누구에게도 뒤지지 않을 것이다. '용을 죽인 자'라는 지크프리트의 별명은 그가 가진 영웅적 특성들을 한마디로 포괄하는 것으로 영화에서도 주도동기(主導動機)처럼 사용된다.

『에다』에 등장하는 게르만 신화의 용은 두 가지다. 첫 번째 용은 니드회그(Nidhögg)라는 이름의 용으로, 종말론적 차원에서 언급된다. 이 용은 '세계의 나무' 주변에서 그 뿌리를 파먹고 인간의 시체를 빨아먹으며 살다 언젠가 세계가 멸망하고 신들도 몰락할 때 하늘로 날아올라 간 뒤 다시 가라앉을 것이라고 신화는 이야기한다. 이때도 인간의 시체는 용과 함께 다녀야 하는 신세다.[3] 두 번째 용은 영웅 신화의 맥락에서 나오는 파프니르(Fafnir)다. 파프니르는 원래 인간이었으나 황금에 눈이 멀어 아버지를 죽이고 황금을 독차지한 후 자신의 황금을 지키고자 스스로 용으로 변한다. 시구르드(Sigurd)에 의해 죽어가는 파프니르가 자신의 보물을 가진 자는 불행해진다고 경고하지만 시구르드는 아랑곳하지 않고 그의 보물을 빼앗아 제 갈 길을 간다.[4]

니드회그와 파프니르를 예로 본다면 게르만 신화의 용은 인간 존재의 고통스러운 결말을 예고하는 표지(標識)처럼 작용하고 있다. 파프니르처럼 인간의 욕심이 원인이건, 니드회그처럼 원래 운명적으로 그러하건 용과 결부된 영웅을 기다리는 것은 '비극적 종말'이기 때문이다. 이런 맥락에서 보면 '용을 죽인 자'라는 별칭의 함의는 이중적이다. 용을 죽일 만큼 강력하기도 하지만, 용을 죽였기 때문에 불행해지기도 한다.

영화에서 지크프리트가 죽은 용의 피로 목욕하는 장면은 영웅은 영웅이되 불행이 예정된 영웅인 지크프리트의 모습을 함축적으로 보여준다. 지크프리트는 용을 죽인 피로 목욕함으로써 강인한 신체를 얻게 되지만 우연히 주위에 있던 나무의 잎사귀가 떨어지면서 견갑골에 붙는 바람에 이 부분이 지크프리트의 아킬레스건처럼 된다. 프리츠 랑은 영화에 보리수 잎사귀가 떨어지기 전 죽어가는 용의 꼬리가 살짝 흔들리는 장면을 삽입함으로써 이러한 운명성을 이미지적으로 강화하고 있다. 마치 그의 불운은 우연에 의해서가 아니라 '운명'에 의해서라고 말하는 것처럼 보인다. 이 영화의 시나리오를 쓴 테아 폰 하르부(Thea von Harbou)의 생각에 따르면, 첫 번째 잘못에서부터 마지막 속죄에 이르기까지 모든 것이 가혹할 정도로 서로 연관되어 있다는 것이 이 영화의 줄거리다. 말하자면 용의 꼬리로 나뭇잎이 떨어지는 영화 초두부터 주요 인물이 모두 죽는 끝 장면까지 주요 사건들이 인과관계에 의한 것처럼 서로 연결되어 있는 것이다.[5]

그리스 신화의 오이디푸스(Oedipus)는 자기에게 예정된 비극을 피해보려고 최선을 다한다. 그럼에도 불구하고 그에게 예정된 운명은 일어난다. 게르만 신화의 영웅들은 어차피 몰락할 운명이라면 가던 길을 마저 가겠다는 태도를 취한다는 점에서 그리스 신화와 차이를 보인다.[6] 『에다』에서 시구르드에게 세상에 대한 지혜를 알려주는 시그르드리파(Sigrdrifa)는 총 열한 개의 충고를 들려주는데, 그중 일곱 번째는 다음과 같다.

용맹한 영웅들과 다툼이 일면
집 안에 갇혀 죽느니
싸우는 게 더 낫소.[7]

『니벨룽엔의 노래』에는 다양한 영웅이 등장하지만 이들이 공통적으로 보여주는 태도는 전사로서 자의식이다. 싸움에서 승리가 중요한 것이 아니라 지더라도 당당하게 지는 것이 중요하다. 이 때문에 비극적 종말이 예견되는 경우일수록 게르만적 영웅성은 찬연해진다. 이처럼 타고난 영웅성과 운명적 비극성의 결합이 『니벨룽엔의 노래』에서 기본 톤처럼 작용하는 이유는 무엇보다 이 노래가 막연히 구전된 신화에 바탕을 둔 것이 아니라 실제 역사에 대한 기억을 기초로 신화적 요소들이 가미된 것이기 때문이다. 이러한 의미에서 부르군트족 역사를 간단히 살펴보면 다음과 같다.

부르군트족은 4세기 라인네카(Rhein-Neckar)강 지역에서 입지가 튼튼해지기 시작해 5세기 초반 군다하르 치하에서 크게 융성했고, 413년 라인강 중류 지역에 왕국을 건설했다. 보름스와 스트라스부르크(Straßburg), 그리고 슈파이어(Speyer)가 중심지였는데, 영토를 더 넓히려고 갈리아(Gallia)의 속주인 벨기카(Belgica)를 공격했으나 패배했다. 이때 적의 총사령관이던 플라비우스 아이티우스(Flavius Aetius)가 1년 후 부르군트를 공격하면서 훈족을 동원하게 된다. 이때 부르군트족은 거의 몰살되다시피 했고, 이 끔찍한 전투에 대한 기억이 『니벨룽엔의 노래』의 바탕을 이룬다는 것이다.[8] 이 서사시에 영웅을 향한 찬탄과 그들의 몰락에 대한 애가(哀歌)가 자주 뒤섞이는 이유도 이러한 역사의 기억 때문인 것으로 보인다. 대파국이 임박할수록 고결한 영웅성이 강조된다.

영화에서도 이러한 분위기는 이어지는데, 부르군트족의 영웅들이 훈족 왕 에첼의 궁정에 간힌 상태로 불에 타 죽어가면서도 끝까지 투항하지 않는 장면이 대표적이다. 영화 초반부에는 다소 나약하고

겁쟁이처럼 보이던 군터 같은 부르군트족 인물들도 부르군트족의 몰락이 기정사실화되어가는 시점부터는 영웅성을 회복하기 시작한다. 하겐을 내놓으면 나머지 사람들은 살려서 보내준다는 크림힐트의 제안에도 흔들리지 않고 끝까지 동료를 지키려 하는 영웅들의 모습이 이어지면서 비극적 영웅성의 효과도 강렬해진다. 결론적으로 말하자면 영화는 총체적 몰락의 비극성과 그러한 비극 속에서도 유지되는 고결함에 대한 애가처럼 보인다. 어떤 영웅이 선한 영웅이고 어떤 영웅이 악한 영웅인지에 대해서는 크게 주목하지 않는다. 캐릭터상의 높낮이를 가리는 일보다 더 중요한 것은 총체적 몰락이라는 공동의 운명이기 때문이다.

그러나 이러한 영웅성의 강조는 필연적으로 남성 중심주의적 서사로 귀결되기 마련이다. 이로 인해 남녀 관계에서 사랑과 폭력의 구분이 애매한 지점도 자주 나타난다. 즉 겉보기에는 러브스토리 같지만 사실은 기껏해야 '사랑과 폭력의 하이브리드'에 불과한 영웅서사가 사건들의 흐름을 이끌어가고 있는 것이다. 지크프리트와 크림힐트, 그리고 군터와 브륀힐트(Brünhild)의 관계를 비교해보면 이러한 하이브리드의 성격이 좀 더 명확해진다.

3. 영웅서사에 나타나는 사랑과 폭력의 하이브리드

『니벨룽엔의 노래』에 나오는 지크프리트의 고향은 크산텐으로, 현재 독일 노르트라인베스트팔렌(Nordrhein-Westfalen)주에서 라인강의 저지대에 해당하는 니더라인(Niederrhein)에 위치하고 있는 도시다. 크산텐의 왕 지크문트(Siegmund)는 막강한 세력의 소유자인 데다 외국 손님들도 활수하게 대접함으로써 명성을 누린다. 아들이 기사 작위를 받게 될 즈음에도 일곱 날 동안 성대한 축제를 열어 아들을 비롯한 400명의 종자(從者)를 기사로 만든다.[9]

『니벨룽엔의 노래』 속 지크프리트는 크산텐 왕국의 지위에 걸맞게 훌륭한 교육을 받으며 자랄 뿐 아니라 타고난 재능도 남다르다. 그는 자신의 전사다움을 시험해보려고 여러 나라를 돌아다니다 부르군트족에 용감한 영웅이 많다는 것, 그리고 그곳에 크림힐트라는 아름다운 공주도 있다는 사실을 알게 된다. 이후 혼기가 가까워 오자 크림힐트를 자신의 아내로 삼고자 부르군트 왕국을 향해 떠난다. 이처럼 행복하게 살던 주인공이 어느 날 먼 곳에 사는 아름다운 여인에 대한 이야기를 듣고 그곳을 향해 떠난다는 기사문학의 주요 패턴은 「니벨룽엔」에서도 이어지고 있다.

영화 속 지크프리트는 동화에 나올 법한 숲속에서 타고난 대장장이처럼 지내다 어느 날 보름스라는 곳에 아름다운 공주 크림힐트가 산다는 이야기를 듣고 그때부터 크림힐트를 자신의 목표로 삼는다. 이후 지크프리트의 행로는 오로지 크림힐트를 아내로 삼는다는 목표를 향해 나아간다.

크림힐트는 결혼할 생각이 없고 평생을 순결하게 살기로 결심한 공주다. 그러나 그녀의 내면 상태는 부차적인 문제로 머물 뿐이다. 중요한 것은 지크프리트의 욕망과 이를 실현할 능력이다. 이 경우 지크프리트의 사랑은 정복욕에 가깝다. 크림힐트를 원하는 자세와 부르군트족을 제압하겠다는 자세에서 차이점도 두드러지지 않는다. 물론 크림힐트와 지크프리트가 서로 첫눈에 반하는 낭만적 사랑의 순간도 있다. 그럼에도 불구하고 전반적으로 보름스에서 벌어지는 사랑 이야기는 궁정식 로맨스가 생겨나기 이전의 사랑, 즉 사랑과 정복욕이 구별되기 전의 사랑을 기반으로 한다. 특히 이러한 경향이 극단화되는 것은 군터와 브륀힐트의 관계에서다. 그러나 브륀힐트는 무력으로 쉽사리 정복할 수 있는 인물이 아니라는 데에 군터의 고민이 있다.

『니벨룽엔의 노래』에 나오는 브륀힐트는 "바다 건너 저편에"(2.326) 하나의 성을 소유하고 있는 이슬란트(Iceland)의 여왕이다. 매우 아름답다는 면에서 크림힐트와 비슷하지만, 남성 영웅들을 능가하는 육체적 힘을 지녔다는 점에서는 크림힐트와 다르다. 크림힐트는 수동적으로 평생 순결을 맹세하는 정도지만, 브륀힐트는 능동적으로 자신의 결혼 조건을 내세운다. 자신과 3종 경기(창던지기, 바위 던지기, 멀리뛰기)를 해 이긴 영웅의 청혼은 받아들이겠지만, 이기지 못한 영웅은 죽음을 감수해야 한다는 것이다.

영화는 브륀힐트가 지닌 이런 막강함을 공간적 이미지를 통해 강화한다. 빌헬름 리하르트 바그너(Wilhelm Richard Wagner)가 『반지』(Der Ring des Nibelungen, 1874년)에서 그랬던 것처럼 브륀힐트의 성 주위로 불타는 바다를 배치함으로써 웬만해서는 범접하기 힘든 존재로 만들고 있다. 육체적인 힘뿐 아니라 군주라는 지위에서도 브륀힐트는 다른 남성 영웅들과 차이가 없다. 난공불락의 성이 있고, 막강한 무기도 있다. 외모를 제외하면 젠더 통념에서 확연히 벗어나는 존재가 아마존의 여왕 같은 브륀힐트인 것이다.

부르군트의 군주 군터는 바로 이 강력한 여왕을 차지하고 싶어 하지만, 힘에서 브륀힐트를 감당할 수 없다는 사실이 분명해지자 하겐의 작전과 지크프리트의 힘까지 빌려가며 브륀힐트를 제압한다. 일대일로는 도저히 이길 수 없는 여성 한 명을 제압하고자 내로라하는 남성 영웅들이 합세하고 있는 것이다.[10] 평소에는 껄끄럽던 지크프리트와 하겐의 관계도 브륀힐트를 제압하는 작전에서는 협조적으로 작동한다. 남성 중심주의에 포섭되기를 거부하는 여성을 지배하기 위해 평소에는 제각각이던 남성 영웅들이 폭력의 연대를 맺고 있는 것이다.

『니벨룽엔의 노래』 제1부에서 크림힐트만큼이나 독자의 주의를 끌던 브륀힐트가 제1부 말미에 오면 갑자기 존재감이 줄어드는데, 작품을 꼼꼼히 보지 않은 독자라면 제2부에 브륀힐트가 살아 있는 건지 아닌지도 헷갈릴 정도다. 실제로는 브륀힐트가 제2부에서도 살아 있지만 앞뒤 맥락의 개연성이 끊겨버리기 때문이다(2.1485 이하 참조). 이에 비하면 영화에서 브륀힐트의 비중은 훨씬 크다. 자존심 강한 여성 캐릭터도 더욱 뚜렷해진다. 보기에 따라서는 브륀힐트가 크림힐트보다 훨씬 더 흥미로운 인물이기도 하다. 그러나 『니벨룽엔의 노래』와 「니벨룽엔」의 줄거리는 모두 브륀힐트보다 크림힐트 쪽에 무게를 더 싣고 있다. 이는 서사의 기본 틀이 부르군트족의 몰락 과정을 바탕으로 구성되었기 때문이다. 이러한 관점은 크림힐트에 대한 묘사에도 반영된다. 중세 서사시는 몰락의 원인으로 크림힐트를 꼽고 있으며, 크림힐트에 대한 묘사에서 주도 동기처럼 등장하는 이야기도 '부르군트의 아름다운 공주'가 '부르군트의 영웅들을 죽게 한 여성'으로 변했다는 것이다. 지크프리트와 크림힐트의 사랑이라는 러브스토리적 소재를 풀어나가는 제2부에서도 중요한 것은 지크프리트를 향한 크림힐트의 사랑이라기보다 하겐과 군터에게 배신당했다고 느낀 크림힐트의 '복수'다. "부당한 수모를 겪었다면 반드시 그것에 대해 복수하라", 이는 중세 기사 계급에게 통용되는 첫 번째 정언명령과도 같은 역할을 한다. 크림힐트의 행동 원리가 '복수'에 있는이상 그녀의 동선도 영웅서사의 패턴으로부터 크게 벗어나기 어렵다. 크림힐트의 변신 과정에 영웅서사와 러브스토리가 뒤섞이게 되는 이유이기도 하다.

아름다운 공주 크림힐트는 어머니를 제외하면 남자 형제, 남자 종사, 남자 성직자들의 지도와 보호 속에서 살아간다. 그러나 이러한남성들과의 유대는 어디까지나 크림힐트가 남성의 세계를 위협하지않는 존재로 머무는 한에서만 유효하다. 이는 크림힐트가 지크프리트의 살해범으로 하겐을 지목하며 그에 대한 재판을 요구하자 군터와 그 형제들이 이구동성으로 하겐을 옹호하는 장면을 통해 더욱극명해진다. 남성 중심주의적 진영 논리가 오빠와 동생 사이의 사적정의보다 앞서고 있는 것이다. 이후 영화는 '예쁜 공주'에서 '냉혹한복수의 화신'처럼 되어가는 크림힐트의 변화를 보여준다.

그녀의 작전은 장기적 관점에서 주도면밀하게 진행된다. 자신을 도와줄 영웅이 없는 상황이 되자 지크프리트 이름으로 나라의 빈민들에게 활수하게 적선하면서 잠재적 우군을 확보해가는 전략을 취한다. 이러한 크림힐트의 의도를 간파한 하겐은 지크프리트가 남겨놓은 재산, 즉 니벨룽의 보물을 모두 라인강에 수장해버린다. 보름스안에 자신을 후원해줄 영웅이 없고 경제적 수단도 봉쇄된 크림힐트는 브륀힐트 왕국 밖에서 자신의 후원자를 찾는 전략을 택한다. 이민족 우두머리인 에첼의 청혼을 받아들인 것이다. 누이와 영영 헤어진다는 생각에 크림힐트의 오라비들이 동요하기 시작하자, 영리한 하겐은 자신과 크림힐트의 대립 관계를 부르군트 궁정과 에첼 궁정의 대립 관계로 규정함으로써 크림힐트에 대한 오라비들의 동요를 차단해나간다.

크림힐트는 에첼의 성으로 떠나기 전 마지막으로 군터의 진의를 확인해본다. 군터와 혈육의 맹세를 한 지크프리트가 살해당했는데 가만있어도 되는 것인지, 혈육이 아니더라도 국왕이라면 자신의 나라에서 벌어진 부정한 재판에 대해 모른 척하고 있어도 되는 것인지를 마지막으로 상기시켜보려는 것이다. 형제로서 군터는 잠시 괴로워하지만, 국왕으로서 군터는 단호하다. 하겐은 신하로서 군주에 대한 신의를 지켰을 뿐이고, 자신은 군주로서 그러한 신의를 저버리지 않았을 뿐이라는 것이다. 이때 하겐이 들어오고 남성들의 연대는 변함없다는 점을 상징적으로 보여주려는 듯, 그들은 한데 모여 앉아 서로의 손을 굳게 잡는다. 남성 영웅들의 태도를 확인해가면서 내심으로 결심을 굳혀가는 크림힐트의 심리 변화를 카메라는 여배우의 표정을 클로즈업하며 전달하고 있다.

에첼의 성에 도착한 후 크림힐트의 일거수일투족은 오로지 복수의 일념에 따라 이루어진다. 에첼과 결혼하는 것은 물론이고, 그와의 사이에서 아들을 낳는 것, 심지어 그 아들을 죽음에 이르게 하는 것까지도 '지크프리트를 위한 복수'의 일환이다. 원치 않는 결혼을 하고, 결혼 후 원치 않는 아이를 낳아 키우는 모든 과정이 오로지 복수를 향해 조율된다. 한때는 그저 눈을 다소곳이 내리깔고 지크프리트의 사랑을 기대하던 공주가 이제는 끔찍한 장면 앞에서도 눈 한 번 깜빡하지 않는 냉혹한 여전사로 변해가는 것이다.

물론 『니벨룽엔의 노래』에서도 크림힐트의 복수는 잔인한 방식으로 진행된다. 다만 크림힐트의 변화가 부르군트족에게 닥친 불운처럼 이야기될 뿐, 어떤 식으로 그 심리가 변해가는지에 대한 묘사는 비중이 적다. 요컨대 『니벨룽엔의 노래』의 사랑 이야기는 영웅서사의 기본 톤에 의해 좌우되는 경향이 강하다. 여성 영웅서사의 가능성을 보여주지만,[11] 기본적으로 남성 중심적 관점에서 쓰이다 보니 여성 영웅서사의 내적 정당성이 확인되지 않은 채 가능성으로만 머물고 있다. 반면 영화는 남성 주인공들에게도 낭만적 로맨스의 분위기를 첨가하고 있으며, 여성 영웅의 경우에는 내적 동인을 뒷받침함으로써 여성 영웅서사의 가능성을 좀 더 뚜렷이 부각하고 있다. 말하자면 서사시에서 기본 톤으로 유지되던 남성 중심주의적 영웅서사가 영화에 와서는 많이 약화되고 있는 것이다. 이러한 경향은 에첼의 캐릭터 변화에서 더욱 뚜렷해지며, 중세적 영웅서사와 함께 근대적 탈영웅서사의 경향까지 공존하는 것을 볼 수 있다.

4. 에첼의 변화: 영웅서사에서 러브스토리로

훈족의 왕 에첼은 「니벨룽엔」의 주인공 가운데 『에다』나 『니벨룽엔의 노래』에 나오는 이미지와 가장 많이 다른 인물이다. 『에다』에서는 사악하고 흉포한 전사 아틀리로 나오는데, 크림힐트 역에 해당하는 구드룬(Gudrun)과 결혼하고도 그녀의 오빠들이 가지고 있는 보물을 빼앗고자 그들을 초대해 죽일 만큼 잔인한 면모의 소유자다. 『니벨룽엔의 노래』에 나오는 에첼은 '잔인한 훈족' 이미지와 거리가 멀다. 기독교도와 이교도의 차이에 대한 편견도 작동하지 않는다. 활수하고 기품 있는 군주로 명성이 자자한 것으로 나온다(2.1334 이하 참조).

이처럼 에첼이 긍정적 이미지로 묘사되는 것은 디트리히 폰 베른(Dietrich von Bern, 북유럽·게르만 전설에 나오는 영웅) 전설의 요소가 섞여 들어온 때문이라고 주장하는 연구들도 있지만[12] 이와 무관하게 보더라도 『니벨룽엔의 노래』가 전반적으로 남성 영웅들을 우호적인 어조로 묘사하는 서술 원칙을 고수한다는 점을 지적할 수 있다. 이 서사시에서 남성들에게 중요한 것은 영웅성이지 사랑의 감정이 아니다. 영웅으로서 자의식과 동료에 대한 의리가 사랑의 감정보다 우위인 것이다. 이는 사랑에 빠진 기사들을 주인공으로 한 동시대 아서왕 계열의 로맨스와 대조된다. 12세기에 유행하던 '궁정식 로맨스'가 성립하려면 단순히 남자 주인공이 사랑에 빠지는 정도가 아니라 사랑이라는 감정으로 인해 시달리는 것이 중요하다. 독일 문학만 보더라도 민네장(Minnesang, 중세 기사들이 읊은 서정시)이나 『파르치팔』(*Parzival*, 중세 독일의 궁정 서사시인 볼프람 폰 에셴바흐가 쓴 대서사시)에서 볼 수 있는 '애끓는 감정'의 주체가 『니벨룽엔의 노래』에서는 부재하고 있는 셈이다.

영화 속 에첼은 게르만 신화와 중세 서사시를 거치면서 줄기차게 유지되어온 '영웅성'으로부터 확연히 벗어나 있다. 북유럽 신화에서 아틀리가 보여준 사악함이 사라진 것은 물론이고, 중세 서사시의 에첼에게서 보이던 군주다움도 없다. 유목민족의 속성대로 말 타기에 능하고 참가하는 전쟁마다 승리로 이끈 에첼이지만, 이러한 이미지는 에첼의 부하들이 나누는 노래나 이야기를 통해 전달될 뿐이다. 정작 에첼 본인은 전쟁은 고사하고 말도 타지 않는다. 에첼이 하는 일은 크림힐트에게 구애하려고 보낸 뤼디거(Rüdiger)가 어떤 소식을

가지고 올지 기다리는 것뿐이다. 전투력 강한 유목민족의 영웅이던 에첼이 '사랑에 빠진 남자'로 변신한 것이다. 크림힐트와 결혼한 후에는 아예 드러누워 지내다시피 한다. 에첼의 악사가 에첼의 막사 앞에서 큰 소리로 그를 비웃는 노래를 부를 정도다.

부하들의 비웃음을 받으면서도 옴짝달싹하지 않던 에첼이 유목민적 특성을 다시 발휘할 때가 있다. 크림힐트의 처소를 찾아가는 장면에서다. 에첼이 오랜만에 수많은 유목민족의 전사들을 이끌고 희희낙락한 표정으로 황야의 바람을 가르며 달려가는 곳은 그 어떤 전쟁터도 아닌, 이제 막 분만한 크림힐트와 그들의 아기가 있는 처소다. 이처럼 영화는 '사랑에 빠진 남자'이자 '부성애가 넘치는 아버지' 에첼의 표정을 다양한 각도에서 클로즈업한다.

「니벨룽엔」에 나오는 주요 영웅 가운데 근대적 사랑의 형태로, 또는 중세 로맨스의 형태로 사랑을 하는 인물은 에첼이 유일하다. 에첼은 지크프리트나 군터처럼 사랑과 폭력을 혼동하지도 않는다. 크림힐트의 마음을 얻으려고 모든 것을 바치다시피 했지만, 그녀의 마음 속에는 오직 지크프리트뿐이라는 사실을 확인하고 낙담하는 그의 표정은 처연하기까지 하다. 그와 맞서고 있는 부르군트족 영웅들과 비교하면 무기력해 보일 정도다.

에첼은 모든 에너지를 크림힐트에 대한 사랑에 써버린 탓에 정작 그가 상대해야 하는 적수 앞에서는 사용할 에너지가 더는 남아 있지 않은 것처럼 보이기도 한다. 그러한 그도 마침내 전사의 의지를 다시 불태우는 순간이 있다. 자신의 아들을 죽인 하겐을 향한 증오가 타오를 때다. 이때까지 크림힐트의 복수에 동참하지 않던 에첼은 처음으로 그녀의 행위에 동조한다. 그러나 크림힐트의 옆에 서서 그녀를 응원하는 에첼의 모습에는 이루지 못한 그녀와의 사랑에 대한 미련도 여전히 실려 있다. 해당 부분의 자막은 다음과 같다.

고맙소, 크림힐트! 당신이 비록 나하고 사랑에서는 한 번도 하나가 되지 못했지만, 증오에서는 마침내 하나가 되는구려!

왜 하필이면 서유럽의 정통 적자처럼 보이는 부르군트족의 어느 영웅이 아니라, 이민족인 에첼에게 로맨스의 남자 주인공 같은 역할을 맡긴 것일까? 중세 서사시에는 존재하지 않던 이 부분이 20세기 영화에서 새롭게 첨가된 것은 무엇을 의미하는 것일까? 이 문제를 파고들다 보면 에첼의 변화가 단순히 흥미를 위한 스토리 첨가로 끝나는 것이 아니라 서구 특유의 이분법, 즉 서구 중심적 주체와 타자의 이분법이 모더니즘적 시각에서 해체되고 있음을 확인하게 된다. 서두에서 언급한 '부르군트족의 정태적 공간'도 바로 이러한 지평 위에서 바라볼 때 그 의미가 좀 더 선명해진다. 주인공들의 액션은 중세 서사시의 줄거리를 따라가지만, 주인공들의 액션이 펼쳐지는 공간의 미장센은 줄거리에 대한 관객의 순차적 몰입을 방해하는 동시에 중세를 바라보는 모더니즘의 시각을 드러내는 장치로서 기능하고 있다.

5. 보름스의 궁정 대 에첼의 막사: 중세를 바라보는 모더니즘의 이중적 시각

'표현주의 영화의 거장'이라는 말은 프리츠 랑을 수식할 때 자주 등장하는 표현이고, 그의 작품「니벨룽엔」도 1920년대 표현주의 영화 목록에서 빈번하게 거론되는 영화다. 그러나 표현주의 영화의 대표적인 미장센으로「칼리가리 박사의 밀실」(Das Cabinet des Dr. Caligari, 1919년)을 떠올리는 관객이라면「니벨룽엔」의 핵심 공간인 보름스의 궁정을 보고 당혹스러울지도 모른다.「칼리가리 박사의 밀실」에서 '표현주의적'이라고 이야기되는 중요 특성들, 즉 뾰족한 선, 불안한 구조, 애매모호한 윤곽, 밑에서 위로 올려다보는 카메라의 시점 등은 나타나지 않을 뿐 아니라, 그것과는 정반대로 '안정적이고 잘 정리된 공간'이라는 인상이 주도적이기 때문이다. 군주들이나 병사들의 움직임에도 불안한 요소가 없다. 그들은 최대한 움직임을 절제하는 듯하다. 때로는 그들이 등장인물인지, 아니면 벽장식의 일부인지 구분하기도 어렵다.

병사뿐 아니라 다른 등장인물들도 움직임이 적고, 있다 해도 부

부르군트족의 병사들.

자연스럽게 움직인다. 이처럼 인위적이고 정태적인 보름스의 모습은 『니벨룽엔의 노래』에서 묘사되는 보름스의 역동성과 극명한 대조를 이룬다.

　여기에 나오는 보름스 성의 모습은 끊임없는 움직임으로 대변된다. 기사들은 빈번히 누군가를 방문하고 또 누군가의 방문을 받는다. 이 때문에 그들은 자신의 외관에도 신경 쓴다. 군터가 브륀힐트에게 구애하러 갈 때 가장 신경 쓰는 부분도 '여자들 앞에 나서게 될 경우의 멋진 옷'이다(1.354 참조). 그들이 쓰는 옷감도 호화스럽다. "눈처럼 흰 아라비아산 비단"과 "클로버 잎처럼 푸른 차차망크산 비단"에 보석을 수놓고(1.362), "제일 아름답다는 모로코와 리비아산 비단을 일찍이 어느 다른 왕족이 소유했던 것보다 더 많이 제 마음대로" 사용한다(1.364). "족제비 모피" 정도는 눈에 띄지도 않을 정도고, 아라비아산 황금을 밑바탕으로 해 무수히 많은 보석이 번쩍거린다(1.365 이하 참조). 기사의 옷뿐 아니라 말안장도 보석으로 장식하고 말의 가슴 띠에도 "황금으로 된 방울들"이 달린다(1,400). 싸워서 이기는 것만큼이나 중요한 일이 바로 이와 같은 '영웅적인 외관'인 것이다. 숫자상으로도 위압적이다. 한 번 움직일 때마다 몇백 명, 때로는 몇천 명씩 동원된다.

보름스 성이 보여주는 역동성의 핵심은 기사들의 '몸'이다. 전투가 없을 때는 기사끼리 무술시합을 벌이며 자신들의 '몸'을 유지하고, 빈번하게 벌어지는 축제나 마상시합을 통해 이러한 '몸'을 과시하기도 한다. 남성들은 자신의 육체적 남성성을 끊임없이 재현하고, 여성들은 그러한 남성성을 탐욕스럽게 응시하는 공간이 『니벨룽엔의 노래』에 나오는 보름스의 모습인 것이다. 왕비나 공주 등 신분 높은 여성들이 남성을 위해 몸에 걸칠 옷을 직접 짜 선물하는 장면에서도 남성의 몸에 대한 여성의 욕망이 간접적으로 표현되고 있다. 이런 면에서 마상시합의 의미는 단순히 전쟁이 없을 때 진행하는 전쟁 훈련 정도에 그치는 것이 아니다. 요한 하위징아(또는 호이징가, Johan Huizinga)가 자신의 주저 『중세의 가을』(Herfsttij der Middeleeuwen)에서 지적했듯이 중세 궁정에서 빈번히 벌어진 마상시합은 현대인의 스포츠보다 더 강력하고 더 에로틱한 기능을 가졌던 것이다.[13]

지크프리트가 마상시합에서 승리를 뽐낼 때도 크림힐트를 위시한 여성들은 기사들의 몸을 시선으로 탐닉하는 데 여념이 없다(1,133 이하 참조). 크림힐트와 지크프리트 사이에 특별한 말이 필요 없는 것도 시선이 언어를 보완하기 때문이다. 크림힐트와 브륀힐트의 언쟁도 이러한 욕망의 시선들이 충돌하면서 벌어진다. 브륀힐트가 보고 있는 군터가 멋있는지, 크림힐트가 보고 있는 지크프리트가 멋있는지를 놓고 언쟁하는 것이다(1,817 이하 참조). 물론 여성들도 자신의 외모를

나무 위에 앉아 있는 훈족.

치장해 남성들의 시선을 끈다. 특히 크림힐트는 압도적으로 영웅들의 시선을 잡아끈다. 그러나 화자의 서술 빈도를 기준으로 할 때 주로 남성이 보여주는 쪽이고 여성은 보는 쪽이라는 점이 주목할 만하다. '권력으로서 시선'이라는 관점에서 보자면 이른바 '남성적 시선'(male gaze)의 관계 전도가 벌어지고 있는 셈이다.

그러나 「니벨룽엔」에 나오는 보름스 궁정에는 이러한 격정적 분위기가 없다. 하위징아가 말하는 스포츠와 에로틱을 섞어놓은 듯한 중세적 역동성은 찾아볼 수도 없을 뿐 아니라, 모든 것이 지나칠 정도로 질서정연하게 배치되어 있어 과도하게 인위적이라는 인상까지 준다. 그나마 활기가 도는 때는 지크프리트가 온 이후다. 그 전의 보름스 궁정은 극도로 정태적 공간으로 묘사된다.

영화에서 중세적 역동성을 찾아볼 수 있는 곳은 부르군트 성과 대립적 위치에 있는 타자의 공간, 즉 에첼의 막사를 중심으로 펼쳐지는 훈족의 공간이다. 말하자면 『니벨룽엔의 노래』의 경우 보름스에서 재현된 중세적 역동성이 「니벨룽엔」에서는 타자의 공간으로 옮겨진 셈이다. 쾌활하게 웃거나, 떠들거나, 날렵하게 움직이거나, 열정적으로 춤추는 것에 몰입하는 일은 훈족의 나라를 특징짓는 풍경이기도 하다. 주변 환경과도 자연스럽게 어울린다. 이 때문에 때로는 인간이 자연의 일부처럼 보이기도 한다. 예컨대 나무에 앉아 있으면 나무의 일부분처럼 느껴질 정도다.

이에 반해 보름스에서는 사람들이 예술작품처럼 앉아 있다. 때로는 벽감에 세워놓은 조각처럼 보이기도 한다. 과도하게 인위적이다. 심지어 바이올린을 연주하는 폴커(Volker)의 동작도 자연스럽지 않다. 그나마 보름스 궁정에서 자연스러운 표정을 보여주는 인물은 지크프리트와 브륀힐트 정도인데, 이들도 군터나 하겐의 입장에서 보자면 외지인이나 마찬가지다. 부르군트족의 본거지인 보름스 출신이 아니기 때문이다. 지크프리트는 숲속 마을에서 자연의 일부처럼 살다 온 이방인이고, 브륀힐트 역시 아마존처럼 낭만적인 공간에서 살다 온 이방인이다. 훈족의 에첼은 말할 것도 없다. 부르군트를 중심으로 놓고 본다면 타자로 분류될 수 있을 사람들 사이에 자연스러움이 있고 역동성이 있으며 사랑도 있는 셈이다.

브륀힐트도 포로처럼 보름스에 끌려오기 전까지는 매우 역동적으로 살았으나 부르군트족의 강요된 왕비로 정착하면서 본연의 역동성을 점차 잃어간 것이나 마찬가지다. 브륀힐트의 외모나 그녀가 살았던 성은 외견상으로 부르군트족에 가깝지만, 분위기만 놓고 보자면 에첼의 훈족을 더 닮았다. 브륀힐트의 성에 사는 소녀들이 보여주는 날렵한 움직임은 에첼의 나라에 사는 훈족의 날렵함과 매우 유사한 특징을 지닌다. 지크프리트가 부르군트에 오기 전 살았던 숲속 마을도 부르군트 성에 비하면 인간적이다. 여기에는 웃음이 있고, 삶의 리듬이 있으며, 상상력도 있다. 이러한 맥락에서 부르군트 성의 공간적 타자는 에첼의 막사에 한정되지 않는다. 지크프리트가 어릴 때 살았던 숲속 마을도 타자고, 브륀힐트가 살았던 아마존의 세계도 타자의 공간인 것이다.

그렇다면 『니벨룽엔의 노래』에 묘사된 에첼의 공간은 어떠할까? 단도직입적으로 말하자면 에첼의 성과 보름스의 성은 분위기상으로 큰 차이가 없다. 에첼의 이야기는 왕비 헬헤(Helche)가 죽고 새로 아내를 구하고자 하는 군주 에첼의 사연으로 시작된다. 에첼의 명을 받고 부르군트족에 파견된 뤼디거도 명예를 중시하는 늠름한 기사다(2.1153 이하 참조). 크림힐트를 맞이하러 에첼이 갈 때 다양한 부족의 군주들이 에첼 밑으로 몰려들고 일사불란하게 행진하는 모습은 에첼이 거대한 훈제국의 지도자였음을 떠올리게 하지만(2.1338 이하 참조), 에첼의 막사에서 벌어지는 일들은 보름스 궁정에서 일어나는 일들과 비슷하다. 장식과 의상은 화려하며 기사들은 활동적이다. 기독교와 이교도가 섞여 있다는 사실을 제외하고 본다면 보름스 궁정과 차이가 없는 것이다.

에첼이 크림힐트 곁에 서 있는 동안, 오늘날에도 그러하듯이 젊은 기사들은 쉬지 않고 줄곧 말을 달려 화려한 마상시합을 벌였다. 기독교도 영웅들과 이교도 영웅들은 각기 자신들의 관습에 따라 행동했다. (2.1353)

며칠씩 이어지는 축제와 손님맞이를 위해 통 크게 인심 쓰는 군주의 모습도 비슷하다. 말하자면 『니벨룽엔의 노래』에서는 부르군트족의 공간과 훈족의 공간이 대조적인 것이 아닌, 비슷한 공간처럼 그려지고 있는 것이다. 이런 면을 고려할 때 「니벨룽엔」에 나타나는 양측의 공간적 차이는 이 영화의 문제의식을 파악하는 데 결정적 도움을 주는 것으로 보인다.

6. 결론

「니벨룽엔」은 줄거리로 볼 때 대체로 원본인 중세 서사시에 충실한 편이다. 영웅서사적 측면이 강하고 러브스토리 부분이 약한 것도 중세 서사시를 닮았다. 결정적으로 달라진 부분은 크림힐트와 에첼로 대변되는 사랑의 주체, 그리고 영화 전반에서 강조되는 공간들의 환유적 기능이다.

크림힐트의 변화는 동시대 로맨스에서는 보기 드문 여성 영웅서사의 가능성을 보여준다. 『니벨룽엔의 노래』는 영웅서사와 러브스토리의 가능성을 모두 가진 상태에서 뚜렷하게 분화하지 못하고 끝난 반면, 영화는 크림힐트의 심리적 동인을 보충함으로써 여성 영웅서사의 가능성을 강하게 부각하고 있다. 에첼의 변화는 『니벨룽엔의 노래』에서 제대로 나타나지 않은 궁정식 로맨스를 보완하는 것으로도 해석될 수 있다.

공간적 특징이라는 관점에서 볼 때 「니벨룽엔」에는 대립적인 두 공간이 존재한다. 먼저, 보름스 궁정은 문명사회의 환유처럼 보인다.

잘 정돈되어 있고 안정적이다. 그 대신 생기가 없다. 반면, 에첼의 막사로 대변되는 타자들의 공간은 어지럽지만 생기가 넘친다. 자연과 일체감도 뚜렷하다. 말하자면 '정체된 문명의 공간'과 '역동적 타자의 공간'이라는 대립적인 두 공간이 영화의 공간 구조를 구성하고 있는 것이다.

이러한 공간 구조는 서구 문명을 바라보는 프리츠 랑 특유의 관점을 여실히 드러낸다. 고도로 발전했지만 뭔가 부자연스럽고 비인간적인 공간이 랑의 영화에서 재현되는 서구 문명사회의 모습이기 때문이다. 예컨대 「메트로폴리스」(Metropolis, 1927년)의 바벨탑이 대표적이다. 모든 것이 완벽하게 갖추어졌지만 기본적인 인간성이 결여된 사회가 바벨탑으로 환유되는 서구 사회다. 이와 대조적으로 서구 문명의 타자로 규정되어온 공간들은 역동성과 자연스러움을 특징으로 한다. 여기에는 웃고 울고 떠드는 소박한 인간관계가 있고, 현실의 한계를 초월하는 상상력의 세계도 있다. 한편으로는 무질서하고 미개한 듯이 보이면서도 다른 한편으로는 자연스럽고 인간적인 것이 이 영화에서 부르군트 성과 대척점을 이루는 공간들의 특징이다.

「니벨룽엔」에서 드러나는 타자들의 공간은 현대 서구 문명이 타자를 바라보는 시각을 보여주기도 하지만, 20세기 초 모더니즘이 지나간 과거로서 중세를 바라보는 시각을 보여주기도 한다. 한편으로 어둡고 두려운 존재처럼 묘사되는 무서운 중세와, 다른 한편으로 끊임없이 낭만적 동경을 유도하는 꿈같은 중세가 공존하는 것이다. 이런 의미에서 프리츠 랑은 역사학자 르 고프가 말한 "향수 어린 장기 중세"를 모더니즘 시대에 대한 대안처럼 그의 「니벨룽엔」 속으로 불러들이고 있는지도 모른다. 그러한 중세는 "우리(=현대인)의 뿌리이자 출처이며 어린 시절"이고, "우리가 방금 떠나온 원시적이고 행복한 삶에 대한 꿈의 시대"이며, "우리가 잃어버린 세계"지만 "우리가 아직까지도 향수 어린 추억을 간직한 시대"로서 살아 있기 때문이다.[14]

단테와 베아트리체

김운찬 대구가톨릭대학교 교양교육원 교수

1. 『신곡』, 베아트리체를 찾아가는 길

『신곡』(*La Divina Commedia*)의 영어 번역자 도러시 세이어스(Dorothy Sayers)는 『신곡』의 주제를 한마디로 요약해 "신에게 이르는 길"에 대한 알레고리라고 정의한다. 하지만 다른 한편으로 보면 단테 알리기에리(Dante Alighieri, 1265–1321년)의 저승 여행은 베아트리체(Beatrice)를 찾아가는 여정이라고 할 수 있다. 저승 여행 자체가 베아트리체에 의해 마련된 것이다. "우리 인생길의 한중간에서" 길을 잃고 어두운 숲속에서 헤매고 있는 단테를 구원하고자 베아트리체가 림보(Limbo)에 있는 영혼 베르길리우스[1]에게 부탁해 단테를 저승으로 안내하게 한 것이다.[2]

하지만 그것은 베아트리체가 혼자 결정할 수 있는 일이 아니다. 그 궁극적 배경에는 성모 마리아가 자리하고 있다. 그러니까 베르길리우스가 단테에게 전하는 바에 의하면 성모 마리아가 성녀 루치아

(Lucia)에게 자신의 뜻을 전하고, 루치아가 베아트리체에게 부탁하고, 베아트리체는 다시 베르길리우스를 찾아가 부탁했다는 것이다. 다소 복잡하게 연결된 듯한데 어쨌든 단테의 저승 여행은 베아트리체에 의해 이루어졌으며, 단테의 가장 큰 열망과 행동의 동인은 바로 베아트리체를 만나는 것이었고 나머지는 모두 부수적으로 이루어지는 것이라고 할 수 있다. 물론 『신곡』은 고전 중 고전으로 꼽히는 만큼 다른 해석도 가능하지만, 여러 가지 측면에서 베아트리체가 결정적 역할과 기능을 맡고 있는 것은 사실이다.

『신곡』에서 단테가 베아트리체와 만나는 장면은 다분히 극적이고 감동적이다. 어떤 면에서는 여행의 마지막 목적지인 최고의 하늘 엠피레오(Empireo)에서 신과 삼위일체의 신비를 관조하는 것보다 더 황홀하고 극적인 만남처럼 묘사된다. 단테는 힘겹게 지옥과 연옥을 거친 다음에야 연옥산 꼭대기의 지상 천국에 이르러 비로소 하늘에서 내려오는 베아트리체와 만난다. 그러니까 힘들고 오랜 노고와 기다림 끝에 작품의 3분의 2가 마무리되는 무렵에서야 만나는 것이다. 에덴동산처럼 이상적으로 묘사되는 지상 천국은 모든 죄의 흔적마저 말끔히 씻어내 깨끗해진 영혼이 천국으로 들어가는 입구에 해당한다. 더구나 그 아름답고 이상적인 곳에서는 베아트리체가 나타나기 전 화려하고 장엄한 퍼레이드가 펼쳐진다.

거대한 촛대 일곱 개를 선두로 장로 스물네 명과 짐승 네 마리의 호위를 받으며 그리프스(Gryps)가 끄는 수레, 춤추는 여인들, 노인들의 신비롭고 놀라운 행렬이 나아오는 것이다. 장로 스물네 명은 『구약』 24권을 상징하고, 짐승 네 마리는 4대 복음서를 상징하며, 사자의 몸체에 독수리 날개와 부리를 지닌 그리프스는 인성과 신성을 동시에 지닌 그리스도를 상징하고, 수레는 교회를 상징하는 등 온갖 상징과 알레고리가 넘쳐나는 행렬이다. 거기에다 천사들이 노래를 부르면서 꽃을 뿌리는 가운데 베아트리체가 눈부신 모습으로 하늘에서 내려온다.

또한 「연옥」(Purgatorio) 전체가 고도로 승화된 문학과 예술의 노래들로 구성되어 있다는 사실을 고려하면 극적인 효과는 더더욱 배가된다. 「연옥」에서는 특히 탁월한 시인과 음악가, 화가, 세밀화가들이 많이 등장하면서 문학과 예술의 아름다움이 강조된다. 또한 속죄의 본보기가 되는 이야기, 즉 '예화'(例話, exemplum)가 많이 나오는데, 그런 장면들은 모두 한 편의 예술작품처럼 보인다. 예화들이 제시되는 방식도 다양하다. 바위 절벽이나 바닥에 돋을새김으로 조각된 그림을 통해 이야기하거나, 귓전으로 스쳐 지나가는 목소리가 이야기하거나, 아니면 속죄하는 영혼들이 노래와 합창으로 이야기하기도 한다. 때로는 단테의 꿈 또는 신비로운 환시를 통해 제시되기도 한다. 그러니까 시각과 청각, 마음속의 상상력을 적절히 활용함으로써 예술적 효과를 극대화하고 있다. 독자 입장에서 보면 마치 생동감 넘치는 그림, 아니 현대의 다양한 멀티미디어를 활용한 입체적이고 생생한 예술작품을 감상하는 듯하다.

단테의 저승 여행을 위해 안내자 두 명을 설정한 것도 만남의 극적 효과를 증대한다. 지옥과 연옥까지는 베르길리우스가 안내를 맡고, 천국에서는 베아트리체가 안내한다. 베르길리우스를 안내자로 삼은 것은 평소 단테가 그를 문학과 삶의 스승으로 섬겼기 때문이다. 로마 황금시대의 위대한 시인인 베르길리우스는 로마 건국 신화가 담긴 서사시 『아이네이스』(Aeneis)를 남겼다. 이 서사시는 로마 건국의 아버지 아이네아스(Aeneas, 그리스어 이름은 아이네이아스[Aineías])에 대한 이야기로, 트로이아 왕족 출신인 아이네아스가 트로이아가 멸망하자 온갖 모험을 겪으며 이탈리아 반도에 도착하고, 앞으로 로마를 세우게 될 왕족의 시조가 되었다는 것이다. 특히 아이네아스의 모험에는 여행 도중에 죽은 아버지의 영혼을 만나고자 지하 저승 세계에 들어갔다 나오는 일화가 포함되어 있다. 그러니까 『신곡』의 저승 여행 모티프에 본보기를 제공한 셈이다. 물론 저승 여행 또는 '하계 여행'(katabasis) 이야기는 그리스 신화에서부터 시작된, 고전 서사시의 주요 소재 가운데 하나였다. 단테는 베르길리우스를 안내자로 삼음으로써 좀 더 자연스럽게 그 전통을 활용할 수 있었다.

그러나 베르길리우스는 인간 지성의 최고봉임에도 세례를 받지 못해 천국으로 들어갈 수 없다. 이에 천국 여행이 시작되기 전 베아트리체에게 안내자 임무를 넘겨준다. 지상 천국에서 베아트리체가 화려하게 나타나는 순간 베르길리우스는 연기처럼 사라지는 것이다. 이런 아이디어 역시 베아트리체의 중요성이나 위상을 높이는 데 기여한다.

그 외에도 『신곡』에서 베아트리체는 여러 측면에서 결정적 역할을 한다. 모든 것이 베아트리체에 의해 마련되고, 또 베아트리체를 돋보이게 만들기 위한 것처럼 보인다. 거기에 따른 서사적 장치들 역시 교묘하고 효과적이다. 그런 이유에서인지 지옥의 마왕 루키페르(Lucifer)에 대한 묘사나, 천국에서 신과 삼위일체의 신비를 관조하는 장면은 독자에게 약간의 실망을 안겨줄 수도 있다. 이 두 가지는 각각 「지옥」(Inferno)과 「천국」(Paradiso)의 마지막 '노래'(canto)인 34곡과 33곡에서 이야기되는데, 그것도 노래 전체를 차지하지 않고 마치 평범한 등장인물을 대하듯 간략하게 묘사될 뿐이다. 물론 짧지만 강렬한 묘사라고 반박할 수도 있다. 하지만 지상 천국에서 베아트리체와 만남이 「연옥」 28곡에서 33곡까지 무려 여섯 편의 노래에 걸쳐 이야기되는 것과는 대조를 이룬다.

2. 베아트리체, 그녀는 누구인가?

그렇다면 베아트리체는 과연 누구이기에 『신곡』에서 그리도 중요한 역할과 일을 하는 여인으로 묘사되고 있는 것일까? 『신곡』에 나오는 베아트리체가 누구인지에 대한 학자들의 견해는 모두 일치하지 않는다. 대부분 『신곡』보다 먼저 집필된 『새로운 삶』(*La Vita Nuova* 또는 *Vita Nova*)에 나오는 베아트리체와 동일한 인물로 간주하지만 논란의 여지가 전혀 없는 것은 아니다.

단테에 의해 형성된 베아트리체에 대한 이미지는 최소한 이탈리아 문학사에 결정적 흔적을 남겼다. 그 무렵 형성되고 있던 이탈리아 문학은 단테의 베아트리체와 함께 고유의 정체성을 띠기 시작했으며, 특히 『신곡』은 현대 표준 이탈리아어를 탄생시킨 원동력이 되었다. 단테는 베아트리체를 향한 사랑의 시들을 당시 피렌체 사투리, 말하자면 '속어'(俗語, lingua volgare)로 썼다.[3] 이탈리아 최초 언어학자로 꼽히기도 하는 단테가 1305년 무렵 라틴어로 쓴 『속어론』(*De vulgari eloquentia*)에서 지적했듯이 당시 이탈리아 반도에는 지방마다 고유한 사투리가 있었고, 단테의 작품 덕택에 피렌체 사투리가 라틴어 못지 않게 탁월한 언어의 모델이 되었다. 그러니까 베아트리체에 대한 노래가 표준 이탈리아어의 탄생에 기여한 셈이다.

베아트리체는 라틴어 이름 베아트릭스(Beatrix)에서 나온 것으로, '행복하게 해주는 여인' 또는 '행복을 주는 여인'을 의미한다. (일부 출전에 의하면 '여행하는 여자' 또는 '순례하는 여자'를 뜻하는 비아트릭스[Viatrix]에서 유래한 것이라고도 한다.) 단테에 대한 거의 모든 것이 그러하듯이, 단테가 이야기하는 베아트리체가 과연 누구인지 분명하게 설명해줄 수 있는 실증적 자료는 거의 없다. 따라서 학자 대부분이 동의하는 부분에 대해서도 의혹과 논란의 실마리는 언제나 남아 있다. 그리고 아이러니하게도 그것은 베아트리체의 신비로움을 더하는 요소가 되기도 한다. 베아트리체에 대한 자료는 대부분 단테 자신이 남긴 글에서 나온 것이다. 그러나 단테의 글은 일기나 비망록이 아니라 문학작품이며, 그렇기 때문에 순진하게 문자 그대로의 의미로 받아들이기는 어렵다. 어쨌든 단테는 베아트리체에 대해 『새로운 삶』에서 비교적 상세하게 이야기한다.

『새로운 삶』 속 베아트리체

『새로운 삶』은 1293년부터 1294년 사이에 집필된 단테의 첫 작품으로 모두 42장(또는 43장)으로 구성되어 있으며, 그 안에는 서른한 편의 서정시, 즉 소네트 스물다섯 편, 발라드 한 편, 칸초네 다섯 편이 들어 있다. 그러니까 단테 자신이 쓴 시들과 이 시들에 대한 해설 산문이 어우러진 작품이다. 해설 산문에서는 수록된 모든 시들의 주요 주제를 베아트리체에 대한 사랑으로 집약하면서 그것과 관련된 여러 부수적인 이야기들을 덧붙이고 있다. 그렇게 운문과 산문이 혼합된 장르를 가리켜 라틴어로 '프로시메트룸'(prosimetrum)이라고 하는데, 단테는 『새로운 삶』 외에 1304년 무렵 집필하기 시작해 1307년 또는 1308년에 중단한 것으로 알려진 『향연』(*Il Convivio*)도 같은 형식으로 썼다. 단테 이전에 그런 독특한 형식을 사용한 대표적 작품으로는 서로마제국이 몰락한 직후에 활동한 정치가이자 철학자인 세베리누스 보에티우스(Severinus Boethius, 480~525년경)의 『철학의 위안』(*De consolatione philosophiae*)을 꼽을 수 있다.

『새로운 삶』의 주요 내용은 베아트리체를 향한 사랑이다. 간단히 요약하면 베아트리체를 처음 만났을 때부터 타오르기 시작한 사랑이 그녀가 죽은 뒤에도 식을 줄 모르고 더욱 강렬해졌다는 것이다. 베아트리체에 대한 사랑의 시는 그녀가 살아 있을 때 이미 쓰이기 시작한 것들이다. 반면, 그 시들에 담긴 여러 이중적 의미를 해설해 놓은 산문은 나중에 집필한 것으로, 시의 의미를 둘러싼 세간의 오해와 논란을 풀기 위한 것이기도 하다.

여기서 이야기하는 베아트리체는 일반적으로 피렌체의 부유한 은행가 폴코 포르티나리(Folco Portinari)의 딸(비체[Bice]라는 애칭으로 불렸다)을 가리키는 것이라고 본다. 최초의 단테학자였던 조반니 보카치오(Giovanni Boccaccio, 1313~1375년)가 그렇게 주장한 이후 거의 사실처럼 받아들여지고 있다. 『새로운 삶』에서 이야기하는 바에 의하면 베아트리체의 전기적 생애는 지극히 간단하다. 1266년쯤 태어났고, 1287년 무렵 은행가인 바르디(Bardi) 가문의 시모네(Simone)와 결혼했으며, 1290년 6월 8일 스물네 살 젊은 나이에 사망했다는 것이다. 하지만 베아트리체의 삶에 관한 확실한 자료가 거의 없어 그녀의 현실적 존재 자체에 대해 의혹을 품는 사람도 있을 정도다. 최근까지 알려진 유일한 자료는 포르티나리의 유언장으로, 시모네와 결혼한 딸 비체에게 유산을 남긴다는 내용이 들어 있다. 그 외에 비체에 대한 두어 가지 자료가 발견되었지만 그것이 단테의 베아트리체를 가리킨다고 단언하기는 어렵다.

간단히 말해 『새로운 삶』이 베아트리체에 대한 거의 유일한 출전이라고 할 수 있다. 그녀가 1266년쯤 태어났다고 보는 것도 단테의 출생 연도에서 유추한 내용이다. 단테는 1265년에 태어난 것으로 알려져 있는데, 베아트리체를 아홉 살 때 처음 만났다고 이야기하면서 그녀는 아홉 살이 거의 시작될 무렵이었고 자신은 아홉 살이 거의 끝날 즈음이었다고 했다.[4]

어쨌든 단테는 아홉 살에 "내 마음의 영광스러운 여인", 즉 "그녀를 어떻게 불러야 할지 모르는 많은 사람이 베아트리체라고 부르는 여인"을 처음 만났고, 그 순간 미세한 혈관에서도 드러날 정도로 심장이 격렬하게 떨리는 것을 느꼈다고 한다.[5] 첫 순간부터 그녀를 향한 사랑이 싹튼 것이다. 아홉 살 나이에 어울리지 않는 조숙한 감정이라고 할 수 있지만, 단테는 거의 의도적으로 첫 만남을 아홉 살로 설정한 것처럼 보인다.

아홉, 즉 9는 상징적인 숫자다. 나중에 『새로운 삶』 29(30)장 3절에서 설명하듯이 9는 바로 3의 3배수이며, 그 제곱근 3은 "셋이면서 동시에 하나인 성부와 성자와 성령"의 숫자라는 것이다. 그런 이유에서인지 단테는 특히 숫자 3에 집착하고, 이는 나중에 『신곡』의 구성과 조직에서 결정적 역할을 한다. 단테는 그런 9를 베아트리체를 상징하는 숫자로 만든다. 베아트리체와 처음 만난 시기를 아홉 살로 설정한 것을 비롯해 그녀와 관련된 거의 모든 사건이 9와 연결되는 것으로 이야기한다.

첫 만남에 이어 두 번째 만남은 다시 9년이 흐른 다음, 그러니까 열여덟 살이 되던 해에 이루어졌다고 한다. 단테는 그 꿈같은 만남을 다음과 같이 이야기한다. 다른 두 여인과 함께 길거리를 걸어가던 베아트리체와 우연히 마주쳤는데, 그녀는 말할 수 없이 우아하고 아름다운 모습으로 단테에게 인사를 건넸다는 것이다. 그녀가 인사를 건넨 시간도 아홉째 시간이었다고 한다. 이는 중세의 성무(聖務) 일과를 기준으로 하는 시간 계산법에 의한 것으로, 대략 오후 세 시에 해당한다.

심지어 베아트리체의 사망 날짜까지 숫자 9와 연결시키려고 갖가지 수단과 방법을 동원한다. 단테의 지적을 역으로 계산하면 베아트리체는 1290년 6월 8일 해넘이 한 시간 뒤에 사망했다. 단테는 1290년과 관련해 그 세기에 완벽한 숫자 10이 아홉 번 완성된 해라고 지적한다. 또 6월은 시리아 달력에 의하면 아홉 번째 달이라는 것이다. 게다가 아랍인은 해넘이와 함께 새로운 하루가 시작되는 것으로 봤기 때문에 사망 날짜와 시간은 9일 첫째 시간이었다고 주장한다.[6]

두말할 필요 없이 이런 주장은 억지로 꿰맞춘 것처럼 보인다. 하지만 그뿐이 아니다. 베아트리체와의 만남과 사랑 자체도 현실적 사건이라기보다 문학적 효과를 극대화하려고 꾸며낸 허구 같은 냄새가 짙게 풍긴다. 가장 두드러지는 것이 베아트리체와 만난 횟수다. 숫자 9를 부각하려는 의도였겠지만, 『새로운 삶』에서 단테가 명시적으로 언급한 베아트리체와 만남은 단 두 번이다. 하지만 두 번만 만났을 것이라고 생각할 수는 없다. 두 사람의 집은 비교적 가까운 거리에 있었고, 당시 피렌체는 규모가 그리 크지 않았기 때문에 마주칠 기회가 많았을 것이다. 사실 『새로운 삶』에서 단테는 아홉 살에 처음 만난 이후 여러 번 그녀를 찾아 돌아다녔으며 고귀한 자태의 그녀를 봤다고 고백하고, 열여덟 살 이후에도 몇 번 베아트리체를 본 것에 대해 이야기한다. 물론 단테가 어느 정도 거리를 두고 일방적으로 본 것이기 때문에 엄밀한 의미에서 만남은 아니라고 할 수도 있다.

게다가 두 번의 만남에서 두 사람은 전혀 대화를 나누지도 않은 것 같다. 만약 어떤 형식으로든 대화를 주고받았다면 단테가 그 사실을 기록하지 않았을 리 없다. 단지 두 번째 만남에서 베아트리체 가 건넨 달콤한 인사의 말이 처음으로 자신의 귀에 닿았고, 그래서 술에 취한 듯 황홀경에 빠졌다고 이야기할 뿐이다. 대화다운 대화를 한 번도 나눈 적 없을뿐더러 아홉 살에 처음 만났다면 두 사람이 사랑에 빠졌다는 이야기는 현실성이 떨어져 보인다.

처음 만나 사랑에 빠지는 순간 단테는 떨면서 이렇게 말했다고 한다. "여기 나보다 강한 신(神)이 있구나. 그가 와서 나를 지배하겠구나."[7] 여기에서 언급한 신은 로마 신화에서 사랑의 신 아모르(Amor) 또는 쿠피도(Cupido)로, 그리스 신화의 에로스(Eros)에 해당한다. '아모르'(이탈리아어로는 아모레[Amore])를 보통명사로 간주해 '사랑'으로 옮길 수도 있겠지만, 맥락에 따라 종종 행위의 주체로 의인화해 사용된다는 점을 고려해야 할 것이다.

아모르는 『새로운 삶』에서 또 다른 주인공같이 보인다. 단테는 자신처럼 사랑에 빠진 사람을 가리켜 "아모르의 추종자들"(fedeli d'Amor) 이라고 부른다.[8] 아모르, 즉 베아트리체를 향한 사랑은 단테를 지배하는 주인 역할을 한다. 두 번째의 황홀한 만남 뒤에 단테는 일종의 환시를 보게 되고 그것을 첫 번째 소네트로 표현했는데, 아모르가 자신을 지배하게 된 상황을 소네트 9~14행에서 상당히 인상적인 이미지로 묘사한다.

> 아모르는 즐거운 것처럼 보였는데,
> 손에는 내 심장을 들고, 팔에는 베일에 싸여
> 잠들어 있는 내 여인을 안고 있었다네.
> 그리고 그녀를 깨워 그 불타는 심장을
> 그녀가 공손히 두려워하며 먹게 하였고,
> 그런 다음 가는 것을 나는 울면서 보았네.[9]

아모르가 자신의 불타는 심장을 베아트리체에게 먹였다는 것인데, 사랑의 강렬함을 강조하기 위한 표현이겠지만 섬뜩할 정도로 대담하고 과감한 비유다. 어쨌든 『새로운 삶』에서 일관된 주제는 사랑이다.

또 한 가지 흥미로운 점은 단테가 베아트리체에 대한 사랑을 감추려고 노력했다는 사실이다. 이를 위해 다른 여인을 "진실의 가리개"로 사용했다고 한다.[10] 그런 여인은 단지 한 명이 아니고, 베아트리체가 사망한 뒤에는 소위 '창문가의 여인'까지 동원한다. 베아트리체가 죽어 슬픔에 잠겨 있는 그를 "매우 아름답고 젊고 고귀한 여인"이 창가에서 연민에 가득한 시선으로 바라봤다는 것이다.[11] 단테는 너무나 슬퍼 더는 울지도 못하고 슬픔을 토로할 수도 없는 상태에서 자주 그 자비로운 여인을 보러 갔고, 그녀의 모습을 보기만 해도 눈물이 나올 정도였다고 고백한다. 그리고 그 창문가의 여인에 대해 소네트를 몇 편 쓰기도 했는데, 문자 그대로의 의미로만 보면 분명 다른 여인을 향한 사랑 고백 같다.

하지만 그렇게 하면서까지 자신의 사랑을 감추려 한 이유에 대해서는 구체적으로 밝히지 않는다. 그 당시에는 관례처럼 부모가 어린 자식의 혼인 상대를 미리 정해놓기도 했다는 점을 고려하면, 사회적 물의를 염려해 그랬을 것이라고 짐작할 수도 있다. 베아트리체가 혼인한 뒤 단테도 도나티(Donati) 가문의 젬마(Gemma)와 결혼해 세 명 또는 네 명의 자녀를 둔 것을 보면 그럴 개연성이 높다. 어쨌든 그 이유를 밝히지 않음으로써 의구심을 증폭한 것은 사실이다.

이런 여러 정황을 고려할 때 베아트리체를 향한 사랑은 현실적 사건보다 문학적 허구에 가까워 보인다. 아니면 최소한의 현실적 사건을 토대로 거기에 풍부한 상상력을 덧붙였다고도 볼 수 있다. 만약 베아트리체를 일종의 문학적 창조물로 본다면 문제는 간단해진다. 좀 더 비약적인 상상을 해보자면, 혹시 단테가 단지 한 여인만을 위한 것이 아니라 여러 기회에 쓴 다양한 사랑의 시 전체에 대해 베아트리체를 주인공으로 한 하나의 일관적인 스토리를 제공하려 한 것은 아닌지 의심해볼 수도 있다.

반면 베아트리체와의 만남과 사랑을 실제 사건으로 본다면 그것은 정치 활동의 실패에 따른 망명 생활과 함께 단테의 삶과 문학을 결정짓는 핵심 요소가 된다. 그 두 사건의 최종적인 집약에서 위대한 걸작 『신곡』이 탄생했고, 따라서 『신곡』을 좀 더 깊이 이해하려면 언제나 그 두 사건과의 연결 가능성을 고려할 필요가 있다. 특히 단테의 작품은 대부분 서로 다른 해석을 향해 열려 있기 때문이다. 실제로도 단테는 여러 곳에서 자신의 시를 최소한 서너 가지의 중복된 의미로 읽을 것을 권유한다.[12] 당시의 『성경』 해석 방식이 자기 작품에도 적용될 수 있다는 것이다. 그렇게 중복된 의미로 읽힐 가능성 때문에 『새로운 삶』과 『향연』에서 자기 시의 특정 표현에 대해 이러 저러한 뜻이라고 직접 해설하거나 설명하기도 한다. 그리고 그 과정에서 베아트리체를 향한 사랑을 주요 열쇠로 활용했다고 생각해볼 수도 있다.

『신곡』의 베아트리체

베아트리체의 이상화는 『신곡』에서 절정에 이른다. 『신곡』 이전에 미완성으로 남긴 다른 저술 『향연』에서도 베아트리체에 대해 이야기하지만, 대부분 『새로운 삶』의 연장선상에 있다. 시와 해설 산문이 혼합된 작품의 형식도 동일하다. 반면 『향연』의 집필을 중단하고 쓰기 시작한 것으로 간주되는 『신곡』에서는 형식과 내용 면에서 모든 것이 바뀐다.

연옥의 지상 천국에서 베아트리체가 나타나는 장면을 단테는 이렇게 묘사한다.

> 그렇게 천사들의 손에 의해 위로
> 날아올랐다가 수레의 안과 밖으로
> 다시 떨어지는 꽃들의 구름 속에서,
> 하얀 베일에 올리브 나뭇가지를 두르고
> 초록색 웃옷 아래로, 생생한 불꽃 색깔의
> 옷을 입은 여인이 내 앞에 나타났다.[13]

그렇게 나타난 베아트리체는 먼저 단테를 준엄하게 꾸짖는다. 단테가 올바른 길로 인도하는 자신을 따르지 않았고, 특히 자신이 죽은 뒤 다른 사람을 따르며 그릇된 길로 갔다는 것이다. 이것은 『신곡』 서두에서 단테 자신이 "올바른 길을 잃고 어두운 숲속에서 헤매고 있었다"고 고백한 것과 일치한다.[14] 그러나 베아트리체의 비난은 일반적이고 관념적이며, 단테가 무엇을 잘못했는지 구체적으로 말하지는 않는다.

장엄한 행렬을 비롯해 온갖 극적인 연출을 거쳐 이루어진 베아트리체와 만남은 신비로운 꿈이나 환시처럼 전개되는 일련의 상징적 이미지들에서 절정에 이른다. 그리프스가 끄는 수레는 독수리와 여우의 공격을 받고, 독수리 깃털이 수북이 쌓인 수레는 또다시 드래건으로부터 공격받아 한쪽 끝이 떨어져 나간다. 그리고 사방으로 뿔이 돋은 수레 위에는 뻔뻔스러운 창녀가 앉아 곁에 있는 거인과 음탕하게 입을 맞추고, 또 그 거인은 창녀와 함께 괴물로 변해버린 수레를 끌고 숲속으로 들어간다. 신비로운 성극(聖劇) 같은 이 장면은 교회 역사를 총체적으로 상징하는 것으로 해석된다. 예를 들어 로마 제국 시대에 있었던 초기 그리스도교의 박해와 이단 논쟁, 말썽 많은 콘스탄티누스 황제의 기증서, 이슬람교의 분파, 프랑스 왕의 횡포와 교황권의 실추 등을 암시한다는 것이다. 말하자면 묵시록 같은 이미지들을 통해 교회의 역사와 현실을 집약적으로 보여준다는 해석이다. 그런데 다른 한편으로는 단테와 베아트리체의 만남이 그런 거창한 성극으로 이어진다는 것이 베아트리체의 종교적 상징성을 암시하는 듯하다.

더더욱 놀라운 일은 천국 여행에서 일어난다. 천국에 있는 축복받은 영혼들이 모두 단테와 베아트리체를 맞이하고자 몸소 마중을 나오는 것이다. 베아트리체의 설명에 의하면 천국에 있는 축복받은 영혼은 모두 최고의 하늘 엠피레오에 머무는데, 단지 인간의 감각으로 이해할 수 있도록 아홉 품계의 천사들이 관장하는 아홉 개의 하늘에서 단테 앞에 나타난다.[15] 이 영혼들은 단테를 맞이해 이야기를 나눈 다음 다시 높은 하늘로 올라간다. 참고로 「천국」에 등장하는 영혼은 모두 대단한 인물들이다. 『성경』이나 가톨릭의 역사와 전통에서 언급되는 위대한 사람들이 단테와 베아트리체를 맞이하고자 아래의 하늘로 내려온 것이다. 예를 들어 인류 최초의 아버지 아담뿐 아니라 베드로를 비롯한 열두 명의 사도, 심지어 예수 그리스도와 성모 마리아까지 친히 마중을 나온다. 단테, 아니 베아트리체가 누구이기에 그리 대단하게 환영하는 것일까?

『신곡』에서는 단테가 자신을 대단한 인물처럼 은근슬쩍 높이거나 자화자찬하는 부분이 여러 곳에서 발견된다. 예를 들어 림보에 있는 위대한 시인들과 만나는 장면에서는 최고의 시인 호메로스(Homeros), 호라티우스(Horatius), 오비디우스(Ovidius), 루카누스(Lucanus), 베르길리우스에 이어 자신이 여섯 번째라고 이야기한다.[16] 물론 『신곡』이 고전 중 고전이 됨으로써 실제로 그 말과 비슷해져 전혀 빈말은 아니지만, 지나친 감이 없지 않다. 단테의 구원을 위한 저승 여행이 궁극적으로 성모 마리아에 의해 마련되었다는 점도 똑같은 맥락으로 볼 수 있다.[17]

또 다른 예로 연옥에서 만난 세밀화가 오데리시(Oderisi)는 명성의 덧없음에 대해 이야기하면서 "한 구이도가 다른 구이도에게서 / 언어의 영광을 빼앗았고, 두 사람 모두를 / 둥지에서 쫓아낼 자가 아마 태어났을 것"이라고 말한다.[18] 이 구절에 대한 해석은 여러 가지다. 일반적인 해석에 의하면 시인 중에서는 구이도 구이니첼리(Guido Guinizzelli, 1230-1276년경)가 최고였고 지금은 구이도 카발칸티(Guido Cavalcanti, 1255년경-1300년)가 최고지만, 그 두 사람을 모두 능가할 시인이 이미 태어났을 것이라는 뜻이다. 여기에서 단테가 자기 자신을 그런 탁월한 시인으로 암시한 것이라고 해석되기도 한다.

천국에서 베아트리체는 눈부실 만큼 환한 빛으로 묘사된다. 일곱째 하늘 토성천에서 단테는 베아트리체의 얼굴을 바라보지만 그녀는 미소 짓지 않는다. 그리고 그 이유를 설명한다. 하늘에서 하늘을 거치며 위로 올라갈수록 자신의 아름다움은 더욱더 눈부시게 불타오르고, 따라서 만약 미소를 지으면 그 찬란함에 단테의 몸이 불타 재가 되어버릴 것이기 때문이란다.[19] 토성의 하늘을 지나간 후에야 단테는 베아트리체의 찬란한 빛을 바라볼 수 있게 된다. 하늘들을 거쳐 올라가는 동안 여러 가지를 관조하는 과정에서 점차 시력이 단련되어 그런 초월적인 능력을 부여받게 되는 것이다. 그리하여 엠피레오에 오른 단테는 한층 강렬한 빛, 최고 진리인 신의 빛을 직접 마주볼 수 있게 된다. 그런데 베아트리체가 눈부실 정도로 빛난다는 것은 엠피레오의 신이 지극히 강렬한 빛으로 묘사되는 것과 유사하다.

천국에서 베아트리체가 차지하고 있는 자리도 상상하기 어려울 정도다. 엠피레오에서 축복받은 영혼들은 "새하얀 장미" 모양으로 신을 둘러싸고 있으며 그 사이로 천사들이 날아다니고 있다.[20] 그 최고의 하늘로 들어가자 베아트리체는 베르나르 드 클레르보(Bernard de Clairvaux, 1090-1153년) 성인에게 단테의 안내를 맡기고 자신의 원래 자리로 올라가는데, 그곳이 바로 "최고 높은 계단으로부터 셋째 둘레"다.[21] 첫째 둘레에는 성모 마리아가 있고, 둘째 둘레에는 하와가 있으며, 셋째 둘레에 라헬이 있고 그 옆에 베아트리체가 있다는 것이다.[22] 도대체 베아트리체에게 어떤 덕성이 있었기에 천국에서 그렇게 고귀한 자리에 앉게 되었을까 의아한 생각이 들 정도다.

베아트리체의 역량은 베르나르 성인에게 부탁하는 데서도 드러난다. 프랑스 출신인 베르나르 성인은 시토회(Ordo Cisterciensis) 수도사이자 12세기의 가장 탁월한 성직자 가운데 한 명으로, 1113년에 유명한 클레르보 수도원을 세웠다. 특히 그는 성모 마리아 숭배를 널리 확산하는 데 기여했다. 그런 베르나르 성인이 베아트리체의 부탁을 받아 성모 마리아에게 기도하는데, 은총을 바라는 단테가 신을 직접 볼 수 있게 해달라는 내용이다. 그렇게 위대한 성인까지 마음대로 움직일 수 있는 베아트리체의 위상이 놀라울 뿐이다.

이런 여러 가지 상황을 종합해볼 때 『신곡』에서 베아트리체는 분명히 그 이상 높은 것을 찾기 어려울 만큼 이상적인 여인으로 승화된 모습이다. 그렇기 때문에 그녀를 포르티나리 가문의 비체 같은 현실의 여인으로 보기에는 어딘가 석연치 않다. 『신곡』의 베아트리체는 『새로운 삶』의 베아트리체와 다른 모습이고, 그녀에 대한 단테의 태도나 관념도 확연히 달라졌다는 느낌이 든다.

3. 베아트리체의 변신

이렇게 『새로운 삶』에서 『신곡』으로 넘어가면서 베아트리체가 다른 모습으로 변화한 데는 그 나름의 이유가 있겠지만, 단테에 대한 베아트리체의 지배력은 점점 더 강화되는 것처럼 보인다. 어느 정도인지 『신곡』에서 희극 같은 일화 하나가 전해진다. 연옥의 마지막 일곱째 둘레, 즉 음욕(淫慾)의 죄인들이 정화되는 곳에서 단테는 활활 타오르는 불길을 뚫고 지나가야 하는데 두려움에 망설인다. 여러 가지 말로 격려하고 용기를 북돋아도 단테가 움직이지 않자 베르길리우스는 이렇게 말한다. "너와 베아트리체 사이에 이 장벽이 있다."[23] 그 한마디에 단테는 마음을 돌리고 불속으로 뛰어든다. 그런 모습에 베르길리우스도 어이가 없는지 "세상에! 여기 그대로 있을까?" 하고 농담을 했을 정도다. 베아트리체의 이름만 들어도 그랬다는 것을 단테는 솔직하게 고백한다. "'베'와 '리체' 소리만으로도 / 나를 온통 사로잡는 존경심은 마치 / 잠드는 사람처럼 고개를 숙이게" 만들었다는 것이다.[24]

베아트리체는 단테의 펜을 거쳐 현실적 여인에서 영원하고 이상적인 천상의 여인으로 탄생하게 되었는데, 역설적으로 단테를 지배하고 인도하는 것처럼 보인다. 물론 그것은 작품 속 상황일 뿐이라고 볼 수도 있지만, 어쨌든 주객이 전도된 상황이라고 할 수 있다. 그런 베아트리체의 영향력은 처음부터 예고된 것이었다. 『새로운 삶』에서 이미 베아트리체는 현실적 여인의 이미지를 벗고 점차 문학적 상상력으로 장식된 여인, 단테의 삶과 문학에 생명력을 불어넣는 이상적인 여인으로 변화되어가는 모습을 보여준다.

사실 단테의 문학은 베아트리체로 시작되어 베아트리체로 끝난다. 속어로 쓴 다양한 형식의 시를 비롯해 『새로운 삶』과 『향연』, 『신곡』에서 베아트리체의 이미지는 여러 가지 상징과 알레고리로 표현되며, 시간이 흐름에 따라 점점 더 높고 고귀한 단계로 나아가는 것처럼 보인다. 그리하여 단테에게 베아트리체는 살아 있는 현실적 여인이자, 작품에 영감을 불어넣는 문학적 창조물이며, 동시에 신의 은총과 구원을 가져다주는 종교적 숭배의 대상이기도 하다.

이렇게 베아트리체가 이상적 여인의 모습으로 승화하게 된 것은 그 당시 피렌체를 중심으로 활동하던 시인들의 창작 경향과도 깊이 연결되어 있다. 당시 시인들은 '돌체 스틸 노보'(dolce stil novo)라는 새로운 유형의 시를 유행시켰다. 일부에서는 '청신체'(淸新體)로 번역하기도 하지만 '달콤한 새로운 문체'를 뜻한다. 그 명칭은 『신곡』에서 단테가 시인 보나준타 오르비차니(Bonagiunta Orbicciani)를 만나 이야기하는 과정에서 언급된다.[25] 보나준타는 13세기 중엽 루카(Lucca) 출신의 시인이자 공증인, 법관으로 소위 '시칠리아 학파'의 시를 토스카나 지방에 도입했지만, 단테가 속한 '달콤한 새로운 문체'의 시인들에 대해서는 논쟁적인 입장이었다. 시칠리아 학파는 12세기 중엽부터 13세기 중엽까지 시칠리아 궁정에서 발전한 철학 및 문학 운동으로, 이탈리아 문학의 탄생에 결정적 역할을 했다. 특히 나중에 신성로마제국의 황제가 된 호엔슈타우펜(Hohenstaufen) 가문의 페데리코 2세(Federico II, 1220-1250년 재위)가 다스리던 13세기 초반 최고 전성기를 누리면서 발전했다.[26]

그 '달콤한 새로운 문체'의 시 운동은 볼로냐에서 활동하던 시인 구이도 구이니첼리에 의해 시작되었지만 피렌체 시인들이 널리 확산, 발전시켰다. 구이니첼리는 단테에게 많은 영향을 끼쳤으며, 『신곡』에서 단테는 저승 여행 중에 그를 만난 기쁨에 대해 이야기한다.[27] 피렌체에서 활동한 '달콤한 새로운 문체'의 대표적 시인으로는 단테 자신을 비롯해 구이도 카발칸티를 들 수 있다. 카발칸티는 단테의 절친한 친구로 작품 여러 곳에서 언급된다. 『새로운 삶』에서 단테는 카발칸티의 이름을 직접 거론하지 않으면서도 여러 번 그를 가리켜 "나의 최고 친구"라고 부른다.[28] 특히 30장에서는 『새로운 삶』을 카발칸티에게 헌정하면서 그가 단지 속어로만 쓰기를 원했다고 밝힌다. 그리고 단테는 『신곡』의 지옥 제6원에서 카발칸티의 아버지를 만나는데, 카발칸티의 아버지는 단테에게 자기 아들이 아직 살아 있는지 묻는다. 문학적 상황과 현실의 사건을 연결해보자면 단테가 저승 여행을 할 당시, 그러니까 1300년 봄에 카발칸티는 살아 있었지만 몇 달 뒤 사망한다. 피렌체가 정치 싸움으로 혼란스러울 때 카발칸티는 단테의 당파와 다른 입장을 취하다 추방당했고, 병이 들어 돌아온 직후 사망한 것이다.

카발칸티와 함께 단테는 '달콤한 새로운 문체'의 대표적 시인으로서 1290년대 초반 이미 상당한 명성을 누리고 있었다. 그의 동료 시인들은 피렌체 사투리, 즉 "시(si)의 언어"로 시를 썼으며[29] 주로 '궁정식 사랑'을 노래했는데, 이는 12세기부터 프랑스 남부 프로방스 지방을 중심으로 활동하던 음유시인(troubadour)들로부터 영향을 받은 것이다. 그들은 대부분 여인의 아름다움을 찬미하거나, 사랑해서는 안 될 여인과의 비극적인 사랑, 그리고 그것에 따른 고통과 고뇌를 노래했다. 그들의 시에서 사랑은 고통스럽지만 진실한 것이었고, 문학적 상상력을 거쳐 고결한 열정으로 승화된 사랑의 모습으로 형상화되었다. 그런 맥락에서 두말할 필요도 없이 베아트리체는 소위 궁정식 사랑의 전형적 여인이다.

단테에게 그런 경향은 상당히 친숙한 것이었다. 무엇보다 그는 프로방스어를 알았고, 음유시인들의 시에 대해서도 잘 알고 있었기 때문이다. 그것에 대한 직접적 증거로 『신곡』을 보면 연옥의 일곱째 둘레에서 12세기 후반 프로방스 출신의 뛰어난 시인 아르노 다니엘 (Arnaut Daniel)을 만나는데, 다니엘은 단테에게 8행 분량의 시를 직접 프로방스어로 낭송해주기도 한다.

어떤 경로를 거쳤든 단테의 시는 분명 프로방스 음유시인들의 전통을 충실하게 이어받고 있다. 그러니까 베아트리체는 단테에 의해 하루아침에 탄생한 것이 아니다. 단테보다 한 세기 전에 살았던 프로방스 시인의 시에서 이미 베아트리체라는 이름의 여인이 등장한다. 프로방스 출신이지만 나중에 이탈리아 북부로 건너가 살았던 랭보 드 바케이라(Raimbaut de Vaqueiras)의 시인데, 앞부분은 『새로운 삶』 26장에 나오는 "얼마나 고귀하고 얼마나 진솔하게 보이는지"(Tanto gentile e tanto onesta pare)로 시작하는 소네트와 매우 유사하다. 물론 단테는 거기서 더 나아가 베아트리체의 이미지를 좀 더 완벽하고 이상적인 여인으로 승화시키고, 지상의 현실적 여인에서 천상의 여인으로, 거의 신적인 존재로 변모시키지만 그 배경과 뿌리는 상당히 깊은 것이다.

4. 사랑과 베아트리체

베아트리체를 매개로 하는 단테의 문학은 사랑으로 집약된다. 최소한 속어로 쓴 시들에서는 그렇다. 단테는 당시 시인들이 수준 높은 언어인 라틴어가 아니라 자기 지방의 속어로 사랑에 관한 시를 쓰기 시작한 것이 불과 150년 전부터며, 이는 라틴어를 모르는 여자들도 이해할 수 있도록 하기 위함이었다고 주장한다.

그렇게 속어 시인으로 시를 쓰기 시작한 최초의 사람은, 라틴어 시를 이해하기 어려워하는 여자에게 자기 말을 이해시키고 싶었기 때문에 그런 것이다. 그리고 이것은 사랑 이외의 주제에 대해 시를 쓰는 사람들과 다른데, 그렇게 [속어로] 시를 쓰는 방식은 처음부터 사랑에 대해 말하기 위해 고안되었기 때문이다.[30]

그런 전통을 충실히 이어받은 듯, 단테는 속어 작품들에서 주요 주제를 사랑으로 집약하고 있다. 『새로운 삶』에서 그는 이미 스스로를 가리켜 "아모르의 추종자"라 부르며 사랑을 노래하는 시인임을 선언했고, 이것은 『신곡』에서 절정에 이른다. 『신곡』은 베아트리체에 대한 사랑의 시이자, 동시에 사랑의 다채로운 모습을 다양한 측면에서 조명하는 작품이다. 그리고 그 다양한 사랑의 관념은 직접적으로나 간접적으로 베아트리체와 밀접하게 연결되어 있다.

분명 『신곡』에는 사랑과 관련된 일화가 많이 나오는데, 가장 대표적인 일화 가운데 하나는 프란체스카(Francesca)와 파올로(Paolo)의 이야기다.[31] 라벤나의 귀족 가문에서 태어난 프란체스카는 1275년 리미니의 귀족 잔초토 말라테스타(Gianciotto Malatesta)와 결혼하게 되었다. 그런데 잔초토는 불구였고, 그래서 결혼식장에 동생 파올로를 내보냈는데 프란체스카는 나중에야 그 사실을 알게 된다. 프란체스카는 결국 파올로를 사랑하게 되고, 잔초토에게 발각된 두 사람은 함께 죽임을 당했다. 단테는 그들의 비극적인 이야기를 알고 있었던 듯하며, 둘 중 한 명을 직접 만난 것으로 추정되기도 한다.

그런 이유에서인지 그들에 대한 단테의 태도는 애정과 연민으로 넘친다. 물론 그 전에 단테는 이미 "사랑 때문에 삶을 버린 영혼들"

가운데 베르길리우스가 가리키는 "옛날의 여인들과 기사들의 이름"을 듣고 "측은한 마음에 정신을 잃을 지경"이었다고 고백한다.[32] 두 사람은 휘몰아치는 태풍의 형벌 속에서도 마치 "바람결에 가볍게 걸어가듯 함께" 가고 있다. 지옥의 무서운 형벌도 그들을 떼어놓지 못하고 있는 것이다. 그리고 단테가 스승으로부터 허락을 얻어 따뜻한 말로 부르자, 두 영혼은 "마치 욕망에 이끌린 비둘기들이 / 활짝 편 날개로 허공을 맴돌다가 / 아늑한 보금자리로 날아오듯이" 가까이 다가온다.[33]

단테의 부탁에 프란체스카는 자신들의 사랑이 어떻게 싹텄고, 어떻게 서로 확인했으며, 그 일로 어떤 최후를 맞이했는지 이야기한다. 그녀의 감동적인 이야기는 애틋한 연민을 불러일으킨다. 특히 아모르, 즉 '사랑'으로 시작되는 세 문장은 사랑의 위력을 간략하게 집약하고 있으며,[34] "비참할 때 / 행복했던 시절을 회상하는 것보다 / 더 큰 고통은 없다"는 말은 일종의 경구처럼 많이 인용되곤 한다.[35] 두 사람에 대한 애정과 연민이 얼마나 강렬했던지, 단테는 결국 "죽은 듯이 정신을 잃었고 / 죽은 시체가 무너지듯이" 정신을 잃는다.[36] 지옥이나 연옥 어디에서도 그렇게 연약한 단테의 모습을 찾아보기 어렵다. 분명 단테는 사랑과 애욕의 죄에 대해 비교적 관대하게 기술한다. 한 예로 단테는 천국에서 쿠니차 다 로마노(Cunizza da Romano)를 만나는데, 그녀는 네 번이나 결혼하고 많은 염문을 뿌렸던 여인으로, 그녀를 천국에 배치한 이유에 대해 논란이 많다.[37]

이렇듯 사랑으로 인한 죄나 애정 스캔들에 대해 비교적 너그러운 태도는 "아모르의 추종자"인 단테에게는 당연한 것으로 보인다. 그리고 그 이면에는 베아트리체를 향한 자신의 사랑 역시 논란의 대상이 될 수 있다는 점이 하나의 원인으로 작용한 듯하다. 만약 현실의 사랑으로 이어졌다면, 그것은 분명히 죄가 될 수 있고 최소한 사회적으로 물의를 일으킬 수 있었다. 단테는 그런 사실을 충분히 인식하고 있었을 테다. 그렇기 때문에 만약 베아트리체에 대한 사랑이 현실적인 것이었다면 여러 문학적 장치나 서사 기법을 동원해 허구로 전환했다고 해석할 수 있다. 단테는 『속어론』에서 음유시인들의 서정시를 가리켜 "수사학적이고 음악적이며 시적인 허구", 그러니까 수사학과 음악의 기교에 따라 운문으로 쓴 허구라고 정의한다.[38] 문학적 허구로 전환함으로써 현실의 윤리나 도덕이라는 잣대를 피할 수 있는 것은 당연하다. 아니면, 베아트리체나 그녀를 향한 사랑이 아예 처음부터 문학적 상상력에 의한 허구였을 수도 있다.

『신곡』에서는 이런 좁은 의미의 사랑, 즉 남녀 간 사랑 이외에 사랑에 대한 다른 관념들도 제시된다. 대표적 예로 신의 사랑을 들 수 있다. 이 세상 모두를 창조한 것은 바로 신의 사랑이며, 이 세상을 움직이는 것 역시 신의 사랑이라는 이야기다. 지옥 입구의 문 위에는 "성스러운 힘과 최고의 지혜 / 최초의 사랑"이 지옥을 만들었다는 글귀가 새겨져 있다.[39] 그리고 『신곡』이 마무리되는 마지막 행에서는 "태양과 별들을 움직이는 사랑"이 세상 모든 것을 움직인다는 사실을 거듭 강조한다.[40]

또 한 가지 흥미로운 부분은 사랑은 죄의 원인이 될 수 있다는 주장이다. 이 주장은 「연옥」 17곡에서 베르길리우스의 설명으로 제시된다. 『신곡』에서 연옥의 산은 가톨릭에서 말하는 일곱 가지 '대죄'(大罪, peccatum mortale)의 구별에 따라 일곱 둘레로 구분되어 있다. 경우에 따라 조금씩 다르게 번역되지만 교만, 질투, 분노, 나태, 탐욕,

탐식, 음욕이 그것이다. 교만이 가장 큰 죄로 제일 아래의 첫째 둘레에서 벌을 받고, 음욕의 죄는 위쪽의 일곱째 둘레에서 벌을 받는다.

　베르길리우스는 연옥이 그렇게 배치된 이유를 설명하면서 사랑이 바로 죄의 원인이 될 수 있다고 말한다.

> 그분은 시작하셨다. "아들아, 창조주나
> 창조물은 사랑이 없었던 적은 없으니,
> 알다시피, 자연이나 영혼의 사랑이다.
> 자연의 사랑에는 언제나 오류가 없으나,
> 영혼의 사랑은 그릇된 대상 때문에, 또는
> 너무 넘치거나 모자라서 잘못될 수 있다.
> 만약 사랑이 첫째 선을 지향하고,
> 둘째 선에서 스스로를 절제한다면,
> 사악한 쾌락의 원인이 될 수 없지만,
> 만약에 악을 지향하거나, 아니면 너무
> 지나치거나 부족하게 선을 지향하면,
> 창조물은 창조주를 거스르게 된다."[41]

　여기에서 자연의 사랑은 모든 창조물이 갖는 본능적인 사랑을 의미하고, 영혼의 사랑은 인간이 자유 의지로 추구하는 인간 고유의 이성적인 사랑을 뜻한다. 자연의 사랑에는 결코 실수나 오류가 없지만 인간의 사랑은 잘못될 수 있고, 그래서 죄를 짓게 된다는 것이다. 두 가지 이유에서 그렇다. 하나는 사랑의 대상 때문이고, 다른 하나는 사랑의 방식 또는 정도 때문이다. 잘못된 대상을 향한 사랑은 그 자체로 죄가 된다. 반면에 좋은 것, 즉 선(善)은 다시 두 가지로 구별되는데, 그 각각에 대한 사랑은 정도에 따라 죄로 이어질 수도 있다. 인간에게 선은 두 가지로,[42] 첫째 선은 신의 은총과 덕성이며, 둘째 선은 지상 세계의 현세적 즐거움과 영화다. 이 두 가지 선을 추구하는 열정과 정도는 전적으로 인간의 자유 의지에 달렸으며, 그렇기 때문에 사랑의 대상과 방식에 따라 죄를 짓게 될 수도 있다.

도식적으로 요약하면 (1) 잘못된 대상으로 "이웃의 불행에 대한 사랑"은 교만, 질투, 분노의 죄로 이끌고[43] (2) 첫째 선인 신에 대한 사랑을 추구하되 그 사랑이 너무 모자라는 것은 나태의 죄가 되며, 마지막으로 (3) 둘째 선, 즉 지상의 쾌락을 절제하지 못하고 너무 지나치게 사랑할 경우 탐욕, 탐식, 음욕의 죄를 범하게 된다는 것이다.

계속되는 베르길리우스의 설명에 의하면 그런 사랑을 올바르게 통제하고자 인간에게는 자유 의지가 부여되었으니, 그로 인해 인간은 모두 자신의 행위에 책임을 지게 된다는 것이다. 인간의 영혼이 천부적으로 주어지는 성향인 사랑의 감정 때문에 죄의 구렁텅이에 빠질 수 있다는 관념은 바로 자유 의지에 의한 사랑의 한계를 지적하고 있다. 그리고 결과적으로 인간의 나약한 자유 의지는 신의 은총이나 자비 없이는 아무것도 할 수 없다는 주장으로 이어진다.

5. 종교 및 철학과 베아트리체

이렇게 사랑을 다양한 관점에서 고찰함으로써 베아트리체의 알레고리는 더 높은 차원으로 고양될 수 있었다. 그리고 그 결과 단테의 베아트리체는 전통적인 궁정식 사랑의 모델에서 한 걸음 더 나아간다. 가장 두드러지는 점이 베아트리체의 이미지가 종교와 연결된 것이다. 『새로운 삶』에서 단테는 베아트리체를 가리켜 "가장 고귀한 여인"(la gentilissima) 또는 "축복받은 여인"(la benedetta)이라고 부르지만, 아직 신성한 존재보다는 현실의 여인을 완벽하고 이상적인 모습으로 완성시키는 차원에 머물러 있었다. 그러다 『신곡』을 통해 종교, 즉 그리스도교와 연결시키면서 또 다른 차원으로 투영하고 좀 더 높은 단계에 올려놓은 것처럼 보인다.

물론 이것 역시 이전의 전통을 이어받았다고 할 수 있다. 궁정식 사랑에서 여인의 이미지를 종교와 연결시킨 사람은 '달콤한 새로운 문체'의 시인들이었다. 그들은 무엇보다 여인에게 천사, 즉 신과 인간 사이의 매개자라는 이미지를 부여했다. 그런 여인은 남자의 욕망을 숭고하게 만듦으로써 고귀하고 순수한 영혼을 갖게 해준다는 것이다. 단테 역시 그 연장선상에서 베아트리체를 천상의 여인으로 승화시켰다. 하지만 『신곡』을 통해 형성되는 베아트리체의 이미지는 단순한 서정시가 아니라 훨씬 방대하고 호흡이 긴 서사시 차원의 더욱 체계적인 구도 안에서 제시된다. 게다가 이전의 시들과 『새로운 삶』, 『향연』에서 형성된 이미지를 적절히 활용함으로써 더욱 총체적이고 완결된 모습을 이룬다. 그런 과정에서 베아트리체는 단테의 문학 전체를 관통하는 하나의 일관적인 스토리를 제공한다.

베아트리체는 종교에 앞서 철학과도 밀접하게 연결되어 있다. 단테는 '철학자 시인' 또는 순서를 바꾸어 '시인 철학자'로도 일컬어지는데, 그의 작품들에 드러나는 관념과 사유가 철학적이기 때문이다. 그리고 그것은 자연히 베아트리체의 이미지와 융합되어 있다.

물론 단테는 명시적으로 베아트리체를 철학과 연결시키지는 않는다. 오히려 철학과 베아트리체가 서로 상반되는 것처럼 이야기하기도 한다. 그것은 특히 『향연』에서 중요한 주제 가운데 하나다. 앞에서 말했듯이 단테는 베아트리체가 사망한 뒤 '창문가의 여인'에게 관심을 기울이고 그녀에 대한 시를 몇 편 쓰기도 했다. 이것 때문에 베아트리체를 향한 사랑이 변한 것처럼 보일 수도 있었다. 실제로 사람들은 문자 그대로 해석해 단테가 새로운 여인에 대한 사랑을 노래한 것으로 이해했고, 가볍고 경박하다는 비난도 나왔다.

단테는 그런 오해를 불식하려는 듯이, 그 여인을 일종의 알레고리 또는 우의적(寓意的) 의미로 읽으라고 권유한다. 간단히 말해 자신의 진정한 의도는 "칸초네들이 외부적으로 드러내는 바와는 전혀 다른 것"이었다고 주장하면서, 그 "고귀한 여인"은 바로 '철학'을 의인화한 것이라고 주장한다.[44] 창문가에서 연민에 찬 시선을 보낸 "그 여인은 신의 딸, 모든 것의 여왕, 가장 고귀하고 가장 아름다운 철학"이었다는 것이다.[45] 철학을 여인으로 의인화한 선례는 보에티우스의 『철학의 위안』에서 찾아볼 수 있다. 『향연』에서 보에티우스를 열두 번이나 인용한 단테는 그런 선례를 잘 활용해 자신의 입장을 설명한다.

간단히 말해 단테는 베아트리체를 잃은 슬픔에서 벗어나기 위한 돌파구를 찾게 되었으며, 그것을 철학에서 발견했다는 것이다. 견딜 수 없는 괴로움을 잊고자 철학 공부에 몰두했고, "어떠한 위안도 소용없을 정도로 커다란 슬픔"에 잠겨 있던 상황에서 "위안받지 못하는 사람이 스스로를 위안하기 위해 사용하는 방법"에 의존해보기로 결정했다고 한다.[46]

그래서인지 『향연』은 무엇보다 철학적 저술이다. 이전 시들에 대한 해설과 논평 형식으로 되어 있지만, 단순한 해설이 아니라 철학적이고 윤리적인 주제에 대한 논의가 주요 골격을 형성하고 있다. 거기에 더해 자신이 공부하고 습득한 내용을 모두 담고 있어 일종의 백과사전처럼 보인다. 단테는 원래 총 열다섯 권으로 이루어진 작품을 구상했지만 앞의 네 권만 쓰고 미완성으로 남겨두었다. 그 네 권만 해도 상당한 분량으로, 만약 완성되었다면 무척 두툼한 백과사전이 되었을 것이다. 이 작품의 성격은 무엇보다 제목에서 분명히 드러난다. 『향연』이란 바로 '지식의 잔치'를 뜻한다. 거기에서는 많은 사람이 지식, 즉 "천사의 빵"을 맛볼 수 있다.[47] 그런 제목과 함께 단테는 각 세부의 명칭을 '논고'(論考, trattato)라고 부름으로써 철학적 성격을 분명하게 부각했다.

어쨌든 '창문가의 여인'이 베아트리체의 자리를 대신하고 또 철학을 의인화한 것이라면 베아트리체와 철학은 배타적 입장이라고 할 수 있다. 하지만 단순히 도식적으로 해석해 서로 배타적 관계라고만 인식할 것이 아니라, 내포하고 함축하는 관계로 볼 수도 있다. 단테의 저승 여행 안내자로서 베르길리우스와 베아트리체의 관계가 대립적인 것이 아닌, 즉 그다음 단계, 좀 더 높은 차원으로 넘어가기 위해 거쳐야 하는 하나의 과정이 되는 것과 마찬가지다. 바로 그런 맥락에서 베르길리우스와 베아트리체가 단테를 번갈아 안내하도록 한 설정은 정말로 놀라운 아이디어처럼 보인다. 종교가 인간 지성의 한계를 넘어선다는 관념을 압축적이고 명료하게 강조하는 동시에, 베아트리체가 그 너머의 차원으로 승화되었다는 것을 명시적으로 보여주기 때문이다. 다른 한편으로는 베아트리체가 인간 지성의 최고 결실인 철학을 두루 섭렵하고 그다음 단계로 나아갔다는 의미로 해석할 수도 있다.

베아트리체가 단테의 문학을 비롯해 정신적 삶과 지성을 이끌어가는 여인이었다는 사실을 고려하면 그녀는 분명히 철학과 연결되어 있다. 그러니까 『신곡』을 계기로 그 단계에서 더 나아가 종교와 연결시키며 철학과 지성 차원의 이미지를 넘어섰다고 봐야 할 것이다.

사실 『신곡』에서 베아트리체는 천국을 안내하면서 철학이나 신학 또는 종교와 관련된 여러 사실에 대해 단테에게 자세히 설명해준다. 단테가 궁금해하거나 질문하는 내용뿐 아니라 마음속에 담고 있는 의문까지 읽고 해답을 제시한다. 특히 그 당시 첨예한 논쟁의 대상이던 것들에 대해서도 분명한 입장이나 대답을 표명한다. 대표적 예로 단테는 지상에서 달을 바라볼 때 얼룩처럼 보이는 이유가 무엇 때문인지 질문하고, 베아트리체는 신학과 철학, 물리학의 원리들을 동원해 설명한다. 물론 명쾌하고 일목요연한 대답처럼 보이지는 않지만, 어쨌든 상당히 길게 질문하고 대답하면서 단테의 궁금증을 풀어준다.[48] 이 대답은 『향연』의 설명과는 다른데,[49] 이는 단테가 끊임없이 공부하면서 지식 세계가 계속 확장되고 새로워졌음을 의미한다. 그러니까 그런 논의의 옳거나 그름을 떠나 철학적 탐구는 단테의 문학 전반에서 주요 관심사였다.

물론 베아트리체와 직접 관련 없는 곳에서도 단테는 철학이나 신학의 여러 문제에 대해 이야기한다. 토마스 아퀴나스를 통해 형성된 것이지만 아리스토텔레스의 물리학과 윤리학, 형이상학을 비롯해 당시 논의되던 주요 주제들을 두루 섭렵했다. 하지만 『신곡』이 무엇보다 베아트리체를 위한 노래라고 본다면 그 모든 것이 그녀를 중심으로 수렴되고 있다고 할 수 있다.

6. 마무리

이처럼 베아트리체는 단테의 문학, 최소한 속어로 쓴 작품 전체를 가로지르는 핵심 키워드 역할을 한다. 초기 시들에서 단테는 베아트리체를 향한 사랑의 즐거움과 고통에서 비롯된 심경을 노래했고,『새로운 삶』에서는 그 시들에 대한 해설과 설명을 통해 베아트리체를 이상화하면서 하나의 통일적 맥락을 부여했으며,『향연』에서는 베아트리체를 매개로 철학과 신학을 망라하는 백과사전 같은 지식의 잔치를 열었고, 마지막으로『신곡』에서는 베아트리체를 종교와 연결함으로써 신성한 천상의 존재로 승화시켰다. 그리고 이 모든 것은 방대하고 복잡하지만, 마치『신곡』처럼 체계적이고 건축학적인 구조로 서로 치밀하게 연결되어 있다.

그런 만큼 베아트리체는 상황에 따라 다른 이미지를 보이면서 다양한 상징과 알레고리로 제시된다. 사실 베아트리체는 단순하면서 동시에 복잡한 이미지로 구성되어 있다. 게다가 단테의 텍스트는 거의 대부분 다층적 의미 구조로 짜여 있어 서로 다른 해석을 허용하는데, 그것은 베아트리체의 다양한 얼굴을 더욱 풍부하게 만들면서 신비로움을 더한다. 그래서인지 베아트리체는 예상하지 못한 곳에서도 설득력 있는 해석의 열쇠를 제공한다.

현실의 여인이든 아니든, 베아트리체는 단테의 텍스트를 통해 그 이상은 상상하기 어려울 만큼 고귀하고 완벽하며 이상적인 여인의 모습으로 승화된 것이다. 그런데 그런 여인상이 단테에 의해 완성되었다는 것이 약간 아이러니하다. 여성에 대한 단테의 관념에는 상당히 부정적인 편견도 들어 있기 때문이다. 예를 들어 베로나의 영주

칸그란데 델라 스칼라(Cangrande della Scala, 1291–1329년)에게 보낸 편지에서 단테는 『신곡』의 언어, 즉 속어를 가리켜 "여자들도 읽을 수 있는 언어"라고 설명하는데, 거기에는 여성을 폄하하는 듯한 뉘앙스가 서려 있다.[50] 또한 창세기에 따라 이 지상에서 최초의 진정한 대화는 하와와 뱀 사이에 이루어졌다는 사실을 알면서도, 인류 최초로 말을 한 것은 남자였다고 생각하는 것이 더 합리적이라고 주장한다.[51] 인류의 그토록 고귀한 행위가 남자의 입이 아닌 여자의 입에서 흘러나왔다는 생각은 불합리하다는 이유에서다. 이것은 베아트리체가 순수한 문학적 허구였다는 사실을 방증한다.

어쨌든 종교와 연결된 천상적 이미지와 함께 베아트리체는 사랑에 대한 새로운 관념을 보여주었고, 이는 전통적인 궁정식 사랑을 이어받는 동시에 새롭게 혁신한 것이었다. '달콤한 새로운 문체'의 시인들에 의해 시작된 관념을 단테가 좀 더 완벽하고 이상적인 모습으로 완성했다고 할 수 있다. 그런 완벽함 때문인지 단테 이후 최소한 이탈리아 문학에서 사랑하는 여인의 이미지는 서서히 변하기 시작했다. 예를 들어 이탈리아 시인 프란체스코 페트라르카(Francesco Petrarca, 1304–1374년)와 보카치오의 작품에서는 다시 지상으로 내려온 현실의 여인으로 묘사된다. 즉 페트라르카의 라우라(Laura)는 천상의 여인보다 구체적이고 현실적인 아름다움을 지닌 여인으로 노래되고, 보카치오 작품에 이르러 여인들은 통속적인 모습까지 보여준다. 거시적 관점에서 여전히 궁정식 사랑으로 볼 수 있겠지만 단테의 베아트리체와는 분명히 다른 모습이다.

그런 맥락에서 베아트리체는 이전과도 다르고, 이후와도 다르다. 궁정식 사랑의 관념대로 사랑하는 사람의 마음을 고귀하고 숭고하게 만들면서, 더 나아가 영혼을 구원하고 신의 은총을 누리게 해주는 여인이 되었다. 또한 여러 측면에서 과거를 마무리하고 새로운 시대를 여는 과도기 역할도 했다. 궁정식 사랑의 전통을 이어받는 동시에 새롭게 변모시켰고, 중세를 마무리하면서 르네상스를 열었으며, 라틴어에서 벗어나 속어, 즉 이탈리아어와 이탈리아 문학의 탄생을 선포했다. 그 덕분에 아직도 여러 독자에게 신비로운 미소를 보내고 있다.

크리세이드와 궁정식 사랑

김현진 서울대학교 영어영문학과 교수

1. 사랑과 비밀

　백년전쟁 사가(史家)로 유명한 장 프루아사르(Jean Froissart, 1337
년경-1405년)는 영국 측 용병대장 외스타스 도브르시쿠르 경(Sir
Eustace d'Aubrecicourt)이 1350년대 말 샹파뉴에서 "숱한 훌륭한 무
공"을 쌓으며 무적으로 군림한 이유를 "그가 젊고 깊이 사랑에 빠져
있었다"는 점에서 찾는다. 그는 외스타스가 진심으로 사랑한 "지체
높은 젊은 아가씨"가 쥘리에르 백작의 딸인 마담 이자벨 드 쥘리에
르(Madam Isabel de Juliers)였다고 밝히면서 "그녀가 나중에 그의 합
법적인 아내가 되었으므로 그녀의 이름을 알리는 게 해가 되지 않는
다"고 덧붙인다.[1] 프루아사르에 따르면 이자벨은 "그가 기사로서 이
룬 위업" 때문에 외스타스와 사랑에 빠졌고, 외스타스는 그녀가 보
낸 선물과 연애편지에 고무되어 "더욱더 위대한 무훈"을 쌓을 수 있
었다. 휘하에 병사 1천 명을 거느리고 약탈을 일삼으며 "몸값을 통

해, 도시와 성의 매매를 통해, 그리고 또 [몰수한] 토지 및 가옥의 상환 대금과 자신이 발급한 안전 통행권을 통해" 엄청난 부를 축적한 용병대장의 서슬 퍼런 '무용담'이 기사도의 분칠을 하고도 반쯤 민낯을 드러내는 이 기묘한 에피소드는 궁정식 사랑의 문법에 매우 충실하다.[2] 숙녀가 기사의 용맹함에 이끌려 그를 사랑하고, 기사는 숙녀의 사랑으로 인해 더욱 용맹해지는 프루아사르의 세계에서 (그리고 그 모델이 된 궁정식 로맨스의 세계에서) 사랑은 명예의 원천이고 명예는 공론화를 전제로 하지만, 공론화된 사랑은 역설적으로 명예를 위협할 수 있다. 기사가 "깊이 사랑에 빠"지는 것 자체는 명예로운 일이나 그가 사랑하는 숙녀가 누군지 알려지는 것은 그녀가 "그의 합법적인 아내"가 아니라면 당사자, 특히 숙녀의 명예를 해친다는 것이 프루아사르의 관점이다. 사랑이 비밀이어야 하는 것은 바로 이 때문이다.

중세 궁정식 사랑을 특징짓는 비밀주의는 사랑과 결혼의 태생적 분리에 기인한다. 궁정식 사랑의 교본에 해당하는 안드레아스 카펠라누스(Andreas Capellanus)의 『고상하게 사랑하는 기술』(*De arte honeste amandi*)에서 사랑과 결혼은 근본적으로 양립 불가능한 것으로 제시된다.[3] 안드레아스는 사랑에 관한 Q&A 세션을 제공하는 부분에서 알리에노르(Aliénor) 왕비의 이름을 빌려 "부부간의 애정과 연인 간의 진정한 사랑은 완전히 다른 것이고, 완전히 다른 근원에서 유래한다"는 유권해석을 내릴 뿐 아니라,[4] 유부녀인 하층 귀족 여성에게 구애하는 상층 귀족 남성을 화자로 내세워 혼인성사(婚姻聖事)로 묶인 부부간 섹스가 혼외정사보다 훨씬 더 죄질이 나쁘다는 궤변을 설파하기까지 한다. "범상한 것을 남용할 때보다 성스러운 것을 남용할 때 언제나 벌이 더 크다"는 것이 그의 논리다.[5] 11세기 말 남프랑스 트루바두르 서정시에서 발아한 궁정식 사랑은 '숭고한' 남성 유대의 면면한 전통과 귀족 사회에 보편화된 정략결혼 관습 사이에서 문학사상 최초로 이성애의 이념적·미학적 가능성에 천착했다. 연애결혼이 불가능한 현실에서 사랑은 자연스럽게 결혼과 적대적 개념으로 상정되었고, 따라서 결혼 제도에서 소외된 트리스탕(Tristan)과 이죄(Iseult), 랑슬로(Lancelot)와 그니에브르(Guenièvre) 같은 불륜 커플에게는 사랑이 비밀이어야 할 절박한 당위성이 있었다.

로맨스 세계에서 비밀에 대한 집착은 현실 반영 및 굴절의 차원을 넘어 특권화된 라이프스타일로서 미학적 가치를 확보하는 것 또한 사실이다. 사랑을 말 못 할 비밀로 포장하는 것은 중세 로맨스 전통에서 기사와 숙녀의 문명화된 자아를 구성하는 중요한 수단이었다. 사랑해도 감히 고백하지 못하고 사귀어도 함부로 떠벌릴 수 없는 딜레마가 연인들에게는 주어진 역할인 만큼 자기표현이고 문화적 특권이었다. 일례로 크레티앵 드 트루아(Chrétien de Troyes)의 알렉상드르(Alexandre)와 소르다모르(Soredamor)는 서로 애틋하게 사랑하지만 "잿더미 아래 묻힌 석탄에서 불꽃도 연기도 나오지 않도록 자신들의 사랑을 감추고 숨겼다"가 제삼자인 왕비가 나서서 짝을 지어준 뒤에야 비로소 사랑을 나누고 결혼하기에 이른다.[6] 마리 드 프랑스(Marie de France)의 랑발(Lanval)은 "이 사랑이 알려지면 당신은 나를 영영 잃을 것이고 결코 나를 보거나 가질 수 없을 것"이라는 조건에 동의하고 나서 요정을 애인으로 맞는 행운을 누리지만 이를 지키지 못해 사랑을 잃을 위기에 처한다.[7] 알렉상드르와 소르다모르는 물론이고, 랑발과 요정 숙녀에게도 사랑을 비밀에 부쳐야 할 중대한 이유는 없었다. 하지만 그들은 사랑이 비밀이어야 한다는 전제를 당연한 것으로 받아들인다.

프루아사르와 같은 시대를 살았던 영국 시인 제프리 초서(Geoffrey Chaucer, 1343년경–1400년)의 『트로일루스와 크리세이드』(*Troilus and Criseyde*, 1386년경)는 여주인공 크리세이드에 초점을 맞추어 사랑, 비밀, 명예의 함수 관계를 탐구하는 텍스트로 읽을 수 있다. 크리세이드의 곤경을 통해 초서는 궁정식 사랑을 동력으로 삼는 로맨스 서사의 음습한 이면을 조명한다. 로맨스가 '역사'와 현실에 침윤될 때 여성 보호 장치의 꼬리표를 단 비밀주의는 필연적으로 여성의 명예를 훼손하는 결과를 낳고, 비밀에 대한 미학적 집착은 여성의 은밀한 사생활에 대한 관음증적 도착(倒錯)과 같은 궤적을 그린다. 중세 로맨스 서사는 이데올로기적 기능과 더불어 유사 포르노그래피로서의 기능 또한 수행했다고 할 수 있다.

2. 크리세이드의 곤경

『트로일루스와 크리세이드』는 트로일루스의 관점에서 읽으면 "트로이 왕 프리아무스의 아들"인 그의 "두 가지 슬픔"(double sorwe), 즉 사랑하면서 겪는 슬픔과 사랑을 잃고서 겪는 슬픔에 관한 이야기라 할 수 있다(1.1-5).[8] 형 헥토르(Hector)에 버금가는 영웅 트로일루스는 그리스 편으로 전향한 변절자 칼카스(Calchas)의 딸 크리세이드와 사랑에 빠져 번민하다가 자신의 '절친'이자 크리세이드의 아저씨뻘인 판다루스(Padarus)의 도움을 받아 그녀와 연인 관계가 된

『트로일루스와 크리세이드』15세기 초 필사본의 권두 삽화(Cambridge, Corpus Christi College, MS 061, fol. 1v). 제프리 초서가 중앙에 앉아 청중에게 『트로일루스와 크리세이드』를 낭송하고 있다. 그의 머리 위쪽으로 영국 왕 리처드 2세(1367-1400년 재위)와 앤 왕비(1382-1394년 재위)의 모습이 보인다.

다. 판다루스의 연출에 따라 서신 및 시선 교환, 첫 키스, 첫날밤을 차례로 거치면서 정점에 이른 이들의 사랑은 칼카스의 사주로 그리스 측 포로인 트로이 장군 안테노르(Antenor)와 포로가 아닌 크리세이드 사이에 이상한 교환이 성사되는 순간 비극으로 치닫는다. (칼카스는 멸망 일로의 트로이에서 딸을 구하고자 한다.) 열흘 안에 탈출해 돌아오겠다는 약속을 남긴 채 그리스 진영으로 인도된 크리세이드는 끝내 약속을 지키지 못하고 그리스 장군 디오메드(Diomede)의 애인이 되며, 절망한 트로일루스는 디오메드를 향해 복수의 집념을 불태우다가 전장에서 아킬레스(Achilles)의 손에 목숨을 잃는다. 그의 영혼은 "여덟 번째 천구의 오목한 면"까지 날아올라가 자신이 죽어 누워 있는 "지상의 작은 점"을 내려다보고서야 비로소 "이 딱한 세상"과 "눈먼 욕정"에서 벗어난다(5.1806-27).

크리세이드와 트로일루스의 러브스토리는 12세기 프랑스 작가 브누아 드 상트모르(Benoît de Sainte-Maure), 14세기 이탈리아 작가 조반니 보카치오(Giovanni Boccaccio, 1313-1375년)를 거쳐 초서의 손에서 궁정식 사랑의 서사로 재탄생했다. 브누아는 트로이 전쟁 '역사'를 중세화한 3만 316행의 장편 운문 로맨스 『트로이 이야기』(Le Roman de Troie, 1165년경)에 브리세이다(Briséida)가 트로일뤼스(Troïlus)를 배신하고 디오메드(Diomède)의 연인이 되는 에피소드를 주요 전투 장면과 교차해서 짜 넣었고, 보카치오는 1천 행 남짓한 브누아의 에피소드를 따로 떼어내 트로일로(Troilo)와 크리세이다(Criseida)의 사랑과 이별에 초점을 맞춘 총 9권 5,704행의 『일 필로스트라토』(Il Filostrato, 1335년경)로 번안했다.[9] 초서는 그로부터 반세기가 지난 뒤에 보카치오 버전을 총 5권 8,239행으로 개작해 『트로

일루스와 크리세이드』를 탈고했는데, 스티븐 바니(Stephen A. Barney)
가 추산한 바로는 "8,239행 중 5,500행 이상"이 "초서의 독립된 작
품"이라고 할 만하다.[10] C. S. 루이스(C. S. Lewis)는 일찍이『트로일루
스와 크리세이드』에 관해서 "아주 살짝만 중세적인 보카치오의 작
품을 경유해 초서가 크레티앵 [드 트루아]의 진짜 중세적인 공식으
로 부지불식간에 더듬어 되돌아간 매우 특이한 문학 현상"이라고 평
한 바 있다. 루이스에 따르면 초서는 보카치오의 플롯에 매료되었음
에도 그가 사랑을 다루는 방식에는 "이건 절대 안 되겠어!"(This will
never do!) 식으로 대응했고, 그래서 수정 작업 대부분을 "보카치오
가 궁정식 사랑의 규칙을 어겨서 저지른 실수를 바로잡는 일"에 할
애했다."[11] 궁정식 사랑에 관한 한 크레티앵에 결코 뒤지지 않는 옹호
자인 루이스는『트로일루스와 크리세이드』가 보카치오의 다분히 '근
대적'인 원작보다 "더 심오한 인간적 매력을 띠는" 이유를 중세적 감
성의 보편성에서 찾았다. "크레티앵, 기욤 드 로리스, 초서의 세계는
오비드, [윌리엄] 콩그리브, 아나톨 프랑스의 세계보다 보편적 세계에
더 가까우며 덜 닫힌 시스템"이라는 그의 엄청난 주장에 오늘날의
독자가 선뜻 공감하기는 힘들겠지만,[12] 초서가 젊은 시절 "궁정식 사
랑의 시인"으로서 매진한 이력이 이 작품에서 활짝 꽃핀 것만은 분
명하다.[13] (그렇다고 초서가 루이스처럼 궁정식 사랑의 열렬한 추종자였다
는 뜻은 아니다.)

크리세이드는 중세 로맨스 여주인공으로는 보기 드물게 주관이 뚜
렷하고 입체적인 인물이다. "나는 내 주인인 여자야"라며 "아아, 자유
로운 몸인데 / 내가 지금 사랑을 해서 내 안전을 / 위태롭게 하고 자
유를 속박해야 하는 걸까?"라고 자문할 때는 사랑과 결혼으로부터

당당히 독립을 선언하는 듯하고(2.750, 771-73), 첫 포옹 후 "이제 당신은 잡혔다"며 항복하라는 트로일루스의 장난기 섞인 요구에 "내가 일찌감치 (…) 항복하지 / 않았다면 지금 여기 있지도 않을 거예요"라고 답할 때는 '잡힌' 것이 아니라 '잡혀준' 것이라는 점, 즉 판다루스의 계략과 무관하게 자신의 의지로 트로일루스를 받아들인다는 점을 확실히 하고자 한다(3.1207, 1210-11). 포로 교환 전야에 "죽음이 닥치지 않는 한" 열흘 안에 반드시 돌아올 테니 "이렇게 이유없이 나를 불신하지 마라"며 트로일루스를 설득할 때는 지지리 무기력하고 소극적인 애인을 대신해 문제를 직접 해결하겠다는 의지를 피력하고(4.1595, 1609), 그리스 진영으로 인도된 뒤 트로일루스를 잊지 못하면서도 디오메드에게 서서히 마음이 움직이는, 논리적 해명이 불가능한 변심을 겪는 과정에서는 윤리적 판단을 유보케 하는 감정적 진정성을 확보한다. 그녀는 끊임없이 변하지만 언제나 그녀 자신이고, 가장 쉽게 흔들리지만 가장 치열하게 분투한다. 동시에 그녀는 트로일루스가 거듭 강조하듯이 지극히 "여성스러운 여인"(wommanliche wif)으로 그려진다(3.106, 1296). E. 탤벗 도널드슨(E. Talbot Donaldson)의 말마따나 그녀에게는 트로일루스와 디오메드뿐 아니라 화자와 남성 독자까지 사로잡는 치명적인, 젠더화된 매력이 있다. "'사랑의 신의 하인의 하인'인 사랑받지 못하는 이 [화자]가 너무 설득력 있게 크리세이드와 사랑에 빠져서 이 시를 읽는 거의 모든 남성 독자가 그를 모방하고, 그래서 우리 모두 트로일루스의 상심을 공유하며 때로는 상심이 너무 격해서 트로일루스가 배운 교훈을 배우지 못하기도 한다"는 도널드슨의 고백은[14] 캐럴린 딘쇼(Carolyn Dinshaw)에 의해 '남성적 읽기'의 예로 마땅히 비판받은 바 있으나,[15]

크리세이드가 재현·소비되는 방식에 대해서 여전히 중요한 시사점을 던져준다.

이 특별한 로맨스 여주인공은 서사시 세계에 불시착함으로써 예기치 못한 곤경에 처한다. 그녀는 트로일루스와 더불어 정통 프렌치 스타일 궁정식 사랑을 추구하지만, 이죄나 그니에브르와 달리 트로이 전쟁이라는 거대한 '역사'의 압박을 온몸으로 느껴야 한다. (초서 시대에는 '역사'가 사실 여부와 무관하게 과거에 일어난 일에 대한 '진리'를 담은 기록을 의미했고, 따라서 중세화된 고전 서사시 소재 또한 역사로 간주되었다.) 브누아를 거쳐 보카치오에게 전승된 서사시 세계는 적어도 겉보기에는 로맨스 세계보다 여성에게 더 적대적인 곳이다. 그래서 오히려 역사적 현실에 더 근접한 곳이기도 하다. 『트로이 이야기』에서 여성은 전리품 또는 남성 간 교환 대상으로만 가치를 지니고 "여자들에게 의지하거나 여자들을 믿는 사람은 그로 인해 값비싼 대가를 치른다."[16] 『일 필로스트라토』에서 판다로(Pandaro)는 "모든 여자는 성적으로 욕망에 사로잡혀 살고 수치에 대한 두려움 말고는 아무것도 그녀를 제어하지 못한다"며 자신의 사촌을 사랑하는 트로일로에게 태연히 '노 민스 예스'(No Means Yes) 법칙을 전파하고(2.27), 이는 크리세이다의 변심을 통해 입증된다.[17] 반면에 초서의 트로이는 "우리는 여기서 여성을 매매하지 않는다"는 헥토르의 대사에서 드러나듯이(4.182) 궁정식 이데올로기가 훨씬 더 촘촘하게 작동하는 곳이다. 하지만 로맨스 장르가 이질적인 '역사'의 맥락에 포섭되면서, 즉 트로이 전쟁의 전말과 트로이의 임박한 멸망이 '진리'로 터를 굳히면서 이데올로기의 작동은 크게 제약을 받는다. 헥토르의 기사도 정신에도 불구하고 크리세이드는 그리스 진영으로 트레이드될 수밖에 없고, 트로일루스마저 어느 순간 여성의 거래를 자신의 당연한 권리로 인식하는 듯한 태도를 보인다.[18] 이 세계에서 크리세이드의 변심은 딘쇼가 갈파하듯이 "가부장제 사회 자체의 최선의 이익"에 부합한다. "가부장제가 지속되려면 남성 사이에서 교환된 여성은 그녀의 욕망을 자신의 소유권을 입수한 남성의 욕망에 맞추어야 한다. 그렇다면 크리세이드의 '마음이 굳지 않은 것', 곧 부정(不貞)을 범할 수 있는 그녀의 바로 그 능력이 가부장제 사회의 조직을 강화하는 목적으로 이용될 수 있다. (…) 그녀가 배신한 것은 남성이 통제하는 권력 구조가 아니다. 그녀는 남녀 관계가 호혜적이라는 환상, 즉 여성이 거래되는 실태를 가리기 위해 만들어진 환상을 배신한 것뿐이다."[19] 요컨대, 크리세이드는 로맨스가 표방하는 궁정식 사랑의 판타지를 배신한 것이지, 로맨스 세계의 작동 원리를 배신한 것이 아니다. 그녀에게는 교환에 불응할 방법이 없었고 교환된 뒤에는 탈출할 수단이 없었다. '곤경에 빠진 아가씨'가 스스로 탈출하는 것은 로맨스 여주인공의 직무 수칙에 어긋날뿐더러 장르의 문법에 위배되는 일이기도 하다.

이런 상황에서 크리세이드의 자아는 강압과 자유 의지가 혼란스럽게 뒤섞인 채로 구성된다. 트로일루스의 진심과 함께 판다루스의 압력을 전달받은 날 밤 그녀는 언뜻 이해하기 힘든 꿈을 꾼다.

> 잠이 들자마자 그녀는 곧 꿈을 꾸었다.
> 깃털이 뼈처럼 흰 독수리 한 마리가
> 그녀 가슴 아래쪽에 긴 발톱을 대고
> 가슴을 찢어 심장을 꺼낸 뒤에 바로

자신의 심장을 그녀의 가슴 안에 넣는 꿈이었다.

그녀는 두렵지 않았고 고통스럽지도 않았다.

독수리는 심장 대신 심장을 남겨두고 날아갔다.[20] (2.925-31)

연인끼리 심장을 맞바꾸는 것은 궁정식 사랑의 전통에서 흔히 쓰이는 모티프다. 하지만 트로일루스를 가리키는 것이 틀림없는 이 독수리는 발톱으로 가슴을 찢고 심장을 적출하는 엄청난 폭력을 크리세이드에게 가한다. 그런데 "그녀는 두렵지 않았고 고통스럽지도 않았다"는 것이다. 독자를 혼란스럽게 하는 이 역설은 크리세이드의 처지에 정확히 들어맞기에 의미심장하다. 트로일루스는 "나는 그녀의 남자로 살고 죽을 것이고 / 절대 다른 사람을 섬기지 않겠다"는 약조를 끝까지 지키며(4.447-48), 신분상의 우위와 전사로서 명성이 무색할 만큼 근무 외 시간을 눈물과 한숨으로 소일하고 크리세이드 앞에서는 한없이 작아지는 순정적이고 수동적인 남자로 그려진다. 하지만 그의 뒤에는 (자신은 연애에 소질이 없다면서) 그녀를 그의 것으로 만들기 위해 기기묘묘한 술책을 다 동원하는 판다루스라는 탁월한 이론가가 있다. 이 환상의 복식조는 심하게 말하면 크리세이드를 상대로 고도로 분업화된 자살 공갈단 노릇을 한다고 할 수 있다. 둘 중 하나는 계속 징징대며 나는 죽는다, 이제 정말 죽는다 하고, 명색이 왕자라면서 부친이 전쟁 중 변절해 '을'일 수밖에 없는 과부 앞에서 바들바들 떨다가 살짝 아쉬운 소리를 듣고 급기야 졸도하기까지 한다(3.1086-92). 그사이 다른 하나는 네가 그러면 내 친구와 내가 다 죽으니까 우리를 살리든 말든 네 마음대로 하라며 끈질기게, 용의주도하게, 끈적끈적하게 조카를 압박하고, 자신이 그녀에게 "이

망상"을 주입해 뚜쟁이 짓을 한 것을 자각하면서도(3.275) 결국 그녀를 트로일루스와 한 침대로 몰아넣는다. 다시 말해, 트로일루스는 '더티 잡'을 고스란히 판다루스에게 떠넘긴 덕분에 순진한 피해자로 각인된다. (이 둘이 '합체'하면 어떤 인물이 나올지는 음험하면서도 효율적인 디오메드의 존재를 통해 추측해볼 수 있다.) 그런데도 그녀는 정말 두려워하지도, 고통스러워하지도 않으며 자신이 감정의 주체라고 굳게 믿는다. 초서는 이 엄청난 역설을 놀랍도록 매끈하게 하나의 서사로 이어 붙인다. 판다루스가 다녀간 날 오후 독수리 꿈을 꾸기 전에 크리세이드는 하루치 전투를 끝낸 트로일루스가 팬덤을 이끌고 퇴근하는 광경을 우연히 창 너머로 목도하고 가슴 설레는 경험을 한다.

> 크리세이드는 그의 모습을 눈에 담기 시작했고
> 그것이 마음속에 부드럽게 가라앉게 두었다가
> 이렇게 중얼거렸다. "누가 내게 묘약을 주었지?" (2.649-51)

판다루스가 이식한 감정이 크리세이드 자신의 것으로 화학 변화를 일으키는 이 장면은 초서의 섬세한 묘사로 인해 실감이 배가된다.

크리세이드에게 사랑은 명예가 걸린 모험이며 명예는 비밀을 전제로 성립한다. 애초에 그녀는 자신의 명예와 이름을 지킬 수 있는 범위에서만 트로일루스의 구애에 응하겠다는 태도였다(2.466-68, 476-80, 759-63). 그래서 그를 자신의 침소로 들이기에 앞서 판다루스에게 "나는 명예를 지키고 그는 즐거움을 누릴 수 있게 / 이제부터 일을 매우 신중하게 처리해달라"고 당부하고(3.943-44), 안테노르와의 맞교환을 피해 야반도주하자는 그를 "이런 식으로 내가 당신과 달아

영국 켐스콧 출판사(Kelmscott Press)에서 1896년 출간한 『제프리 초서 작품집』(*The Works of Geoffrey Chaucer*)에 실린 에드워드 번존스(1833–1898년)의 목판 삽화. 전투를 끝내고 '퇴근'하는 트로일루스를 크리세이드가 훔쳐보고 있다.

나면 / [내 체면이] 어떤 오명으로 얼룩질지" 생각해보라며 저지한다 (4.1578-79). 판다루스와 트로일루스 또한 그녀의 명예에 우선순위를 부여한다. 판다루스는 첫 키스 장면 직후 트로일루스에게 "그녀가 비난받지 않게 해주고 / (…) 그녀의 이름을 언제나 보호해달라"고 간청하며(3.265-66), 트로일루스는 포로 교환이 결정되고 난 뒤 "내가 내 목숨 살리려고 그녀의 명예를 / 지키지 않는 것을 신이 금하셨으므로 / 그녀를 수치스럽게 하느니 차라리 죽어버리겠다"는 각오를 다진다(4.565-67). 크리세이드는 명예를 지키는 것이 어떤 의미인지 대놓고 말하지 않지만 "내가 공개적으로 그 일에 끼어들려고 하면 / 그녀의 이름에 분명히 해가 될 것"이라는 트로일루스의 방어 논리에서 드러나듯이(4.563-64) 그녀를 둘러싼 명예 담론은 결정적 순간마다 비밀 유지라는 하나의 꼭짓점으로 수렴한다. 보카치오의 연인들에게는 사랑이 비밀이어야 할 지극히 현실적인 맥락이 있었지만[21] 초서는 궁정식 사랑의 이름으로 그 흔적을 대부분 지워버렸다. 그래서 그의 남녀 주인공은 랑발과 그의 애인처럼 비밀 연애라는 라이프스타일에 미학적으로 집착하는 듯 보이는 것 또한 사실이다.

　하지만 비밀은 크리세이드의 명예에 딱히 도움이 되지 않는다. 영웅 서사시와 기사 로맨스를 특징짓는 '수치심 문화'(shame culture)에서 명예는 앞서 언급했듯이 공론화를 필요조건으로 삼지만, 정작 크리세이드에게 사랑의 공론화는 복구 불가능한 명예 훼손을 의미한다. 그녀가 비밀 연애를 통해 기대할 수 있는 이득은 이미 보유한 명예, 즉 "지금까지 사람들 사이에서 (…) 신성시된 / 그녀의 이름"을 아슬아슬하게 지키는 것뿐이다(3.267-68). 로맨스의 남주인공은 사랑으로 인해 더 나은 기사가 됨으로써 자력으로 명예를 쌓을 수 있지만, 여주인공의 명예는 그런 남성을 애인으로 두었다는 사실에서 부차적으로 파생한다. 그런데 그 사실을 알릴 수 없고 알려서도 안 되는 것이 크리세이드의 처지다. 설상가상으로 그녀는 로맨스 '여주'의 특권인 기사의 무력 호위마저 제대로 누릴 수 없다. 랑슬로/란슬롯은 그니에브르/귀니비어(Guinevere)가 언제 어디서 어떤 곤경에 처하든 그녀를 구출하고, 그녀가 어떤 혐의를 받든 결투 재판에서 승리해 그녀의 무죄를 입증한다. 설령 주군인 아서왕에 맞서는 한이 있더라도, 심지어 그녀의 유죄가 확실한 경우라도 언제나 그녀 편에 서서 칼을 든다. 그러나 트로일루스는 그렇게 할 수가 없다. 편력 기사에게 무한히 열려 있는 정상적 로맨스 공간과 달리 초서의 트로이는 디오메드의 말처럼 '감옥'이나 다름없는, "아무도 살아나오지 못할" 곳이다(5.883-85). 출구 없이 닫힌 세상에서 갇힌 사랑을 하는 트로일루스에게는 성 밖의 그리스군을 공포에 떨게 하는 무력이 아무 쓸모가 없다. 게다가 그는 저돌성과 현실 감각을 판다루스에게 양도한 대가로 극단적인 행동력 결여 상태에 빠져 있다. 그래서 크리세이드를 보내는 것에 공개적으로 반대할 수도 없고 그녀와 함께 도망칠 수도 없으며[22] 판다루스의 제안처럼 그녀를 잊고 다른 여자를 사랑할 수조차 없다. 단순하고 천진한 멋쟁이 왕자님은 첫눈에 사랑에 빠지면 그만이지만, 계엄 상황에서 남성 보호자 없이 여성으로 살아가는 일이 결코 만만치 않은 크리세이드는 자신의 명예 말고도 판다루스의 체면과 은근한 위압, 트로일루스의 매력과 '스펙', 그의 구애를 거부할 때 생길 수 있는 불이익(2.708-14), 그간 과부로서 누려온 자유(2.750-56) 등 고려할 점이 한두 가지가 아니다. 온갖 것을 따져보고 어렵사리 시작한 은밀한 사랑은 그녀의 협소한 행동반경을 더욱 협소하게 할 뿐 그녀에게 어떤 명예, 어떤 현실적 보상도 안겨주지 않는다.

크리세이드는 결국 로맨스 여주인공에게 비밀이 허용되지 않는다는 암울한 인식에 다다른다. 그녀는 명예 때문에 비밀에 집착했고 비밀에 집착했기에 야반도주를 거부한 채 '자진해서' 강제 트레이드에 응한다. 그런데 그 비밀이란 것이 아주 편리하게 편향적이어서 그전까지는 물샐틈없이 지켜지는 듯하다가 (또는 그럴 것 같은 느낌을 주다가) 그녀가 트로일루스를 배신하려고 하자 돌연 대단히 취약한 것으로 드러난다. 그녀는 변심하기 전부터 약속한 기일을 넘길 경우 "사방에서 비난받게 될 것"을 우려하고(5.699), 변심한 직후에는 자신의 평판이 땅에 떨어진 것을 한탄한다. (보카치오에는 없는 독백이다.)

아아, 이제 깨끗이 영영
사랑에 신실한 내 이름은 사라져버렸다.
비할 데 없이 가장 고결한 사람,
가장 훌륭한 사람을 내가 배신했으니 말이다.

아아, 나에 관해선 세상 끝날 때까지
좋은 말이 쓰이지도 불리지도 않을 것이다.
이 책들이 나를 힐난할 테니 말이다.
오, 나는 온갖 사람 혀에 오르내릴 것이고
온 세상에 내 종이 울려 퍼질 것이다.
여자들은 나를 가장 싫어할 것이다.
아아, 내게 이런 운명이 닥치다니. (5.1054-64)

크리세이드는 새 연인을 받아들이기 전에 "이 극성스러운 디오메드가 한 말들, / 그의 높은 신분, 그 도시의 위기, / 자신이 외떨어져 친구의 도움이 / 필요하다는 점을 마음속으로 이리저리 / 반추하면서" 고민에 빠진다(5.1023-27). 트로일루스로부터 구애를 받았을 때와 거의 동일한 숙고의 과정을 거치는 셈이다. 그런데도 그녀는 변심이 일어나자마자, 즉 "그녀가 그에게 자신의 마음을 주었다"는 화자의 서술이 이루어지자마자(5.1050) 바로 '악플' 지옥에 떨어진 것을 직감한다. 그녀의 명예 실추를 화두에 올리는 것은 그녀 자신만이 아니다. 트로일루스는 뒤늦게 변심의 물증을 확인한 뒤 "당신의 신실한 이름이 / 이제 실추되었으니 그것이 애처로울 따름"이라며 개탄하고(5.1686-87), 그 못지않게 그녀와 사랑에 빠진 화자 또한 변심을 서술한 직후 "그녀의 이름이 (…) 너무 널리 공개되어서 / 그것만으로도 그녀를 죄책감에 빠뜨리기에 충분했다"며 안타까워한다(5.1095-96). 비밀이 누설되지 않은 다음에야 그녀가 "온갖 사람 혀에 오르내"리고 "온 세상에 [그녀의] 종이 울려 퍼"지는 일은 있을 수 없으니 그녀에게 비밀은 넘지 말아야 할 선을 넘는 순간 폭발하도록 설계된 부비트랩과 같은 것이다. 이렇게 보면 그녀가 수치를 피하는 길은 초서의 다른 여주인공 버지니아(Virginia)처럼 순순히 죽음을 받아들이거나 또 다른 여주인공 도리젠(Dorigen)처럼 요행히 남성들의 자발적 호의의 수혜자가 되는 것뿐이다. 그러나 그녀는 전자가 되기에는 너무 영리하고 현실적이며, 후자로 대우받기에는 너무 영악하고 현실적인 세상에 살고 있다.[23]

3. 비밀과 관음증

크리세이드의 관점에서 읽으면 『트로일루스와 크리세이드』는 그녀의 두 가지 슬픔, 즉 사생활이 만천하에 공개되는 슬픔과 명예가 돌이킬 수 없이 실추되는 슬픔에 관한 이야기라 할 수 있다. 크리세이드는 "사랑에 신실한 내 이름이 사라져"버린 것을 한탄하지만, 그녀의 슬픔은 따지고 보면 변심과 무관한 것이다. 도널드슨이 인정하고 딘쇼가 비판하듯이 초서의 작품은 텍스트 안의 트로일루스에서 판다루스, 화자, 디오메드를 거쳐 텍스트 밖의 독자에 이르기까지 시대를 초월해 크리세이드에 대한 성적 소비가 확산되는 구조를 만들어낸다. 변심 전부터 그녀의 사생활은 독자의 관음증을 최대치로 자극하게끔 노출되어 있었고, 변심이 없었더라도 그녀는 그로 인해 명예가 손상될 수밖에 없었다. 여성의 명예(=정조)가 걸린 남녀상열지사는 로맨스로 서사화되는 순간 공론화를 피할 수 없다. 서사화가 곧 공론화를 의미하기 때문이다. 마담 이자벨 드 쥘리에르는 용병대장의 "합법적인 아내가 되었으므로 그녀의 이름을 알리는 게 해가 되지 않"지만, 크리세이드는 그런 '합법성'을 확보하지 못했기에 동일한 논리에 의해서 트로일루스와의 내연 관계가 알려지는 순간 무조건 해를 입게 되어 있다.

크리세이드와 트로일루스의 연애는 처음부터 끝까지 판다루스의 치밀한 각본과 연출에 따라 진행된다. 판다루스가 한 치의 오차도 없이 상황을 통제하려는 표면적 이유는 물론 비밀 유지에 있다. 그러나 그것만으로는 미장센(mise en scène)에 대한 그의 과도한 집착이 해명되지 않는다. 판다루스의 저의가 무엇인지 파악하려면 그가 주요 시퀀스에서 두 연인의 사랑을 어떻게 연출하는지 간략히 짚고 넘어갈 필요가 있다.

첫 번째 시퀀스

트로일루스는 (판다루스의 각본에 따라) 크리세이드에게 연애편지를 쓴다. 이튿날 아침 판다루스가 편지를 들고 크리세이드의 집을 방문한다. 그는 편지를 전달하고 답장을 받은 뒤 (트로일루스와 미리 짠 각본에 따라) 그녀와 창가에 앉아 담소를 나눈다. 이때 (각본에 따라) 무장하고 말을 탄 트로일루스가 창밖으로 모습을 드러낸다. 그는 크리세이드와 시선이 마주치자 (각본에 따라) 인사를 하고는 '멋짐 폭발' 모드로 (각본에 따라) 지체 없이 그들을 지나쳐 간다. 이 광경을 지켜본 크리세이드는 "그의 몸, 그의 옷차림, 그의 표정, 그의 거동" 하나하나에 마음이 꽂힌다(2.1267).

두 번째 시퀀스

판다루스는 트로일루스의 형제 데이페부스(Deiphebus)를 찾아가 곤경에 빠진 크리세이드를 도와달라고 부탁한다. 누군가 그녀의 재산을 차지하려고 하니(거짓말이다) 다음 날 아침 그녀를 집으로 초대해 자초지종을 듣고 힘을 실어주라는 것이다. 데이페부스는 판다루스의 권고에 따라 헬렌(Helen)과 트로일루스도 초대하기로 한다. 그러고 나서 판다루스는 크리세이드한테 가서 폴리페트(Poliphete)라는 자가 그녀를 상대로 소송을 준비한다고 귀띔한다. (거짓말이다.) 그 사이 크리세이드는 데이페부스의 초대를 받고, 판다루스는 트로일루스를 찾아가 작전을 지시한다. (판다루스의 각본에 따라) 트로일루스는 그날 밤 미리 데이페부스 집에 가서 아프다는 핑계로 침대에 드러눕는다. (꾀병이다.) 다음 날 아침 데이페부스의 집에 모인 사람들은 '아픈' 트로일루스를 염려하고 폴리페트를 성토한 뒤 크리세이드를 돕기로 결의한다. 그러고는 트로일루스가 누워 있는 방에 가서 그에게도 도움을 청하기로 한다. 방이 좁아 한꺼번에 여럿이 들어갈 수 없다는 이유로 판다루스는 먼저 데이페부스와 헬렌을 데려가는데, 그들은 트로일루스가 건네준 헥토르의 편지를 읽느라 밖으로 나와 한참 시간을 보낸다. (편지는 트로일루스의 애드리브다.) 그 틈을 타 판다루스는 (각본에 따라) 크리세이드를 그에게 데려간다. 판다루스가 지켜보는 가운데 트로일루스는 사랑을 고백하고 크리세이드가 그를 받아들인다. 그들은 첫 키스를 나눈다.

세 번째 시퀀스

판다루스는 밤에 달이 없고 비가 올 것 같은 날을 골라 크리세이드를 저녁식사에 초대한다. 그녀가 트로일루스도 오느냐고 묻자 그는 아니라고 얼버무린다. (거짓말이다.) 그날 저녁 크리세이드는 하인들과 시녀들을 대동하고 판다루스 집을 찾는다. (판다루스의 각본에 따라) 트로일루스는 전날 밤부터 그 집 '골방'에서 잠복 중이다 (3,601). 크리세이드가 식사를 마치고 떠나려 할 때 (각본에 따라) 폭우가 쏟아지고, 그녀는 권유에 못 이겨 하룻밤을 묵어가기로 한다. 판다루스는 그녀를 이층 안쪽의 "작은 침실", 시녀들을 "중간 침실", 자신을 "바깥쪽 방"에 배치한다(3,663, 666, 664). 모두가 잠자리에 든 뒤 그는 크리세이드의 침실 바로 아래 위치한 트로일루스의 골방으로 내려가 그와 함께 천장에 난 트랩도어를 통해 그녀가 잠든 방으로 잠입한다. 그다음 크리세이드를 깨워서, 그녀에게 딴 남자가 있다는 소문에 이성을 잃은 트로일루스가 폭우를 뚫고 자신을 찾아왔다는 급보를 전한다. (새빨간 거짓말이다.) 그녀는 날이 밝는 대로 오해를 풀겠다고 하지만 판다루스는 그녀의 동정심을 집요하게 공략한 끝에 그 자리에서 두 사람을 대면시킨다. (어두워서 그렇지 트로일루스는 처음부터 그 자리에 있었다.) 왜 자신을 못 믿느냐는 크리세이드의 추궁에 "불쌍한 생쥐의 심장"(3,736)을 가진 트로일루스는 (각본과 달리) 혼절했다가 그녀의 키스 세례에 겨우 의식을 회복한다. 덕분에 경계심이 풀린 그녀는 그와 잠자리를 같이 한다.

이렇게 시퀀스별로 액션을 정리하고 나면 판다루스의 연출을 효율성 차원에서 정당화하기는 힘들어진다. 크리세이다의 사촌인, 보카치오의 판다로는 초서의 노회한 판다루스와 달리 "가문 좋고 기백 넘치는 트로이 젊은이"로 그려진다(2.1). 그는 여성에 대해 시종일관 냉소적 태도를 취함으로써 루이스를 비롯한 현대 독자를 불편하게 하는 것이 사실이나, (비밀 엄수를 거듭 강조할 뿐이지) 서신 교환을 주선하고 매개하는 이상으로 불필요하게 트로일로와 크리세이다의 관계에 개입하지 않는다. 덕분에 보카치오의 연인들은 알아서 만나고, 알아서 키스하고, 알아서 섹스할 자유를 누린다. 하지만 트로일루스와 크리세이드가 언제 어디서 만나 무엇을 어떻게 할지는 전적으로 판다루스의 각본에 달려 있다. 판다루스는 크리세이드에게 친구를 살리는 것 말고는 "절대 다른 뜻이 없었다", "내 의도는 깨끗하다", "나쁜 뜻은 없다"며 줄곧 선의를 강조하지만(2.364, 580, 581), 독자로서는 크리세이드처럼 "판다루스의 의도에 온전히 무지할" 수가 없다 (2.1723). 그가 왜 그리 디테일에 집착하는지, 왜 그리 거짓말을 밥 먹듯 하는지, 왜 그리 모든 일을 복잡하게 만드는지 의문이 드는 것이 정상이다. 사랑을 극비리에 진전시키는 것이 진짜 의도라면 굳이 그렇게 반공개적인 장소를 택해서 그렇게 많은 단역 배우를 출연시킬 이유가 없다. 무엇보다 매번 자신이 그 자리에 있어야 할 이유가 없다. 그의 연출은 대단히 작위적이고 비효율적이다.

판다루스의 의도는 크리세이드의 비밀을 보호하기보다 소비시키는 것이다. 습관처럼 쓰는 '우리'라는 대명사에 드러나듯이, 그는 처음부터 크리세이드와 트로일루스의 관계를 '우리'와 크리세이드의 관계로 이해한다. 그리고 기획자 겸 관찰자로서 그 관계에 동참한다. "내가 자격이 없어서 사랑의 신에게 감히 / 성공을 간청할 수 없다"는 '모태 솔로' 화자는 "결코 사랑을 해본 적 없는" 판다루스와 이 점에서 닮은꼴이라 할 만하다(1.16-17, 632). 두 연인의 육체적 합일이 임박한 상황에서 그는 판다루스의 언행을 다음과 같이 묘사한다.

> 판다루스가 말했다. "이제 시작해도 좋다.
> 착하고 사랑스러운 조카야, 이제 그를
> 네 침대 옆자리에 저 안쪽으로 앉히렴.
> 서로 하는 말이 더 잘 들릴 수 있도록 말이다."
> 그렇게 말하고 그는 벽난로에 다가가서
> 불을 붙이고 마치 오래된 로맨스를
> 들여다보는 듯한 표정을 지었다. (3.974-80)

판다루스는 크리세이드에게 직접 큐 사인을 주고 트로일루스의 위치를 지정하는 것으로도 모자라서 조명을 밝힌 뒤 그들의 정사(情事)를 대놓고 참관할 태세에 들어간다. 그리고 화자는 이런 그에게서 로맨스에 몰입한 독자의 표정을 읽는다. 이 장면에서 그의 관음증적 시선은 화자, 독자의 시선과 동일한 스펙트럼에 놓이고, 독자는 좋든 싫든 그와 함께 "오래된 로맨스"가 서술하는 크리세이드의 사생활을 "들여다보는" 처지가 된다. 크리세이드의 창가든, 데이페부스 저택의 객실이든, 자신의 "작은 침실"이든 그가 연출하는 공간은 관객의 시선을 향해 기이하고 불편하게 열려 있고, 그의 과장된 미장센은 궁정식 사랑의 서사에 당연히 따라붙는 그 시선을 새삼 낯설게 만드는 효과를 거둔다. 또한 여주인공의 성(性)을 에로티시즘으로 적절히 가공하는 것이 로맨스 미학의 중요한 일부임을 환기한다. 이런 시스템 하에서 여성의 비밀과 명예는 애초 환상에 불과한 것이었다.

『트로일루스와 크리세이드』는 궁정식 사랑의 전통을 완성하는 동시에 해체하는 텍스트라 할 수 있다. 이 작품에서 초서는 궁정식 사랑의 내구성을 시험하는 '스트레스 테스팅'을 실시한다. 그 결과 사랑, 비밀, 명예의 함수 관계에는 치명적 오류가 있음이 드러난다. (이 오류는 남녀 주인공, 특히 여주인공의 허위의식으로 이어진다.) 초서는 어떤 중세 작가 못지않게 중세식 사랑의 문법과 스타일에 정통하지만, 그렇다고 유일한 한글 번역자가 상찬하듯이 "인간의 언어로 쓰인 가장 아름다운 연애시의 하나"를 남긴 것은 아니다.[24] 두 연인의 세계를 바라보는 그의 태도는 삐딱하면서도 은근히 애틋하다. 트로일루스의 영혼을 "메르쿠리우스가 그의 거처로 정해준 곳", 즉 하데스(Hades)도 천국도 지옥도 아닌 그 어떤 모호한 공간으로 보낸 뒤 화자가 격앙된 어조로 "세속적 허영"을 멀리하고 "아름다운 꽃처럼 쉬이 스러지는 이 세상"이 덧없음을 명심하라고 호소할 때(5.1827, 1837, 1841), 궁극적 극복 대상인 크리세이드는 자연스레 '허영'과 연결되고 "아름다운 꽃"과 등치될 수밖에 없다. 하지만 트로일루스는 "하루의 4분의 1 동안이라도 당신을 사랑하지 않는 법"을 찾을 수 없다며 죽기 전까지 괴로워한다(5.1698). 도널드슨의 비유적 서술에 따르면 트로일루스의 운명은 곧 화자의 운명이 된다. "오르고 싶지 않았던 산마루 근처까지 힘겹게 오르고 나서 그는 자신이 살았던, 어두우나 여전히 아름다운 계곡을 동경 속에 되돌아볼 수밖에 없고, 앞을 향한 단호한 움직임은 번번이 뒤를 훔쳐보는 것으로 끝이 난다."[25] 이때 대명사 '그'는 문법적으로 화자를 가리키지만 트로일루스나 독자가 되어도 (심지어 도널드슨 자신이 되어도) 완벽히 의미가 통한다.

그러면 초서는 과연 화자와 독자의 관음증으로부터 자유로운 것일까? 그의 시선이 판다루스와 다른 곳을 향한다고 할 수 있을까? 도널드슨은 초서에게서 초월적 진리로 환원될 수 없는 세속의 아름다움에 대한 인간적 미련을 읽고, 딘쇼는 그 아름다움이 여성화되어 초월적 진리에 포섭되는 구도에서 도널드슨의 젠더 편향성을 읽는다. 그런데 (페미니스트 중세학자 가운데 초서에게 특히 관대한 편인) 딘쇼는 화자에서 독자, 해석자로 이어지는 남성적 공모의 연쇄 구조에서 작가를 은근슬쩍 제외한다. "전지적 시인 개념", 즉 "모든 것을 제어하는, 의미의 중심으로서 작가 개념"은 도널드슨이 대변하는 신비평(New Criticism)의 "전체주의화 기획"에 귀속시키면서 초서의 의도에 대해서는 침묵하는 것이다.[26] 초서는 '의도'(entente)라는 단어를 입에 달고 살면서도 정작 자신의 의중은 좀처럼 드러내지 않는, 쉬운 정의를 불허하는 작가다. 그런 그가 위대한 '영시의 아버지'라고 해서,[27] 궁정식 사랑에 비판적이라고 해서, '여주'를 '남주'보다 훨씬 더 매력적인 인물로 그린다고 해서 그에게 면책특권을 줄 이유는 없다. 그러는 것은 도널드슨과 다른 듯 다르지 않게 그를 "전지적 시인"으로 신격화하는 일이기 때문이다. 트로일루스가 "그녀의 가는 팔, 그녀의 곧고 부드러운 등, / 그녀의 길고 잘 빠진, 매끈하고 흰 허리를 / 쓰다듬기 시작했고, 그녀의 눈처럼 흰 목, / 둥글고 작은 가슴을 축복하고 또 축복했"을 때(3.1247-50) 그녀의 몸에 아슬아슬하게 와 닿는 시선이 화자만의 것이라 할 수 있을까? 초서의 것은 아닌데 독자/해석자의 것이라 할 수 있을까? "도널드슨이 크리세이드와 사랑에 빠졌다"면,[28] 화자 또한 그러하다면 초서라고 예외일 수는 없다.

4. 마르그리트, 그리고 크리세이드

초서가 『트로일루스와 크리세이드』를 집필 중이었을 1386년, 파리에서는 희대의 결투 재판이 열렸다. 프루아사르의 『연대기』 (*Chroniques*)에는 "프랑스에서, 왕국의 가장 먼 곳에까지 인구에 회자되었"던 이 재판의 전 과정이 기록되어 있다.[29] 노르망디 지방의 기사 장 드 카루주(Jean de Carrouges)가 자크 르 그리(Jacques Le Gris)라는 향사(鄕士, écuyer)를 자신의 아내를 강간한 혐의로 고발한 것이 사건의 발단이다.[30] 두 사람은 알랑송 백작(le compte d'Alençon)의 가신으로 동료 겸 경쟁자 사이였다. 장에 따르면 자크는 그가 해외 원정을 나간 동안 그의 성을 방문해 아내를 강간했다. 원정에서 돌아온 장은 아내의 고백을 듣는 즉시 자크를 고발하고 평소 자크를 총애한 알랑송 백작이 이를 무마하려 하자 파리 고등법원에 그를 제소하지만, 재판은 시간을 끌면서 지지부진해지고 두 당사자는 끝내 합의에 도달하지 못한다. 그래서 파리 의회가 최후의 방편으로 결투 재판을 명하게 되는데, 프랑스 왕 샤를 6세(Charles VI, 1380-1422년 재위)와 베리 공작(le duc de Berry), 부르고뉴 공작(le duc de Bourgogne), 부르봉 공작(le duc de Bourbon) 등 고관대작이 참관한 가운데 벌어진 혈투에서 장은 치열한 공방 끝에 자크를 쓰러뜨리고 그의 목숨을 끊는다.

그러고 나서 장 드 카루주 경은 왕에게로 가서 그 앞에 무릎을 꿇었다. 왕은 그를 일으켜 세운 뒤 1천 프랑을 하사하고 그를 왕실 고문으로 임명했다. 또한 그에게 평생 연금 200프랑을 약속했다. 왕과 대작 귀족들에게 감사드리고 나서 그 기사는 아내에게 다가가 키스를 했다. 그다음에 그들은 함께 노트르담 대성당으로 가서 감사 봉헌을 하고 집으로 돌아갔다.[31]

기사도식 결투를 통해 악이 척결되고 정의와 사랑의 질서가 수립되는 이 에피소드는 "프랑스와 영국 간 전쟁 중에 행해진 명예로운 기획, 고상한 모험과 무훈이 합당하게 서술되어 후대에 보존되도록" 하겠다는 『연대기』의 집필 취지를 충실히, 그리고 낭만적으로 구현하는 듯 보인다.[32]

하지만 '여주인공' 마르그리트(Marguerite)에게는 이 재판이 끔찍한 경험이었을 수밖에 없다. (프루아사르는 그녀의 이름을 밝히지 않는다.) 프루아사르의 서술에 따르면 그녀는 자신이 강간당한 정황을 세 차례 이상 타인에게 고백한 것으로 되어 있다. 먼저 "그녀는 남편한테 가서 그의 옆에 무릎을 꿇고 자신에게 일어난 끔찍한 일에 관해 비참한 어조로 그에게 이야기했다." 그다음에는 남편의 요청에 따라 양가 친지가 모인 자리에서 "사건의 세세한 전말"을 털어놓아야 했다. 게다가 알랑송 백작 앞에서 "무슨 일이 일어났는지 자신의 말로" 다시 설명할 것을 요구받았다.[33] 이게 전부가 아니다. 프루아사르가 따로 거론하지는 않지만 파리 고등법원에서 열린 재판에서도 그녀는 피해 사실을 육하원칙에 입각해 소상히 증언했을 것이다. 요컨대, 마르그리트의 강간은 서사화되고 공론화되어 유통되는 과정을 거치는데, 서사화가 거듭될수록 유통 범위는 기하급수적으로 확장된다. "남편이 끝장을 볼 수밖에 없다고 느낄 정도로 그 사건이 악명을 떨쳤"던 이유가 이 비밀의 공론화와 무관하지 않으리라는 점은 쉽게 미루어 짐작할 수 있다.[34] 프루아사르는 그녀의 강간 장면을 다음과 같이 서술한다.

> 그 숙녀는 깜짝 놀라서 비명을 지르려고 했다. 그러나 그 향사는 자신이 가져온 작은 장갑으로 그녀의 입을 틀어막아 침묵시킨 뒤 그녀를 움켜잡았다. (그는 건장한 사내였다.) 그러고는 그녀를 밀쳐서 바닥에 쓰러뜨렸다. 그는 그녀를 겁탈했고 그녀의 의사에 반해서 자신의 욕망을 채웠다. 일이 끝난 뒤 그가 이렇게 말했다. "부인, 무슨 일이 있었는지 혹시라도 발설하면 당신은 수치를 당할 거요. 당신이 아무 말 안 하면 나 또한 당신의 명예를 위해 조용히 있겠소." 숙녀는 흐느끼면서 이렇게 대답했다. "아, 이 사악하고 비열한 자식, 그래 조용히 있으마. 하지만 네가 원하는 만큼 오래 그러지는 않을 것이다."[35]

법정 증언을 바탕으로 재구성되었을 이 구절에서 독자는 장의 파렴치한 냉정함, 마르그리트의 트라우마와 함께 불필요해 보이는 선정적 디테일 또한 읽을 수 있다. 프루아사르의 묘사에도 남성적 시선의 틈입 통로는 분명히 열려 있다.

마르그리트의 증언은 안타깝게도 그녀의 명예 회복에 아무런 도움이 되지 않았다. 성범죄는 혐의 사실 구성을 진술에 의존할 수밖에 없으나 당대 강간 재판에서 피해자의 진술이 가지는 법적 효력은 극히 미미했다. 그녀는 "자신에게 일어난 끔찍한 일"을 아무리 세세히 "자신의 말로" 설명하고 또 해도 범죄를 입증할 수 없었다. 그녀의 거듭된 증언은 강간 서사의 소비와 확산을 촉진하는 결과를 낳았을 뿐이다. 장이 기사 신분인 데다 사건이 유명세를 타서 흔치 않은 결투 재판이 성사되었고, 천만다행으로 그가 무력의 우위를 점해 자크를 응징할 수 있었지만 왕의 치하와 후한 보상, 훈훈한 로맨스적 결말로 이미 유통된 스캔들을 '리콜'할 수는 없었을 것이다. 프루아사르의 기록은 600년이 훌쩍 지난 오늘날까지 읽히고 있고, 그저 그런 하층 귀족이던 장 드 카루주와 자크 르 그리는 21세기에 이르러 위키피디아에 따로 이름을 올리는 소소한 영예를 누리게 되었다.[36] 그들의 이름이 아직 기억되는 것은 그들이 파리 의회의 명령으로 열린 마지막 결투 재판의 당사자였기 때문이기도 하지만, 결투의 배후에 세간을 떠들썩하게 한 강간 스캔들이 있었기 때문이기도 하다.

마르그리트의 운명은 따지고 보면 크리세이드의 운명과 크게 다르지 않다. 얼핏 보기에 한 여성은 강간을 당하고도 명예롭게 해피엔딩을 맞고, 또 한 여성은 사랑을 하고도 지독한 오명을 입는다. 하지만 과연 마르그리트는 명예를 회복한 것일까? 크리세이드의 사랑을 자발적이라고 할 수 있을까? 마르그리트의 경우에는 "무슨 일이 있었는지 혹시라도 발설하면 당신은 수치를 당할" 것이라는 자크의 섬뜩한 경고가 현실이 되었다. 덕분에 그녀는 온갖 고초를 겪고 그녀의 강간 서사는 법정 안팎에서 일종의 '소프트 포르노그래피'로 소비되기에 이른다.[37] 그 대가로 그녀가 얻은 것은 상처뿐인 승리다. 아니, 승리라 하기도 찜찜한 것이다. 훗날 한 사형수가 자신이 강간범이라고 자백함으로써 자크에게 사후에 무죄가 선고되었다는 진위불명의 기록 또한 남아 있기 때문이다. 프루아사르의 영어 번역자가 주석을 달듯이 "사형수의 심리 상태"를 감안하면 자백의 신빙성이 떨어지고, "[자크] 르 그리가 성을 방문했을 때 카루주 가문 하인들이 그를 알아"본 것이 사실이라면 그가 강간을 하지 않았을 수는 있어도 다른 누군가가 그녀를 강간했을 수는 없는데 말이다.[38] 그러고 보면 이 사건의 쟁점은 처음부터 마르그리트의 명예가 아니라 카루주와 르 그리, 두 가문의 명예였다. 따라서 어느 쪽이 승소하든 그녀의 사생활이 보호받거나 명예가 회복될 방법은 없었다. 크리세이드의 경우에는 "두렵지"도 "고통스럽지도" 않은 사랑을 한 듯하지만, 그녀 또한 강압적 구애의 피해자로 밝혀진다. 마르그리트의 강간 서사에 관음증을 부추기는 요소가 있다면, 크리세이드의 연애 서사에는 훨씬 더 높은 수위의 관음증적 시선이 개입한다. "당신이 아무 말 안 하면 나 또한 당신의 명예를 위해 조용히 있겠"다는 자크의 말이 야비하고 위협적이기는 하나, 로맨스 여주인공 크리세이드에게는 아무 말도 하지 않을, 즉 서사화를 거부할 선택지조차 주어지지 않는다. 중세 문헌에서 여성의 성이 재현될 때 사랑과 강간, 명예와 수치의 간극은 생각처럼 크지 않다.

그래도 크리세이드는 마르그리트와 달리 '최후 진술' 기회를 갖는다. 트로일루스에게 보내는 마지막 편지에서 그녀는 "자신은 신실했으니 / 그녀가 다시 돌아와 약속을 지켜야 한다"며 귀환을 재촉하는 (5.1585-86) 그에게 이렇게 답한다. "돌아갈게요. 하지만 지금은 내가 / 심한 곤경에 처해 있어서 그때가 / 어느 해, 어느 날이 될지 약속할 수 없네요"(5.1618-20). 그러고는 다음과 같이 글을 맺는다.

> 내가 당신에게 쓰는 글이 짧은 것을
> 부디 나쁘게 생각지 않기 바랍니다.
> 이곳에서는 편지 쓸 엄두가 나지 않고
> 나는 아직 제대로 글 쓰는 법을 모르거든요.

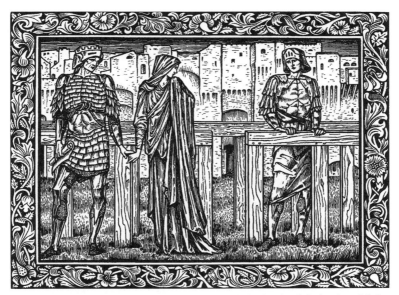

『제프리 초서 작품집』에 실린 에드워드 번존스의 다른 삽화. 디오메드에게 인도된 크리세이드가 고개를 돌려 트로일루스와 안타까운 시선을 교환하고 있다.

사람들은 작은 지면에도 큰 의미를 담으니

중요한 건 의도이지 편지 길이가 아니잖아요.

그러니 잘 지내요. 신이 은총을 내리시기를! (5.1625-31)

트로일루스는 이 편지가 "온통 낯설다" 생각하고(5.1632), 독자 역시 크리세이드의 변명을 곧이곧대로 받아들이기는 힘들다. 그러나 그녀가 "심한 곤경에 처"한 것은 사실이며, 디오메드의 마키아벨리적 면모를 떠올리면 (그리고 그녀의 첫 연애편지가 판다루스에 의해 사실상 검열된 점을 상기하면) 그녀가 "편지 쓸 엄두가 나지 않"는 상황 또한 충분히 이해할 만한 것이다. "중요한 건 의도이지" 텍스트의 외형이 아니지만, 또는 마음이지 몸이 아니지만 그녀 주변의 남성들은 그녀를 텍스트로만, 몸으로만 보려 한다. 트로일루스/판다루스/디오메드에게 중요한 것은 그녀의 의도가 아니라 그들 자신의 의도고, 그 의도는 언제나 그녀라는 텍스트로, 그녀의 몸으로 향한다. 그녀를 소유하려 할 때도, 그녀의 소유권을 이전하려 할 때도 그들은 그녀의 의도에 무관심하다. "당신의 즐거움 말고는 아무것도 / 당신 마음속에 없는 것 같다"는 그녀의 진단은 정확했다(5.1607-08). 트로일루스는 자신의 생사가 그녀의 재소유 여부에 달렸다면서 소유권 이전의 책무는 정작 소유 대상인 그녀에게 전가한다. 그런 그에게는 언젠가 돌아가겠지만 그게 언제일지 모르겠다는, 중요한 건 자구(字句)가 아니라 '의도'라는 그녀의 말이, 그런 말을 하는 그녀가 마냥 낯설게 느껴졌을 것이다. 화자의 말마따나 크리세이드의 유일한 약점은 "slydynge of corage", 즉 마음/심장이 '굳지 않은' 또는 '미끄러지는' 성향이다(5.825). 그 마음/심장은 애초에 흰 독수리의 것이었다. 그녀 것이 아닌 그 마음이, 그 의도가 굳지 않고 그녀의 찢어진 가슴속에서 미끄러진다고 해서 그녀를 탓할 수 있을까? 크리세이드는 화자와 독자의 시선에서 영원히 벗어나기 직전 비로소 트로일루스를, 그 알량한 사랑을, 무엇보다 그녀 자신을 직시하게 되었는지도 모른다.

『사랑의 감옥』 그리고 사랑이라는 종교

김경범 서울대학교 서어서문학과 기부금교수

사랑은 재수 없게 걸린 병(病)이었고, 그 병에 걸린 것은 어쩔 수 없는 운명이었다. 사랑은 피할 수 없는 운명이었지만, 동시에 그 사랑은 이루어질 수 없는 불가능한 사랑(amor imposible)이었다. 사랑하되 사랑을 얻을 수 없는 운명. 사랑을 포기할 수 있으면 운명의 짐을 벗어던질 수 있으련만 그렇게 하지 못하니, 삶은 필연적으로 고통이다. 고통의 크기는 사랑의 진정성에 비례한다. 그래서 고통은 견딜 수 없을 만큼 지독하고 지독해야 한다. 파도처럼 끊임없이 밀려갔다 밀려오는 고통에서 벗어나려면 죽음밖에 없다. 그러니 사랑하는 사람은 어쩔 수 없이 죽음을 갈망한다. 사랑이 없으면 삶은 의미가 없다. 사랑과 죽음의 일체화, 죽음을 향한 열망, 죽음으로 표현된 완전하고 순수한 사랑! 그래서 이 죽음은 사랑을 위한 순교다. 사랑의 과정은 삶의 본질이자 순교를 위한 여정이고, 남자는 순교라는 운명을 기꺼이 받아들인다. 순교를 통해 고통은 지극히 고귀한 기쁨으로 승화된다. 진정한 사랑의 기쁨은 자기 자신을 부정하고 파괴했을 때

얻을 수 있는 기쁨이다. 이렇게 중세의 사랑은 신성화(a lo divino)되어 사랑이라는 이름의 종교(Religión del Amor)가 되었다. 남자가 사랑하는 여인을 여신의 반열에 올렸으니, 남자의 사랑은 신성하다.

프랑스 기사 로맨스의 궁정식 사랑은 13세기에 두 경로를 통해 스페인으로 들어왔다. 하나는 프로방스 음유시인들의 노래를 타고 카탈루냐 지방으로 유입된 경로고, 다른 하나는 피레네 산맥을 넘어 '산티아고의 길'을 따라 스페인 북부와 갈리시아(Galicia) 지방으로 전파된 경로다. 이렇게 '산티아고의 길'의 종착지였던 갈리시아, 프랑스와 인접한 카탈루냐, 아랍 서정시 전통을 유지하던 알안달루스(Al-Andaluz) 지역에는 사랑의 감정을 다루는 서정시가 남아 있다. 하지만 카스티야어로 쓰인 15세기 이전 중세 스페인 문학에는 사랑의 서정시가 없다. 세속적 사랑의 신성화를 보여주는 작품도 없다. 사랑은 프랑스와 이탈리아에서 넘어온 수입품이었다.

프랑스에서 넘어온 기사 로맨스는 13세기 후반 알폰소 10세(Alfonso X, 1252–1284년 재위)의 『세계의 역사』(*General Estoria*)를 비롯한 여러 필사본에 주인공의 이름을 남겼다. 특히 『세계의 역사』에는 1136년 무렵 먼머스의 제프리(Geoffrey of Monmouth)가 쓴 『브리튼 왕들의 역사』(*Historia regum Britanniae*)가 남긴 흔적도 분명하다. 하지만 현재까지 남아 있는 스페인 중세 필사본 가운데 란슬롯의 이야기처럼 궁정식 사랑을 다루는 기사 로맨스는 없다. 그래서 중세 스페인 문학에서 기사 로맨스는 한때 존재했으나 지금은 사라진, '잃어버린 장르'라고 할 수 있다.[1] 중세 음유시인을 통해 전파된 이 잃어버린 장르에는 프로방스에서 유입된 사랑 시(Vita), 아서왕 로맨스의 '포스트불가타'(Post-Vulgata) 시리즈, 그리고 16세기에 기사소설로 발전하게 될 짧은 기사 이야기의 원형이 포함되었을 것이다. 그렇지만 프랑스로부터 전래된 새로운 사랑의 개념은 중세 스페인에 자리 잡지 못했다. 아직은 새로운 취향을 수용할 토양이 만들어지지 않아서 그런 듯하다. 스페인 중세 문학에 사랑 이야기나 사랑 노래는 드물게 남아 있다. 실존 여부가 불확실한 가상의 사제 후안 루이스(Juan Ruiz)가 1340년대에 쓴 『선한 사랑의 이야기』(*Libro de Buen Amor*)의 출전도 프랑스 궁정식 사랑이 아니라, 고대 로마 시인 오비디우스(Ovidius)의 『연애론』(*Ars amatoria*)과 12세기 라틴어 희극 「팜필루스」(Pamphilus)였다. 『선한 사랑의 이야기』의 작가이자 서술자이고 주인공인 후안 루이스는 사제로서 자신의 여러 연애 경험을 노래한다. 그러면서 그는 오비디우스의 사랑을 정당화하며 여자를 유혹하기 위한 연애 기술을 선보인다. 중세 스페인 문학의 남자 주인공은 사랑을 위해 목숨을 버리지 않는다. 남자의 사랑은 유희였고, 그 사랑은 아직 숭고하지 않았다.

스페인 센티멘탈 소설, 1492~1548년

스페인 문학은 15세기 초 이탈리아 작가 단테 알리기에리(Dante Alighieri), 프란체스코 페트라르카(Francesco Petrarca), 조반니 보카치오(Giovanni Boccaccio)의 작품이 유입되면서 '돌체 스틸 노보'(dolce stil novo)풍으로 숭고한 사랑의 감정을 표현하기 시작했다. 13세기 프랑스의 궁정식 사랑과 14세기 이탈리아에서 만들어진 사랑이 스페인에 들어왔으나 프랑스보다 이탈리아 문학이 스페인 문학에 더 큰 영향을 미쳤다는 뜻이다. 스페인 문학에 사랑 개념이 늦게 만들어진 이유, 프랑스보다 이탈리아풍을 선호한 이유를 설명하기란 쉽지 않다. 스페인과 이탈리아 사이의 정치적·군사적·경제적 관계가 프랑스보다 더 긴밀했지만 그것이 전부는 아닐 것이다. 어쩌면 기질적인 문제일 수도 있다. 스페인 내부의 정치적 혼란 때문에 궁정 문화가 자리 잡지 못한 것도 하나의 이유일 수 있다.

14세기 중반 페드로 1세(Pedro I)와 트라스타마라(Trastámara) 가문의 엔리케 2세(Enrique II)가 충돌한 카스티야 왕위 계승 전쟁 이후 스페인 전역에서 전쟁은 일상이었고 귀족 세력은 이합집산을 거듭했다. 정치적 혼란은 1476년 토로(Toro) 전투에서 이사벨(Isabel)과 후아나 라 벨트라네하(Juana La Beltraneja)의 왕위 계승 전쟁이 마무리될 때까지 이어졌다. 14~15세기의 긴 혼란 속에서 새롭게 등장한 귀족은 후안 2세(Juan II, 1406-1454년 재위)의 궁정을 주 무대로 삼아 프랑스, 이탈리아로부터 수입한 사랑과 기사도 정신을 부활시켰다. 그들은 과거 이상적인 사랑을 동경했다. 새롭고 세련된 취향이 만들어지기 시작했으며, 그 취향은 스페인에 인쇄술이 도입되고 책의 인쇄, 판매, 유통이 본격적으로 이루어지면서 생겨난 1490년대 문학 시장의 첫 번째 주인공으로 발전했다. '센티멘탈 소설'(novela sentimental)은 이제 막 만들어지기 시작한 문학 시장의 첫 번째 베스트셀러였다.

1490년대 문학 시장의 최고 베스트셀러는 디에고 데 산페드로(Diego de San Pedro)의 『사랑의 감옥』(*Cárcel de Amor*, 1492년), 후안 데 플로레스(Juan de Flores)의 『그리셀과 미라벨야』(*Grisel y Mirabella*, 1496년경), 그리고 페르난도 데 로하스(Fernando de Rojas)의 『라 셀

레스티나』(*La Celestina*, 1499년)였다. 『사랑의 감옥』이 센티멘탈 소설의 전범(典範)이고 『그리셀과 미라벨야』가 센티멘탈 소설을 유럽으로 확산했다면, 『라 셀레스티나』는 『사랑의 감옥』을 패러디하며 센티멘탈 소설 속 사랑을 위선과 거짓이라고 부정한다. 그러니까 앞의 두 작품만 센티멘탈 소설이다. 스스로 하나의 유행을 만들어 16세기 전반기에 전성기를 구가했던 『라 셀레스티나』는 센티멘탈 소설이 아니다. 센티멘탈 소설은 후안 데 세구라(Juan de Segura)의 『사랑의 편지』(*Proceso de Cartas de Amores*, 1548년)가 마지막 작품이다. 이 장르의 생명력은 마치 16세기 중반까지 이어진 듯하지만, 이미 페르난도 데 로하스의 작품에서 숭고한 사랑의 가치는 훼손되었고 16세기 전반기 문학 시장은 기사소설이 압도했으므로 1490년대가 시작점이자 동시에 사실상 정점이었다고 할 수 있다.

일반적으로 다음 작품들이 센티멘탈 소설에 포함된다고 알려져 있다.

- 후안 로드리게스 델 파드론(Juan Rodríguez del Padrón), 『풀려난 사랑의 노예』(*Siervo libre de Amor*, 1441-1453년경)
- 돈 페드로(Don Pedro, Condestable de Portugal), 『행복하고도 불행한 삶』(*Sátyra de Felice e Infelice Vida*, 1450년대)
- 작가 미상, 『슬픈 쾌락』(*Triste Deleitación*, 1470년대)
- 디에고 데 산페드로, 『아르날테와 루센다』(*Arnalte y Lucenda*, 1491년), 『사랑의 감옥』(1492년)
- 후안 데 플로레스, 『그리말테와 그라디사』(1496년), 『그리셀과 미라벨야』(1495-1496년경)

- 니콜라스 누녜스(Nicolás Núñez), 『사랑의 감옥』 속편(*Cárcel de Amor*, 1496년)
- 루이스 데 루세나(Luis de Lucena), 『사랑의 청원』(*Repetición de Amor*, 1496−1497년)
- 페드로 마누엘 히메네스 데 우레아(Pedro Manuel Ximénez de Urrea), 『사랑의 고통』(*Penitencia de Amor*, 1514년)
- 후안 데 카르도나(Juan de Cardona), 『사랑의 이론』(*Tratado notable de Amor*, 16세기 초)
- 후안 에스크리바(Juan Escrivá), 『사랑의 신 앞에서 여인에게 바치는 애원』(*Queja que da a su amiga ante el dios del Amor*, 1514년 이전)
- 작가 미상, 『사랑이라는 문제』(*Cuestión de Amor*, 16세기 초)
- 루도비코 에스크리바(Ludovico Escrivá), 『정결한 심판』(*Veneris Tribunal*, 1537년)
- 후안 데 세구라, 『사랑의 편지』(1548년)

디에고 데 산페드로의 작품을 중심으로 이와 유사한 일련의 작품을 모아 최초로 센티멘탈 소설이라는 이름을 붙인 연구서는 스페인 학자 마르셀리노 메넨데스 펠라요(Marcelino Menéndez Pelayo)의 『소설의 기원』(*Orígenes de la Novela*)이었다.[2] 메넨데스 펠라요는 이 장르를 탄생시킨 문학 전통으로 보카치오의 『피암메타』(*Elegia di Madonna Fiammetta*), 에네아 실비오 피콜로미니(Enea Silvio Piccolomini)의 『두 연인 이야기』(*Historia de Duobus Amantibus*), 그리고 후안 로드리게스 델 파드론의 『풀려난 사랑의 노예』를 지적했다. 『피암메타』에서는 연인의 심리 분석을 가져왔고, 『두 연인 이야기』에서는 편지를 통한 은밀한 연애를, 그리고 『풀려난 사랑의 노예』에서는 상징과 알레고리를 가져왔다.

　메넨데스 펠라요 이후 이탈리아의 스페인 문학 연구자 카르멜로 사모나(Carmelo Samoná)는 아서왕 로맨스의 기사도적이고 마술적인 세계, 중세 프로방스 문학의 알레고리, 보카치오의 『필로콜로』(Filocolo)에 나타난 다양한 연애 방식, 중세 스페인 문학의 편지를 통한 논쟁 기법, 하나의 예화를 통해 교리를 설파하는 설교 기법을 센티멘탈 소설의 특징으로 추가했다.[3] 한편 스페인 센티멘탈 소설 전문가인 아르만도 두란(Armando Durán)은 메넨데스 펠라요가 언급한 세 작품을 분석하면서 이탈리아 작품과 스페인 작품의 차이에 주목했는데, 전자에서는 사랑의 희생자가 여자, 특히 결혼한 여자로 사랑이 간통과 직접 연결되는 반면, 후자에서는 사랑의 희생자가 남자고 여자가 기혼인 경우가 없다고 지적한다.[4] 스페인의 도덕적 성향은 간통을 사랑의 이름으로 미화할 수 없게 했다. 예외적으로 후안 데 플로레스의 『그리말테와 그라디사』가 유일하게 간통을 다루고 있지만, 여기서도 사랑은 이루어지지 않는다. 반면 영국의 스페인 문학자 키스 휘넘(Keith Whinnom)은 메넨데스 펠라요가 거론한 세 작품이 장르의 형성 과정에 직접적인 영향을 끼치지 않았다고 주장한다.[5] 남자에게 버림받은 여자의 이야기 『피암메타』는 자전적 형태의 비극이라는 것 외에는 센티멘탈 소설과 직접적인 연관이 없고, 『풀려난 사랑의 노예』도 그 안에 삽입된 짧은 이야기 「아르단리에르와 리에사 이야기」(Estoria de Ardanlier y Liessa)를 제외하면 디에고 데 산페드로의 작품에 영향을 미쳤다고 볼 수 없다는 것이다.

　한편, 아서왕 시리즈를 비롯한 기사문학의 영향도 배제할 수 없다.

기사소설에서 기사가 불가능해 보이는 모험을 떠나게 되는 원동력이 사랑이라면, 센티멘탈 소설 속 사랑은 감정의 순수성, 맹목적성, 견고성과 함께 연인에게 고통과 절망을 안기는 동인(動因)으로 작용한다. 기사소설의 기사가 편력 기사(caballero andante)라면, 센티멘탈 소설의 남자 주인공은 궁정 기사로 엄청난 무훈보다 그의 인격적 덕목, 세련된 예절, 연인에 대한 봉사가 더 강조된다.

센티멘탈 소설의 주된 골격은 짧은 이야기, 사랑과 관련된 교리적 논쟁, 알레고리, 연인에 대한 애원의 편지로 구성된다. 서술 방식으로는 '일인칭 서술자'(yo narrativo)가 사건의 관찰자이자 증인으로 나타나 도덕적 주석을 부여하는 경우, 일인칭 서술자가 자신의 이야기를 친구에게 편지 형식으로 고백하는 경우, 그리고 삼인칭 서술자가 전지적 시점으로 등장하는 경우, 이렇게 세 유형이 있다. 주제는 사랑이고, 이야기의 결말은 언제나 죽음 혹은 세상으로부터 철저한 은둔으로 끝난다. 육체적 관계가 있기 전에는 자살하거나 세상을 등지고 은둔하지만, 관계 이후에는 아버지가 반대자로 등장하고 연인은 죽음을 피할 수 없게 된다. 이 장르에서 중요한 것은 연인의 행위가 아니라 편지와 독백에 표현된 연인의 심리 상태에 대한 분석이다. 연인은 언제나 왕자나 공주 아니면 적어도 귀족이고, 에로틱한 요소들이 정신의 영역으로 승화된다. 일상 현실과 결투, 전쟁 장면에 대한 묘사가 거의 없으며 시간과 공간 역시 아무런 의미도 갖지 못한다. 화자는 오로지 연인의 감정에 집중한다.

센티멘탈 소설은 이탈리아의 영향 외에도 후안 2세의 궁정에서 만들어진 사랑 시를 자양분 삼아 태동했다. 예를 들어 1430년 즈음에 제작된 『바에나 시가집』(Cancionero de Baena)에 수록된 일부 시가 사랑을 노래하기 시작했다. 하지만 이 시들은 매우 관습적이고 작위적이었으며, 개인적 감정을 진솔하게 표현하지 않았다. 그러니까 후안 알폰소 데 바에나(Juan Alfonso de Baena)가 편찬한 시가집이 새로운 유행을 만든 것이 아니라, 이탈리아에서 수입된 사랑이 퍼져가면서 여기에도 일부 흔적을 남겼다고 볼 수 있다. 시간이 좀 더 흘러 15세기 중엽 후안 2세의 궁정에서 사랑이라는 주제가 새로운 유행을 만들었다. 사랑이라는 주제에 당대 궁정 시인들의 기대를 충족시켜준 '무엇'이 있었기 때문인데, 아마 이 '무엇'은 외국에서 수입된 세련된 감정, 그리고 영감의 원천으로서 고전 문학을 향한 동경이었을 것이다.

15세기 후반 스페인 문학은 사랑이라는 주제를 두고 두 가지 흐름을 만들어냈다. 하나는 여성 혐오주의와 여성 숭배주의의 대립이고, 다른 하나는 사랑이라는 감정의 숭고화 대 숭고한 감정의 세속화라는 또 하나의 대립이다. 전자가 후안 2세의 궁정을 무대로 삼았다면, 후자의 무대는 1490년대 문학 시장이었다. 여성 혐오와 여성 숭배의 대립은 논쟁 형식으로 포장된 일종의 지적 유희였다. 여성 혐오주의가 오랜 전통을 거쳐 전승된 기존 흐름이라면, 여성 숭배주의는 이탈리아를 통해 유입된 숭고한 사랑의 개념에 근거를 두고 여자에 대한 무조건적 숭배와 봉사가 사랑의 고귀함을 드러내는 새로운 유행이었다. 이 대립을 통해 여자의 이미지는 죄의 근원 대 구원의 중개자로 극단화되었다. 여기서 중요한 점은 여자가 선한지 악한지에 대한 논쟁이 아니라, 여성 자체가 시적 표현의 대상이 되면서 사랑이라는 감정을 다루게 되었다는 사실이다. 그러면서 프랑스와 이탈리아의 궁정식 사랑과 숭고한 사랑의 개념을 수용하게 되었고, 사랑을 다루다 보니 필연적으로 욕망이 따라오게 되었다.

여기서 두 갈래 길로 갈라진다. 욕망을 숭고화할 것인가, 아니면 숭고한 감정을 세속화할 것인가. 후자가 페르난도 데 로하스의 『라 셀레스티나』에서 시작되어 16세기 전반에 이탈리아풍 희극(comedia humanística)으로 이어졌다면, 전자는 센티멘탈 소설이 추구하던 사랑이었다. 인쇄술의 도입과 함께 새롭게 만들어진 문학 시장은 새로운 첫 상품으로 남자가 여자에게 느끼는 숭고한 사랑이라는 감정을 선택했다. 수입품이라는 점도 매력을 더했다. 그런데 그 감정은 남자의 사랑이 '불가능한 사랑'이어야 만들어진다. 1492년 출판된 디에고 데 산페드로의 『사랑의 감옥』이 그리는 사랑은 그 대상을 위해 기꺼이 순교할 수 있을 만큼 숭고한 감정이었으며, 대가를 바라지 않는 순종과 봉사였다. 이 사랑은 그야말로 이데아였다. 다음에 다룰 작품은 불가능한 사랑의 종교화를 표방하고 있다.

『사랑의 감옥』: 라우레올라와 레리아노

1465년부터 1475년(혹은 1483–1485년) 사이에 쓰인 것으로 추정되는 『사랑의 감옥』은 (1) '사랑의 감옥'이라는 알레고리 (2) 주인공의 사랑 이야기 (3) 사랑의 종교를 위한 신앙고백으로 구성되어 있다.[6] 알레고리는 사랑에 빠지는 과정과 사랑의 고통을 개념화하고, 주인공의 사랑 이야기는 알레고리의 예화(exemplum)라 할 수 있으며, 이 알레고리의 예화는 사랑의 종교를 위한 신앙고백으로 정리된다.

사랑의 알레고리

알레고리는 일인칭 화자인 '작가'(El Auctor)가 겨울 산속에서 거칠고 험상궂은 기사를 만나는 장면으로 시작한다. 그 기사의 이름은 '욕망'(El Deseo)으로, 몸이 털로 뒤덮인 야만인의 모습으로 나타난다. '욕망'은 왼손에는 쇠 방패를, 오른손에는 아름다운 여인의 초상이 새겨진 빛나는 석판을 들고 있다. 그 여인의 초상에서 여러 불길이 분출되는데, 이 불길이 남자의 몸을 불태운다. 여자의 아름다움을 알게 되면 '욕망'이 생겨난다. '욕망'은 오른손에 든 아름다운 여자의 형상으로 '매혹'(Las Aficiones)을 만들어내고, 남자에게 자신을 매혹시킨 여자를 얻을 수 있다는 희망을 왼손에 든 방패로 확신시킨다. 이렇게 작고 아름다운 여자 조각상을 흔들며 여자의 아름다움으로 남자를 '매혹'시킨 뒤 사랑에 빠진 남자를 '사랑의 감옥'으로 끌고 간다. '사랑의 감옥'에서 '욕망'은 남자의 삶을 불태워버린다. '사랑의 감옥'은 죽어야만 풀려날 수 있는 곳이다. 일인칭 '작가'가 '욕망'을 만났을 때, '욕망'은 고통스러워하는 어느 남자를 끌고 '사랑의 감옥'으로 데려가던 중이었다. '욕망'에 이끌려가던 남자는 일인칭 '작가'에게 자신을 따라와 필요할 때 도와달라고 부탁했고, '작가'는 그를 따라 '사랑의 감옥'으로 갔다. '사랑의 감옥' 앞에서 '욕망'과 남자는 홀연히 사라지듯 감옥 안으로 들어갔다. 시에라 모레나(Sierra Morena) 산맥 정상에 있는 '사랑의 감옥'은 하늘에 닿을 듯 높이 솟아오른 탑 모양의 감옥이었다. 이 탑의 반석은 사랑의 고통을 달게 받은 뒤에는 사랑을 얻을 수 있다는 남자의 '믿음'(Fe)이었다. 그리고 반석 위 대리석으로 된 네 기둥은 '분별'(Entendimiento), '이성'(Razón), '기억'(Memoria), '의지'(Voluntad)였다. '욕망'은 남자를 감옥에 가두기 전

『사랑의 감옥』(사라고사, 1523년)
표지 삽화.

이 네 기둥의 동의를 구하게 되는데, 이는 결국 사랑이 분별, 이성, 기억, 의지를 굴복시킨다는 의미로 볼 수 있다. 이 네 기둥 위로 삼각형 탑이 더 있고, 각 모서리 위에는 각각 황갈색, 검은색, 암갈색으로 만든 세 사람의 형상이 세워져 있었다. 이 세 형상은 '슬픔'(Tristeza), '고뇌'(Congoxa), '괴로움'(Trabajo)으로, 세 형상 모두 한 손에 사슬을 감고 있었는데 감옥에 갇힌 사람의 심장을 이 사슬로 묶는다. 그리고 이 삼각형 탑 위에는 빛나는 날개와 부리를 가진 독수리가 조각되어 있었다. 이 독수리는 '생각'(Pensamiento)이다.

네 기둥의 탑으로 올라가는 계단 끝에는 간수가 지키는 철문이 자리하고, 철문 안쪽으로 어두운 '사랑의 감옥'이 있었다. 감옥의 철문을 지키는 첫 번째 간수가 '욕망'이고, 두 번째 간수가 '고통'(Tormento)이었다. 간수가 '작가'에게 이르기를, 감옥에 들어가기 전 슬픔으로부터 자신을 지킬 수 있는 무기들을 내려놓으라고 했다. 그

무기란 '휴식'(Descanso), '희망'(Esperanza), '만족감'(Contentamiento)이었다. '작가'가 그런 무기들을 갖고 있지 않다고 하자 간수가 문을 열어주었다. '작가'가 '사랑의 감옥' 안으로 들어가자 좀 전에 끌려왔던 남자가 '매혹'이라는 이름의 불타는 의자에 앉아 있고, 그 옆에서 두 여자 '걱정'(Ansia)과 '고통'(Pasión)이 눈물을 흘리며 쇠로 된 가시 면류관을 막 들어온 남자의 머리에 무자비하게 씌우고 있었다. 가시가 뇌를 관통하는 것 같았다. 그리고 삼각형 탑 위에 있는 세 사람의 형상에서 내려온 쇠사슬로 남자를 묶었다. 탑 위에 있는 사람 형상들이 남자를 쇠사슬에 묶어놓은 모양이 되었다. 남자는 머리에 가시 면류관을 쓰고, 불타는 의자에 몸이 묶인 채 꼼짝도 하지 못한다. 그러면서도 사랑하는 여자를 그리워하는 생각은 독수리 날개처럼 날아오르고, 그것과 동시에 독수리가 내장을 파먹는 듯한 고통을 당해야 한다. 그리고 감옥 안에서는 어두운 구석에 노란 옷을 입은 흑인이 남자의 목숨을 끊을 때를 노리고 있는데, 그의 이름이 '절망'(Desesperar)이다. '사랑의 감옥'은 남자가 사랑에 빠지는 과정과 사랑에 빠진 남자의 고통을 그린 알레고리다. 그러므로 사랑이라는 감정이 『사랑의 감옥』과 센티멘탈 소설의 핵심이고, 이것은 스페인 문학에 처음 등장한 고상하고도 세련된 새로운 감정이었다.

남자는 '작가'에게 자신이 감옥에 갇힌 경위를 이렇게 묘사한다.

첫 순간 마음이 움직이는 것은 피할 수 없는 일이건만, 이성으로 마음을 다른 데로 돌리지 못하고 오히려 의지로서 그 마음을 굳건히 하고 말았습니다. 사랑은 그렇게 내 마음을 정복했고, 내가 욕망의 날개를 펼치자 이때를 놓치지 않고 이 사랑의 감옥으로 나를 끌고 왔습

니다. (58)

사랑이란 아름다움에 대한 본능적인 이끌림이다. '사랑의 감옥'에
갇혀 죽을 때까지 고통을 당하지 않으려면 이성이 작동해 마음을
다른 데 두어야 했으나, 욕망이 일어나 사랑을 이루고 싶은 의지를
굳건히 하는 바람에 감옥에 갇히게 되었다. 종교화된 사랑의 전형적
인 모습이다. 남자는 사랑의 고통을 받아들이기로 했고, 그렇게 고통
을 견디다 보면 고통이 끝나고 사랑을 얻게 되리라 믿고 있다. 그러
니까 고통은 자신의 의지로 받아들인 행복한 형벌이었다.

감옥의 네 기둥인 '분별', '이성', '기억', '의지'도 사랑의 고통을 당하
는 데 동의한다. '분별'은 고통의 이유가 타당하다 여기고 '이성'도 이
에 동의하면서 그런 절망적인 삶보다 차라리 죽음이 더 나을 것이라
고 말한다. '기억'도 결코 연인을 잊어버릴 수 없으니 죽기 전에는 '사
랑의 감옥'에서 풀려날 수 없다 하고, 감옥의 열쇠가 되는 '의지'는 자
신이 매우 굳건해 달라지지 않을 것이라고 말한다. 그러면서 남자는
'작가'에게 자신을 만났다는 사실을, 그리고 자신이 얼마나 고통스러
워하는지를 사랑하는 여인에게 전해달라고 부탁한다. 남자는 마케
도니아 게르시오(Guersio) 공작의 아들 레리아노(Leriano)였고, 남자
가 사랑하는 여자는 마케도니아 가울로(Gaulo)왕의 외동딸이자 상
속녀인 라우레올라(Laureola)였다. '작가'는 라우레올라가 있는 수리
아(Suria)로 떠난다. 알레고리가 사랑의 시작을 다룬다면, 레리아노와
라우레올라의 이야기는 사랑의 과정과 결말을 다루고 있다.

사랑 이야기

수리아에 도착한 '작가'는 용의주도하게 라우레올라에게 접근해 죽어가는 레리아노의 사랑을 전한다. 먼저 궁정을 출입하는 젊은 남자 귀족들과 사귀어 호의를 샀고, 이후 새로운 사람의 등장이 궁정의 젊은 여인들에게 알려지자 '작가'는 라우레올라를 만날 기회를 얻게 된다. '작가'는 무릎을 꿇은 채 레리아노에게 자비를 베풀어달라고 요청한다. 레리아노의 고통, 절망, 죽음의 원인이 라우레올라이니, 오직 그녀만이 그를 구원할 수 있다고 하면서. 그러나 그녀는 불같이 화내며 매몰차게 거절한다. '작가'는 죽음을 무릅쓰고 다시 그녀를 만났으나 차마 말을 붙이지 못한다. 그러나 그녀의 태도는 처음처럼 완강하지 않았다. 며칠 뒤 다시 만나 애원하니 비록 처음처럼 거절했지만, 그때와 달리 화는 누그러져 있었다. 시간이 흐르면서 라우레올라의 태도는 점점 더 풀어졌고, 어느 날 그녀는 사랑을 몰래 가슴에 숨겨놓은 것 같은 모습을 '작가'에게 보였다.

혼자 있으면 깊은 생각에 빠져 있었고, 사람들과 같이 있어도 그리 즐거워 보이지 않았다. 사람들과 어울리는 것을 싫어했고 혼자 있는 것을 더 좋아했다. 재미난 놀이를 피하려고 몸이 좋지 않다고 한 적도 한두 번이 아니었다. 그리고 사람들이 보고 있으면 어딘가 아픈 척했다. 혼자 있으면 깊은 한숨을 내쉬었다. 그 앞에서 레리아노의 이름을 말하면 허둥거리며 말의 조리가 없어졌다. 얼굴색도 갑자기 발그레해졌다가 다시 노랗게 변했다. 목소리는 갈라졌고 입은 바짝 말랐다. 달라진 변화를 아무리 감추려 해도 마음이 자비로워졌으니 애써 감추려는 모습만 오히려 드러낼 뿐이다. (67-68)

이는 사랑에 빠졌음을 드러내는 전형적인 징후였으므로 '작가'는 이를 보고 희망을 품게 되었다. 비록 '작가'가 곧이어 이 징후가 사랑이 아니라 '작가'가 여자에게 베풀어달라고 애원한 자비 때문이었다고 고백하지만, 여기서 자비란 여자가 남자에게 호감이 생겼고 그래서 이제부터 연애를 시작한다는 사실을 감추는 가면일 수도 있다. 라우레올라가 사랑에 빠진 것일까, 아니면 단지 자비를 베풀고 있는 것일까. 남자와 여자를 둘러싼 이 시점의 상황과 결말의 상황이 다르고 여자의 변심도 부정할 수 없어 단정하기는 어렵다. 다만 사랑을 대하는 남녀의 서로 다른 입장이 편지라는 서술 도구를 통해 드러난다는 사실은 분명하다.

먼저 남자가 여자에게 첫 편지를 보낸다. 남자는 비록 여자에게 봉사를 다하지 못했으면서도 오히려 보답(galardón)을 바라는 자신을 책망하며 여자의 아름다움(hermosura)이 자신을 매혹(afición)시켰고, 매혹된 자신이 욕망(deseo)을 품게 되어 죽음보다 더한 고통에 이르렀으며, 고통은 여자에게 편지로 사랑을 고백하는 대담한 시도를 하게 만들었다고 말한다. 앞에 나온 알레고리의 반복이다. 여자가 구원해주지 않는다면 자신은 죽을 수밖에 없고, 여자가 자신을 죽이지 않더라도 스스로 죽음을 맞을 것이라면서 답장을 간청한다. 사랑의 편지에서 죽음은 필수적 요소다. 죽음의 책임을 여자에게 지우지 않고자 스스로 죽겠다고 하지만, 죽음은 삶을 위한 마지막 교두보다. 그리고 이 편지의 의도를 '작가'가 라우레올라에게 직접 전한다. 편지의 의도는 당연히 은밀한 만남이다. 고통받는 남자의 모습을 직접 보고 사랑의 진정성을 확인한 뒤, 그의 고통에 동정심을 갖고 자비를 베풀어 죽음에서 구원해달라는 뜻이다. 여자는 사람들 눈이 있으

니 자신의 명예를 위험에 빠뜨리지 말라고 '작가'에게 경고한다. 남자
는 사랑에 목숨을 걸고 여자는 명예에 목숨을 거는, 전형적인 구애
와 거절의 명분이다. 하지만 여자의 말은 냉정한 거절이긴 해도 말하
는 품새가 아주 매몰차지는 않았다. 여자의 본심이 무엇인지 알 수
없었기 때문에 '작가'는 당황하지 않을 수 없었다. 그래서 '작가'는 남
자에게 돌아가 이렇게 말했다.

겉으로 드러난 태도로 보자면 뜻이 있는 듯하나, 말로는 완강하게
거절하고 있습니다. 그러니 잘 생각해보면 기쁜 일인 듯한데, 귀로 듣
기에는 슬픈 일입니다. (73)

이렇게 '작가'는 여자의 분노가 두렵기도 하고, 여자의 본심을 몰
라 당황해한다. '작가'의 의도를 알면서 자신에게 다가와 말할 기회를
주었다는 사실도 여자의 이중적 태도를 보여준다고 할 수 있다. 여
자의 아버지 가울로왕의 거친 성정을 생각한다면 여자가 이처럼 모
순적인 모습을 보일 수밖에 없을 것이라고 '작가'는 남자에게 말했다.
남자의 대답은 한결같다.

내가 무엇을 할 수 있겠는가? 그저 그녀의 아름다움을 찬양할 뿐.
(…) 내게 그녀를 사랑한 것보다 더 큰 불행이 뭐가 있겠는가. (…) 그
래도 좋다면 차라리 죽는 게 더 나을 것이요, 죽는 것조차 라우레올
라에게 누가 된다면 그저 목숨을 부지하면 그만일 뿐이지만, 내 죽음
이 안타까운 것은 오직 그녀를 바라본 내 두 눈이, 그녀를 담아둔 내
가슴이 사라져버린다는 것일 뿐. (74-75)

남자를 향한 뭔가 표현하기 어려운 감정을 가진 여자, 자신의 명예가 구설에 오를까 두려워하는 여자. 이렇듯 여자의 모습은 애매하다. 그리고 남자는 여자의 애매한 두 모습을 이해한다. 그래서 남자는 여자의 이중적 태도에 어떻게 대응할지 분명하게 알고 있다. 남자는 다시 편지를 쓰고, 마지막이라며 두 번째 편지를 '작가'에게 건넨다. 자신이 죽으면 더는 여자의 화를 북돋을 일이 없고 '작가'가 해야 할 일도 없어지니, 이 편지가 마지막이라는 뜻이다. 남자는 두 번째 편지에서 죽음을 알린다. 그리고 여자를 만나지 못한다면 1년 남짓 이어진 사랑의 고통을 더는 견딜 수 없으며, 모든 잘못은 자신의 운명에 있을 뿐 여자에게는 아무런 잘못도 없다고 강조한다. 다만 죽은 후에 자신이 남겨놓은 뼈라도 한번 보러 와달라고 부탁한다. 처음이자 마지막으로.

'작가'가 두 번째 편지를 전달했다. 라우레올라가 두 번째 편지도 받아주었다는 뜻이다. 편지를 읽은 여자는 아무 말도 하지 못했고 마치 큰 병이라도 걸린 듯 안색이 달라졌다. 여자는 당황했다. 하지만 사람들에게 안색이 달라진 모습을 보이면 위험하다고 생각해 그들을 피해 자리를 떴다. 그리고 여자는 다음 날 아침 '작가'를 불러서 남자를 죽게 놓아둘 수 없어 답장을 썼으니 전해주라고 했다. 이 장면에서 '작가'는 이런 일이 처음이라 어쩔 줄 몰라 하는 여자의 모습을 그리고 있다.

몸은 달아올랐고 안색은 노랗게 변했으며 마치 죽음을 선고받은 사람처럼 기력이 빠진 모습이었다. 우아한 자태도 두려움을 이기지 못했으니 목소리도 떨렸다. (78)

그녀는 두려움에 떨며 자비를 베풀고 있는 것일까, 아니면 사랑에 빠진 것일까. 연인이 만나거나 답장을 보내기 전까지는 명예가 사랑의 장애물이었다면, 그 후부터는 명예가 비밀 유지에 달려 있으므로 비밀 유지 여부가 사랑의 장애물로 등장한다. 궁정식 사랑의 구성요소가 비밀 유지이듯, 라우레올라의 편지는 비밀 유지에 초점을 두고 사랑의 감정을 자비라는 이름으로 애매하게 희석한다.

라우레올라의 첫 편지는 남자의 죽음이 자신의 의지 때문도 아닌데 왜 자신이 죄인이 되어야 하는지 모르겠으며, 남자의 욕망을 충족시키는 게 아니라 죽음을 막는 게 편지의 의도라고 말한다. 이렇게 오로지 자비를 베푸는 마음으로 편지를 쓴다고 하지만, 남자를 죽음으로부터 벗어나게 하려면 자신이, 다시 말해 자신의 명예가 죽음을 선고받아야 한다는 사실을 여자도 잘 알고 있다. 사람들이 여자의 자비로운 뜻을 믿어주지 않을 것이기 때문이다. 그래서 여자는 자비 혹은 사랑의 감정을 두려워한다. 그래서 답장을 받았다고 우쭐대면서 소문내지 말고, 누가 편지를 보면 여자가 남자를 사랑한다고 오해할 수 있으니 잘 보관하라고 한다. 그리고 자신의 의도는 사랑이 아니라 오로지 자비라는 점을 다시 강조한다. '작가'는 편지를 들고 '사랑의 감옥'이라는 알레고리의 공간에서 '만족', '희망', '기쁨', '쾌락', '휴식', '유쾌' 등과 함께 레리아노를 탈출시킨다. 그런 다음 '작가'는 '사랑의 감옥'에서 나온 레리아노와 함께 왕의 궁정을 찾아가고 성대한 환영식 후에 레리아노와 라우레올라는 인사를 나눈다.

장면 1. 첫 만남: 사랑의 비밀

레리아노가 라우레올라의 손에 입을 맞추었을 때 그들 사이에 오갔던 일들을 알고 있는 내게는 여러 가지가 눈에 띄었다. 한쪽은 당황한 기색이 너무나 역력했고, 다른 쪽은 얼굴이 창백하게 빛을 잃었다. 남자는 무슨 말을 할지 몰랐고, 여자도 뭐라 대답할지 떠오르지 않았다. 언제나 그렇듯, 사랑의 열정에 빠져버리면 머리는 멍해지고 재기 넘치던 말솜씨도 사라지는 법이니까. 나는 경험을 통해 분명하게 느껴졌다. (81)

연애를 시작하는 남녀가 처음 만나는 장면이다. 몰래 하는 사랑은 중세 궁정식 사랑의 필수 요소이면서, 동시에 여기저기 알려질 수밖에 없는 이중적 성격을 갖고 있다. 비밀 연애가 알려지면 사랑은 대개 파국을 맞는다. 스페인에서도 이미 후안 로드리게스 델 파드론의 『풀려난 사랑의 노예』에 등장하는 일인칭 화자의 경우처럼 사랑의 비밀이 알려지면 여자는 금방 돌아선다.

『사랑의 감옥』의 일인칭 화자인 '작가'에게는 두 남녀의 변화가 분명하게 보인다. 하지만 다른 사람들은 알아차리지 못한다. 오직 한 사람만 제외하고는. 라우레올라를 사랑하는 다른 남자, 가비아(Gavia) 지방 영주의 아들 페르시오(Persio)는 이 장면에서 질투를 느낀다. 그래서 "눈으로 본 대로 판단하지 않고 상상한 대로 믿게 되어" 레리아노와 라우레올라가 몰래 사랑하고 있으며 밤마다 두 사람이 만난다고 가울로왕에게 무고한다. 왕의 마음에 의심을 심은 것이다. 페르시오의 명예를 믿은 왕은 왕궁에서 조금 떨어진 성에 라우레올라를 가두었다. 그리고 페르시오에게 왕에 대한 반역죄로 레리아노를 고발하라고 명했다. 왕이자 아버지의 허락 없이 공주를 몰래 만나는 행위는 왕의 명예를 더럽히는 행위이니 반역죄에 해당한다.

이에 페르시오는 레리아노에게 공개 결투장을 보냈다. 라우레올라를 몰래 사랑해 밤마다 공주의 방에서 만났으니 죄를 스스로 고백하지 않는다면 결투를 통해 정의를 세우겠다는 내용이었다. 레리아노는 공주의 방에 들어간 적도 없고 공주에게 사랑의 말을 한 적도 없다며 결투를 받아들인다.

결투가 벌어지지만, '작가'는 이런 옛날이야기는 생략하고 싶다며 결투 결과를 한 문장으로 축약한다. "레리아노가 페르시오의 오른팔을 잘랐다"(85). 레리아노가 진실을 고백하라고 요구하자 페르시오는 차라리 죽이라고 한다. 레리아노가 그를 죽이려 하자 페르시오의 친척들은 왕에게 직접 정의를 세울 것을 요구했고, 왕은 결투를 중지시켰다. 다음 날 레리아노가 왕에게 정의를 요구하러 갔을 때 페르시오는 돈으로 매수한 가짜 증인 세 명을 준비해두고 있었다. 그들은 레리아노와 라우레올라가 "부정한 시간에 의심스러운 장소"에서 만났다고 증언했고(86), 왕은 아흐레 후 라우레올라를 죽이라고 판결한다. 남자는 연애를 시작하는 첫 단계부터 딜레마에 빠졌다. 남자가 여자의 무죄를 주장해 받아들여지면 이제 여자의 사랑을 얻을 길이 없다. 반면 무죄 주장이 받아들여지지 않으면 왕은 여자의 사형을 집행할 것이다. 여자가 "자비"를 베푼 순간 그녀는 죽음의 위험에 빠진 셈이다. 여자가 죽게 되면 남자는 살아갈 수 없으니 죽음을 택할 수밖에 없다. 그런데 여자의 무죄가 입증되더라도 여자의 사랑을 얻을 수 없으니 마찬가지로 남자는 죽음을 피할 수 없다.

이렇게 '사랑의 감옥'은 죽어야만 풀려날 수 있다. 이 상황을 여자도 잘 알고 있다. 남자가 여자에게 반드시 구해줄 테니 희망을 잃지 말라고 세 번째 편지를 보내자, 사형 집행을 사흘 앞둔 여자는 위험을 무릅쓰고 이렇게 답장을 보냈다.

당신이 날 구하지 못하면 나는 죽게 될 것이고, 당신이 날 구해낸다고 해도 나는 죽음을 선고받겠지요. (94)

남자가 여자를 구한다면 이는 사랑을 인정하는 셈이므로 여자는 명예를 잃는다. 남자가 여자를 구하지 못한다면 사형이 집행된다. 어떤 경우든 여자는 목숨도, 명예도 모두 잃게 된다. 이에 여자는 왕의 화를 누그러뜨릴 다른 조력자를 찾아보라고 한다. 이 두 번째 편지에서 여자는 자신이 사랑에 빠진 것이 아니라 단지 자비를 베풀었을 뿐이라고 강변한다. 그리고 자비를 베푼 대가가 죽음이라며 한탄한다. 여자를 구하기 위한 추기경의 청원도, 왕비의 애원도, 그리고 여자의 편지도 모두 허사로 돌아갔다.

"현명한 전사" 레리아노는 사형 집행 전날 밤 은밀하게 500명의 기사를 모았다. 다음 날 동이 트고 도시의 성문이 열리자 그들 중 100명은 페르시오를 죽이고, 100명은 도시에서 빠져나올 왕의 군사들을 막았다. 그리고 남자는 300명의 군사를 이끌고 가 여자를 구했다. 여기서 두 번째 만남이 공개적으로 이루어진다. 하지만 두 사람 사이에는 아무 말도 오가지 않는다. 라우레올라는 레리아노가 자신을 죽음에서 건져주었으니 감사의 말을 할 법도 하건만 그녀는 어떤 말도 하지 않는다. 여자에게는 감사할 이유가 없기 때문이다. 이 장면이 두 사람의 마지막 만남이다.

장면 2. 두 번째 만남: 사랑의 종말

레리아노는 마치 평온한 시절에 하듯 매우 정중하게 격식을 갖추어 라우레올라를 감옥에서 모시고 나오도록 했다. 그리고 바닥에 무릎을 꿇고 마치 자신이 섬기는 왕의 딸에게 행하는 듯 예우를 갖추어 손에 입을 맞추었다. 그녀는 너무나 당황해 거의 움직이지도 못했다. 쓰러질 듯 이미 제정신이 아니었고, 얼굴색은 하얗게 질려서 살아 있는 사람으로 보이지 않았다. (108)

사전에 약속된 대로, 라우레올라는 곧바로 외삼촌 갈리오에게 인계되어 달라(Dala)에 있는 성채로 옮겨갔다. 레리아노는 병력을 이끌고 수사(Susa)로 갔고, 5만 명에 달하는 가울로왕의 군대와 치열한 공성전을 치른다. 양 진영은 모두 큰 손실을 입었다. 레리아노에게 150명의 군사가 남았을 때 레리아노는 거짓 증언을 했던 페르시오의 친척을 사로잡게 되었고, 그를 고문해 진실을 실토하게 했다. 그리고 왕에게 보내 진실을 밝힌다. 위증한 세 사람은 처벌되고 전쟁은 끝났다. 사람들은 모두 수리아로 돌아왔다. 전쟁이 끝났지만 가울로왕에게 레리아노는 심각한 위협이자 불명예였다. 가울로왕은 정의롭지 못했고, 외지에서 온 레리아노는 부정한 왕에게 대적해 정의를 세운 셈이 되었기 때문이다. 이 경우 공주와의 결혼은 승리한 영웅을 위한 전리품이 아니다.

이제 남자의 상황은 알레고리가 끝난 지점, 즉 '작가'가 여자에게 남자의 사랑을 전하기 이전으로 돌아간다. 전쟁을 끝낸 남자는 다시 사랑의 고통으로 괴로워한다. 남자는 여자에게 "정결한 방식으로"

만나고 싶다며 편지를 보낸다. '작가'가 편지를 들고 다시 여자를 찾아갔다. 하지만 여자는 앞으로 영원히 만나지도 않고 편지도 받지 않겠다며 남자에게 마지막 답장을 보냈다. 그리고 이미 '작가'와 만나는 것이 알려져 의심하는 소문이 돌고 있다면서 다시는 '작가'와도 만나지 않겠다고 했다. 남자는 마지막 편지에서 덕(virtud), 동정(compasión), 자비(piedad)를 거론하며 은혜를 베풀어달라고 애원하지만, 여자는 덕과 동정과 자비는 자신에게 불명예와 죽음을 가져다줄 뿐이라며 냉정하게 거절한다. 여자는 명예를 지킬 테니, 이제 남자는 스스로 고통에서 빠져나오라는 게 편지의 요지였다.

여자는 왜 남자와 결별할까. 남자는 사랑이라는 병에 걸려 '사랑의 감옥'에 갇혀 있지만, 여자는 아직 사랑 병에 걸리지 않았기 때문이다. 여기서 사랑의 감옥은 남자만을 위한 공간이며, 사랑의 종교는 남자의 특권이다. 사랑의 감옥에 들어가지 않은 그녀가 경험한 이상한 감정은 목숨을 잃을 수도 있을 만큼 위험한 것이었다. 사랑이라는 병에 걸린 남자에게 베푼 선함과 자비와 동정은 오히려 여자의 명예를 훼손해 죽음에 이르게 할 수도 있었다. 남자의 치유는 곧 여자의 불명예와 죽음이었다. 이 시점에서 여자가 다시 남자의 사랑을 치유하려고 자비를 베풀면 페르시오의 무고는 사실로 바뀌게 되고, 이것이 사람들에게 알려지면 여자와 남자 모두 죽음을 피할 방법이 없다. 더구나 남자는 여자의 아버지 가울로왕에게 반란을 일으킨 셈인데, 가울로왕이 남녀의 결혼을 허락한다는 것은 스스로 왕권을 내려놓는 것과 같으므로 있을 수 없는 일이다.

사랑이라는 종교를 위한 신앙고백

센티멘탈 소설이 그리는 궁정식 사랑의 코드는 사랑이 결혼으로 완성되는 웨딩 스토리가 아니라 사랑의 고통과 순교라고 할 수 있다. 여자의 역할은 남자에게 고통을 주는 데 있으므로, 사랑은 이루어질 수 없다. 이렇게 여자는 차가운 대리석이 되고, 남자는 사랑을 이루지 못한 채 홀로 남는다. 남자의 사랑은 이루어질 수 없는 사랑이 되어야 한다. 불가능한 사랑, 그 사랑에서 빠져나올 수 없는 고통이 남자를 숭고하게 만들기 때문이다. 사랑 그 자체가 순교고, 레리아노는 이제 사랑의 순교자가 되려 한다.

남자는 여자의 마지막 편지를 읽은 뒤 식음을 전폐한 채 침대에 누워 죽음을 기다린다. 남자가 스스로를 죽게 놓아두고 있다는 소식이 알려지자, 그의 친구 테페오(Tefeo)가 찾아와 남자를 죽게 하는 여자를 비난한다. 여기서부터 사랑의 순교 의식이 시작된다. 먼저 레리아노는 사랑이라는 종교의 교리를 위한 신앙고백을 한다. 사랑을 위한 신앙고백은 여자를 비난하면 안 되는 열다섯 가지 이유와 남자가 여자에게 순종해야 하는 스무 가지 이유로 구성되어 있다. 그런 다음 그 증거로 덕성을 갖춘 여자들의 사례를 열거한다. 마지막은 '사랑의 성체 의식'(comunión eucarística con su amada)과 어머니의 조사(弔辭)로 구성되어 있다.

먼저 여자를 비난하면 안 되는 열다섯 가지 이유 가운데 첫 번째는 다음과 같다.

하느님이 창조하신 세상 만물은 모두 필연적으로 만들어져야 할 선한 이유가 있고, 여자도 창조주의 뜻에 따라 만들어졌으니 마찬가

지다. 그러므로 여자를 욕하는 자는 하느님의 피조물을 욕하는 것이니 불경스러운 일이다. (120)

그러므로 하느님의 뜻에 따라 선하게 만들어진 여자를 사랑하는 일은 남자가 하느님을 찬양하며 숭고해지는 성화(聖化)의 영역으로 나아가는 것과 같다는 뜻이다.

두 번째 이유는 성모 마리아가 우리를 고통에서 건져주시고, 죄에서 지켜주시며, 우리를 구원에 이르도록 이끌어주시므로, 여자는 세상의 모든 찬양을 받아 마땅하다는 것이다. 의미가 중첩되지만, 다른 이유들은 다음과 같다.

(3) 강한 자가 약한 자를 핍박하는 것은 남자의 덕목이 아니다.

(4) 여자를 모욕하는 것은 스스로를 모욕하는 것과 같다. 남자는 여자의 몸에서 태어나 여자의 육체를 통해 양육되기 때문이다.

(5) 아버지와 어머니 모두를 존중해야 한다는 하느님의 말씀에 대한 불복종이다.

(6) 덕이 있는 고귀한 사람은 말과 행위가 고귀해야 하는데 남을 욕하는 더러운 말은 자신의 명예를 해친다.

(7) 기사도 규율에 따라 기사는 여자의 명예를 지키고 존중해야 한다.

(8) 험담은 자신의 명예를 위태롭게 한다. 이런 불명예는 오래 기억된다.

(9) 험담은 영혼이 구원받지 못하게 만든다.

(10) 험담은 적대적 관계를 만들기 때문에 피해야 한다.

(11) 여자에 대한 험담은 특히 무지한 남편에게 큰 해악을 끼친다.

(12) 험담은 무서운 소문으로 이어지고 험담을 한 남자도 광장에서는 험담의 대상이 된다.

(13) 험담은 자신을 위험에 빠뜨린다. 여자의, 혹은 여자를 위한 복수의 대상이 된다.

(14) 여자는 아름답기 때문에 험담을 하지 않아야 한다.

(15) 여자를 통해 고귀하고 지혜로운 남자가 태어난다.

또한 남자가 여자에게 순종해야 하는 스무 가지 이유는 다음과 같다.

(1) 여자는 무지하고 거친 남자를 점잖으면서 세련된 남자로 만든다.

(2) 여자는 사랑으로 고통받는 남자에게 휴식을 준다.

(3) 여자는 남자의 기질을 온화하게 해준다.

(4) 여자는 죽어가는 자에게 성채가 되어주고, 고통을 견딜 수 있도록 강하게 만들며, 대담함과 희망을 가슴에 불어넣는다.

(5) 여자는 사랑하는 남자로 하여금 하느님에 대한 믿음을 갖게 해 그를 더욱 의지하고 그의 권능을 찬양하게 한다.

(6) 여자는 우리의 영혼에 희망을 키워준다.

(7) 여자는 우리에게 사랑의 자애로움을 베푼다.

(8) 사랑하는 여자의 아름다움과 은혜를 생각하면 하느님의 은혜를 묵상하게 된다.

(9) 여자는 우리를 고통과 눈물로 회개하게 만든다.

(10) 여자는 선한 충고와 조언으로 남자로 하여금 죽음을 면하게 하고 평화를 이루게 한다.

(11) 여자는 결혼하면서 가져오는 지참금으로 남자를 명예롭게 한다.

(12) 여자는 탐욕을 멀리하고 관대함을 가까이하는 남자가 되게 한다.

(13) 여자는 남자의 재산을 늘려준다.

(14) 여자는 남자에게 의식주의 정결함을 가져다준다.

(15) 여자는 남자의 아이를 잘 양육한다.

(16) 여자는 남자의 옷차림을 멋지게 한다.

(17) 여자는 남자에게 음악의 아름다움을 알게 해준다.

(18) 여자는 남자가 소임을 더 잘하도록 만든다. 힘쓰는 자에게는 큰 힘을, 달리는 자에게는 가벼움을 더해준다.

(19) 여자는 남자로 하여금 시, 노래, 악기 연주 등 여러 재주를 갖추게 한다.

(20) 우리는 여자의 아들이다.

테페오에게 사랑의 교리를 설파한 레리아노는 기력이 쇠해 말을 잇지 못한다. 어머니의 통곡에 이어, 남자는 죽기 전 남아 있는 여자의 편지가 혹시나 타인의 손에 들어가지 않도록 연인의 편지를 찢어 물 잔에 넣어 마시는 사랑의 성체 의식을 거행한다. 이렇게 남자의 사랑은 죽음으로 완성되고 고통은 끝났다.

1490년대 초기 문학 시장의 독자들은 『사랑의 감옥』이 그리는 사랑의 종교에 뜨거운 반응을 보였다. 이 사랑의 종교에는 육체성과 관능성이 끼어들 자리가 없었다. 그래서 중세의 궁정식 사랑이 '성스러움'(sacramentum)과 '육체적 결합'(consummatio)의 일체화를 추구했다면, 1490년대 스페인 문학 시장의 첫 베스트셀러는 종교화된 숭고한 사랑을 새로운 상품으로 내세웠다고 할 수 있다. 여기서 남자의 사랑은 인간에게 숭고한 감정이 있다는 깨달음에서 시작한다. 『사랑의 감옥』의 불가능한 사랑은 16세기 르네상스 시대에 신플라톤주의 시(詩)와 기사소설로 옷을 갈아입었다. 하지만 사랑의 종교를 다룬 책들은 기사소설과 더불어 16세기 중엽 종교재판소에 의해 금서로 지정되었고 많은 도덕주의자로부터 비판을 받았다. 거기서 사랑이라는 이름의 종교는 당대의 유행을 다했다. 단지 기사의 사랑만 세르반테스의 돈키호테에게로 전해졌을 뿐이다.

1490년대부터 16세기까지 독자들은 이런 숭고한 사랑만 소비하지 않았다. 단테의 숭고한 사랑은 피와 살을 가진 인간의 사랑으로 전이되었고, 숭고한 감정이라는 가면 뒤에 숨어 있는 쾌락과 욕망이 가면을 벗고 본모습을 드러냈다. 1490년대 스페인 문학에서 사랑은 숭고한 감정으로 시작했지만, 등장과 동시에 그 숭고한 감정은 욕망과 결합해 세속화되었다. 하나의 취향과 그 반대 취향이 거의 동시에 나타났다고 할 수 있다. 그래서 1490년대 센티멘탈 소설에서 시작해 16세기 전반기 기사소설의 유행으로 이어지는 흐름은 사랑의 숭고함과 인간의 세속적 욕망이 합류하는 과정이었다고 할 수 있다.

『사랑의 감옥』은 연인의 숭고한 사랑을 보여주지만, 그것은 불가능한 사랑이었다. 반면 16세기 기사소설은 인간의 세속적 욕망을 보여주었고, 그것은 불가능이 없는 사랑이었다. 사랑의 열병에 걸렸지만 이루어질 수 없는 불가능한 사랑은 인간의 사랑을 숭고의 경지로 끌어올렸으며, 세련된 예의범절로 형식화하고 이상화했다. 남자들은 여인에게 무조건 봉사해야 하되, 어떤 보답도 바라지 말고 사랑하는 것 자체를 지고의 가치로 생각해야 한다.

하지만 16세기 문학 시장에서 대중의 취향은 숭고한 사랑의 종교를 지지하지 않았다. 1499년 출판된 『라 셀레스티나』의 개종한 유대인 작가 페르난도 데 로하스는 불가능한 사랑을 위선과 허위로 낙인찍었다. 1490년대 독자들이 사랑의 종교를 이국적이고 세련된 취향으로 받아들였다면, 그 10년의 끝에는 욕망의 승리를 위악적으로 보여주는 『라 셀레스티나』가 있었다. 그러면서 독자들의 취향도 분화하기 시작했다. 16세기 독자들은 르네상스 시대의 현실적이고 육체적인 사랑 개념을 더 많이 소비했다. 그러면서 숭고한 사랑은 세속적 욕망과 섞였으니, 그 사랑은 빛이 바랬다. 대중은 욕망을 드러내고 표현해주길 기대했다.

우리 시대도 그때와 다르지 않다. 숭고한 사랑도 소비하고, 육체적 사랑의 욕망도 소비한다. 대중은 여전히 욕망을 더 소비한다. 오히려 질문은 여기에 있다. 숭고한 사랑이 여전히 살아남은 까닭은 무엇일까? 인간의 욕망은 이중적이며 변덕스럽지만, 우리의 어딘가에 숭고함이 남아 있다는 뜻인가?

제2부

사랑과
중세 신학

헬로이사와 아벨라르두스

강상진 서울대학교 철학과 교수

1. 들어가는 말

지금부터 살펴볼 12세기의 사랑 이야기는 소설 속 가공인물에 관한 것도, 사랑에 대한 신학적 논고도 아니다. 이 이야기의 특징은 역사 속 실제 인물이 만들어간 사랑에 관한 사건이면서, 동시에 당사자들이 그 사건을 돌아보는 가운데 형성된 것이라는 데 있다. 아래서 자세히 살펴보겠지만 육체적이고 성적인 갈망에서부터 순수하고 자기희생적인 사랑에 이르기까지, 이야기가 시작하고 발전하고 끝나는 과정에서 폭넓은 주제들이 연결되고 전개된다. 우리는 이 이야기를 12세기의 사랑과 사랑 담론을 이해하는 단초로 삼을 생각이다.

최초 사건 후 거의 20년이 지나 다시 주고받은 편지에서 헬로이사(Heloisa, 1090년경–1164년)와 페트루스 아벨라르두스(Petrus Abaelardus, 1079–1142년)는 젊은 시절의 연애라는 동일한 경험을 서로 다른 시각에서 이야기하고 있는 것처럼 보인다.[1] 평행선을 달리는 기찻길이 시야의 끝에서는 서로 만나는 듯 보이지만 가까이 가서 보면 언제나 동일한 거리를 유지하는 것처럼, 그들의 이야기는 좁혀지지 않는 거리를 유지한 채 흘러간다. 처음 이 이야기를 공부하기 시작했을 때는 세속적 사랑이 그리스도화되는 과정으로 개념화할 수 있으리라고 생각했다.[2] 하지만 깊이 들어가면 갈수록 그런 정리의 틀에 맞지 않는 부분들이 이 이야기의 중요한 구성 요소라는 판단에 도달하게 되었다. 모든 사랑 이야기가 그렇듯, 다시는 반복될 수 없는 사건의 유일무이성을 반추하는 것이 아마도 이 이야기에 접근하는 좀 더 좋은 방식일 테다.

두 사람의 인생을 마지막까지, 심지어 죽음 이후까지 깊이 결정지었던 사랑 이야기와 이 사건을 지적으로 소화하는 두 사람의 담론을 따라가고 이해해보는 것이 이 글의 목표다. 각자 어떤 틀로 사건을 정리하고 있는지, 어떤 감정과 태도로 이전의 사건들과 상대방의 반응을 소화하는지 살펴볼 생각이다.[3] 그들의 이야기에 나오는 중요한 모퉁이 돌이라면 아마도 사랑, 결혼, 정의, 구원 정도를 일차적으로 들 수 있겠다. 이것들이 어떻게 12세기의 사랑 이야기에 들어오게 되는지 지금부터 살펴보도록 하자.

2. 사건: 연애, 임신, 결혼, 거세

두 사람의 연애는 1115년 무렵, 당시 프랑스 파리 노트르담 대성당 부속학교의 존경받는 교사이던 아벨라르두스가 헬로이사의 집에 하숙을 들면서 시작된다. 아벨라르두스는 자신의 세속적 성공이 절제 속에서 살아오던 삶에 약간의 틈을 만들기 시작했고, 헬로이사의 학식과 매력에 끌려 하숙을 통해 일상적인 교제의 기회를 얻고자 자신이 먼저 연애를 제안한 것이라는 점을 숨기지 않는다. 하숙비에 대한 욕심뿐 아니라 당대 최고 지성에게 조카딸의 교육을 맡기고자 했던 외삼촌 풀베르투스(Fulbertus)의 수락이 애초의 기대를 넘어서는 연애 기회를 제공한다. 아벨라르두스는 풀베르투스의 이 결정을 "어린 양을 굶주린 늑대에게 맡기더라도 그보다 덜 황당하지는 않았을" 것이라고 평가하는데,[4] 집주인의 조카딸을 향한 사랑과 자신의 절제된 삶에 대한 과거의 명성이 혹시 일이 잘못되지 않을까 하는 의심을 막았다고 회상한다.

한 지붕 아래서 그들은 교육 명목으로 온전히 사랑을 위한 시간을 가졌다고, 사랑이 소망하던 은밀한 장소를 수업과 공부가 제공했다고 한다. "책은 펴 놓았으되 강의보다 사랑에 대해 더 많은 이야기를 나누었으며, 문장의 강해보다 입맞춤이 더 많았다"고, "손은 책보다 가슴으로 더 자주 향했고, 강의를 위해 책에 눈이 가는 것보다 사랑이 서로의 눈에서 더 빈번하게 반짝였다"[5]고 적었다. 이런 일에 빠져들어 철학을 위한 시간이 점점 줄어들고, "새로운 것을 발견한다면 철학의 비밀이 아니라 사랑의 노래"였던 시간이 흐르는 동안 이 일을 가장 늦게 알아차린 사람은 외삼촌 풀베르투스였다고 한다. "가장 사랑하는 사람들에 대해서는 그들이 어떤 창피한 일을 했으리라고 의심하지 않는 법이며, 대단한 사랑 안에는 수치스러운 일에 관한 의심이라는 오점이 자리할 수 없기 때문"이라는 설명은[6] 이어 이 일을 알아차린 풀베르투스의 충격과 그에 따른 연인들의 당연한 격리에 대한 설명으로 이어진다.

두 사람 모두 자신에게 닥친 괴로움을 한탄하지 않고 상대방의 괴로움을 한탄했다네. 하지만 이 육체의 분리는 가장 강력한 정신의 결합이었으며, 충족을 거부당한 것이 그들의 사랑을 더 불타오르게 했네. 이제 창피함이 알려질 대로 알려지자 우리는 이전보다 덜 부끄러워졌으며, 창피함의 수동이 가실수록 사랑의 능동이 더욱 적절한 것으로 보였네.[7]

두 사람이 어쩔 수 없이 헤어진 지 얼마 되지 않아 헬로이사는 임신 소식을 알리고, 외삼촌이 없는 어느 날 밤 아벨라르두스의 도움으로 몰래 빠져나와 그의 고향 누이 집에서 아스트랄라비우스(Astralabius)라는 이름의 아들을 낳는다.

이야기의 다음 단계는 거의 미칠 지경인 풀베르투스에게 아벨라르두스가 직접 찾아가 자신의 명예에 흠이 가지 않도록 비밀을 유지해주는 조건으로 헬로이사와 결혼하겠다고 한 해결책이 받아들여지는 것에서 시작한다. 풀베르투스는 이 제안을 수용하지만 복수의 암운은 이미 깔리고 있었으며, 결혼 제안을 받은 헬로이사도 좋은 해결책이 아니라고 주장한다. 이 일에 관한 어떤 보상도 외삼촌의 마음에 들지 않을 것이라는 경고, 결혼이 아벨라르두스의 평판에 해를 끼칠 것이라는 우려 등 여러 논거의 반대에도 불구하고 아벨라르두스는 아들을 누이에게 맡긴 채 헬로이사와 함께 비밀리에 파리로 돌아온다. 아벨라르두스가 친구를 위로하고자 쓴 편지에서 밝힌 헬로이사의 결혼 반대 논거는 후에 헬로이사 자신이 쓴 편지에서 보충되지만, 지금 잠깐 그 일단을 들어보자.

그녀는 마지막으로 그녀를 파리로 다시 데려가는 것이 나에게 얼마나 위험한 일인지, 부인으로 불리는 것보다 애인(amica)으로 불리는 것이, 그럼으로써 결혼 관계라는 속박의 힘으로 나를 그녀에게 묶어놓는 것이 아니라, 오직 [사랑의] 감사만으로 연결되는 것이 그녀 자신에게 얼마나 더 소중하고 나에게는 더 명예로운 일인지를 덧붙였네.[8]

헬로이사의 걱정 가운데 명예에 관한 것보다 위험에 관한 걱정이 더욱 빨리 현실이 된다. 새벽에 비밀리에 결혼식을 한 후 헤어져 살면서 남들의 눈을 피해 가끔씩 만나던 부부에게 시련이 닥친다. 풀베르투스와 그의 일가친척들은 아벨라르두스로부터 받은 불명예를 씻고자 비밀로 유지하겠다는 맹세를 위반하고 결혼 사실을 공개하기 시작했고, 항의하는 헬로이사는 자주 모욕을 당한다. 아벨라르두스는 헬로이사를 다시 빼내어 파리 근처 아르장퇴유(Argenteuil)라는 수녀원으로 보내고, 수녀원에서 편하게 생활할 수 있도록 베일을 제외하고 수도복을 맞추어 그녀에게 입히는데, 이 소식을 들은 풀베르투스와 일가친척들은 이제 수녀가 된 그녀로부터 그가 벗어날 마음을 먹었다고 오해한다. 대단한 수모를 당했다고 생각한 그들은 아벨라르두스의 하인을 매수해 어느 날 밤 가장 잔인하고도 수치스러운 보복을 가한다. 아벨라르두스의 신체 중 그들을 한탄하게 만들었던 그 일을 범한 부위를 제거한 것이다. 아벨라르두스는 온 도시에 알려진 이 끔찍한 소식에 대한 반응을 전하면서 자신을 더 괴롭힌 것은 육체의 상처가 아니라 수치스러움이었다고 말한다.

1117년에 일어났다고 전해지는 이 사건은 당사자인 헬로이사가 아벨라르두스의 요청에 따라 정말 아르장퇴유의 수녀가 되고, 아벨라르두스가 생드니(Saint Denis)의 수도사가 됨으로써 일단락된다. 물론 아벨라르두스는 "수도원이라는 은신처로 숨어들게 한 것은 (…) 회심의 봉헌이라기보다 부끄러움의 혼란"[9]이었으며, 많은 사람이 헬로이사의 처지를 동정해 수도원의 규칙이라는 속박으로부터 그녀의 청춘을 건져주려 했지만 허사였다는 말을 덧붙인다.[10] 그녀가 제단 앞으로 나아가 모든 사람이 보는 앞에서 수도 생활의 서원을 하기 전 탄식하며 되뇌었다는 고대 로마 시인 마르쿠스 안나이우스 루카누스(Marcus Annaeus Lucanus, 39-65년)의 시는 헬로이사가 어떤 마음으로 연애 사건의 끝을 받아들이고 있는지를 보여준다.

오, 나의 침실에 어울리기에는 너무나 고귀한 남편이여, 운명은 이토록 대단한 당신에 대해 이런 권리를 가지고 있었단 말인가요? 당신을 비참하게 만들려고 죄 많은 내가 당신과 결혼한 것인가요? 자, 이제 내가 기꺼이 바치는 죗값을 받아주세요.[11]

3. 재회: 영적인 관계, 죽음으로 비로소 하나 되는 몸

이후 서로 연락을 주고받는 일 없이 두 사람은 각자의 수도 생활을 영위하게 된다. 아벨라르두스는 생드니 수도원에서 발생한 분란으로 말미암아 수도원 바깥에서 혼자 수도 생활을 할 수 있는 허락을 어렵게 받아내고 나중에 '파라클레투스'(Paracletus)라는 이름으로 불리게 되는 기도 공간(oratorium)을 트루아의 영지에 마련하는

데, 곧 학생들이 몰려와 황야의 고독 속에서 학생들과 함께 공부하고 책을 쓰는 시간을 갖게 된다. 연구자들은 1122년부터 시작된 것으로 추정되는 약 5년간을 아벨라르두스의 인생에서 가장 평온하고 방해 없이 공부하며 가르치던 시기, 중요한 저작들을 집필한 시기라고 평가한다. 처음에 갈대와 볏짚으로 만들었으나 몰려온 학생들을 다 수용할 수 없게 되자 학생들이 나무와 돌로 확장해 지었다는 이 건물을 아벨라르두스는 1127년 무렵 브르타뉴 지방의 수도원장 직을 맡으면서 떠난다. 버려진 기도 공간이 잘 관리되지 않는 어려움은 뜻하지 않게 해결되는데, 이 해결이 아벨라르두스와 헬로이사가 다시 만나는 계기가 된다. 그사이 자신이 입회했던 아르장퇴유 수녀원의 원장이 된 헬로이사는 큰 곤경에 처한 상태였는데, 당시 생드니 수도원과의 토지 소유권 분쟁에서 패해 수녀원 땅에서 쫓겨나 사방으로 흩어질 위기에 놓인 것이다. 아벨라르두스는 이것이 신이 준 기회라고 판단해 자신이 건립하고 가꾸어오던 파라클레투스로 돌아가 기도 공간과 부속 건물 일체를 해체 위험에 놓인 수녀들에게 기증한다. 1129년에 있었던 이 기증은 교황 인노켄티우스 2세(Innocentius II)가 1131년 특권을 부여함으로써 영구한 것으로 확인된다.

아벨라르두스는 "이제는 아내라기보다 그리스도 안에서 자매인 헬로이사"[12]와 그녀가 책임지고 있는 수녀원에 새로운 물적 토대를 제공한 장본인이자, 강론 등을 통해 영적으로 지도할 임무를 진 사람이 된다. 동시에 이제 막 정착한 수녀들을 도우려고 파라클레투스를 자주 방문한 일이 나쁜 소문도 불러온다. 아벨라르두스가 순수한 애덕으로 하지 않을 수 없었던 일들이 아직까지 육적인 욕정의 지배를 받아, 옛 애인이 곁에 있지 않은 것을 견딜 수 없어 그러는 것이라는 소문 말이다.[13] 아마도 이런 소문 때문에 한편으로는 타락하고 거친 수사들을 지도해야 하는 먼 곳의 수도원장임에도 한때 아내였던 헬로이사가 원장직을 수행하고 있는 수녀원을 이전처럼 자주 방문하지 못했던 것으로 보인다.

아벨라르두스가 친구의 불행을 위로하고자 자신의 불행한 개인사를 기술한 편지를 쓴 것이 1132년쯤으로 추정된다. 이 편지가 헬로이사의 수중에 들어간 후 편지에 언급된 불행의 대부분에 직접 연루된 그녀가 아벨라르두스에게 편지를 쓰고, 다시 답장을 보내는 일련의 서신 교환이 시작된다. 우리가 지금 다루고 있는 이야기의 소재들이다. 서신 교환의 어느 시점에서 헬로이사는 아벨라르두스의 요청을 받아들여 더는 지난날의 사랑 이야기를 소재로 삼지 않고 수녀원의 운영에 필요한 가르침과 지침에 관한 물음으로 넘어가지만, 편지 내용을 통해 더 많은 것을 읽어낼 수 있다. 무엇보다 수도원장 혹은 당대 최고 지식인과 수녀원장 사이의 영적 지도가 근본적으로 한때 연인, 부부 사이였다는 사실을 무시하고 이해할 수 있는 부분이 아니라는 것, 그리스도적 구원이라는 큰 이상은 공유하지만 그 안에서 세속적인 사랑 혹은 그리스도교적 사랑이 차지하는 위치와 평가는 영영 닿지 않는 평행선처럼 거리를 유지하는 것 같다는 인상을 지울 수 없다.

두 사람의 사랑 이야기는 최초의 연애 사건이 각각 수도원 입회로 정리되는 1단계, 약 10년 후 다시 시작되는 영성적 지도 관계라는 2단계에 들어서는 것처럼 보이지만, 부인할 수 없는 인격적 동일성 때문에 당대 사람들 사이에서도 동일한 사랑의 두 단계로 인식되었던 것 같다. 자신을 위해 기도해달라는 부탁과 자신이 죽으면 어떻게 처리해달라는 편지 속 부탁대로 1142년 클뤼니(Cluny)에서 죽은 아벨라르두스의 시신은 수녀원장 헬로이사에게 인도되고, 1164년 헬로이사가 사망했을 때 마침내 합장된다. 헬로이사의 시신이 먼저 있던 아벨라르두스의 시신 옆에 안치되었을 때 아벨라르두스의 팔이 헬로이사를 반겼다는 전설은 세상이 갈라놓았던 육신의 결합, 더는 오해에 노출되지 않을 죽음 이후의 결합을 최종적인 결말로 전해주고 있는 셈이다.

4. 사랑과 성적 갈망

사랑과 결혼이라는 주제에 관해 12세기의 그리스도교가 어느 정도 신학적 성취를 거두었는지, 실제로 어느 정도 대중을 설득하는 데 성공했는지, 그러한 이해의 사회적 함축을 얼마나 성공적으로 실천에 옮겼는지를 살피는 것이 이 글의 목적은 아니다. 그것들의 가능한 상호적 영향 관계를 살피는 일은 더더욱 글의 범위를 벗어난다. 하지만 아벨라르두스와 헬로이사의 서신 교환에서 두드러지는 점만은 미리 지적해두는 것이 좋겠다. 그들이 공통의 지적 자산처럼 활용하는 주제들인데, 이 주제들이 당대 신학적 사유에 얼마나 연결되어 있는지, 대중적 관행에 어떤 연결성을 가지는지 말할 수 없더라도 이들의 사랑 이야기를 이해하는 데는 필요하다.

첫 번째는 로마 공화정 말기의 위대한 정치가이자 철학자인 마르쿠스 툴리우스 키케로(Marcus Tullius Cicero 기원전 106–43년)의 『우정론』(De amicitia)에서 유래했다고 보이는 순수성 토포스로, 진정한 우정은 인격 자체를 사랑하는 것이지 그 인격이 외적으로 소유한 부분, 가령 재산이나 성공을 사랑하는 것은 아니라는 점을 강조한다. 이러한 사랑은 또 자신의 이익을 위해서가 아니라 친구의 이익을 위해 친구가 잘되기를 바라는 마음으로 나타난다. 이 토포스에 의해 젊은 날 아벨라르두스의 사랑이 어떤 것이었는지 두 사람 모두에게서 확인된다. 헬로이사는 아벨라르두스 앞으로 쓴 첫 번째 편지에서 "어찌하여 당신이 홀로 결정한 나의 수도원 입회 이후 내가 그토록 소홀한 대접을 받고 망각에 이르게 되었는지, 그 결과 함께 나누는 대화로 격려받지도 못하고, 함께할 수는 없지만 편지로나마 위로받지도 못하게 되었는지"[14] 말해달라고 요청하면서 그렇게 생각하고 있는 모든 사람이 의심하는 바를 전한다. 아벨라르두스는 우정(amicitia)보다 갈망(concupiscentia) 때문에, 사랑(amor)보다 욕정(libido)의 불길 때문에 헬로이사를 추구했다. 그래서 그의 갈망이 멈추자마자, 갈망 때문에 그가 보여주던 것들도 똑같이 사라지고 말았다는 것이다. 아벨라르두스도 이 점을 인정한다. 그는 헬로이사에게 가했던 자신의 잘못을 이렇게 고백한다.

당신은 알고 있소. 얼마나 큰 격정으로 나의 정욕이 절도를 잃어 우리의 육체를 팔아넘겼는지, 그래서 부끄러움도 모르고 신에 대한 경외도 없이 심지어 주의 수난 주일에도, 아무리 큰 축일에도 이 진흙탕에서 뒹굴었는지 말이오. 하지만 당신이 만류하는데도, 또 본성이 더 연약하던 당신이 할 수 있는 한 망설이면서 하지 말자고 설득하는데도 나는 자주 위협과 매질로써 당신의 동의를 이끌어내곤 했소. 욕정의 크나큰 불꽃으로 당신과 하나가 되어, 이제 이름을 부르기도 부

끄러울 저 가련하고 형편없는 쾌락들을 신뿐 아니라 나 자신보다 우선했었소.[15]

헬로이사는 변명거리, 즉 아벨라르두스의 입장을 해명함으로써 그가 자신을 천하게 평가했다는 것을 어떤 방식으로든 덮을 수 있는 변명거리를 생각해낼 수 있으면 좋겠다고 한탄한다. 한갓된 성적 갈망의 대상일 뿐이었다는 사실이 그 시절을 돌아보는 수녀원장과 수도원장에게는 부인할 수 없는 오점이 되는 것이다. 헬로이사는 혹시 자신도 이 혐의로부터 자유롭지 않은 것은 아닌지 스스로에게 묻고, 당시에는 불확실하던 부분이 이제 종착점에서 분명해졌다고 단언한다. 아벨라르두스의 의지에 복종하고자 자신의 모든 쾌락을 포기했으며, 그의 여자가 되는 일 외에 남은 것은 하나도 없다고 말이다.

당신과 육체적 쾌락을 향유하고 있을 때는 내가 이것을 사랑(amor)으로 하는 것인지, 욕정(libido)으로 하는 것인지 많은 사람에게 불확실했습니다. 하지만 이제 그 종착점이 내가 그것을 어떤 원리에서 시작했는지를 알려줍니다. 나는 당신의 의지에 복종하고자 내 모든 쾌락을 포기했습니다. 내게 남은 것은 아무것도 없습니다. 이제 무엇보다도 당신의 여자가 되는 것 말고는.[16]

두 사람이 그 시절의 사랑을 기억하는 방식에서 사람 혹은 인격 자체를 사랑했는지, 아니면 사람 혹은 인격 자체가 아니라 서로의 성적 매력을 갈망했는지는 분명히 구별되는 것으로 보인다. 아벨라르두스가 젊은 날 헬로이사를 성적으로 갈망했을 뿐이라고 잘못을 인정하는 반면, 헬로이사는 자신도 혹시 그런 것은 아니었을까 의심하지만, 그때 시작한 관계의 종착점인 지금에 와서 돌아보면 인격 자체를 사랑한 것이었음이 분명하다고 확신한다. 주목해야 할 것은 자기희생적 혹은 헌신적인 사랑과 이기적인 성적 갈망의 구별로부터 무엇을 이끌어내는가 하는 점이다.

헬로이사의 경우 자신의 헌신적 사랑과 이기적이고 성적인 갈망의 차이가 서신 교환 시점에는 아벨라르두스가 헬로이사에게 갚아야 할 큰 빚을 지고 있다는 논점으로 연결된다. 즉 젊은 시절 둘의 관계에서 발생한 일종의 부채 관계는 이제 헬로이사와 그가 지도하고 있는 수녀원에 대한 영적인 관계에서 좀 더 큰 의무로 나타난다. 긴 시간 계속되는 인간관계 안에서도 상호성과 균형의 관점에서 정의가 이해된다면, 젊은 날의 성적인 관계에서 발생한 부채는 이제 영적인 관계에서 정산되어야 한다는 것이다.

아벨라르두스도 이 점에 동의하는 것으로 보인다. 물론 생각이 다른 논점들에 대해서는 논박하고 자신의 의견을 내놓으며 설득하지만, 적어도 이 논점에 한해서는 헬로이사의 논변에 설득된 것 같다. 더는 젊은 날의 사랑이 주제가 되지 않고, 수녀원의 규칙이나 전례적 필요, 혹은 운영에 필요한 철학적 토대에 관한 요청들에 대해 소위 '교도적 편지'로 알려진 후반부의 서신 교환에서 응답하고 있기 때문이다. 여성에 대한 12세기의 신학적 이해, 남성 수도자들을 염두에 두고 작성된 규칙이 갖는 불합리함이 처음으로 주제화되고 실천적으로 개선된 전례나, 수녀원 운영에 관한 규칙의 개선 등에 대한 부분이 이런 기회가 아니었다면 문서로 남지 않았을 것이다.

이후의 논의를 위해 이런 점은 지적해두는 것이 좋겠다. 긴 시간

발전한 두 사람의 인격적 관계에서 성적 영역과 영성적 영역은 정의의 관점에서 본다면 한쪽에서 빚진 것을 다른 한쪽에서 갚을 수 있는 사이로 엮여 있다. 인격의 온전성이라는 관점에서 보자면 두 영역은 서로를 배제하거나 상호 무관하게 성립하는 것이 아니라, 긴 발전의 역사에서 다음 단계의 토대를 이루는 관계인 것이다.

5. 사랑과 결혼, 수도원

이 이야기에서 가장 흔적을 남기지 못하는 것처럼 보이는 대목은 헬로이사의 반대에도 불구하고 결행된 결혼이다. 결혼 자체가 비밀을 조건으로 성립했고, 통상적인 기대처럼 결혼 생활을 어느 공유 공간에서 함께 한 것도 아니며, 사람들 눈을 피해 각자의 공간에서 살다 비밀스럽게 만나는 방식을 유지했기 때문이다. 그마저도 계약 위반, 항의와 학대, 오해와 불신으로 짧은 시간만 지속되었으며 각자 수도원에 입회함으로써 끝나는 것처럼 보인다. 당대 신학적 관점에서 보더라도 좋은 결혼이 아니었다고 할 만한 이유가 제법 있다. 이들의 결혼이 법도대로 치른 혼인성사로서 은총의 통로가 될 수 없는 이유들을 들자면 결혼이 비밀리에 거행되었다는 점, 신부인 헬로이사의 거부 의사가 잔존한 경우 상호 동의를 핵심으로 하는 혼인성사에 중요한 흠결이 된다는 점 등이다. 무엇보다 별거와 비밀 만남이라는 결혼 생활의 수행 방식이 음욕에 대한 처방이 될 수 없었다는 점도[17] 그냥 방치하면 무질서하고 반사회적일 수 있는 성적 갈망을 사회화하는 기제가 바로 결혼 제도라는 전통의 그리스도적 결혼관에 어긋나는 것이었다.[18] 아벨라르두스는 실제로 이렇게 말한다.

우리의 혼인 서약 이후 당신이 아르장퇴유에 갇혀 거룩한 수녀님들과 함께 지내고 있던 어느 날, 내가 당신을 방문하려고 몰래 간 적이 있음을 알고 있을 것이오. 당시 그곳 식당의 어느 한켠에서—다른 사람들의 눈을 피할 다른 곳이 없어서—내 정욕의 무절제가 무엇을 저질렀는지 당신은 알고 있소. 그토록 경건하며 동정녀 마리아에게 봉헌된 장소에서 그 짓을 가장 뻔뻔하게 했음을 알 것이오. 다른 나쁜 짓들을 그만두었다 하더라도 이 일은 훨씬 무거운 징벌을 받아 마땅한 것일 테요. 혼인에 선행되었던 이전의 간음과 후안무치한 더러운 일들을 더 말해 무엇 하리오.[19]

하지만 헬로이사는 결혼을 성적 갈망이 성사적 차원으로 승화되는 사회적 기제로 이해하기보다 제도적 강제를 통해 순수한 사랑에 오히려 장애가 될 수 있다고 이해한다. 아벨라르두스가 비밀 유지 조건의 결혼을 해결책으로 제안했을 때 결혼을 반대했던 그녀의 반응에서 그러한 태도를 읽을 수 있다. 자신은 순수하게 '그'(te)를 갈구했을 뿐, '그의 것'(tua)을 갈구하지 않았으며, 혼인 서약이나 결혼 선물을 기대한 것도 아니었고, 자기의 기쁨과 의지가 아니라 아벨라르두스의 기쁨과 의지를 충족시키고자 온 마음을 다했다는 것이다. 아내(uxor)라는 이름이 더 신성하고 더 강력하게 보인다 해도, 그녀에게 항상 더 달가웠던 것은 애인(amica)이라는 이름이었다. 아벨라르두스를 위해 자신을 낮추면 낮출수록 감사하는 그의 마음(gratia)을 더 얻을 테고, 그럼으로써 그의 탁월성에 뒤따른 명성에 덜 해가 될 것이라고 생각했기 때문이라고 한다.[20] 헬로이사는 사랑이 근본적으로 자발성에 기초한 것으로, 재산이나 권력과 같이 어떤 사람에게 속한 것이 아니라 사람 자체를 갈구하는 것에서, 또 대가로 주어지지 않는 감사의 마음(gratia)에서 성립한다고 본다.[21] 그녀가 결혼보다 사랑을, 속박보다 자유를 선호한 이유, "온 세상을 통치하는 아우구스투스 황제가 나에게 그와 결혼하는 명예를 주면서 온 세상을 영원히 소유하리라 확약한다 하더라도, 그의 황후로 불리는 것보다 당신의 애첩(meretrix)으로 불리는 것이 내게는 더 소중하고 품위 있게 보일 것"[22]이라고 한 말도 이런 맥락에서 이해된다.

사랑과 결혼에 대한 이러한 태도를 통해 그들의 불운했던 사랑 관계를 사실적으로 종결지었던 수도원 입회 당시의 불만도 이해될 수 있다. 헬로이사는 아벨라르두스의 명에 따라 그에 앞서 수도원에 입회하게 되는데, 결혼과는 다른 종류의 구속을 받아들이는 데 있어 자신을 앞세운 아벨라르두스의 조치에서 자신의 순수한 사랑이 일종의 불신에 노출되었다고 생각한다.

기실 저 꽃다운 청춘을 힘겨운 수도원 삶으로 이끌어낸 것은 종교적 헌신이 아니라 오직 당신의 명령이었습니다. 나는 신으로부터 이 일에 대한 어떤 보상도 기대할 수 없습니다. 내가 지금까지 신에 대한 사랑 때문에 한 것은 아무것도 없다는 것이 확실하니까요. 당신이 명해서 신 앞으로 나아가는 당신을 수도복을 입고 따랐던, 아니 앞서 나갔던 것입니다. 마치 뒤를 돌아본 롯의 아내를 기억해낸 듯, 당신은 당신 자신보다 먼저 나를 거룩한 의복과 수도적 서원으로 묶으셨습니다. 솔직히 고백하건대 바로 이 점에서 나를 덜 믿었다는 것이 고통스럽고 부끄러웠습니다. 하지만 신은 알고 계십니다. 당신이 명하신다면 똑같은 마음으로 주저 없이 불구덩이로 먼저 나아가고 당신의 명을 위해 따라갈 것이라는 점을. 나의 마음은 나와 함께 있었던 것이 아니라 당신과 함께였기 때문입니다. 나의 마음은 지금 그 어느 때보다 더 당신과 함께 있습니다. 만약 당신과 함께가 아니라면 나의 마음은 어디에도 있지 않습니다.[23]

결혼의 속박보다 자유로운 사랑을 선호했던 헬로이사의 이 발언은 그리스도교 내부의 틀에서는 당연히 더 높은 삶의 이상이던 수도원적 삶을 종교적인 헌신 때문이 아니라 아벨라르두스에 대한 순수한 사랑 때문에 시작한 것이라고 묘사했다는 점에서 다소 충격적이다. 불운한 결혼이나, 그것을 종결지은 수도원 입회나 헬로이사에게 중요했던 것은 온전한 자발성이었을 뿐, 혼인 서약이든 수도 서원이든 자발성이 숨 쉬어야 할 곳에 속박을 통한 안정성이 자리 잡는 것은 아니었다.[24]

6. 헬로이사: 죄와 벌

둘 사이에 오간 편지들을 읽다 보면 결혼이라는 중간 단계가 없었다고 해도 헬로이사는 거의 동일한 생각과 태도로 과거 경험을 돌아보면서 아벨라르두스에게 같은 이야기를 할 수 있을 것처럼 느껴진다. 만약 비밀 유지 조건의 결혼 없이 풀베르투스가 자기 가문에 가해진 모욕을 거세라는 형식으로 갚았더라면, 그래서 정식 부부가 된적 없이 각자 수도원에 입회하는 것으로 관계가 정리되었다고 하더라도 지금까지 살펴봤던 이야기를 그대로 할 수 있을 것처럼 말이다. 하지만 헬로이사는 자신이 반대했던 결혼이 적어도 어느 정도는 긍정적인 기능을 했음을 인정한다. 다만 이 인정은 자신들이 공통으로 범한 죄에 대해 아벨라르두스만 신체적 벌을 받는 부당한 결과를 낳았다는 한탄, 혹은 신의 정의가 적어도 이 점에서는 지나치게 가혹했다는 항의를 더 두드러지게 만들려는 목적에 한해서다.

> 이 부당한 일로부터 더 큰 억울함을 일으키려고 우리 경우에서는 공정의 모든 법도도 뒤틀어졌습니다. 우리가 불안한 심정으로 사랑의 기쁨을 향유하는 동안, 또 노골적이지만 적확한 표현을 쓰자면 우리가 간음에 몰두해 있는 동안 신적인 형벌은 우리를 피해 갔습니다. 하지만 우리가 허락되지 않은 것을 허락된 것으로 교정하자마자, 간음의 수치를 결혼의 명예로 덮자마자 주님의 분노는 우리에게 그 가혹한 힘을 가하셨고, 이전에 오랫동안 불순했던 잠자리를 참아내셨던 분은 이제 순결해진 침상을 허락하지 않으셨습니다.[25]

헬로이사는 아벨라르두스가 받은 거세라는 형벌이 부당하다고 생각한다. 남편 있는 여자와의 간통이었다면 이해할 수 있을 형벌이지만, 이전의 모든 잘못을 갚는 길이라고 믿었던 결혼으로 인해 그런 벌을 받게 된 것을 이해할 수 없으며, 처벌 시점도 둘이 각각 헤어져 정결하게 살 때였다는 점이 이를 더욱 부당하게 생각하도록 만든다는 것이다. 왜 둘이 같이 저지른 죗값을 아벨라르두스 혼자 자신의 신체로 치러야 했느냐는 의문도 벌이 부당하다는 정서의 중심에 서 있다. 이 벌의 비대칭성은 아벨라르두스가 잠깐의 시간 동안 육체로 감내했던 것을 자신은 남은 생애에 통회의 정신으로 받아들여야 (신에게는 아닐망정) 아벨라르두스에게는 보속이 되리라는 생각으로 이어지지만, 다른 한편으로는 현 상태에 대한 놀랄 만한 고백도 뒤따른다. 아벨라르두스가 육체에 일격을 받아 욕정의 자극들로부터 해방된 반면, 자신은 여전히 젊은 날의 그 욕망과 갈망에서 벗어나지 못하고 있다는 것이다.

가장 소중한 이여, 이 은총이 당신을 앞질러 와 육체에 가해진 일격으로 욕정의 자극들로부터 당신을 치료함으로써 영혼 안에 있는 많은 상처를 낫게 했습니다. 신께서 당신에게 가장 가혹했다고 여겨지던 그 점에서 신은 가장 자애로우신 분임이 드러난 것입니다. 실로 환자를 구하고자 고통을 주는 것도 마다하지 않는 가장 신실한 의사처럼 말입니다. 하지만 내 젊은 날의 열망과 가장 즐거웠던 쾌락의 경험은 이렇게 내 안에 있는 육체의 자극들과 성적 갈망에 크게 불을 붙입니다. 내 본성이 싸움을 벌이는 것들보다 약한 만큼, 이것들은 더 강한 공격으로 나를 누르고 있습니다.[26]

물론 이러한 헬로이사의 언급은 정결하고 경건하다는 평판 밑에 있는 위선에 대한 솔직한 고백과 함께 자신이 강건하다고 생각해 치유의 은사를 거두는 일은 하지 말아달라는 부탁으로 이어진다. 이 고백은 끊임없이 기도로 자신을 도와달라는 요청으로도 연결되지만 이 고백이 드러낸 진실의 대가는 너무 커 보인다. 결혼을 통해 덮어졌어야 할 허물이 헬로이사 입장에서 이토록 잔인한 처벌로 돌아왔다는 것은 한번의 타격을 몸으로 감당해낸 아벨라르두스보다 오히려 죄의 업보를 수도원적 일상에서 계속 짊어지고 있는 자신에게서 더욱 분명하게 드러난다는 이야기를 전달하는 것으로 보일 정도다. 현직 수녀원장의 고백이라고 하기에는 너무나 적나라하고, 보기에 따라서는 위선의 폭로를 넘어 자기 파괴적이기까지 하다. 그녀의 고백대로 젊은 날의 사랑이 자신의 것을 구하지 않은 사랑이었다는 확신으로 종결되지 않았다면 성적인 경험에 대한 회상은 수녀원장으로서 자기 정체성까지 위협했을지 모른다. 위선이라는 자기비판에도 불구하고 이러한 고백이 자기 정체성에 위협이 되지 않는 이유는 젊은 날 성적 기쁨의 경험과 그것에 대한 기억이 아벨라르두스의 경우처럼 자신이 이상으로 받아들이는 사랑의 온전성과 순수성에 해가 되지 않으리라 판단했기 때문일 것이다.

헬로이사가 직접적으로 의식하지는 않았다 해도 그녀의 고백에서 이런 이야기가 간접적으로 전달되는 것으로 보인다. 즉 결혼을 통해 어느 정도 감형을 기대했던 젊은 날의 간음이라는 죄가 오히려 바로 그 기대를 통해 더 큰 불행을 만들어냈음을, 또 함께 지은 죄에 대한 처벌이 한 사람의 신체에만 가해졌다고 믿었지만 다른 사람의 영혼에서도 지속되고 있다는 생각 말이다. 그리스도적 맥락에서 결혼이라는 제도가 수행하리라고 믿었던 안심의 기제가 사실은 좀 더 높은 차원의 섭리가 작동하는 통로였으며, 몸이 겪은 끔찍한 한 번의 큰 상처뿐 아니라 영혼이 매일 겪어야 하는 소소한 번민들도 교정의 길이었다고, 이어지는 아벨라르두스의 편지는 확인해줄 것이다.

7. 아벨라르두스: 그리스도적 사랑, 구원

반면 아벨라르두스는 자신들의 사랑 이야기 중 결혼과 거세라는 형벌에서 신적 배려를 읽는다. 신의 처벌이 부당하게 느껴진다는 헬로이사의 말에 대한 대답인 셈이다. 결혼이라는 풀 수 없는 성사로 묶인 이후 이런 처벌을 받은 것이 그렇지 않았을 경우와는 다른 의미를 가진다는 것이다.

> 이렇게 말해도 좋다면 주님께서는 악마가 한 사람[아벨라르두스]
> 안에서 파멸시키려 했던 우리 둘을 한 사람[헬로이사] 안에서 거두어
> 지도록 자비로이 배치하셨던 것이오. 이 일이 일어나기 전 잠깐 동안
> 주님은 풀 수 없는 혼인성사의 법으로 우리를 서로 묶으셨소. 당시
> 나는 모든 한도를 넘어 사랑하는 당신을 영원히 소유할 수 있기를 열
> 망했지만, 주님은 우리 두 사람을 이 일을 통해 당신에게로 돌아서도
> 록 만드실 계획이셨소. 만일 당신이 이전에 나와 혼인으로 묶이지 않
> 았다면 내가 세상을 떠난 후 당신은 쉽게 세상에 매달릴 수 있었을
> 것이오. 세상에 의해, 혹은 부모의 제안에 의해, 혹은 육적 쾌락의 기
> 쁨에 의해. 그러니 주님께서 얼마나 우리를 위해 신경 쓰셨는지 살펴
> 보시오. 언젠가 한번 크게 쓰시기 위해 우리를 유보하신 양, 우리 두
> 사람 모두 열심히 공부했던 저 문학적 재능이 그분 이름의 영광을 위
> 해 사용되지 못할 것을 안타까워하신 양 말이오.[27]

거세된 인간으로 낙인찍혀 더는 공적인 생활을 영위할 수 없었던 아벨라르두스와 달리 헬로이사에게는 실질적으로 파국에 이른 결혼

이 수도원 입회로 해결될 필요가 없었던 것이다. 주변 사람들이 실제로 그렇게 권유했듯 다른 길을 갈 만했고, 갔어도 아무런 문제가 되지 않았을 것처럼 보인다. 헬로이사는 물론 아벨라르두스를 사랑해 그의 의지에 복종하는 마음으로 입회했다고 말하지만, 아벨라르두스는 혼인으로 묶인 것이 각자의 길을 가지 않고 두 사람 모두 신에게로 돌아서는 계기가 되었다고 회상한다. 아벨라르두스는 이제 그리스도 안에서 하나인, 혼인의 법에 따라 한 몸인 둘의 관계로부터 기막힌 주인과 종의 역전 관계를 엮어낸다. "친구의 것은 공동의 것"이라는 오래된 속담이 있듯, 헬로이사에게 속하는 것이 자신의 것이기도 하다는 논리에 따라 헬로이사의 남편인 그리스도를 매개로 그녀의 하인이되 두려움으로 복속된 관계가 아니라, 영적으로 결합된 관계인 하인이라는 것이다. 세속적인 결혼 관계는 이제 그리스도를 매개로 영적인 결합의 차원으로 승화한다.

당신의 공적이 증가함을 확신하는 한, 나의 공적이 감소하는 것을 불평하지 않소. 우리는 그리스도 안에서 하나며, 혼인의 법에 따라 한 몸이오. 무엇이든 당신의 것은 나와 상관없는 것이 아니라고 생각하오. 그리스도가 당신의 것이오. 당신이 그의 신부가 되었기 때문이오. 그리고 이제 내가 앞에서 말한 것처럼 당신이 한때 주인으로 알고 있던 나는 당신의 하인이오. 하지만 나는 그럼에도 두려움으로 당신에게 복속된 것이 아니라 이제는 영적인 사랑으로 당신과 결합되어 있소.[28]

헬로이사가 젊은 날의 사랑을 성적 갈망과 구별할 때 사용했던 인격 자체에 대한 순수한 사랑은 그리스도의 사랑에서 압도적인 전형을 발견한다. 헬로이사가 키케로적 우정의 전형에서 사랑의 순수성을 확보했다면, 이제 아벨라르두스는 그리스도 안에서 사랑이 가지는 순수성의 최고봉을 보는 것이다. 헬로이사를 진정으로 사랑한 사람은 아벨라르두스가 아니라 그리스도였다. 결혼은 이제 성적인 갈망을 덮는 차선의 제도가 아니라 그리스도가 보여주는 순수한 사랑을 담는 표징이 된다. 그리스도가 온 교회의 신랑이 되는 것이다. 헬로이사가 가지는 그리스도의 신부로서 지위가 아벨라르두스의 세속적 부인으로서 지위보다 높기에 한때 주인이던 아벨라르두스는 이제 그녀의 하인이 된다.

당신께 묻고 싶소. 아무것도 부족한 것이 없는 그분이 당신 안에서 무엇을 보셨길래 저토록 끔찍하고 불명예스러운 죽음의 고통에 이르기까지 당신의 구원을 위해 분투하셨단 말이오? 그분께서는 당신 안에서 무엇을 찾으셨단 말이오? 감히 말하노니 바로 당신 자신이었소. 당신에게 속한 것이 아니라 당신 자신을 원하시는 분이 진정한 친구요. 당신을 위해 죽으실 진정한 친구께서는 이렇게 말씀하셨소. "친구들을 위해 목숨을 내놓는 것보다 더 큰 사랑은 없다"(「요한복음」 15장 13절). 그분은 당신을 진정으로 사랑하셨지만, 나는 그렇지 않았소. (…) 당신 안에서 내 비참한 쾌락을 채웠을 뿐이고, 그것이 내가 사랑했던 것의 전부였소. 당신을 위해 내가 겪은 것이었다고 당신은 말하고 아마 진실이겠지만, 당신을 수단으로 삼아 겪은 것이라고 말하는 편이 더 맞을 테요. 게다가 당신이 원하지 않는데도, 당신을 향한 사랑에 의해서가 아니라 내 강제에 의해 그런 일이 일어난 것이며, 당신의 온전함이 아니라 당신의 고통을 향한 것이었소. 그분께서는 실로 구원을 위해, 당신을 위해 자발적으로 겪으셨으니 그분은 당신 수난으로 모든 질병을 고쳐주시고 모든 고난을 없애주시는 분이시오.[29]

신에게 향하던 부당함에 대한 한탄은 "우리에게 자비로이 일어난 일을 인내심을 가지고 받아들이라"는 당부와 설득으로 응대된다.[30] 신은 이 둘이 죽음을 모면하도록 한 사람이 상처 입는 것을 허락하셨고, 잘못은 두 사람이 했지만 벌은 한 사람이 받게 하신 것도 다 이유가 있어서였다. 더 연약한 본성을 가졌으나 절제 면에서는 더 강했던 헬로이사가 벌을 덜 받는 것이 마땅했다. 아벨라르두스의 육체에 가한 한번의 타격으로 정욕의 모든 열기를 신이 얼리셨다면, 벌을 면제받은 헬로이사에게 청춘의 영혼이 가지는 많은 격정, 살의 끊임없는 유혹에서 나오는 강한 격정들을 그냥 놓아두신 것은 이 격정들과의 투쟁을 통해 승리의 화관을 얻게 하려는 목적에서였다. 이제 아벨라르두스는 이 긴 사랑의 이야기에 얽힌 온갖 갈등을 정리하면서 다음과 같은 기도로 마친다.

주님, 당신은 우리를 결합시키셨고, 당신 마음에 드는 시간과 방식으로 우리를 갈라놓으셨습니다. 주님, 이제 당신께서 자비로운 마음으로 시작하셨던 일을 가장 자비로운 방식으로 완성하십시오. 지상에서 한번 서로를 갈라놓았던 그들을 하늘에서 당신께서 영원히 결합시키십시오. 우리 희망이며, 우리가 받을 몫이며, 우리의 기대이자, 우리의 위로이신 주님, 영원토록 찬미받으소서. 아멘.[31]

아벨라르두스와 헬로이사, 두 사람의 사랑의 시작과 완성에 관한 이 기도는 그들이 경험했던 지상에서의 분리가 결국 영원한 하늘에서의 결합으로 끝나는 이야기가 되기를 바라는 내용이다. 혼전 성관계와 임신 등 결혼이라는 제도 안에서 덮어지기를 바랐던 그들의 죄가 지금까지 설명했던 과정들을 거치며 정리되고 한참 후 편지들을 통해 지적으로 소화되면서 우리에게 기록으로 남게 되었다. 그리스도교가 성장하면서 형성되고 축적된 성과 결혼에 관한 상당한 지적 자원들은 12세기의 걸출한 지식인들의 사랑 이야기 속에서 자신의 경험을 이해하고 반추할 자료로 동원되어 사랑을 그리스도적으로 살아낸다는 것이 무엇인지에 관한 하나의 인상적 기록으로 남게 된 셈이다.

나가는 말: 남는 이야기들

젊은 날 연애와 결혼이라는 동일한 경험을 한 남녀가 각자의 수도 생활에서 그 경험을 반추하는 장면은 마치 멀리서 보면 서로 닿아 있는 듯한 평행선을 달리는 것 같다. 서로 닿은 듯 보이지만 가까이 다가가 다시 들여다보면 여전히 똑같은 거리를 유지하고 있는 평행선 말이다. 아벨라르두스는 자신의 젊은 날이 성적 갈망에 의해 추동된, 순수하지 못한 시간이었음을 고백한다. 연애에서부터 비밀 유지 조건의 결혼, 오해와 불신, 거세라는 복수에 이르기까지 과정이 자신을 순수한 그리스도적 사랑으로 이끄는 신의 개입이었다고 해석한다. 그리고 진정한 사랑의 모델을 헬로이사는 달성했으나 자신은 하지 못한 키케로적 우정이 아니라, 그리스도의 죽음에 이르는 사랑에서 찾는다. 진정한 사랑이 아니었던 이 불완전한 젊은 날의 갈망은 신적 섭리가 배치한 혼인성사에 의한 결합이라는 과정을 거쳐 각자 수도 생활을 하고 영적인 지도를 받는 관계에서 비로소 완성되는 것이라고 생각하는 듯하다. 그리스도적 사랑 안에서 한때 자신의 아내였으나 이제는 그리스도의 신부인 헬로이사를 통해 주인과 하인의 새로운 관계가 등장하고, 영적 결합을 통해 세속적 결혼 관계가 승화된다고 이해하고 있는 것 같다. 말하자면 젊은 날의 사랑은 구원에 기여하는 바가 없고, 자신의 잘못을 그나마 덮어준 결혼 제도를 통해 부부로서 한 몸이던 관계가 영적 차원에 와서야 드디어 구원의 길에 이르렀을 뿐이라는 것이다. 이 질서에 어긋나는 것처럼 보이는 과거 연애 기억은 구원의 면류관을 위한 투쟁의 대상으로서 의미를 가질 뿐, 그 자체로 문제될 것은 없다고 생각한다.

헬로이사가 과거 경험에 대한 이런 종류의 신학적 승화 작업에 내심 얼마나 동의했는지는 알 수 없다. 아벨라르두스와 분명하게 차이나는 부분은 젊은 날 자신의 순수한 사랑과 육체적 열락이 그리스도적 구원을 위해 부정되어야 할 것이 아니라, 근본에서 그리스도적 사랑과 같은 정신이라고 평가하는 대목일 테다. 지금 그녀의 편지를 읽는 우리에게는 충격적이지만 미사 도중에 그때가 종종 생각나고 가슴이 뜨거워진다고 고백한 일, 그것도 여러 사람이 읽는 반공개적인 편지에 고백한 것은 그녀 자신이 사랑의 이상으로 받아들이는 온전성과 순수성을 믿고 있기 때문일 것이다. 이러한 순수성과 자발성에 대한 강조가 속박의 관점에서, 혹은 젊은 날의 허물을 가릴 제도라는 관점에서 결혼을 상대적으로 낮게 평가하는 이유일 것이다.

어떻든 결혼을 통해 도달한 순결한 잠자리에 거세라는 형벌은 아무리 생각해도 잔인하다는 비판, 왜 함께 지은 죗값을 한 사람의 신체로만 갚아야 하느냐는 불평은 헬로이사의 태도 전반에 흐르는 어떤 사유와 연관되는 것처럼 보인다. 사랑에 있어 지켜져야 할 정의의 관점에서 젊은 시절에 발생한 일종의 부채 관계는 이제 영적인 지도 관계에서 좀 더 큰 의무로 나타난다는 그녀의 지적이 죄와 벌 측면에서도 정의롭지 않다는 비판으로 드러나기 때문이다. 이러한 정의관이 전혀 빚을 진 적이 없으면서도 인류를 위해 목숨을 바친 그리스도의 사랑 앞에서 힘을 잃었는지는 알 수 없다. "그리스도의 신부에게 그리스도의 종이"[32]라는 서두로 시작되는 편지에서 아벨라르두스가 이 관계를 처음에는 세속적이던 그들 사랑의 종착점으로 받아들였다고 하더라도 이런 차이는 영원히 좁혀지지 않는 간격으로 남는 것 같다. 아벨라르두스가 구원을 위해 부정하고 싶은 젊은 날의 사랑과 열락이 헬로이사에게는 여전히 부정할 수 없는 구원의 요소라는 사실 말이다.

토마스 아퀴나스의 사랑론

손은실 장로회신학대학교 신학과 교수

1. 사랑의 문화사와 토마스 아퀴나스의 사랑의 신학

드니 드 루주몽(Denis de Rougemont)은 저서 『사랑과 서구문명』에서 12세기 유럽이 사랑을 발견했다고 주장한다.[1] 이 말은 유럽인들이 그 전까지 사랑을 몰랐다는 뜻일까? 사실 어느 시대나 사람들은 사랑을 했을 것이고, 모든 문화는 저마다 사랑에 관한 문헌들을 산출하지 않았던가. 그렇다면 유럽이 12세기에 사랑을 발견했다는 것은 무슨 의미일까? 그것은 루주몽의 말을 빌리면 "진정한 사랑은 곧 정념이라는 등식이 성립"한 때가 12세기라는 뜻이다. 이 시대를 가리켜 줄리아 크리스테바(Julia Kristeva)는 『사랑의 역사』(*Histoires d'amour*)라는 책에서 "사랑에 빠진 12세기"라고 일컫기도 했다.[2]

실제로 이즈음 사랑은 상이한 사회적 맥락에 따라 다양하게 표현되었다. 남프랑스의 봉건 사회를 배경으로 나타난 궁정식 사랑(amour courtois)은 귀부인을 향한 기사의 사랑을 표현했다. 그런가

하면 교황제와 더불어 중세 유럽 문화를 지탱한 두 기둥으로 간주되는 수도원에서는 신의 사랑에 관한 문헌들이 나왔다.[3]

이처럼 사랑의 문화가 꽃핀 12세기 사랑 담론들은 이 글에서 다루고자 하는, 즉 13세기 토마스 아퀴나스(Thomas Aquinas, 1224/25-1274년)의 사랑의 신학 전개를 위한 길을 예비했다. 여기서 신학이 중세시대에 모든 학문의 여왕 지위를 누리며 지배적인 영향력을 떨쳤다는 사실은 새삼 언급할 필요가 없으리라. 이 글이 중세의 많은 신학자 가운데 특별히 아퀴나스에 초점을 맞추는 이유는 '스콜라 신학의 왕자'로 불리는 그의 사랑의 신학이 중세의 다양한 사랑 담론을 이해하는 데 기본 토대가 될뿐더러, 사랑에 대한 이해가 고대와 중세를 거쳐 근대에 이르기까지 변천하는 과정에서 그가 중요한 자리를 차지하기 때문이다.

중세 신학자들이 사랑의 신학을 전개할 때 사용한 가장 중요한 원천은 성서와 아우구스티누스(Augustinus, 354-430년)의 신학이었다. 아퀴나스도 이 두 가지 원천에서 가장 많은 영향을 받았다. 성서는 "하나님은 사랑이심이라"(Deus caritas est)고 말하며, 사랑의 기원이 신이라고 주장한다.[4] 아우구스티누스는 이러한 성서의 유산에 신플라톤주의의 금욕적 경향을 융합함으로써 서양 기독교 사상사에서 그 후 전개되는 모든 사랑론에 결정적인 영향을 미쳤다. 아우구스티누스의 사랑의 신학은 신에 대한 사랑에서 출발한다. 그런데 그는 사랑을 말할 때 성을 자연스럽게 고려하는 현대인과 달리 사랑과 성을 분리하는 경향이 있다. 이것은 아담의 타락 이후 인간이 원죄를 가지게 되었다는 그의 인간론과 연관이 있다. 그는 성이 그 자체로 악은 아니지만, 타락한 인간이 자신의 육체에 대한 통제력을 상실함으

「토마스 아퀴나스의 승리」. 토마스 아퀴나스가 중앙에 배치된 이 그림은 이탈리아 르네상스기 화가 베노조 고졸리(1421–1497년)가 그린 것으로 루브르박물관 이탈리아관에 소장되어 있다. 이 그림은 아퀴나스의 사상적 원천과 영향을 잘 표현한다. 가장 위에 예수 그리스도, 그 아래에 성서의 구약과 신약을 대표하는 모세와 바울, 그다음에 마태, 마가, 누가, 요한, 즉 4복음서 기자가 자리 잡고 있다. 이는 아퀴나스 사상의 가장 권위 있는 원천이 성서임을 보여준다. 아퀴나스 옆에 배치된 두 인물은 플라톤과 아리스토텔레스다. 아퀴나스의 발아래에 있는 인물은 아랍 철학자 아베로에스(1126–1198년)며 그림 제목과 관련 있다. 「토마스 아퀴나스의 승리」는 아퀴나스가 바로 이 아베로에스의 아리스토텔레스 철학 주해를 비판하고 승리한 것을 의미한다. 제일 아랫단은 '교회의 박사'인 아퀴나스의 가르침을 배우는 후대 교회의 모습을 표현한다.

로써 인간의 성적 욕망은 무질서를 향한 충동으로 전락했다고 본다. 이러한 성에 대한 이해로 아우구스티누스는 성이 사랑을 풍부하게 할 수 있는 가능성을 보지 못했다.[5]

아퀴나스는 사랑의 신학을 전개하면서 아우구스티누스로부터 많은 영향을 받았지만, 거기서 머물지 않았다. 그는 당대에, 즉 13세기 후반에 파리 대학가에서 활발히 연구되던 아리스토텔레스 철학을 적극 수용해 자연의 고유한 가치를 긍정하는 아리스토텔레스의 자연주의를 자신의 사랑의 신학에 포함시켰다.[6] 이것은 그가 인간적 사랑과 성을 아우구스티누스보다 훨씬 더 긍정적으로 이해하도록 이끌었다. 이를 통해 아퀴나스의 사랑 신학은 아우구스티누스와 그를 추종한 중세 신학자들의 초자연적 질서 안에 자연적 질서를 흡수시키는 관점을 넘어[7] 자연의 자율성을 강조하는 근대적 사랑 개념으로 변천해가는 데 중요한 연결 고리를 형성한다.

아퀴나스는 자신의 신학 사상을 집대성한 원숙기의 저작 『신학대전』(*Summa theologiae*, 1268-1273년)에서 앞서 언급한 궁정식 사랑과 신에 대한 사랑, 다시 말해 정념적 사랑과 신이 인간에게 불어넣는 신적인 덕[8]으로서 사랑을 포괄해 중세 신학 문헌 가운데 가장 체계적인 사랑에 관한 논의를 제공한다. 『신학대전』에서 사랑은 두 부분에서 다루어진다. 2부의 1부 26~28문, 2부의 2부 23~46문이다. 전자는 「아모르에 관하여」(De amore)라는 제목이 붙어 있고, 인간의 정념을 다루는 부분에 속한다. '아모르'는 인간의 모든 정념과 행위의 원천일 뿐 아니라, 자연의 모든 존재자가 타고난 본성에 어울리는 것을 추구하려는 욕구 안에서 발견되는 자연적 차원의 사랑이다. 후자는 「카리타스에 관하여」(De caritate)라는 제목이 붙어 있으며, 신이 인간에게 불어넣는 덕을 다루는 부분에 속한다. '카리타스'는 신이 인간에게 주는 초자연적 차원의 사랑이다.

이 글의 목표는 이렇게 자연적 차원의 사랑과 초자연적 차원의 신적인 사랑을 폭넓게 다루고 있는 『신학대전』의 텍스트 분석을 중심으로 아퀴나스의 사랑의 신학을 이루는 기본 요소들을 체계적으로 재구성해 소개하는 것이다. 아퀴나스는 "사랑으로 가득 찬 지성의 빛"으로 불리는 데 부족함이 없는 신학자다.[9] 사물의 본질을 꿰뚫어보는 냉철한 이성과 깊은 신앙, 그리고 신을 향한 열렬한 사랑에 뿌리 내린 뜨거운 심장을 가진 그의 글은 사랑의 본질에 대한 깊은 성찰로 우리를 초대할 것이다. 아퀴나스의 사랑의 신학을 다루려면 먼저 그가 소개하는 사랑의 네 가지 이름이 갖는 의미가 각각 어떻게 다른지부터 살펴볼 필요가 있다.

2. 사랑의 네 가지 이름

아퀴나스는 사랑을 지칭하는 네 가지 라틴어 단어, 즉 '아모르'(amor), '딜렉티오'(dilectio), '카리타스'(caritas), '아미키티아'(amicitia)를 소개하고 그 의미를 다음과 같이 구분한다.[10]

첫째, '아모르'는 가장 넓은 의미로 쓰이며, 사랑하는 대상을 지향하는 모든 운동의 원리로 자연현상에서도 발견된다. 예컨대 돌이 땅으로 떨어지는 움직임과 꽃이 햇볕을 향하는 움직임도 아모르에 의한 것이다.

둘째, '딜렉티오'는 아모르에 선택의 의미를 더한 말이다. 이 단어의 동사형인 'diligere'는 일차적으로 '선택하다'를 뜻하고, 여기서 '사랑하다'라는 의미가 파생된다. 즉 딜렉티오는 대상에 대한 이성적 숙고를 통한 선택을 함축하는 사랑이다. 따라서 딜렉티오는 감각적 욕구 안에 존재하지 않고 단지 이성적 욕구, 즉 의지 안에 존재하는 사랑이다.

셋째, '카리타스'는 형용사형인 'carus'가 '소중한'을 의미하는 것에서 짐작할 수 있듯이 사랑에 어떤 완전함을 덧붙인 것으로 고귀한 대상에 대한 사랑을 나타낸다.

넷째, '아미키티아'는 아리스토텔레스가 말한 '필리아'($\varphi\iota\lambda\iota\alpha$)의 라틴어 역어로 영혼의 지속적인 성향, 즉 '하비투스'(habitus)다. 이것은 단순한 감정이 아니라 일종의 덕이다. 아리스토텔레스의 필리아는 모든 형태의 인간관계, 즉 친구 사이나 가족 간, 혹은 정치공동체의 시민과 통치자 간 호의와 선행, 감정의 일치를 의미하는 용어다. 이렇게 모든 형태의 인간관계에서 나타나는 애정을 필리아라는 하나의 용어로 묘사한 것에 대해 제임스 매커보이(James McEvoy)는 다양한 종류의 인간관계의 통일성을 조명하기 위한 방법론적 선택으로 해석한다.[11] 국내 아리스토텔레스 전문가들은 이 단어를 '친애'로 번역했다. 하지만 이 글에서는 '우정'이라고 표기한다. 우리말에서 우정은 친구 사이의 사랑을 의미하지만 여기서는 친구는 물론, 상호 선의를 가지고 선행을 베푸는 다양한 형태의 인간관계를 포함하는 광의의 의미로 사용한다.

이 네 가지 라틴어 단어에 대응되는 우리말 명사를 찾기는 어렵다. 하지만 네 단어의 의미 차이를 표현할 수 있는 형용사를 덧붙여 번역을 시도해볼 수 있다. 네 단어에 공통되는 것으로 가장 넓은 의미를 가진 아모르는 '사랑', 의지 안에 존재하는 사랑인 딜렉티오는 '의지적 사랑', 고귀한 대상에 대한 완전한 사랑인 카리타스는 '신적 사랑', 우정을 의미하는 그리스어 필리아의 역어인 아미키티아는 '우정'으로 옮길 수 있다.

이 네 단어 가운데 아퀴나스가 『신학대전』에서 체계적으로 분석하는 것은 아모르와 카리타스다. 먼저 아모르부터 살펴보자.

3. 아모르: 정념으로서 사랑

『신학대전』 2부의 1부 22문부터 48문은 인간의 정념(情念, passio)을 다룬다. 그 가운데 26~28문은 정념에 속한 사랑인 아모르에 대해 이야기한다. 그러면 정념이란 무엇을 의미하며 정념에 속하는 사랑은 어떤 특징을 가지고 있을까?

3.1. 정념

정념을 나타내는 라틴어 단어 'passio'의 동사형 'pati'는 '외부의 자극을 수용하다'라는 뜻이다. 단어의 의미대로 정념은 외적 대상의 자극에 의해 촉발된다.[12] 인간의 영혼 안에서 일어나는 정념은 감각의 욕구(appetitus sensitivus)에 속한다. 그런데 그 대상에 따라 '욕망의 정념'(passio concupiscibilis)과 '분개의 정념'(passio irascibilis)으로 나뉜다. 분개는 분노와 기개(氣槪)를 합성한 말이다.

욕망의 정념을 일으키는 대상은 마음에 들거나 고통을 주는 감각적 선 또는 악이다. 반면 분개의 정념을 일으키는 대상은 얻기 어렵거나 까다로운 특징을 지닌 선, 혹은 피하기 어렵거나 까다로운 악이다.[13] 욕망의 정념의 대상이 단적인 의미에서 선과 악이라면, 분개의 정념의 대상은 선과 악에 어려움 또는 까다로움이라는 의미가 더해진 것이다. 욕망의 정념에는 사랑, 증오, 기쁨, 슬픔, 탐욕 등이 있고 분개의 정념에는 희망, 절망, 담대함, 두려움, 분노 등이 있다. 분개의 정념에 속하는 희망과 절망을 예로 들어보면 희망은 성취하기 어려운 선 앞에서 기개를 가지고 나아가게 하는 정념이다. 반면 절망은 기개가 부족해 거기로부터 물러서는 정념이다.

그런데 사랑은 다른 정념들에 선행하고 다른 욕망의 정념을 일으킨다.[14] 다시 말해 사랑에서 다른 모든 정념이 나온다.[15] 예컨대 탐욕은 사랑하는 것을 갖고자 하는 데서 생기고, 기쁨은 사랑하는 것을 얻게 되었을 때, 슬픔은 사랑하는 것을 얻지 못했을 때 생긴다.[16]

그러면 정념적 사랑은 구체적으로 무엇을 말하는 것일까? 이를 설명하고자 아퀴나스는 먼저 사랑을 여러 갈래로 구분한다.

3.2. 사랑의 종류

앞에서 본 것처럼 사랑은 인간 안에서 욕망에 속하는 정념이다. 그런데 자연 안에는 다양한 종류의 욕구가 있다. 이 욕구의 종류에 따라 여러 사랑이 존재한다. 무생물 안에도 그 자체에 적합한 것을 추구하는 자연적 욕구(appetitus naturalis)가 있다. 가령, 무거운 돌은 중력에 의해 아래로 떨어지려는 욕구를 가지고 있다. 이러한 자연적 욕구 안에 있는 운동의 원리를 아퀴나스는 '자연적 사랑'(amor naturalis)이라고 부른다. 또한 동물이나 인간의 감각적 욕구 안에는 대상을 향해 이끌리는 '감각적 사랑'(amor sensitivus)이 있다. 감각적 욕구의 대상은 감각을 통해 파악되는 선이다. 바로 이것이 고유한 의미의 정념으로서 사랑이다. 그러나 인간 안에는 감각적 욕구보다 상위에 있는 이성적 혹은 지성적 욕구(appetitus rationalis sive intellectivus)가 존재한다. 이것은 '의지'로 불리는 것이다. 의지가 이성의 자유로운 판단에 따라 욕구하는 것(곳)에서 만족을 얻는 것은 '지성적 사랑'(amor intellectivus)에 속한다.[17]

요컨대 사랑은 자연계의 움직이는 모든 것 안에서 발견되는 보편적 힘이다. "모든 작용자는 어떤 목적을 위해 움직인다. 그런데 목적은 각 작용자가 욕구하고 사랑하는 것이다. 그러므로 모든 작용자는 어떤 사랑에 의해 모든 동작을 한다는 것이 분명하다."[18]

아퀴나스는 사랑을 대상에 따라 구분할 뿐 아니라, 사랑의 운동이 향하는 방향에 따라 두 가지로 나눈다. 그는 이 두 종류의 사랑을 구분하고자 아리스토텔레스의 『수사학』에 나오는 사랑의 정의에서 출발한다. "사랑하는 것은 누군가에게 선을 원하는 것이다."[19] 그런데 사랑의 운동은 두 방향으로 향한다. 첫째, 그것은 사랑하는 대상 안에 있는 어떤 좋음을 향한다. 둘째, 그것은 사랑하는 대상에게 좋음이 있기를 바라며 그 대상 자체를 향한다.[20] 전자는 '욕망의 사랑'(amor concupiscentiae)이고, 후자는 '우정의 사랑'(amor amicitiae)이다. 욕망의 사랑으로 들 수 있는 대표적 예는 어떤 이가 와인을 좋아한다고 할 때의 사랑이다. 이 경우 사랑은 와인 안에 있는 어떤 좋음, 즉 와인의 달콤함을 욕망하는 것이다.[21]

이렇게 구분된 두 종류의 사랑은 아퀴나스가 사랑의 결과를 설명할 때 계속 사용된다.

3.3. 정념적 사랑의 원인

아퀴나스에 따르면 "사랑의 고유한 원인은 사랑의 대상"이고, "사랑의 고유한 대상은 좋음이다". 그는 그 이유를 다음과 같이 설명한다. "사랑은 사랑하는 자와 받는 자 사이에 어떤 공동의 본성 혹은 호감을 함축한다. 누구에게나 자신과 공동의 본성을 가지고 있고 자신에게 어울리는 것이 좋기 때문이다. 그러므로 좋음이 사랑의 고유한 원인이라는 것이 남는다."[22] 플라톤이 『향연』에서 '에로스'를 좋음을 향한 갈망이라고 정의했던 것과 상통하는 말이다.

하지만 좋음은 파악되지 않는 한 욕구의 대상이 될 수 없다. 따라서 사랑은 그 대상인 좋음에 대한 어떤 파악을 요구한다.[23] 아리스토텔레스가 에로스적 사랑은 아름다운 육체를 보는 데서 시작된다고 말한 것이 이를 잘 보여준다.[24] 이처럼 감각적 좋음 또는 아름다움을 보는 것이 감각적 사랑의 기원이다. 마찬가지로 영적 사랑의 기원은 영적 좋음 또는 아름다움을 지성의 눈으로 보는 것이다.

요컨대 사랑을 촉발하는 원인은 그 대상인 좋음과 아름다움이며, 이것에 대한 파악을 전제한다. 아무리 좋음과 아름다움이 있어도 그것을 불완전하게라도 파악하지 못하는 사람에게는 사랑이 생길 수 없기 때문이다.

3.4. 정념적 사랑의 결과

아퀴나스는 사랑이 야기하는 다양한 결과를 자세히 다룬다. 연인 사이의 일치, 상호 애착, '엑스타시스'(extasis), 질투, 마음이 녹는 것, 쇠약증, 즐거움, 발열, 사랑의 상처 등을 사랑의 결과로 제시하고 하나씩 차례로 분석한다. 이것은 사랑에 빠진 동서고금의 사람들에게서 발견되는 현상이다.

사랑의 가장 직접적이고 일반적인 결과는 사랑하는 자와 사랑받는 자의 일치다. 여기에는 두 가지 형태가 있다. 하나는 실제적 일치(unio secundum rem)고, 다른 하나는 감정적 일치(unio secundum affectum)다.[25] 이 두 가지 일치의 형태는 앞서 말한 두 종류의 사랑에 대응된다.[26] 실제적 일치는 '욕망의 사랑'에서 일어난다. 이는 우리가 어떤 것을 욕망할 때의 사랑이다. 예를 들어 와인을 사랑하는 경우 와인이 주는 달콤함을 욕망하고 자기 것으로 삼기를 원한다. 이사랑의 결과는 실제적 일치다. 실제적 일치란 사랑의 주체와 대상이하나로 융합되는 것을 의미한다. 반면 감정적 일치는 '우정의 사랑'의결과다. 이는 우리가 친구를 사랑한다고 말할 때의 사랑으로, 친구에게 좋음이 있기를 바라는 것이다. 우정의 사랑은 사랑하는 자와 받는 자 사이에 감정적 일치를 가져온다.

아퀴나스가 두 번째로 언급하는 사랑의 결과는 사랑하는 자와 사랑받는 자의 상호 애착이다. 이것도 사랑의 종류에 따라 다른 방식으로 표현된다. 욕망의 사랑은 사랑하는 자가 사랑받는 자를 완전히소유하기를 추구한다. 반면 우정의 사랑에서는 사랑하는 자가 사랑받는 자의 좋은 일과 나쁜 일을 자기 자신의 것처럼 여김으로써 사랑받는 자 안에 거한다. 이는 아리스토텔레스가 같은 것을 원하며, 같은 것에 대해 슬퍼하고 기뻐함을 친구들의 특징이라고 말한 바와같다.[27]

사랑의 또 다른 결과는 엑스타시스다. 이것은 사랑하는 자가 자신 밖으로 옮겨지는 것, 즉 자기를 초월하는 것이다. 아퀴나스는 "신의 사랑은 엑스타시스를 행한다"는 아레오파고의 디오니시오스

「황금 문 앞에서의 만남」. 조토 디 본도네(1267-1337년)의 작품 가운데 가장 유명한 그림이다. 성모 마리아의 부모로 알려진 안나와 요아킴의 포옹 장면을 묘사하고 있다. 안나가 짓고 있는 표정의 깊이와 요아킴의 목과 뺨을 붙잡고 입 맞추는 모습에서 그녀의 주도적 행위를 엿볼 수 있다. 사랑하는 남녀의 얼굴이 서로의 안에서 융합된 듯하다.

(Dionysios)가 한 말을 인용하고,[28] 모든 사랑은 신의 사랑에 참여하는 것과 어떤 유사성을 가지기 때문에 엑스타시스를 야기한다고 주장한다.[29] 예컨대 우정의 사랑에서 사랑하는 자는 상대방에게 좋은 것을 원하면서 자신을 초월한다.

질투도 사랑의 결과 가운데 하나일까? 아퀴나스는 욕망의 사랑과 우정의 사랑을 구분해 대답한다. 욕망의 사랑에서는 어떤 것을 열렬히 욕구하는 사람이 그것을 획득하는 데 방해받을 경우 분노한다. 이런 의미의 질투는 남편이 아내가 자신에게만 속하기를 바랄 때, 혹은 자신의 우월성을 추구하는 사람이 자신보다 우월한 이를 적대할 때 나타난다. 반면 친구에게 좋은 것을 추구하는 우정의 사랑에서는 그 사랑이 강렬할 때 친구에게 해가 되는 말이나 행위를 제거하려고 열망한다.[30] 두 경우 질투의 내용이 다르다. 욕망의 사랑에서 질투는 욕구의 대상을 독점하는 것을 방해하는 데 대한 분노고, 우정의 사랑에서는 사랑의 대상에게 해가 되는 것에 대한 분노다. 아퀴나스는 두 경우 모두 '질투'라는 용어를 사용하지만 우리말의 질투에 해당하는 것은 욕망의 사랑에서 나타나는 감정이다.

이 밖에도 정념적 사랑이 영혼 안에 야기하는 결과로는 마음이 녹는 것, 즐거움, 쇠약증, 발열이 있다. 마음이 녹는 것은 사랑과 반대되는 상태, 즉 마음이 얼어붙고 자신 안으로 움츠러드는 것에 대립된다.[31]

사랑의 결과들을 설명한 후 아퀴나스는 사랑이 사랑하는 사람에게 상처를 입히는 정념인지 아닌지를 묻는다. 그는 사랑이 필연적으로 상처를 입히는 것은 아니며, 경우에 따라 다르다고 대답한다. 즉 자신에게 적합한 좋음을 사랑하는 경우 사랑은 사랑하는 사람을 완전하게 만들고 더 좋은 사람이 되게 한다. 반면 자신에게 적합하지 않은 좋음을 사랑하는 경우 사랑은 사랑하는 사람에게 상처를 입히고 그 사람을 더욱 악화시킨다. 구체적인 예를 들면 사람은 최고선(最高善)인 신을 사랑할 때 가장 완전해지고 좀 더 훌륭한 사람이 되며, 죄를 사랑할 때 상처를 받고 악화된다.[32]

정념적 사랑에 대한 아퀴나스의 분석 가운데 몇 가지 핵심적인 문제만 살펴보긴 했어도 그의 사랑 이해가 얼마나 폭넓고 섬세한지 엿볼 수 있다. 하지만 당시 귀족 가문의 막내아들을 어린 나이에 수도원에 보내던 관습에 따라 다섯 살 때 수도원에 들어가 일평생 수도사 생활을 했던 그가 더 많은 관심을 기울인 부분은 단연 신적 사랑인 카리타스다.

4. 카리타스: 신적인 덕으로서 사랑

성서에서는 "신은 사랑이다"라고 말한다. 사랑이신 신은 인간에 대한 무한한 사랑의 표현으로 인간이 되셨고, 인간을 구원하고자 자신의 생명을 아낌없이 주실 만큼 인간을 사랑하셨다는 것이 기독교 신앙의 핵심이다. 카리타스는 일차적으로 인간에 대한 신의 사랑을 나타내지만, 우리가 분석하려는 『신학대전』 안에서 카리타스를 다룬 텍스트는 인간이 신을 향해 가진 덕의 관점에서 접근하므로 신에 대한 인간의 사랑에 초점을 맞추고 있다.

수도사로서 전 생애를 신에게 헌신한 사람답게 아퀴나스는 앞에서 살펴본 정념으로서 사랑과는 비교가 되지 않을 만큼 신적인 덕으로서의 사랑에 대한 수많은 문제를 다룬다. 그중 이 사랑의 특징을 가장 잘 보여줄 수 있는 세 가지 문제, 즉 사랑의 본질, 사랑의 대상, 그리고 사랑의 순서를 중심으로 살펴볼 것이다. 먼저 신적인 덕이 무엇을 의미하는지 알 필요가 있다.

4.1. 신적인 덕

'신적인 덕'(virtus theologica)은 신과의 관계에서 성립하는 덕이다. 아퀴나스는 이 덕의 특징을 다음과 같이 세 가지로 규정한다. 첫째,

'은총의 보좌(寶座).' 전통적으로 '은총의 보좌'는 수직 구성의 전형을 보여주며, 그리스도교 신앙의 핵심인 삼위일체 하나님의 사랑(caritas)을 묘사한다. 성부 하나님이 성자 하나님인 예수 그리스도의 십자가를 붙들고 계시고, 성령은 성부의 목과 성자의 머리 사이에 비둘기 모습으로 형상화되어 있다. 이 그림은 1295년 파리에서 만들어진 채색사본으로, 뉘른베르크 시립도서관에 보존되어 있다.

신적인 덕은 그 대상이 신이다. 즉 그것은 인간이 신과 바른 관계를 가지도록 한다. 둘째, 신적인 덕은 오직 신이 인간에게 불어넣어주는 '주입된 덕'(virtus infusa)이다. 이것은 인간 스스로의 힘으로 획득하는 '습득된 덕'(virtus acquisita)과 구분된다. 셋째, 신적인 덕은 오직 성서 속 신의 계시를 통해서만 전수된다.[33] 인간 자력으로 획득하는 덕이 인간의 지성과 욕구를 인간의 본성에 따라 완전하게 하는 것이라면, 신적인 덕은 신이 불어넣어줌으로써 초자연적으로 인간의 지성과 욕구를 완전하게 하는 것이다. 신적인 덕에는 믿음, 희망, 그리고 사랑이 있다.[34] 이 가운데 사랑, 즉 아퀴나스의 라틴어 원전에 사용된 단어로는 카리타스가 이 글의 관심사다.

4.2. 카리타스의 본질

아퀴나스는 아리스토텔레스의 우정 개념인 '필리아'에 기초해 카리타스를 정의한다. "카리타스는 인간이 신을 향해 가지는 일종의 우정이다."[35] 아리스토텔레스에 따르면 우정은 사랑하는 사람에게 좋은 것을 원하는 선의(善意, benevolentia)를 가진 사랑이다.[36] 그런데 우정이 성립하려면 한쪽의 일방적인 선의로는 충분하지 않고, 상호간 선의가 필요하다. 이런 상호간 선의는 어떤 선을 공유하는 것에 바탕을 둔다.

이런 의미의 우정이 신과 인간 사이에 과연 가능한가? 아리스토텔레스의 이름으로 전해져 내려온 『대윤리학』(Magna Moralia)에서는 "제우스에 대해 우정을 가지고 있다고 말하는 것은 얼마나 부조리한가!"라고 주장한다. 상호성이 있을 때만 우정이 가능한데, 신에 대한 우정은 상호성을 경험할 수 없기 때문에 신과 인간 사이에는 우정이 가능하지 않다는 것이다.

하지만 아퀴나스는 아리스토텔레스와 반대로 신과 인간 사이에 우정이 가능하다고 주장한다. 먼저 그는 성서의 권위에 의존해 「요한복음」 15장 15절에 나오는 예수가 제자들에게 하신 말씀을 인용한다. "나는 너희를 더 이상 종이라 부르지 않고 친구라 부르겠다."[37] 인간과 신 사이의 우정은 신이 먼저 인간에게 자신의 영원한 행복을 나눠주는 것에 토대를 둔다. 신학자인 아퀴나스에게 성서는 아리스토텔레스와 비교가 되지 않는 높은 권위를 가진다. 따라서 아퀴나스는 성서의 말씀에 기초해 신과 인간 사이에 우정이 가능하다고 봤다.[38] 그는 신과 인간 사이의 우정을 말하는 성서의 가르침을 설명하면서 필리아라는 아리스토텔레스의 개념을 사용하지만 노예적으로 답습하지는 않았던 것이다.

앞의 설명이 보여주듯이 카리타스는 신이 인간에게 먼저 다가오는 사랑에 토대를 둔다. 중세 대학의 필수 신학 교재였던 『명제집』(Sententiae)의 저자 페트루스 롬바르두스(Petrus Lombardus)는 카리타스가 인간의 영혼 안에 창조된 어떤 것이 아니라, 인간의 영혼 안에 내재하는 성령 자체라고 주장한다.[39] 아퀴나스는 이런 입장을 비판하면서 성령이 인간의 영혼 안에 사랑을 불어넣어줄 때 단순히 인간의 영혼을 도구처럼 움직이는 방식을 취하지 않는다고 주장한다. 그는 카리타스의 대상이 신적인 선이기 때문에 성령은 인간의 감각적 욕구가 아닌 지적 욕구인 의지 안에 사랑을 불어넣지만, 의지가 자발적으로 움직이는 방식으로 그리하는 것이라고 주장한다.[40] 신이 신의 영원한 행복에 참여하도록 인간을 초대하는 것에 토대를 두는 카리타스는 인간 안에 자연적으로 존재할 수는 없고, 자연적인 힘으로 획득될 수도 없다. 카리타스는 인간이 스스로 얻을 수 있는 '습득된 덕'이 아니라, 신이 인간의 영혼 안에 불어넣는 '주입된 덕'이라는 뜻이다. 즉 성령이 인간 안에 사랑을 불어넣어줄 때 인간은 카리타스를 얻을 수 있다.[41]

그렇다면 인간이 카리타스로 사랑해야 하는 대상은 무엇일까?

4.3. 카리타스의 대상

아퀴나스는 신이 불어넣어주는 사랑인 카리타스의 대상을 다룰 때 중세 신학자들 사이에서 성서 다음으로 높은 권위를 가졌던 아우구스티누스의 가르침에서 출발한다. 탁월한 '사랑의 박사'(doctor caritatis)인 아우구스티누스는 『그리스도교 교양』(De doctrina christiana)에서 사랑의 대상을 네 가지로 제시한다. 즉 신, 우리 자신, 이웃, 우리 몸이다. 그리고 이 네 가지 사랑의 대상에 대해 자세히 설명한다.[42] 특히 그는 이웃을 우리가 자비를 베풀어야 할 모든 사람이라고 규정하며, 거기서 배제되는 사람은 아무도 없다고 말한다. 그는 그리스도의 산상수훈 말씀을 인용해[43] 원수도 사랑해야 할 이웃이라고 주장하면서 사랑의 보편성을 강조한다.[44]

아퀴나스는 아우구스티누스가 말한 사랑의 대상을 매우 적극적으로 수용하지만 스콜라 신학의 변증술을 사용해 열두 가지 질문을 던지고 논증적으로 답변을 제시한다. 우리는 그 가운데 여섯 가지만 살펴보고자 한다. 이 여섯 가지 질문은 이웃, 이성이 결여된 피조물, 자기 자신, 자신의 몸, 죄인, 그리고 원수가 카리타스의 대상인가 아닌가를 다룬다. 첫 질문에서 마지막 질문으로 나아갈수록 아퀴나스의 답은 더욱 흥미롭다. 마지막에 나오는 원수 사랑에 대한 설명은 우리가 실제로 경험하는 감정과 의지의 괴리 문제를 이론적으로 잘 해명하고 있어 시사하는 바가 매우 크다.

첫째, 인간과 신의 우정인 카리타스의 대상은 오직 신인가, 아니면 이웃도 포함되는가? 아퀴나스는 이 질문에 대답하고자 먼저 "신을 사랑하는 자는 그의 형제도 사랑한다"는 성서 구절을 인용한다.[45] 그리고 "이웃을 사랑하는 이유는 신이다"라고 하면서,[46] "우리가 이웃 안에서 사랑하는 것은 그가 신 안에서 존재한다는 것이다"라고 강조한다.[47] 이것은 모든 사람이 신에 의해 창조되었다는 그리스도교의 가르침에 뿌리를 두고 있다.

둘째, 이성이 결여된 피조물은 카리타스의 대상인가? 카리타스의 토대는 신이 인간에게 영원한 행복을 나눠주는 데 있으며, 이성이 없는 피조물은 이 행복에 참여할 수 없다. 하지만 다른 관점과 차원에서, 즉 인간은 이성이 결여된 피조물 또한 신의 영광과 사람들의 유익을 위해 보존되기를 원한다는 점에서 카리타스의 사랑을 할 수 있다. 게다가 아퀴나스는 신도 이런 방식으로 이성이 결여된 피조물들에게 카리타스를 베푸신다고 덧붙인다.[48] 애완견을 가족처럼 사랑하는 사람 가운데 기독교 신앙을 공유하는 이들은 신의 사랑스러운 피조물인 강아지를 카리타스의 대상으로 사랑할 것이다.

셋째, 인간의 자기 사랑은 카리타스에 속하는가? 성서는 말세에 사람들이 자기를 사랑할 것이라며[49] 자기 사랑을 부정적으로 묘사하지 않는가? 아퀴나스는 이렇게 부정적으로 묘사된 자기 사랑은 인간이 감각적 본성에 따라 자기를 사랑하는 것으로, 감각적인 본성에 자기를 복종시키는 일이라고 말한다. 따라서 이는 참되게 자신을 사랑하는 것이 아니다. 반면, 인간이 이성적 본성에 따라 자기를 사랑하는 것은 카리타스의 대상에 속한다.[50] 이러한 두 가지 자기 사랑의 방식, 즉 감각적 본성에 따른 자기 사랑과 이성적 본성에 따른 자기 사랑은 아퀴나스가 구분하는 악인(惡人)의 자기 사랑과 선인(善人)의 자기 사랑에 각각 해당한다. 선인은 자신 안에서 이성적 본성을 일차적인 것으로 평가하는 데 반해, 악인은 감각적 본성을 일차적인 것으로 평가한다. 이렇게 자기를 이해하는 서로 다른 방식에 따라 자기를 사랑하는 방식도 다르게 나타난다.[51]

이러한 두 가지 자기 사랑의 구분은 여기서 우리가 분석하고 있는 『신학대전』을 집필할 무렵 아퀴나스가 주해한 아리스토텔레스의 『니코마코스 윤리학』에 나오는 좋은 자기 사랑과 나쁜 자기 사랑의 구분과도 매우 유사하다. 아리스토텔레스에 따르면 나쁜 자기 사랑은 자신을 영혼에서 낮은 부분, 즉 비이성적 부분과 동일시해 감각적인 것과 육체적인 선을 일차적으로 추구하는 것이다. 돈, 명예, 육체적 쾌락을 남보다 더 많이 누리려는 것이 나쁜 자기 사랑의 구체적인 모습이다. 반면, 좋은 자기 사랑은 본성 안에서 이성적 선을 일차적으로 추구하는 자기 사랑, 즉 남보다 정의, 절제, 용기를 더 많이 실천하려는 것이다. 이런 좋은 자기 사랑은 공동체를 보전하고자 자신의 생명도 기꺼이 내주는 데까지 나아간다.[52]

넷째, 인간은 자신의 몸을 사랑해야 하는가? 아퀴나스는 이 질문에 대답하기 위해 몸을 두 가지 관점에서 고려한다. 먼저 본성 측면에서 그는 몸이 악한 원리에 의해 창조되었다는 마니교의 주장을 비판하고 신에 의해 창조되었다고 주장한다. 신에 의해 창조된 몸을 우리는 신을 섬기는 데 쓸 수 있다. 따라서 몸은 카리타스의 대상이 될 수 있다. 반면, 죄와 벌로 타락한 몸의 관점에서는 몸을 사랑해서는 안 되고, 카리타스에 의지해 그 몸으로부터 벗어나기를 열망해야 한다.[53]

다섯째, 죄인은 사랑의 대상이 될 수 있는가? 이 경우에도 아퀴나스는 두 가지 관점을 고려한다. 즉 죄인이 신으로부터 받은 본성, 다시 말해 행복에 참여할 수 있는 본성의 관점과 죄의 관점이다. 전자에 따르면 죄인은 사랑의 대상이다. 하지만 신과 대립하고 행복에 장애가 되는 죄의 관점에서는 미움을 받아야 한다.[54] 이것은 죄인이 인간인 한에서는 사랑받아야 하나, 그 죄는 미워해야 한다는 말과 같다.

마지막으로, 원수는 카리타스의 대상인가? "원수를 사랑하라"는 예수의 명령 앞에서 아무 어려움도 느끼지 않는 사람이 있을까? 아퀴나스도 여느 사람들과 크게 다르지 않았을 것이다. 그는 이 문제에 관해 세 가지 관점으로 구분해 대답한다.

먼저 원수를 원수로서 사랑하는 것이다. 이는 타인의 악을 사랑하는 것이므로 왜곡된 일이고 사랑에 대립된다. 다음은 원수를 보편적 관점에서 고려하는 것이다. 이 경우 원수 사랑은 카리타스의 대상에 필연적으로 속한다. 왜냐하면 신과 이웃을 사랑하면서 자기의 원수를 이웃 사랑의 보편성에서 배제해서는 안 되기 때문이다. 마지막으로 원수 사랑을 특수한 관점에서, 즉 특정 원수에게 마음이 움직이는 측면에서 고려하는 것이다. 이는 필연적인 사랑에 절대적으로 해당하는 것은 아니다. 하지만 특정 원수에 대한 개별적인 사랑이 필요할 때도 있다. 예컨대 원수가 굶어 죽는 절박한 상황 말이다. 이런 경우가 아님에도 신 때문에 특정 원수를 사랑하는 것은 '카리타스의 완성'(perfectio caritatis), 즉 신적인 사랑의 완성에 해당한다. 이런 사랑의 완성을 아퀴나스는 다음과 같이 설명한다. "카리타스는 신 때문에 이웃을 사랑하도록 이끌기에 어떤 사람이 신을 더 많이 사랑할수록 그는 사랑을 이웃에게로 더 많이 확장하게 되고, 어떤 적대감에 의해서도 그의 사랑은 방해받지 않는다."[55] 하지만 지상의 인간에게 원수를 사랑하는 일이 과연 가능한 것인가? 거의 불가능에 가까운 일이라고 여기는 사람이 적지 않으리라. 그러나 여기서 아퀴나스가 말하는 원수 사랑은 인간 스스로의 힘으로 가능한 사랑이 아니고, 신이 불어넣어주는 사랑임을 기억해야 한다. 그러니까 신이 불어넣어주는 사랑을 진정으로 믿는 자에게는 원수 사랑도 가능하다는 말이다.

그렇다면 카리타스의 대상들을 사랑하는 데는 과연 어떤 우선순위가 있는가? 이는 사랑의 순서에 관한 질문이다.

4.4. 카리타스의 순서

카리타스의 대상을 다룰 때와 마찬가지로 그 순서를 다룰 때도 아퀴나스는 모든 스콜라 신학자들처럼 아우구스티누스에 의존한다. "나에게 간결하고 참된 덕의 정의는 '사랑의 질서'(ordo amoris)로 보인다."[56] 아우구스티누스가 제시한 이 덕의 정의는 사랑을 도덕적인 삶 전체의 궁극적 동력으로 강조한다. 이 정의에 따라 그는 의롭게, 그리고 거룩하게 사는 사람이란 "사물들을 그 정당한 가치로 평가하고 사랑의 질서를 잘 지키는 사람"이라고 말한다. 그러면 그가 말하는 사랑의 질서란 무엇일까? 바로 사랑하지 말아야 할 것을 사랑하지 않고, 사랑해야 할 것을 사랑하며, 더 적게 사랑해야 하는 것을 더 적게 사랑하고, 더 많이 사랑해야 하는 것을 더 많이 사랑하며, 동일하게 사랑해야 하는 것을 더 적게 혹은 더 많이 사랑하지 않는 것이다.[57]

이러한 원칙 아래 히포의 주교는 먼저 우리 위에 계시는 신, 그다음에 우리 자신, 우리 옆에 있는 이웃, 마지막으로 우리 아래 있는 우리 몸의 순서로 사랑해야 한다고 주장한다.[58] 이 우선순위의 원리는 모든 것을 신과의 관계에서 사랑해야 한다는 것이다. 이 관점에 입각해보면 우리가 이웃을 우리 몸보다 더 먼저 사랑해야 하는 이유가 이해된다. 즉 이웃은 우리와 마찬가지로 신을 향유할 수 있지만 우리 몸은 그렇지 않기 때문이다. 또한 아우구스티누스는 이웃 사랑의 순서에 대해 말하면서, 모든 이를 동등하게 사랑해야 하지만 현실적으로 불가능할 때는 공간, 시간, 그리고 다른 여건에 따라 운명처럼 연합되어 있는 사람을 우선적으로 사랑해야 한다고 주장한다.[59]

아퀴나스는 이러한 아우구스티누스의 가르침을 대체로 수용하면서 사랑의 순서를 좀 더 상세히 다룬다. 그는 먼저 "순서는 그 자체 안에 어떤 앞서고 뒤서는 방식을 함축한다"고 전제한 뒤, 어떤 기원이 있는 곳에는 어떤 순서가 존재한다고 말한다. 그런데 카리타스는 신이 인간으로 하여금 공유하게 하는 행복에 그 기원을 두고 있어 사랑의 기원인 신과의 관계에 따라 순서가 정해진다.[60]

인간이 신을 가장 먼저 사랑해야 하는 이유는 카리타스가 본질적으로 신이 자기 안에 있는 행복을 인간으로 하여금 공유하게 하는 데 기초하기 때문이다. 게다가 카리타스는 신이 은총의 선물을 베푼 것에 기초한 사랑이기에 각자는 모든 존재가 그로부터 존재하는 '공동선'(bonum commune)인 신을 부분적 선인 자기보다 우선적으로 사랑해야 한다.[61]

아퀴나스는 아우구스티누스처럼 신 다음에 자기를 우선적으로 사랑해야 한다고 주장하면서 그 이유 역시 신이 인간으로 하여금 공유하게 한 행복에 토대를 둔 카리타스의 본질에 의해 설명한다. 즉 인간이 자기를 신적인 덕인 카리타스를 가지고 사랑하는 이유는 신이 공유하게 해준 행복에 참여하기 때문이다. 반면, 이웃을 사랑하는 이유는 이웃도 신이 공유하게 해준 행복에 참여한다는 점에서 자기 자신과 일치하기 때문이다. 그런데 동일성(unitas)이 일치(unio)보다 더 강한 것처럼, 자기가 신의 행복에 참여하는 것이 그 참여에서 이웃과 일치하는 것보다 더 강한 사랑의 이유이므로 자기를 이웃보다 더 사랑해야 한다고 아퀴나스는 주장한다.[62] 하지만 이것은 "(사랑은) 자기의 유익을 구하지 아니하며"[63]라는 성서의 가르침과 대립하지 않는가? 아퀴나스는 이 질문에 대답하고자 이 성서 구절에 대한 아우구스티누스의 해석을 인용한다. "사랑은 사적인 것보다 공동의 것을 더 중시한다."[64] 즉 자기의 유익을 구하지 않는다는 말은 공동의 유익을 선호한다는 의미이지, 개인으로서 이웃을 자신보다 더 사랑해야 한다는 의미가 아니라는 뜻이다.

인간은 자기 다음으로 이웃을 자신의 몸보다 더 많이 사랑해야 한다. 이런 식으로 인간을 몸과 영혼으로 분리해 생각하는 것이 현대인에게는 낯설게 보일 것이다. 하지만 이것은 아퀴나스가 인간을 영혼과 육체로 분리해 이해한다고 해석되어서는 안 된다. 그는 인간이 영혼과 육체로 구성된 존재임을 강조한다.[65] 따라서 그는 우리 몸이 이웃보다 우리 영혼에 더 가깝다는 것을 인정한다. 하지만 신의 영원한 행복에 참여한다는 점에서는 이웃의 영혼이 우리의 몸보다 우리 영혼과 더 밀접한 관계이기에 이웃을 우리 몸보다 더 사랑해야 한다고 주장한다.[66]

여기까지 아퀴나스는 아우구스티누스의 입장을 따른다. 하지만 이웃 가운데 누구를 더 우선적으로 사랑해야 하는가라는 문제를 다룰 때 그는 아우구스티누스의 주장과 거리를 둔다.

4.5. 카리타스 순서의 구체적 적용에 나타나는 아퀴나스의 자연주의

아우구스티누스는 카리타스의 감정에서는 모든 이웃을 동등하게 사랑해야 하지만 행위의 표현에서는 우선순위가 다르다고 말한다.[67] 아퀴나스보다 앞선 중세 신학자 가운데 아우구스티누스의 권위를 누구보다 열렬히 지지했던 페트루스 롬바르두스도 이 경우에는 그의 입장을 따르지 않고 암브로시우스(Ambrosius)와 히에로니무스(Hieronymus)의 입장을 수용한다.[68] 이들은 사랑의 감정에도 차이가 있다고 주장한다. 아퀴나스 역시 이들과 같은 입장에서 아우구스티누스의 생각을 비합리적이라고 비판하며 그 이유를 다음과 같이 설명한다.

> 은총의 경향인 카리타스의 감정이 자연의 경향인 자연적 욕구보다 질서가 덜한 것은 아니기 때문이다. 이 두 경향은 모두 신의 지혜로부터 나오기 때문이다. 그런데 우리는 자연 안에서 자연의 경향이 각 본성에 맞는 행위 혹은 운동에 비례하는 것을 본다. 가령 물보다 더 큰 중력의 경향을 가진 흙은 물보다 아래에 있는 것이 적합하다. 그러므로 사랑의 감정인 은총의 경향도 외부에 행해지는 행위에 비례해야 한다. 그래서 우리가 더 많이 선행을 베푸는 사람에게 더 강렬한 카리타스의 감정을 가지는 것이다.[69]

아퀴나스는 자연의 질서에서 본성과 운동이 비례하듯이 카리타스의 감정과 행위도 그렇다고 본다. 즉 카리타스의 감정이 더 강렬할수록 카리타스의 행위도 더 많이 나타난다는 것이다. 그런데 인용된 텍스트에서 우리의 관심을 끄는 부분은 아퀴나스가 카리타스의 질서, 즉 은총의 차원에 속하는 것을 자연 질서와의 유비를 통해 설명하고, 그것을 두 질서 모두 신의 지혜로부터 나온 것이라며 정당화한 점이다. 따라서 자연적 차원과 초자연적 차원 사이에 근본적 대립은 있을 수 없다. 반면, 아우구스티누스는 자연적 사랑인 아모르와 대조적으로 카리타스는 감정에 있어서도 모든 이에게 동등해야 한다고 봤다.

이것은 두 신학자가 자연적 차원의 사랑과 초자연적 차원의 사랑의 관계를 이해하는 방식에 차이가 있음을 보여준다. 이 차이는 그들이 자연적 질서와 초자연적 질서의 관계를 이해하는 방식에서 비롯된다. 아우구스티누스는 초자연적 질서에 자연적 질서를 흡수시키는 경향이 있다. 반면에 아퀴나스는 자연의 자율성과 고유한 가치를 더 적극적으로 긍정한다.

아퀴나스는 사랑의 질서 문제를 가족 간 관계에 좀 더 폭넓게, 그리고 구체적으로 적용한다. 그가 다루는 많은 문제 가운데 오늘날 가정 안에서도 감정의 긴장을 야기하는 두 가지만 살펴보자. 먼저 "아버지와 아들 중 누구를 더 사랑해야 하는가?"라는 문제다. 아퀴나스는 어떤 문제에 접근할 때 일반적으로 사용하는 방법인 관점의 구분을 통해 대답한다. 사랑의 대상이라는 관점에서는 더 훌륭하고 신과 더 많이 닮은 아버지가 더 사랑받아야 하지만, 사랑의 정도라는 관점에서는 사랑하는 주체와 더 긴밀하게 연합되어 있는 아들이 아버지보다 더 많이 사랑받아야 한다.[70]

다른 한 문제는 "남자는 자신의 부모보다 아내를 더 많이 사랑해야 하는가?"다. 이 역시 관점에 따라 답이 다르다. 사랑의 대상인 선의 관점에서 보면 부모가 더 많이 사랑받아야 한다. 부모는 자신의 존재 원리로서, 그리고 더 우월한 선으로서 사랑받기 때문이다. 하지만 결합의 관점에서 보면 아내가 더 많이 사랑받아야 한다. 아내는 남편과 한 몸처럼 결합되어 있기 때문이다. 창세기 2장 24절이 말하는바, 남자가 아내를 위해 부모를 떠나는 것은 바로 이 점을 잘 나타낸다.[71] 아퀴나스는 결혼이 우정을 가장 높이 구현하는 것이라며 칭송한다. 그는 남편과 아내 사이에 가장 큰 우정이 있다고 여기며, 그 이유가 부부는 "육체적 결합 행위—이것은 심지어 동물들 사이에도 달콤한 교제를 만든다—뿐 아니라, 모든 가정사와 관련해서도 교제하기 때문이다"라고 말한다.[72]

육체적 결합이 부부 관계를 더 풍성하게 할 수 있다고 본 아퀴나스의 성(性)에 대한 이해는 서두에서 언급했던 그의 자연주의를 반영한다. 이 점에서 그는 다시 한 번 아우구스티누스와 거리를 보인다. 아퀴나스는 성적 쾌락이 부부 관계를 더욱 풍요롭게 할 수 있다고 봤지만, 아우구스티누스는 『결혼의 유익에 관하여』라는 저술에서 성 행위에 동반되는 육체적 쾌락은 결혼의 유익에 포함시키지 않았다.[73]

5. 맺는말: 아모르를 완성하는 카리타스

토마스 아퀴나스는 『신학대전』에서 인간적 사랑과 신적 사랑을 폭넓게 논의하고 있다. 그는 사랑의 다양한 차원 및 측면을 분석하고자 몇 가지 중요한 용어와 개념을 구분해서 사용한다. 그가 말하는 '사랑', 즉 아모르는 현대인이 말하는 '사랑'보다 훨씬 더 넓은 의미를 가진다. 다시 말해 아모르는 감정을 지닌 존재자뿐 아니라 모든 자연계 안에서 발견되는, 지향하는 대상을 향한 운동의 원리다. 이 어법에 의하면 돌이 땅으로 떨어지는 움직임과 꽃이 햇볕을 향하는 움직임도 사랑에 따른 것으로 '돌의 사랑', '꽃의 사랑'이라는 표현이 가능하다. 사랑을 지칭하는 단어 가운데 가장 포괄적 의미로 쓰이는 아모르는 광의로 사용될 경우 신의 사랑을 가리킬 수도 있다. 아퀴나스 사상의 시적 결정체로 일컬어지는 단테의 『신곡』마지막 구절인 "태양과 다른 별들을 움직이는 사랑"이라는 표현은 바로 신의 사랑이 온 우주를 움직이는 보편적 원리임을 시적으로 형상화한 것이다.[74]

인간에게 적용되는 아모르는 인간의 감각적 욕구 안에 자리한 사랑으로서 감각을 통해 파악되는 좋음에 대한 사랑이다. 이는 자연적 질서에 속하는 사랑으로, 우리 눈에 아름다워 보이는 대상에 마음이 끌리는 자연스러운 감정이다. 반면, 카리타스는 "신의 영원한 행복에 참여하는 인간이 신을 향해 가지는 일종의 우정"으로 정의되며,[75] 이것은 신이 인간의 의지 안에 불어넣어줌으로써 가능한 초자연적 차원의 사랑이자 신적인 덕이다.

아퀴나스가 아모르와 카리타스의 관계를 이해하는 방식은 "은총은 자연을 제거하지 않고 완성한다"는 자신의 신학공리를 적용한 것이다. 따라서 그는 초자연적 사랑이 자연적 사랑을 제거하지 않고 완성한다고 본다. 다시 말해 신이 불어넣어주는 사랑으로서 은총의 차원에 속하는 사랑인 카리타스는 인간의 정념으로서 사랑, 즉 자연적 차원의 사랑인 아모르를 없애지 않으며 완성한다. 카리타스가 정념으로서 사랑보다 훨씬 더 헌신적이고 보편적인 사랑이기 때문이다. 가령, 부부간 사랑이 아모르 단계에 머물러 있다면 감각적 욕구의 유효 기간이 끝날 땐 사랑이 더는 지속될 수 없다. 그러나 부부간 사랑이 이 자연적 차원을 넘어 카리타스의 사랑으로 발전한다면 그 사랑은 훨씬 더 헌신적인 성격을 띠게 되고 지속성을 가진다.

게다가 카리타스는 특별한 관계에 있는 사람들을 향하는 인간의 자연적 사랑인 아모르와 달리 낯선 타자에게까지 향한다. 예를 들어 아퀴나스가 『덕론에 관한 토론 문제』(De virtutibus)에서 예로 든 "인도나 에티오피아에 살고 있는 사람들", 즉 아퀴나스 자신이 살던 유럽과는 지리적으로 멀리 떨어져 있어 접촉이 없는 사람들, 더 나아가 원수마저 사랑하고 그들을 위해 기도하도록 이끈다.[76] 한마디로 카리타스는 인간의 자연적 감정의 끌림을 초월하며, 성령이 인간의 의지 안에 은총을 불어넣음으로써 가능한 사랑이다. 따라서 카리타스의 힘은 자신 밖에서 오는, 위로부터 오는 신의 사랑에 대한 믿음을 가지고 그 믿음대로 실천하는 사람에게서 진정으로 드러날 것이다.[77]

마리아 막달레나의 사랑

신준형 서울대학교 고고미술사학과 교수

서론

성 마리아 막달레나는 베드로도, 야코보도 도망가는 마당에 예수의 어머니 성 마리아, 성 요한과 함께 끝까지 십자가 밑에서 예수의 죽음을 지켜본 이였고,[1] 예수의 부활을 가장 먼저 목도하는 축복을 받은 이였다.[2] 이 두 가지 일화만 보더라도 예수가 이끌던 새로운 신앙 공동체 안에서 마리아 막달레나의 위상은 의미심장한 것이었음을 알 수 있다. 간음의 죄를 지어 돌에 맞아 죽게 된 여인의 이름은 밝혀져 있지 않지만[3] 민간 신앙에서는 마리아 막달레나인 것으로 받아들였고, 그녀가 나자로의 집에서 식사하던 예수의 발에 향유를 붓고 머리카락으로 닦아주었다는 일화와 연결되면서[4] 중세 때부터 마리아 막달레나는 마치 사내를 연모하는 여인과 같은 마음으로 예수를 섬긴 것으로 드라마화되었다. 어떤 종교적인 이야기들에도 어느 정도 필요한 로맨스 요소가 아니었을까 싶은데, 과연 이 아름답고 낭만적인 모티프는 이후 수없이 미술과 문학에 등장한다. 13세기 남프랑스 카타르파(Cathar) 이단에서 시작해 현대 움베르토 에코(Umberto Eco), 댄 브라운(Dan Brown)의 소설에서도 반복적으로 나오는 음모 이론, 즉 예수와 마리아 막달레나는 사실상 부부 관계였고 그 사이에 소생이 있었다는 설도 따지고 보면 그레고리 교황(Gregory the Great) 이후 마리아 막달레나의 신심을 예수에 대한 연모의 감정인 듯 노래하고, 그림 그리며, 이해하는 민간 신앙을 교회가 어느 정도 용인한 데서 비롯된 것이 아닐까 하는 생각도 든다.[5]

이 글은 이단 교파나 음모 이론에 나오는 마리아 막달레나의 모습이 아니라, 정통 교회의 가르침의 영역 안에서 이해되고 묘사되던 그녀의 일생담 가운데 매우 의미심장한 세 개의 에피소드를 다루고자 한다. 지나친 상상력의 범람으로 오히려 잊혀가는 마리아 막달레나의 참모습과 종교적 역할을 부각하고자 하며, 특히 이 세 개의 에피소드가 그녀의 일생에서 중요한 전환점을 이루고 있음을 들어, 육체 혹은 물질이 매개가 된 신성의 이해에서 점차 육체가 부정되고 결국에는 순정한 영적 존재로서 신성에 다가가는 마리아 막달레나의 모습을 통해 그리스도교가 중세로부터 가르쳐온 전통적인 영성의 상승 단계가 이 성인의 삶에서도 그대로 목도됨을 보이고자 한다.

그녀가 점하고 있는 종교적 위상이나 중세로부터 낭만적으로 상상되어온 심상에 비해, 실제로 그녀의 삶을 일대기 형식으로 묘사한 그림은 많지 않다. 중세 작품으로 전해지는 것은 현재 이탈리아 베네치아의 아카데미아 미술관(Galleria dell'Accademia)에 소장된 13세기 제단화가 한 폭 있을 뿐이다. 이를 제외하면 미술사에서 그녀의 삶이 본격적인 일대기 형식(life cycle)으로 그려진 예로는 15세기 독일 지역에서 만들어지고 지금도 봉헌된 그 교회에 자리하고 있는 두 제단화가 있다. 르네상스 시기, 혹은 종교개혁 이전에 독일어권에서 특별히 마리아 막달레나 신앙이 더 융성했다고 알려진 바는 없다. 이 교회들이 위치한 독일 중부와 남서부 지역에서 마리아 막달레나 신앙에 대한 연구가 있긴 했지만, 다른 언어권보다 특별히 더 두드러졌다고 보기는 힘들며, 또한 일생담 형식으로 완전하게 그려진 마리아 막달레나 제단화가 왜 이 지역에서만 전해지는지에 대해서도 설명할 수 없다.[6] 따라서 이러한 질문은 이 글에서는 유보해두고, 다만 이 두 제단화에서 보이는 마리아 막달레나의 일생담 주제들을 통해 그녀의 전형적이고 전통적인 모습을 충실히 추적하는 데 집중하고자 한다.

첫 예는 독일 남서부 티펜브론(Tiefenbronn)에서 화가 루카스 모저(Lukas Moser)가 1432년에 그린 「성 마리아 막달레나 제단화」로, 이 소도시의 성 마리아 막달레나 교회에 지금도 소재하고 있다(그림 1). 또 다른 예는 바이에른(Bayern)주의 소도시 뮈너슈타트(Münnerstadt)의 성 마리아 막달레나 교회에 소장된 소위 뮈너슈타트 제단 조각(Münnerstädter Altar)으로, 가장 독일적인 조각가로 칭송받는 뷔르츠부르크(Würzburg)의 틸만 리멘슈나이더(Tilmann Riemenschneider)가 15세기 말에 제작했다(그림 2). 이 두 작품은 모두 중앙에 하늘로 날아오르는 마리아 막달레나의 조각상을 품고 있으며, 날개와 상단부에 각각 회화와 부조로 그녀의 일생담이 묘사되어 있다. 이 중 독립적인 작품으로도 흔히 그려지고 조각된 가장 유명한 세 가지 장면, 즉 예수의 발을 씻어주는 마리아 막달레나, "나에게 손을 대지 마라"(Noli me tangere), 은자(隱者) 마리아 막달레나

〔그림 1〕 루카스 모저, 「성 마리아 막달레나 제단화」(성 마리아 막달레나 교회, 티펜브론, 1432년).

를 그 문헌적 근거와 연결 지어 논하도록 하겠다.

결론적으로 말하자면, 이러한 일생담은 결국 하나의 지향점과 종결점으로 이어지는데, 그것은 마리아 막달레나가 예수에게 품었던 사랑이 육신의 매개를 통한 사랑에서 이 물적 매개와 메타포를 초월한 영적 사랑으로 승화되어가는 과정이다. 종교미술의 힘이면서 모

〔그림 2〕 틸만 리멘슈나이더, 「성 마리아 막달레나 제단 조각」(성 마리아 막달레나 교회, 뮈너 슈타트, 1490-1492년).

순이기도 하지만, 이와 같이 육체와 물(物)이 해체되어 영적으로 승화되어간다는 메시지가 역설적으로 어떻게 형상과 색으로 그려졌는지를 짚어볼 것이다.

1. 예수의 발을 씻어주는 마리아 막달레나

이 일화는 「요한복음서」와 「루가복음서」에 나오는데, 전자에서는 그 장소가 라자로의 집이고 라자로의 누이인 '마리아'가 예수의 발을 씻긴다. 이 마리아가 과연 마리아 막달레나인지에 대해서는 논란의 여지가 있으나, 막달레나의 성인전에서도 그녀가 라자로의 누이인 것으로 나오기 때문에 당시에는 당연히 이 마리아가 마리아 막달레나로 인지되었을 것이다. 한편 「루가복음서」에서는 그 장소가 시몬의 집이며, 예수의 발을 씻기는 여인의 이름은 나오지 않는다. 앞서 간음을 저질러 처형될 뻔한 여인의 이름도 『성경』에 나와 있지 않다고 했지만, 이 사건의 주인공도 정말로 마리아 막달레나인지 확실히 알 수 없는 것이다. 다만, 중세 교회의 가르침뿐 아니라 미술과 문학의 전통에서도 그렇게 받아들여왔으므로 필자도 이 여인이 마리아 막달레나라고 보도록 하겠다.[7]

두 복음서의 내용을 보면, 장소는 일치하지 않지만 여인의 행위는 동일하다. 다만 강조하는 포인트가 약간 다르다. 먼저 「요한복음서」의 내용은 다음과 같다.

예수님께서는 파스카 축제 엿새 전에 베타니아로 가셨다. 그곳에는 예수님께서 죽은 이들 가운데에서 다시 일으키신 라자로가 살고 있었다. 거기에서 예수님을 위한 잔치가 베풀어졌는데, 마르타는 시중을 들고 라자로는 예수님과 더불어 식탁에 앉은 이들 가운데 끼어 있었다. 그런데 마리아가 비싼 순 나르드 향유 한 리트라를 가져와서, 예수님의 발에 붓고 자기 머리카락으로 그 발을 닦아드렸다. 그러자 온 집 안에 향유 냄새가 가득하였다. 제자들 가운데 하나로서 나중에 예수님을 팔아넘길 유다 이스카리옷이 말하였다.

"어찌하여 저 향유를 삼백 데나리온에 팔아 가난한 이들에게 나누어주지 않는가?" 그가 이렇게 말한 것은, 가난한 이들에게 관심이 있어서가 아니라 도둑이었기 때문이다. 그는 돈주머니를 맡고 있으면서 거기에 든 돈을 가로채곤 하였다. 예수님께서 이르셨다. "이 여자를 그냥 놔두어라. 그리하여 내 장례 날을 위하여 이 기름을 간직하게 하여라. 사실 가난한 이들은 늘 너희 곁에 있지만, 나는 늘 너희 곁에 있지는 않을 것이다."[8]

마리아 막달레나의 헌신적 행위 자체보다 비싼 향유로 주님을 섬기는 것에 대한 사회경제학적 비판과 대답이 주요 포인트다. 여기에 나오는 예수의 대답은 이후 금은보화로 교회를 장식하는 것이 종교적으로 정당화될 수 있느냐는 비판에 교회가 대처하는 응답으로 자주 차용되어왔다.

이보다 우리의 주제에 더 가까운 내용과 해석은 「루가복음서」에 나온다. 이야기의 포인트는 비싼 향유가 아니라, 눈물과 향유로써 예수의 발을 씻기고 머리카락으로 닦아준 여인의 헌신에 있다. 그녀는 예수의 발에 입을 맞추기까지 한다. 여기서 '눈물'은 죄와 회개를 뜻하기 때문에 자연스럽게 이 여인이 그전에 간음했던 여인과 동일시되는 근거가 되기도 했다. 또한 '입맞춤'은 아래에 상술할 신학자들의 「아가서(雅歌書)」 해석과 매우 긴밀히 관련된다.

바리사이 가운데 어떤 이가 자기와 함께 음식을 먹자고 예수님을 초청하였다. 그리하여 예수님께서는 그 바리사이의 집에 들어가시어 식탁에 앉으셨다. 그 고을에 죄인인 여자가 하나 있었는데, 예수님께서 바리사이의 집에서 음식을 잡수시고 계시다는 것을 알고 왔다. 그 여자는 향유가 든 옥합을 들고서 예수님 뒤쪽 발치에 서서 울며, 눈물로 그분의 발을 적시기 시작하더니 자기의 머리카락으로 닦고 나서, 그 발에 입을 맞추고 향유를 부어 발랐다. (…)

그리고 그 여자를 돌아보시며 시몬에게 이르셨다. "이 여자를 보아라. 내가 네 집에 들어왔을 때 너는 나에게 발 씻을 물도 주지 않았다. 그러나 이 여자는 눈물로 내 발을 적시고 자기의 머리카락으로 닦아주었다. 너는 나에게 입을 맞추지 않았지만, 이 여자는 내가 들어왔을 때부터 줄곧 내 발에 입을 맞추었다. 너는 내 머리에 기름을 부어 발라주지 않았다. 그러나 이 여자는 내 발에 향유를 부어 발라주었다. 그러므로 내가 너에게 말한다. 이 여자는 그 많은 죄를 용서받았다. 그래서 큰 사랑을 드러낸 것이다. 그러나 적게 용서받은 사람은 적게 사랑한다." 그러고 나서 예수님께서는 그 여자에게 말씀하셨다. "너는 죄를 용서받았다." 그러자 식탁에 함께 앉아 있던 이들이 속으로, '저 사람이 누구이기에 죄까지 용서해주는가?' 하고 말하였다. 그러나 예수님께서는 그 여자에게 이르셨다. "네 믿음이 너를 구원하였다. 평안히 가거라."[9]

한마디로 전적인 헌신과 애정, 자신을 최대한 낮춤으로써 상대방을 최대한 높이는 행위라고 할 것이다. 몽골제국의 칸에게 절을 할 때 칸의 발을 들어 자신의 머리 위에 올렸던 것이나, 석가모니가 전생에 연등불(燃燈佛)을 만났을 때 자신의 머리카락을 진흙길 위에

〔그림 3〕 운보 김기창, 「예수의 발을 씻어주는 마리아 막달레나」(서울미술관, 1952-1953년).

깔아 연등불께서 머리카락을 밟고 지나가실 수 있도록 했다는 일화 등도 비슷한 모티프라고 생각한다. 이러한 보편적 호소력은 처음 기독교를 접한 한국인의 가슴에도 공명을 일으켰던 것 같다. 운보 김기창(1913-2001년) 화백은 조선 사람으로 변모시킨 예수의 일생 연작에 이 장면을 빼놓지 않았다(그림 3).

독일의 두 제단화 모두 이 감동적인, 전적인 헌신과 애정의 장면을 마리아 막달레나 일대기의 첫 장면으로 삼았다. 먼저 루카스 모저의 회화를 보면 제단화 상단 부분의 옆으로 긴 화면을 효과적으로 활용해 식탁과 식탁에 둘러앉은 인물들, 그리고 식탁 밑에 엎드려 예수의 발을 자신의 머리카락으로 닦고 있는 마리아 막달레나의 모습을 그려넣었다(그림 4). 리멘슈나이더의 작품은 당시 전형적인 제단화 배

〔그림 4〕 루카스 모저, 「예수의 발을 씻어주는 마리아 막달레나」, 〔그림 1〕의 세부.

치법을 좀 더 따랐다. 중앙의 막달레나 성상을 덮고 있는 두 날개를 열어젖히면, 그 내면에 좌우 각 두 패널씩 배치되어 있고 여기에 부조로써 그녀의 일생담이 등장한다. 그중 우리가 보는 방향에서 좌측 날개 상단부, 즉 이야기가 시작되는 첫 장면에 이 사건이 나온다(그림 5). 모저의 그림에서 보듯이, 팔레스타인 유대인 여인이던 마리아 막달레나는 유럽 성화에서 거의 언제나 밝은 금발을 한 지극히 유럽적인 미인으로 표현된다. 리멘슈나이더의 조각에서 더 뚜렷이 눈에 띄는 알라바스터 항아리는 향유가 든 용기이자 성 마리아 막달레나의 특물(持物)이기도 하다.

　한편 이 일화 때문인지, 성화의 전통에서 마리아 막달레나는 종종 예수의 발치에 등장한다. 예를 들어 조토(Giotto)의 스크로베니 예배당(Scrovegni Chapel)에 있는 프레스코 벽화 가운데 「애도」(Lamentation)에서 마리아 막달레나는 예수의 발치에 앉아 있다. 십자가형 그림에 성모 마리아와 마리아 막달레나가 동시에 등장할 경우 대체로 성모는 십자가를 중심으로 성 요한과 대척점에 서 있지만,

〔그림 5〕 틸만 리멘슈나이더, 「예수의
발을 씻어주는 마리아 막달레나」, 〔그
림 2〕의 세부.

마리아 막달레나는 예수의 못 박힌 발 근처의 십자가 밑에 무릎을
꿇고 있다. 이러한 막달레나의 위치는 전혀 성경적 근거가 없으며, 굳
이 그 연원을 따진다면 나자로 혹은 시몬의 집에서 있었던 일화에서
영감을 받은 것이라고 외에는 생각되지 않는다. 아예 바로크 시기 스
페인계 화가 후세페 데 리베라(Jusepe de Ribera)가 그리고 현재 티
센보르네미사 박물관(Museo Thyssen-Bornemisza)에 소장된 1633
년 작 「애도」에서는 마리아 막달레나가 죽은 예수의 발에 입을 맞추
고 있다. 「루가복음서」에서 살아 있는 예수의 발에 입을 맞추던 그녀
가 이제 인간을 구원하고자 못에 꿰뚫려 피 흘리는 예수의 발에 입
을 맞추고 있는 듯이 보인다.

제단화나 조각이 시각적인 드라마라면, 언어적인 드라마로도 마리
아 막달레나의 일생담은 노래되고 공연되어왔다. 일반적인 예수 수

난극의 일부로서가 아니라 마리아 막달레나가 주인공으로 등장하는 희곡은 흔하지 않은데, 독특하게도 15세기 후반 영국에 이러한 예가 있어 전해진다. 옥스퍼드의 보들리언(Bodleian) 도서관에 소장된 소위 『딕비 매리 막달렌』(*Digby Mary Magdalen*, MS Digby 133)으로 이 중 필자가 다루려는 세 주제가 언어 영역에서는 어떻게 묘사되어 있는지 살펴보도록 하겠다.[10] 이 장면은 다음과 같은 예수의 대사로 이야기되고 있다.

> 하지만 시몬, 이 여인을 모든 면에서 보라
> 그녀가 어떻게, 그녀의 쓰디쓴 눈물로
> 나의 발을 씻어주고 나를 섬기는지
> 그리고 겸허히 무릎 꿇고서 나의 발에 향유를 바르고
> 그녀의 밝게 빛나는 머리카락으로
> 정성스레 닦아주는지.[11]

「요한복음서」가 아닌 「루가복음서」를 따라 시몬의 집으로 장소를 정한 것은 후자에 등장하는 요소들을 차용하기 위함으로 보인다. 즉 「루가복음서」에서처럼 마리아 막달레나가 향유와 "쓰디쓴 눈물"로써 예수의 발을 닦아주는 모습으로 눈물은 자연스레 죄의 참회를 떠올리게 하며, 이는 간음의 죄를 지었던 여인과 마리아 막달레나를 동일시하는 전통을 따른 것이다. 복음서에 없는 요소로 여기에 등장하는 것은 마리아 막달레나의 "밝게 빛나는" 금색 머리카락으로, 모저의 그림에 나오는 바와 동일하다.

이처럼 제단화나 성극(聖劇), 즉 이미지와 속어(俗語) 영역에서는

마리아 막달레나가 예수의 발을 씻긴 것으로 묘사되는데 신학자들이 이에 대해 논의한 바가 있을까? 발에 값비싼 향유를 부은 장면이 귀한 것을 아끼지 않고 주님께 바친다는 의미로 이해되었는데, 이는 「요한복음서」에 이미 그렇게 나와 있는 데다, 이후 금은보화로 교회를 장식하고 성미술을 제작하는 것을 정당화하는 이론적 근거로 사용되기도 했다. 하지만 머리카락으로 주님의 발을 닦아준다는 철저한 자기 낮춤의 행동을 논한 주석서는 필자도 아직 보지 못했다. 다만, 정확히 이 장면에 대한 묘사는 아니더라도 「루가복음서」에 나온 것처럼 주님의 발에 입 맞추는 것을 상징적인 자기 낮춤의 행위로 논한 유명한 저술이 있으니, 『성경』의 「아가서」에 대한 성 베르나르드 클레르보(St. Bernard de Clairvaux)의 주석서로 중세는 물론 현재까지도 가톨릭교회 신학자 및 설교자들 사이에서 널리 읽히고 인용되고 있다.[12] 「아가서」는 입맞춤에 대한 언급으로 시작되고 표면상으로는 연애시처럼 읽히지만 유대인에게도, 그리스도교인에게도 그 내용은 인간의 영혼과 신의 합일을 남녀 간 사랑에 비유해 노래한 것으로 해석되어왔다. 성 베르나르는 이것을 좀 더 세밀히 분석한 것이다.

흥미로운 것은 성 베르나르가 입맞춤에 세 단계, 즉 낮은 단계에서 점차 상승해 완성으로 향하는 단계가 있다고 설파하는 점인데, 그 첫 단계가 바로 주님의 발에 입 맞추는 행위다.

첫째로, 우리는 주님의 발 앞에 엎드려 우리를 만드신 그분 앞에서 울어야 합니다. 우리가 행한 모든 악을 슬퍼하며. 둘째로, 우리를 일으켜 세우시고 떨리는 무릎을 강건히 하실 그분의 손을 구해야 합니다. 마지막으로, 많은 기도와 눈물로 이러한 은총을 얻은 후에 우리는 감히 우리의 머리를 들어 영광스러운 그분의 입을 향하는 것입니다. 단순히 바라보기 위해서가 아니라, 두렵고 떨리지만 그분의 입맞춤을 받기 위해서. "주 그리스도는 우리 얼굴 앞에서 영이시라", 그리고 그분과 성스러운 입맞춤을 통해 그분의 영과 하나가 되는 것입니다.[13]

성 베르나르가 말한 첫 단계, 즉 주님의 발 앞에 엎드려 참회의 눈물을 흘리는 대목에서 그 눈물을 머리카락에 적셔 주님의 발을 닦아드린다면 우리가 바로 마리아 막달레나가 되는 것이 아닌가? 이 글에서 성 베르나르는 주님의 발과 손에 입 맞추라는 말을 하고 있지는 않다. 하지만 궁극적 목표가 주님의 입맞춤을 받고자 주님의 얼굴로 상승하는 것이므로, 그 전 단계는 먼저 주님의 발과 손에 입을 맞추는 과정으로 이해될 수 있었다고 본다. 이러한 상승 단계로서는 아니지만, 예수의 발과 손은 수난의 다섯 상처의 자리이기 때문에 그 발과 손의 상처를 묵상하고 경배하며 심상 속에서 입을 맞추는 것은 중세로부터 널리 퍼진 신앙 수련 행위였다. 조토가 그린 피렌체 산타크로체(Santa Croce) 교회의 「성 프란치스코의 죽음」(The Death of St. Francis)을 보면 애도하는 수도사들이 성 프란치스코의 발과 손에, 더 정확히는 예수의 오상(五傷)을 지닌 성인의 발과 손에 입 맞추고 있는 모습이 묘사되어 있다.

성 베르나르는 이처럼 신체의 비유로만 이야기하고 있지는 않다. 발에서 손으로, 그리고 주님의 얼굴로 이어지는 입맞춤의 상승은 우리의 영혼이 올라가야 하는 영적 상승의 세 단계이기도 하다.

영혼의 세 단계 혹은 전진은 경험해본 이들에게는 충분히 이해되고 알려져 있는 것으로 죄업의 용서, 선업을 통해 얻는 은총, 은혜를 주는 그분의 임재(臨在)입니다. 인간의 약한 육신에 가능한 방법으로 [주님을] 바라보게 되는 것입니다.[14]

「아가서」에서 표면상으로 읽히는, 육신을 가진 여인의 남성을 향한 사랑 노래는 일종의 메타포로 결국 육체의 감옥을 벗어나 날아올라가 상승해야 할 지향점인 '영혼의 사랑'을 가리킨다는 해석이다. 바로 이 점이 마리아 막달레나의 삶에서 보이는 가장 중요한 교훈이다. 그녀의 주님에 대한 사랑은 육신을 가진 여인이 역시 육신을 가진 주님께 행한 헌신, 자신의 눈물과 머리카락으로 그분의 발을 닦아드리는 헌신의 행위를 통해 표현되고 수행되었다. 하지만 이후의 단계를 거치면서 그녀의 사랑은 육체적 한계를 조금씩 벗어나게 되고, 그녀 또한 결국 육신의 한계를 벗어나 영적인 성스러움의 경지에 이르게 된다. 이제 다음 단계로 넘어가면 주님은 막달레나에게 육신의 매개를 통한 사랑을 넘어설 것을 권면한다.

2. "나에게 손을 대지 마라"

예수가 십자가에 못 박힐 때 그의 사도였던 베드로와 야코보는 그곳에서 도망갔지만 요한과 마리아 막달레나, 예수의 어머니는 끝까지 자리를 지켰다. 예수가 부활한 모습을 가장 먼저 목도한 이가 그의 어머니나 요한이 아닌, 마리아 막달레나였다는 것은 사실 놀랍다.

「요한복음서」에 이 이야기가 전한다.

> 마리아는 무덤 밖에 서서 울고 있었다. 그렇게 울면서 무덤 쪽으로 몸을 굽혀 들여다보니 하얀 옷을 입은 두 천사가 앉아 있었다. 한 천사는 예수님의 시신이 놓였던 자리 머리맡에, 다른 천사는 발치에 있었다. 그들이 마리아에게 "여인아, 왜 우느냐?" 하고 묻자, 마리아가 그들에게 대답했다. "누가 저의 주님을 꺼내 갔습니다. 어디에 모셨는지 모르겠습니다." 이렇게 말하고 나서 뒤로 돌아선 마리아는 예수님께서 서 계신 것을 보았다. 그러나 예수님이신 줄은 몰랐다. 예수님께서 마리아에게 "여인아, 왜 우느냐? 누구를 찾느냐?" 하고 물으셨다. 마리아는 그분을 정원지기로 생각하고 "선생님, 선생님께서 그분을 옮겨 가셨으면 어디에 모셨는지 저에게 말씀해주십시오. 제가 모셔 가겠습니다" 하고 말했다. 예수님께서 "마리아야!" 하고 부르셨다. 마리아는 돌아서서 히브리말로 "라뿌니!" 하고 불렀다. 이는 '스승님'이라는 뜻이다. 예수님께서 마리아에게 말씀하셨다. "내가 아직 아버지께 올라가지 않았으니 나를 더는 붙들지 마라. 내 형제들에게 가서, '나는 내 아버지이시며 너희의 아버지이신 분, 내 하느님이시며 너희의 하느님이신 분께 올라간다' 하고 전하여라." 마리아 막달레나는 제자들에게 가서 "제가 주님을 뵈었습니다" 하면서, 예수님께서 자기에게 하신 이 말씀을 전했다.[15]

마리아 막달레나가 아니라 다른 사도였다고 해도, 이 놀라운 희열의 순간 주님께 달려드는 제자에게 예수가 한 말이 "나에게 손을 대지 마라"였다는 점은 쉽게 이해가 되지 않는다. 너무나 차갑고 냉혹하게 들리는 것이다.

이러한 의문은 현대인만 느끼는 것은 아니었던 모양이다. 신비 체험으로 널리 알려진 중세 말 영국 여인 마저리 켐프(Margery Kempe, 1373년경–1438년 이후)는 주님의 사랑을 여성의 관점과 감정을 통해 체험했고 이를 상세히 기록해놓았는데 이 중 바로 이 대목, "나에게 손을 대지 마라"에 대한 그녀의 명상과 질문이 상당히 흥미롭다.[16]

내가 명상 중에 주님의 무덤에서 슬퍼하던 마리아 막달레나와 함께 있었을 때, 나는 주님께서 그녀 앞에 정원사의 모습으로 나타나시는 것을 듣고 보았습니다. 그분은 말씀하셨습니다. "여인이여, 왜 울고 있느냐?" 그가 누구인지 몰라본 막달레나는 주님에 대한 사랑으로 불타올라 물었습니다. "나리, 나리께서 그분의 시신을 치우셨다면 말해주십시오. 제가 그분의 시신을 수습하겠습니다." 그러자 자비로 우신 우리 주님께서는 그녀에 대한 연민에서 "마리아" 하고 그녀를 부르셨습니다. 그 말에 막달레나는 주님을 알아봤고, 그분의 발 앞으로 쓰러져 발에 입 맞추려 하며 "주님" 하고 불렀습니다. 이에 주님께서는 "나에게 손을 대지 마라"고 말씀하셨습니다. 그러자 마리아는 주님께 다음과 같이 말했다고 나는 생각했습니다. "아, 주님, 주님께서는 이제 저를 이전처럼 가까이하지 않으시렵니까?" 그녀는 무척 슬퍼 보였습니다. "마리아," 주님께서 말씀하셨습니다. "나는 결코 너를 버리지 않는다. 나는 영원히 너와 함께할 것이다." 그리고 이어 말씀하셨습니다. "나의 형제들과 베드로에게 가서 내가 부활했음을 알리거라." 막달레나는 기쁨으로 가득 차 떠났습니다. 만일 주님께서 막달레나에게 한 듯이 나에게 말했다면, 나는 결코 기뻐할 수 없었을 것입니다. 막달레나가 주님의 발에 입 맞추고자 함에 주님께서 "나에게 손을 대지 마라"고 말씀하신 것은 나에게는 무척 절망과 슬픔을 주는 말이라, 언제나 이 부분을 설교에서 들을 때마다 나는 울고 슬퍼하고, 주님에 대한 사랑과 주님과 함께하고 싶은 열망에 죽고 싶은 듯이 울부짖었습니다.[17]

이 놀라운 기적과 환희의 순간에 예수가 마리아 막달레나에게 한 말은 너무나 차갑고 매정하게 들려서 자신이 막달레나였다면 슬픔을 감당할 수 없었으리라는 것이다. 이 주제는 예수의 부활을 처음으로 목도한 순간이라는 중요성 때문인지 미술사에서 무수한 버전으로 그려졌는데, 언제나 그것을 볼 때마다 필자도 같은 생각을 해왔고 솔직히 그 진정한 의미를 이해하기 어려웠다.

같은 영국에서 비슷한 시기에 쓰인 『딕비 매리 막달렌』은 이 장면을 어떻게 묘사하고 있을까? 흥미롭게도 이 대목에서 마리아 막달레나는 이전에 자신이 향유로 예수의 발을 씻어준 일을 언급하며 다시 입 맞추어드리겠다고 말한다. 이를 금지하는 예수의 언명, "나에게 손을 대지 마라"는 몸을 매개로 자신에 대한 애정과 헌신을 표현했던 이전의 행동으로부터 이제는 몸을 매개로 하지 않는 영적 단계의 사랑으로 옮아가도록 권면하고 있는 듯이 보인다.

예수 여인이여, 어찌하여 한숨짓는가?
　　누구를 찾고 있느냐? 말해다오.
마리아 막달레나 아, 나리, 말씀해주십시오.
　　나리께서 저의 주 예수님의 시신을 치우셨다면.

저는 그분의 몸을 제가 수습하려고 합니다.

저에게 특별한 주님이셨고

저는 그분을 사랑했습니다.

예수 아! 마리아!

마리아 막달레나 아, 은혜로우신 주님, 제가 찾고 있던 분!

주님께 이 향유를 바르게 해주십시오.

주님께서는 오랫동안 제게서 숨겨져 있었으나

이제 제가 가슴으로부터 입맞춤을 드리겠습니다.

예수 나에게 손대지 마라, 마리아. 나는 아직

나의 아버지 성부께로 올라가지 않았으니.

형제들에게 가서

내가 아버지께로 올라갈 것이라고 전하라.[18]

『성경』에 나오는 너무나 간략하고, 그래서 더더욱 냉정하게만 들리는 예수의 언명이 이처럼 극화(劇化)된 대화의 맥락에서 보면 단순히 막달레나의 접근을 거부하는 것이 아니라 그녀의 영적 성장을 권면하는 것으로 쉽게 이해된다. 다음 대목에서 그녀는 전적으로 예수의 말에 순종하며 예수의 승천을 기대하는 기쁨을 토로하고 있다.

실제로 당시 교회에서도 이 대목에 이와 같은 메시지가 담겨 있다고 해석하고 가르쳤으리라 생각되는데, 마침 성 베르나르는 이 대목에 대해 상세한 주석을 남겼다. 그의 위상과 영향력으로 봤을 때 당대와 후대의 신학자 및 설교가들에게 널리 알려졌을 것으로 판단된다.

[예수께서는] 무척 부드러운 목소리로 [그녀의] 이름을 부르셨다.

"마리아, 너를 알고 있는 나를 알아보거라. 나는 너의 이름을 알고, 네가 누구인지 알고, 무엇을 원하는지 안다. 나를 보아라. 울지 말고, 네가 찾는 나를 보거라." 애정 어린 위로와 주님의 감미로운 소리가 들리자, 울고 있던 막달레나의 비통함이 멎었다. 막달레나는 애정 어린 목소리를 알아들었고 자신이 익숙해 있던 그 목소리의 부드러움을 느꼈다. 곧 고개를 숙이고 경배하는 자세로 막달레나는 주님께 인사 말을 건넸다. "선생님!" 그리고 다가서며 자신을 주님의 모습 앞에 낮추어 그의 발 앞에 엎드렸다. 그때 주님의 말씀을 들었다. "나에게 손을 대지 마라. 나는 아직 아버지께로 올라가지 못했다. 몸의 포옹으로 나에게 손대지 마라. [그리한다면] 너는 아직도 내가 죽음의 사슬을 벗어난 것을 믿지 못하는 것이다. 죽음은 죽은 자들이 있는 곳에서 찾거라. 그보다는 마음의 포옹으로 나에게 손을 대거라. 나의 부활에 대한 믿음을 더욱 굳건히 지니면서. [그리하지 못한다면] 너의 마음에서는 나는 아직도 아버지께로 올라가지 못한 것이며, 너는 내가 아버지와 같음을 믿지 않는 것이다." 이를 듣고서, 막달레나는 더 이상 의심하지 않고 주님을 믿었으며 그토록 원했던 주님의 목소리, 더더욱 갈망했던 주님의 얼굴을 보며 믿음을 얻었다.[19]

이에 의하면 "나에게 손을 대지 마라"고 한 예수의 영(令)은 "몸의 포옹으로 나에게 손을 대지 마라"는 뜻이며, 이제는 "마음의 포옹으로 나를 맞이하라"는 의미인 것이다. 마리아 막달레나가 예수의 몸에 손을 댄다면 그녀의 "마음에서는 나는[예수는] 아직도 아버지께로 올라가지 못"한 것이기 때문이며, 예수가 아버지께로 올라갈 것임을 믿는다면 마리아 막달레나는 이제 몸의 매개를 벗어난 사랑으로

〔그림 6〕 틸만 리멘슈나이더, 「나에게 손을 대지 마라」(Noli me tangere), 〔그림 2〕의 세부.

예수를 따라야 한다는 것이다. 진실로 아름다운 해석이라 아니할 수 없다.

이 장면은 그림으로 대단히 많이 그려졌다. 북유럽뿐 아니라 이탈리아에서도 독립된 장면으로 아름답게 묘사된 그림이 다수 발견되는데, 정작 마리아 막달레나의 일생담을 포괄하고 있는 독일 지역의 두 제단화 가운데 모저의 제단화에는 이 장면이 없다. 다만, 이 제단화에는 미술사에서 그 전례가 매우 드문 '프로방스로 항해하는 마리아 막달레나'가 등장한다. 이 장면과 그 후의 이야기는 『성경』에 나오지 않는 마리아 막달레나의 인생 후일담에 해당하므로 다음 장에서 더 자세히 다루겠다.

리멘슈나이더의 제단 조각은 이 인기 있는 주제를 빠뜨리지 않고 실었는데 왼쪽 날개 하단부에 부조로 나타난다(그림 6). 오른손으로 거부 내지 금지의 의사를 밝히고 있는 예수의 앞에 마리아 막달레나는 무릎을 꿇고 앉아 있다. 미술사에서는 전통적으로 이 순간의 마리아 막달레나를 이처럼 부활한 주님 앞에서 경배를 드리는 듯한 모습으로 흔히 그려왔다. 그녀 앞에 놓인 앨러배스터(설화석고) 향유 항아리는 마치 『딕비 매리 막달렌』 속 대사에서와 같이 그녀의 이전 사건, 즉 예수의 발에 향유를 발라주던 일을 다시 환기하고 있다. 한편 매정하게 들릴 수도 있는 예수의 명령 앞에서 마리아 막달레나의 결의에 찬 듯한 표정은 한 치의 흔들림도 없다. 전통적으로 마리아 막달레나가 이해되어오던 방식, 즉 그 순간 슬픔이나 서운함을 느낀 것이 아니라 오히려 예수의 뜻을 이해하고 부활을 알려야 하는 자신의 소명을 굳게 결의하는 모습으로 그려진 것이다. 이 작품뿐 아니라 유럽의 종교미술사를 통해 이 장면에 등장하는 마리아 막달레나는 늘 이런 모습이다. 조금 다른 버전이 있다면 바로 직전, 즉 예수를 발견하고 달려드는 순간에서 멈춘 그림들인데, 그런 경우에도 마리아 막달레나는 기쁨과 놀라움의 표정을 보이고는 있으나 슬픔과 서운함의 감정은 나타나지 않는다.

이러한 점에서 마저리 켐프의 솔직하고 인간적인 소회는 매우 예외적인 것이라 하겠다. 하지만 기실 보편적으로 이 사건에 대해 듣는 우리 누구나 느끼는 감정과 의문은 켐프의 질문과 같은 것이 아니었을까? 어쨌든 마리아 막달레나는 이 단계를 넘어 또 한 걸음 성스러움으로 나아간다.

3. 은자 마리아 막달레나

여기서부터는 예수의 승천 이후 마리아 막달레나의 삶에 대한 이야기다. 따라서 『성경』에는 근거하지 않고, 중세 때부터 성인전의 집대성으로 널리 읽힌 『황금 전설』(Legenda aurea)의 마리아 막달레나 전(傳)에 자세한 이야기가 나온다. 예수가 승천한 후 지상에 남겨진 성 마리아 막달레나와 그의 가속들은 유대인들로부터 박해를 받았다. 유대인은 이들을 키도 없는 배에 태워 수장시키고자 했으나 그 배는 무사히 바다를 건너 남프랑스 마르세유까지 항해하게 된다.

그때 예수의 72 제자 가운데 하나였던 성 막시미누스는 사도들과 함께 있었는데, 베드로가 마리아 막달레나를 그에게 맡겼다. 사도들이 떠난 후 성 막시미누스, 마리아 막달레나, 그의 형제 라자루스, 그의 자매 마르타, 맹인으로 태어났으나 주님께서 눈을 뜨게 해주신 성 체도니우스는 다른 그리스도교인들과 함께 키와 노가 없는 배에 태워져 바다로 버려졌다. 불신자들이 이들을 바다에 수장시키려 한 것이었다. 그러나 주님의 보살핌으로 무사히 이 배는 마르세유에 도착했고 아무도 이들을 받아주지 않아 그 지역 사람들의 신전 문 앞에 머물렀다.[20]

이 장면이 모저의 제단화에 그려져 있는데, 미술사에서는 정말로 찾아보기 힘든 희귀한 경우다(그림 7). 앞서 잠시 언급했던 카타르파 이단이라든가, 이후 온갖 음모 이론은 바로 이 사건, 즉 마리아 막달레나가 예루살렘을 탈출해 남프랑스에 상륙했다는 이야기를 시발점

〔그림 7〕 루카스 모저, 「프로방스로 항해하는 마리아 막달레나」, 〔그림 1〕의 세부.

으로 삼았다는 것만은 짚고 넘어가겠다.

　마르세유에 도착한 성 마리아 막달레나는 이 지역 사람들을 올바른 신앙의 길로 인도하는 활동을 하다 스스로 사막에 들어가 세속과 연을 끊고 신앙에 전념하는 수도 생활을 하게 된다.

　　그러던 중 막달레나는 명상을 하기에 알맞은 황야를 찾았고, 주님의 천사가 정해준 곳에서 다른 사람들을 일절 만나지 않고 30년을 기거했다. 그곳에는 물도 없고 나무도 없고 풀도 없었다. 이는 주님께서 막달레나로 하여금 지상적인 것이 아니라 천상적인 명상으로 충만토록 한 것이었다. 그리고 매일 8 성무 시간대에 그녀는 천사들에 의해 하늘로 들어 올려져 천상의 노래를 들었고 매우 감미로운 제물을 받아먹었다. 그러고 나서 천사들은 그녀를 원래의 자리로 돌려보냈다. 이처럼 그녀는 육신의 음식을 필요로 하지 않았다.[21]

　비옥한 남프랑스 땅에 황야 또는 사막이 있다는 설정 자체가 좀 황당하지만, 원래 아브라함이 하느님을 만난 곳이 사막이었기 때문에 이후 구약의 선지자들은 물론, 초기 교회의 교부들, 최후의 선지자 무함마드까지 신을 만나고자 할 때 사막으로 갔던 것이 아닌가? 마리아 막달레나도 그 길을 따르고 있는 것인데, 흥미로운 부분은 막달레나가 무엇을 먹고 연명했는가의 문제다. 원문에는 "감미로운 제물"(suavissima daps)이라고 나오며, 교회 전통에서 이는 축성된 성체로 이해되어왔다. 즉 막달레나는 하루에 여덟 번씩 천사들에 의해 하늘로 들어 올려져 축성된 성체를 받아먹었고 그것만으로 육신의 삶을 이어갈 수 있었다는, 사실상 성체 기적(host miracle)의 이야기인 것이다.

『덕비 매리 막달렌』에서는 이 부분이 그렇게 구체적으로 묘사되기보다 다소 문학적·비유적으로 표현되어 있다.

아, 지고하신 주님!
하늘과 땅에서 주님의 이름이 경배되옵니다!
어떻게 주님께서 저를 굶주림과 고통에서 벗어나게 하셨는지!
아, 영광된 주님, 당신께는 거짓도 오욕도 없나니!
주님을 섬기지 않는다면, 나는 비난받아 마땅합니다.
주께서는 나를 거대한 행복으로 온전히 채우시고
천사들의 노래로 내게 기쁨과 즐거움을 보이시고
별미의 음식으로 나를 충만케 하시니.[22]

이 대사를 통해 마리아 막달레나는 자신이 인간의 음식으로써가 아니라 "별미의 음식", 즉 영적 사랑의 희열과 천사들이 주는 천상의 식량으로 충만해진다고 말하고 있다.

바로 이 모티프, 즉 마리아 막달레나가 천사들에게 들어 올려져 하늘에서 성체를 받아먹는 모습은 『덕비 매리 막달렌』 같은 문학보다 미술에서 더 강렬하고 감동적으로 묘사되었으며, 모저와 리멘슈나이더 모두 이 주제를 제단화 중앙에 조각으로 만들어 안치했다. 다만 모저는 화가였기 때문에 중앙의 조각상은 다른 조각가에게 의뢰되었다. 미술사에서 아름다움과 완성도 면에서 각광받고 있는 조각품은 리멘슈나이더의 작품이므로 이것을 살펴보려 한다. 다만 뮈너슈타트 제단 조각품의 중앙을 보여주는 고화질의 사

〔그림 8〕 틸만 리멘슈나이더, 「하늘로 날아오르는 마리아 막달레나」(바이에른 국립박물관, 뮌헨, 1490−1492년).

진을 구하기가 힘든데, 운 좋게도 리멘슈나이더가 거의 동일하게 만든 또 다른 작품이 독일 뮌헨의 바이에른 국립박물관(Bayerisches Nationalmuseum)에 보관되어 있어 그것을 대신 사용하겠다(그림 8). 천사들이 마리아 막달레나를 둘러싸 들어 올리는 장면으로, 그녀의 몸을 감싸고 있는 것은 길게 자란 머리카락이다. 제단화의 중앙에 안치한 조각이므로 이콘적 기능, 즉 성인이 관람자들을 마주하게 하고자 이처럼 하늘로 떠오르는 순간을 정지시켜 묘사한 것이다. 이제 곧 축성된 성체를 들고 날아오는 천사가 그녀의 입에 성체를 넣어줄 것이다.

이렇게 여생을 보낸 마리아 막달레나의 최후는 다음과 같이 기술되어 있다.

> 모든 성직자와 신부들이 모인 자리에서 막달레나는 주교의 손을 통해 우리 주님의 몸과 피[축성된 빵과 포도주]를 받으며 흐느껴 울었고, 그리고 그녀가 제단 앞으로 엎드리자 그녀의 축복받은 영혼이 몸을 떠나 주님께로 갔다. 영혼이 떠나간 그녀의 남은 몸에서는 감미로운 향이 배어 나왔는데 그 향은 7일간 이 장소를 가득 채웠다.[23]

마지막 순간이 다가오자 마리아 막달레나는 사제로부터 성체와 성혈을 받고 숨을 거두었다. 이 장면은 리멘슈나이더의 제단화 오른쪽 날개 상하에 부조로 새겨졌고, 모저의 패널에도 오른쪽에 나타난다.

결론

    필자가 선택한 세 장면, 즉 예수의 발을 씻어주는 마리아 막달레나, "나에게 손을 대지 마라", 은자 마리아 막달레나는 하나의 방향성을 보여준다. 그것은 인간의 영혼이 주님에 대한 사랑으로 다가가는 길을 은유하는데, 즉 인간의 육신적 존재를 매개로 한 사랑과 동경에서 시작해, 더는 물질적 존재의 매개를 통해서 주님을 접할 수 없는 경계선에 이르고, 궁극적으로는 스스로 자신의 육신을 해체시키고 벗어나 순수한 영의 세계에 도달하는 과정인 것이다. 세 번째 단계에 이르면 마리아 막달레나는 속세와 관계를 끊고 사막으로 들어가 은거하게 되지만, 그것이 다가 아니다. 그녀의 머리카락이 길게 자라나 온몸을 덮어버렸다는 것은 육체가 소멸되어간다는, 육신을 가진 여인의 존재를 초월하게 된다는 하나의 은유다. 또 하나의 미심장한 부분은 그녀의 양식(糧食)이다. 사회적 관계를 끊고, 육신이 가려지는 혹은 지워지는 단계를 넘어서 천사들에 의해 하늘로 들어올려져 영성체를 받는 것만으로도 충만해 연명하게 되는 것이다. 상식적으로 피가 흐르는 육신을 가진 인간이라면 이렇게 살아갈 수 없다. 이 단계에 이르면 진정한 육신의 부정과 육체적 한계의 초월에 도달하는 것이다.[24]

    이 글에서 필자가 다룬 세 장면은 독립적으로도 흔히 그려졌지만, 사실 이렇게 연속적인 일생담으로 봐야 비로소 그 영적 상승의 단계를 이해할 수 있다. 이는 아우구스티누스가 설파한 명상의 세 단계, 즉 물질적 형상인 이콘을 보고 명상하는 단계에서 시작해 마음속으로 상상하는 단계를 거쳐, 결국 마음속 심상까지 버리고 진정한 영성과 사랑의 충만으로 나아가는 '무심상의 명상'(imageless contemplation) 단계로 가는 상승 과정과도 같다.[25] 이러한 세 단계에 걸친 영성의 상승이 마리아 막달레나의 일생담을 통해 그려졌다는 점에서 티펜브론과 뮈너슈타트의 제단 작품들은 매우 의미심장한 미술사 자료라고 할 것이다. 다만 모저가 제작한 티펜브론의 제단화에는 "나에게 손을 대지 마라"가 포함되어 있지 않고, 그 대신 유례를 찾기 힘든 '프로방스로 항해하는 마리아 막달레나'가 그려져 있다. 예수 승천 이후 그녀의 삶이 더 비중 있게 묘사되어 있다는 점에서 더욱 연구해볼 만한 주제라고 하겠다.[26]

제3부

사랑과
중세 역사

샤를 6세의 '사랑의 궁정'

홍용진 원광대학교 사학과 교수

1. 1400년 파리

1400년 봄. 새로운 한 세기를 눈앞에 둔 시점에 파리 사람들은 무엇을 꿈꾸었을까? 이들이 느끼는 감정은 1세기 전인 1300년 파리 사람들의 그것과는 사뭇 다를 수밖에 없었다. 1300년이라는 해가 풍요와 번영의 시대인 13세기를 마감했던 것과 달리, 1400년은 그동안 전대미문의 대격변과 위기들을 쓰라리게 맛본 시기였기 때문이다. 불안정한 왕위 계승을 둘러싼 프랑스 왕실의 정치 투쟁, 아비뇽 유수와 교황권의 분열, 일기불순에 따른 대흉작과 기근 사태, 상황이 조금 나아지려 할 때 불어닥친 흑사병의 물결, 장기간에 걸친 잉글랜드와의 전쟁으로 인한 토지 유린과 이에 따른 무거운 과세, 에티엔 마르셀(Étienne Marcel)의 봉기(1357년)와 자크리(Jacquerie)의 봉기(1358년)로 대변되는 기성 귀족 지배에 대한 격렬한 저항과 좌절, 떼를 지어 다니며 약탈을 하는 비적(匪賊)의 출몰, 그리고 1392년 발발한 샤를 6세(Charles VI, 1380–1422년 재위)의 광기 등등. 중세 몇 백 년 동안 벌어지기 힘든 일들이 100년도 안 되는 사이 급작스럽게 터져 나왔고 이후 전개될 15세기를 우울한 색으로 칠하기 시작했다. 특히 샤를 6세의 통치 능력 불구와 더불어 프랑스 왕궁 내부에서는 귀족 파벌들이 형성되어 정치적 긴장감을 고조하고 있었고, 대외적 으로는 안정을 회복한 잉글랜드가 또다시 전쟁을 걸어올지 모르는 상황이었다.

이상과 같은 다양한 위기로 점철됐던 14세기에 새롭게 등장한 것 가운데 하나가 바로 국가체제(state system)다. 그것은 국가전쟁과 국 가조세라는 두 가지 동력원을 바탕으로 이를 영구적으로 지속하기 위한 행정 및 사법체제를 급격히 확장해나갔다. 지방분권적이던 봉 건사회는 결정적으로 소멸되어가고 전국적인 인적·물적 자원들을 집적시키는 국왕 중심의 중앙권력이 지방 제후들을 압도해갔다. 바 로 이러한 때 이 모든 정치·경제·사회적 힘은 국가의 머리(caput)라 할 수 있는 수도 파리에 집중되기 시작했다. 백년전쟁 첫 단계를 무 사히 수습했던 현명왕 샤를 5세(Charles V le Sage, 1364–1380년 재 위)의 통치 기간은 사실 이러한 국가체제가 본격적인 궤도에 오른 시 기였다. 불과 반세기 전만 해도 예외 상황으로 여겼던 전국적 규모의 전쟁과 조세는 그의 치세 동안 당연한 것으로 정당화되었다.

이는 1380년 그가 사망했을 당시 평화를 되찾은 프랑스 왕국에 국왕이 잘 관리하고 유지해야 할 막대한 인적·물적 잉여자원들이 수도 파리에 축적되는 상황을 초래했다. 하지만 1392년 선대왕이 물 려준 왕의 업무 부담을 견디지 못한 샤를 6세는 광기에 휩싸여갔 다. 이와 더불어 국왕을 중심으로 잘 조정되어야 하는 정치적 관계들에 금이 가기 시작했는데, 특히 주인 없는 어물전이 되어버린 국가 재정의 수혜를 둘러싸고 부르고뉴파(Bourguignons)와 아르마냐크파(Armagnacs)라는 두 개의 귀족 파벌이 형성되었다.

당시 귀족들은 영지 수입을 바탕으로 지방에서 준독립적인 자율성을 누리던 봉건사회의 귀족들과 판이했다. 귀족들 간 경쟁 관계 속에서 기존 영지 수입은 이들의 지출을 감당하지 못했고 이들은 은행 대부는 물론, 국왕이 수여하는 각종 연금과 보상금을 주요 수입원으로 삼았다. 국왕의 재정은 국왕 개인 재산이 아니었으며, 바로 전국적 차원에서 조세로 거둬들인 국가재정이었다. 이러한 연금과 보상금을 정당하게 획득하는 방법은 무공(武功)이었기에 전쟁이 만성화된 14세기 말~15세기 초에 전쟁은 귀족들의 생계유지와 사회적 출세, 정치력 확대를 위한 다목적 사업이기도 했다. 귀족들은 이러한 사업을 따내고 여기서 한몫을 잡고자 왕실 혈연 대귀족부터 말단 귀족에 이르는 후견–피후견 관계, 이른바 '사생아 봉건제'(bastard feudality)로 재편되었다. 귀족은 더 이상 지방분권적 세력이 아니었다. 이들은 좋든 싫든 중앙권력과 연결고리를 유지해야 하는 국가종속적 세력이 되어갔다.

이러한 상황에서 수도 파리는 왕국은 물론, 서유럽 전체의 다양한 인적자원이 모여드는 곳으로 이름을 떨쳤다. 지방에서 떵떵거리던 귀족도 이제는 파리 왕궁을 들락거리며 자신의 정치력을 중앙무대에서 키워나가기 시작했고, 막대한 국가재정의 돈 냄새를 맡은 상인들이 파리 거리 여기저기를 누비며 다녔다. 파리 대학은 여전히 무시할 수 없는 학문의 중심지라 수많은 유학생으로 넘쳐났다. 마지막으로 왕실과 귀족, 고위 성직자, 대부르주아에게 다양한 물품을 조달

해주기 위해 금은 세공사, 장신구 제작업자, 무기 및 갑옷 제작업자, 서적상 같은 다양한 직종의 장인들이 화려한 물품을 생산하고 있었다. 1348~1350년 흑사병 이후 왕국 인구는 절반 이하로 줄었음에도 파리 인구는 두 배 가까이 증가해 20만 명에 달했다.[1] 즉 도시 규모 및 인구 면에서 이탈리아 베네치아와 쌍벽을 이룬 중세 말 파리는 북유럽에서 정치, 경제, 문화 분야의 가장 중요한 중심지 역할을 했다. 이러한 곳에서 왕궁을 중심으로 귀족들 사이에 끝없는 문화적 '구별 짓기'(distinction)가 이루어지기 시작했고 이는 '궁정문화'의 발달로 이어졌다.

이렇듯 1400년 파리에는 화려함과 풍요가 넘쳐났다. 하지만 그 아래에는 정치적 분열과 외침(外侵) 위협은 물론, 국가적 착취로 쌓인 지배층에 대한 농민과 부르주아의 불만, 자신의 지위를 유지하고자 몸부림치는 귀족의 불안감이 어두운 그림자를 드리우며 팽배해 있었다. 당대 파리가 보여주던 도시의 화려한 우울함 속에서 귀족과 관료들은 한편으로는 전시의 폭력적 성향에 물들어 있으면서도 다른 한편으로는 문화적으로 점차 세련되어지고 '고급'문화 소비자가 되어갔다. 바로 이때 '사랑의 궁정'(Cour amoureuse)이라는 독특한 회합이 조직되었다.

2. '사랑의 궁정'

'사랑의 궁정'은 1400년 2월 14일 사랑하는 연인들의 날인 성 발렌티누스의 축일(성 밸런타인데이)에 부르고뉴 공작의 파리 시내 저택 오텔 다르투아(Hôtel d'Artois)에서 첫 모임을 가졌다.[2] 이 회합은 "역병이 돌고 있는 동안[3] 모든 귀부인 및 규수와 함께 우아하게 시간을 보내고자" 왕의 숙부인 부르고뉴 공작 필리프 2세(Philippe II le Hardi, 1342~1404년)와 왕실 친척인 부르봉 공작 루이 2세(Louis II, 1337~1410년)가 발의하고 국왕 샤를 6세가 (정상적인 정신으로 돌아왔을 때) 인가해 조직되었다. 여러 가지 불길한 암운이 예상되긴 했지만 부르고뉴 공작 필리프 2세는 왕실의 수장으로서 조카인 국왕 샤를 6세가 정신병을 앓는 어려운 상황에서도 뛰어난 정치력으로 정치적 안정을 이루어낼 수 있었다. 그가 발의한 '사랑의 궁정'은 바로 이러한 그의 국정운영 능력을 대변하는 상징적 가치를 지녔다.

다른 한편으로 이 회합은 여성들을 위해 조직되었다고 하지만 실상 어디까지나 귀부인들의 환심을 얻으려는 기사도 문학 활동의 연장선상에 위치하며, 동시에 당시 활발하게 조직되고 있던 여러 문학 동아리(Puy)의 활력을 바탕으로 하고 있었다.[4] 14세기 후반 이탈리아 북부에서 비롯된 인문주의가 휴전기를 맞이한 프랑스에도 스며들어 성직자와 귀족, 왕실 관료, 대부르주아들이 시와 수사, 연설 등을 통해 자신들의 지적 우월함을 뽐내기 시작했다. 하지만 이탈리아와 달리 봉건사회에 대한 향수가 강하게 남아 있던 북프랑스에서 이러한 인문주의적 영향은 기사도와 궁정식 사랑이라는 기존 주제를 쇄신하는 방향으로 나아갔다.

이 회합에 참가한 사람들의 명단이 기록된 수서본에는 무려 952명의 이름이 등장한다.[5] 이들은 여성에 대한 사랑, 사랑하는 여성에게 취할 수 있는 명예로운 태도와 마음가짐 등을 주제로 다양한 시와 노래(발라드, 비를레, 론도 등), 연설들을 창작하고 낭송했다. 특정 주제를 두고 다양한 문예토론이 이루어지기도 했으며 회합 때마다 가장 뛰어난 시나 연설, 토론을 선보인 자에게 '사랑의 군주'(Prince d'amour)라는 명칭을 수여하기도 했다. 비록 대귀족들이 주도해 결성했다고는 하지만 신분이 이 회합에 참가 가능 여부를 결정하는 요소는 아니었다. 그보다는 인문주의적 문예 창작 및 감상 능력이 이 '사랑의 궁정'에 발을 들여놓을 수 있는 자격 조건이 되었다.

따라서 이 명단에서 13세기 말부터 14세기 초까지 활동했던 프랑스의 수많은 문인 또는 그 가족의 이름을 찾기란 그리 어려운 일이 아니다. 당대 유명한 작가였던 외스타슈 데샹(Eustache Deschamps, 1346–1406년)과 외스타슈 메르카데(Eustache Mercadé, 미상–1440년)는 물론 『발라드 100편의 서』(*Livres des Cent Ballades*, 1389년)로 대표되는, 시문에 뛰어난 젊은 귀족, 예를 들어 장 드 베르솅(Jean de Werchin), 장 르 멩그르 2세(Jean Le Meingre II), 프랑수아 도베르쉬쿠르(François d'Auberchicourt), 장 드 샹브리약(Jean de Chambrillac) 등이 이름을 올렸다. 나아가 이 당시 이탈리아 인문주의의 영향을 처음으로 체득했던 프랑스 초기 '인문주의자'의 이름들, 즉 기욤 드 티뇽빌(Guillaume de Tignonville), 장 뒤 카스텔(Jean du Castel), 공티에 콜(Gontier Col)과 피에르 콜(Pierre Col) 형제, 그리고 장 드 몽트뢰유(Jean de Montreuil) 등을 발견할 수 있다. 이 중 장 드 카스텔은 열일곱 살밖에 되지 않은 소년임에도 불구하고 이 회합에 이름을 올리고 있는데, 이는 바로 그의 어머니 크리스틴 드 피장(Christine de Pizan, 1364–1430년)의 명성 때문이었다.

'사랑의 궁정'에 참가한 952명의 명단에서 여성의 이름은 단 하나도 발견되지 않았지만 여성들이 이 회합에서 배제되었던 것으로 보이지는 않는다. 주제가 여성에 대한 사랑이니 말이다. 그리고 여러 귀부인과 규수들이 사랑을 주제로 한 연설이나 시를 들으려고 이 회합에 참석했던 것으로 보인다. 그럼에도 여성의 이름이 명단에서 누락된 것은 기사도 정신과 궁정식 사랑을 주제로 한 시작의 주체가 어디까지나 남성에게 국한되는 것이 당시 분위기에서는 당연해 보였기 때문이 아닐까?

어쨌든 이 회합이 내세우는 여성과 사랑을 위한다는 명분은 분명 순수하게 여성을 위한 것이 아니라, 그러한 여성을 노래하는 남성에 초점이 맞춰져 있었다. 이러한 모임에서 크리스틴 드 피장의 활약은 눈에 띄는 것이 아닐 수 없었다. 1387년 그녀는 스물셋 나이에 부친 토마 드 피장(Thomas de Pizan)과 남편 에티엔 드 카스텔(Étienne de Castel)을 모두 잃은 후 가족과 가산을 지키고자 고군분투했다. 하지만 그녀는 1390년대부터 지적인 작업에 몰두하기 시작했고 1399년부터 1429년까지 시와 전기, 도덕적 우화, 정치적 문제의 책 등 다양한 주제 및 형식의 글들을 집필했다. 이러한 문인으로서 활동은 그녀를 왕비 이자보(Isabeau)의 중요한 측근이 되게끔 했다. 그러나 당대의 시대적 배경에서 그녀가 더 특별한 이유는 대부분 수동적 청취자의 지위에 국한되던 여성의 역할을 넘어 좀 더 적극적으로 남성 문인들과 토론하고 자신의 작품을 집필했기 때문이다.

사실 '사랑의 궁정'은 그리 오래 지속되지 못했다. 1420년대 들어 아르마냐크파와 부르고뉴파 간 내전과 왕의 광증이 깊어가는 가운데 헨리 5세(Henry V)가 이끄는 잉글랜드군이 파리를 비롯한 북프랑스를 장악했기 때문이다. 그럼에도 이 회합은 1407년 왕제 오를레앙 공작 루이의 암살로 본격화된 내전[6]과 1415년 아쟁쿠르(Agincourt)

왕비 이자보에게 책을 헌정하는 크리스틴 드 피장(영국국립도서관, Harley 4431, f. 3. 1410–
1414년경).

전투에서의 대패[7]에도 불구하고 생각보다 오래 지속되었던 것으로
보인다. 그렇다면 10년이 조금 넘는 기간에 이 '사랑의 궁정'에서는
과연 어떠한 노래와 시, 연설들이 행해졌을까? 또 어떠한 토론들을
했을까? 아쉽게도 이에 대해 소상히 알려주는 자료가 거의 없는 실
정이다. 이 회합에 참가했던 이들이 후대에 지은 많은 시와 노래, 연
설이 '사랑의 궁정'에서 먼저 발표되었던 것들일까? 어떤 것도 확실하
지 않은 가운데 '사랑의 궁정'을 떠들썩하게 했던 한 사건이 현재까
지 전해져 내려오고 있다.

　그것은 바로 인문주의자 장 드 몽트뢰유가 찬사를 바친 100년 이
전의 작품인 장 드 묑(Jean de Meung, 1240–1305년경)의 『장미 이야
기』(*Le Roman de la rose*, 1270–1280년)를 크리스틴 드 피장이 비판하면

서 시작된 대논쟁이었다.

3. 『장미 이야기』 논쟁

크리스틴 드 피장의 문제 제기로 시작된 '『장미 이야기』 논쟁'은 1401년부터 1403년까지 2년 동안이나 지속되었다. 그녀의 도발을 촉발한 장 드 몽트뢰유의 찬사는 현재 남아 있지 않지만 논쟁의 내용을 담은 서신들이 지금까지 전해져 논쟁의 과정과 내용을 비교적 소상히 알 수 있다. 논쟁은 크게 두 단계로 나뉜다. 첫 번째 단계는 1401년 5월부터 1402년 2월까지 장 드 묑의 작품을 높이 평가하는 인문주의자 장 드 몽트뢰유, 공티에 콜, 피에르 콜 형제와 크리스틴 드 피장 사이에 벌어졌다. 두 번째 단계는 1402년 5월 당대 최고 신학자인 장 제르송(Jean Gerson, 1363-1429년)이 새롭게 가담해 『장미 이야기』를 비판하고 인문주의자들을 논박하면서 좀 더 확대되었다. 이 모든 참가자 가운데 장 제르송은 '사랑의 궁정' 회원이 아니었는데, 그의 논쟁 참여는 '사랑의 궁정'에서 벌어진 각종 화두들이 당대의 전통적 지식인인 신학자들에게까지 깊은 영향을 미치고 있었다는 점을 보여준다.

그렇다면 과연 이 논쟁의 구체적인 내용은 어떠했을까? 잘 알려져 있다시피 『장미 이야기』는 1230~1235년 시인 기욤 드 로리스(Guillaume de Lorris, 1200-1238년)가 사랑을 주제로 쓴 알레고리 형식의 시에 1275~1280년 장 드 묑이 자기 나름대로 창작한 시를 덧붙인 작품이다. 따라서 등장인물들과 제목은 같지만 두 시인이 제시하는 주제와 내용은 전혀 다른 성격을 지니고 있다. 먼저 기욤 드 로리스의 작품은 사랑을 찾아 헤매는 주인공을 중심으로 한 궁정식 사랑의 모티프를 알레고리 형식으로 표현했다. 궁정식 사랑과 관련한 전통적인 내용과 마찬가지로 주인공은 사랑 획득에 실패하고 유예되어 사랑은 끝없는 욕망의 대상으로 남는다.

반면, 40여 년 후 장 드 묑이 뒤이어 덧붙인 두 번째 작품은 궁정식 사랑의 전통적 유형뿐 아니라 남녀관계에 대한 기독교적 가르침으로부터도 크게 벗어나 인간의 사랑이 지닌 자연적인 모습 자체에 강한 긍정성을 부여한다. 즉 장 드 묑의 작품은 도덕적이거나 규범적인 사랑의 규칙을 비웃으며 남녀 간 육체적 성관계를 자연스러운(자연적인, 당연한) 것으로 높이 평가한다. 그에 따르면 인간은 신의 이미지대로 창조되었으며 남녀가 맺는 육체적 성관계는 자연의 이성적 규칙에 전혀 반대되지 않는다. 이렇게 해서 금욕을 원죄의 흔적으로, 또 정신적 도야의 걸림돌로 바라보는 아우구스티누스(Augustinus)적 세계관은 전도된다. 이는 세속적인 정치공동체가 기독교적 섭리에 따른 역사의 필요악이 아니라 아리스토텔레스의 정치윤리에 따라 자연스러운(자연적인, 당연한) 것으로 인정되었던 바와 마찬가지의 논리를 보여준다. 인간의 세속적 욕망과 활동은 교회의 교의 이전에 등장한 것으로 그 자체로 정당성을 지닌다.[8] 그리고 장 드 묑은 원죄라는 개념과 구원의 역사에 입각한 사회조직, 성직자와 세속인 사이의 위계 관계를 신랄하게 비판한다. 이렇게 해서 하나의 작품으로서 『장미 이야기』는 궁정식 사랑의 수사(기욤 드 로리스)와 그 이면에 담긴 욕망(장 드 묑)을 보여주었는데,[9] 후자의 작품은 전자에 대해 비판적이면서도 풍자적인 주해와 같은 의미를 지닌다.

이와 같은 풍자 외에도 당대 우주론과 철학, 자연사에 대한 지식이 총동원된 장 드 묑의 작품은 14세기 내내 큰 인기를 끌었다. 특히 아비뇽 유수와 교회대분열로 실망스러운 모습만 보이는 교회에 비판적이던 지식인들은 인문주의를 수용하면서도 그의 작품에 열렬히 환호했다. 그것은 또한 성직자와 교회 권위의 언어인 라틴어에서 벗어나 세속어인 프랑스어로 세련된 문학작품을 지을 수 있다는 자부심과도 연결되었다. 하지만 르네상스 인문주의의 핵심이 과거에 대한 비판적 시선의 고양에 있었던 만큼, 이러한 무조건적 찬사는 또 다른 차원의 비판적 시선을 피해갈 수 없었다. 주로 남성 독자 사이에서 소비된 장 드 묑의 작품은 이제 크리스틴 드 피장 같은 여성 독자의 시선에서 여성에 대한 편견과 혐오로 가득 찬 부도덕한 문구들의 종합판으로 격하된다. 장 드 묑은 당대에 이상화된 궁정식 사랑의 모습들을 비꼬고 풍자하는 과정에서 감정의 작용인 사랑과 그 대상인 여성을 구분하고 있지 않기 때문이다. 즉 이상화된 궁정식 사랑에 대한 공격은 여성을 향한 공격이 되고 육체적 사랑의 획득은 여성을 대상으로 한 폭력으로 제시되고 있다.

사실 이러한 장 드 묑의 입장은 그 자신만의 문제가 아니라 중세 문학의 생산과 소비의 구조적 관계에서 기인한다. 궁정식 사랑의 수사 또는 그 이면의 욕망에 있어서 사랑을 느끼고 말하고 받아들이는 사람은 모두 남성이며, 따라서 이때 사랑이란 남녀 간 상호적 관계가 아니라 남성의 일방적 자기 연민이거나 폭력적 욕망의 발현이 될 뿐이다. 일방적 자기 연민에서 사랑과 여성은 붙잡을 수 없는 것으로 대상화되며, 폭력적 욕망의 발현에서도 사랑과 여성은 간단하게 꺾어버리면 되는 것으로 대상화된다. 다른 한편, 이 작품은 박식한 라틴어 사용자가 아니라 좀 더 대중적인 세속어 사용자들을 겨냥해 작성된 것인 만큼 노골적인 풍자와 말장난, 야유 등이 생생하게 포함되었다. 이는 당연히 표현의 도덕성과 품위를 저해하는 역할을 했고, 이는 특히 여성이나 교회와 관련될 때 더 '효과적인' 모습을 보였다.

인문주의자들이 장 드 묑을 격찬할 때 특히 높이 평가한 부분은 기욤 드 로리스의 전통적 세계관을 박학한 철학적 지식들을 동원해 교묘하게 비틀고 풍자하는 시작 기법을 사용하고 있다는 점, 당대의 성속 위계 관계를 사랑이라는 주제로 슬며시 비판하고 있다는 점, 그리고 좀 더 대중적인 수용력을 지닌 프랑스어를 재치 있게 사용하고 있다는 점 등이었다. 하지만 크리스틴 드 피장이 볼 때 장 드 묑의 『장미 이야기』는 기존 도덕적 가치들을 저속한 언어로 폄하하고 있으며, 특히 아무런 근거 없이 여성을 비하하고 여성에 대한 혐오적인 발언들을 내뱉고 있을 뿐이었다. 그녀가 볼 때 『장미 이야기』에서는 어떠한 문학적 가치도 찾을 수 없고, 오히려 순진무구한 독자들을 쉽사리 악덕으로 인도할 위험성을 지니고 있었다. 이렇게 그녀는 당대 남성 중심주의적 또는 남성 우월적 편견에 맞서 여성의 존재와 활동들을 옹호하고 방어했다.

그렇다면 그녀가 여성에게 부여하고 있는 긍정적 가치는 무엇일까? 그것은 당연히 오늘날 여성주의자들이 말하는 현대적 가치들은 아니다. 오히려 당대에 널리 받아들여지고 있었고 기독교 가르침에 충실한 도덕들, 예를 들어 이성, 공정, 정의와 같은 가치였다.[10] 즉 비판적으로 보면 그녀 또한 남성, 특히 여성 혐오의 대표 격인 교회가 주조해낸 도덕적 가치들을 내세우면서 여성을 옹호하는 역설적인 모습을 보인다고 할 수 있다. 하지만 이러한 비판은 구래의 것들을 타파하고 새로운 가치를 창조할 수 있다고 생각하는 근대 이후에나 허용될 수 있을 것이다. 미래에 대한 청사진이 터부시되고 과거의 권위를 따라야 한다고 생각하던 시대에 크리스틴 드 피장의 태도는 매우 당연한 것이라고 할 수 있다. 그리고 여기에서 우리는 남성만이 온전히 지킬 수 있다고 하는 도덕들을 여성이 전유하는 전략을 발견할 수도 있을 것이다. 크리스틴 드 피장이 1401년 6~7월 무렵 장 드 몽트뢰유에게 보낸 프랑스어 편지를 읽어보자.[11]

그[장 드 묑]는 과연 어떤 긍정적 목표를 가지고 있을까요? 그가 말한 것에서 어떤 좋은 것을 예상할 수 있을까요? 저에게는 선과 평화를 이루지 못하도록 방해하는 것 외에는 어떤 것도 보이지 않습니다. 만약 남편들이 이런 말에 일말의 신뢰라도 주게 된다면 이 쓰레기 같은 횡설수설을 들은 남편들은 아내를 의심하거나 사랑하지 않게 될 것입니다. 신이시여, 무슨 권고가 이렇습니까! 퍽이나 유용하겠네요! 하지만 사실 그가 모든 여성을 일반화해 비난하고 있기 때문에 나 또한 마찬가지 이유에서 그가 명예롭거나 고결한 여성과는 어떠한 면식 또는 인간관계도 맺어본 적이 없었다고 믿을 수밖에 없습니다. 그보다 그는 음탕한 남성이 보통 그러하듯, 사악한 태도를 지녔다고 생각되는 방탕한 여성들하고나 많이 어울려 다녔을 것입니다. 그러고서는 다른 사람들에 대해서는 아무것도 모르면서 모든 여성이 이러한 태도를 지녔다고 아는 척을 합니다. 만약 그가 외설적인 여성만을 나무라면서 이들을 멀리하라고 사람들에게 조언했다면 매우 훌륭하고 정당한 가르침일 것입니다.

하지만 아닙니다! 그러기는커녕 그는 모든 여성을 예외 없이 고발하고 있습니다. 만약 작가가 이성의 범위를 훨씬 넘어서 여성들을 고발하고 그릇되게 판단하고 있다면 책임은 여성들이 아니라, 그 반대가 너무도 명확한 만큼, 사실과 너무 멀어 믿을 수 없는 거짓말을 지껄이는 자가 져야 합니다. 그와 그의 동료들이 이것이 사실이라고 경건하게 맹세한다 해도 저는 더 가치 있고 더 명예로우며 좀 더 잘 교육받았고, 심지어 더 잘 배운 여성들이 과거나 현재에도 또 미래에도 많이 있다고 선언하는 바입니다. 이들, 특히 행실과 덕목 면에서 훌륭하게 교육받은 여성들로부터는 그가 해낸 것보다 더 위대한 덕목들이 세상에 나타났습니다. (…) 성경이나 다른 옛날의 역사를 보면 사라, 레베카, 에스터, 유디트 등과 같은 수많은 사례를 발견할 수 있습니다. 오늘날에도 프랑스 왕국과 다른 곳에서 이토록 훌륭한 수많은 여성을 찾아볼 수 있습니다. 무척이나 신실한 잔 대비마마, 블랑슈 대비마마, 프랑스 공주이신 오를레앙 공작부인, 이제는 시칠리아 왕비마마가 된 앙주 공작부인 등 이들 모두가 뛰어난 아름다움과 정숙함, 품위와 지혜를 지니신 분들입니다. (…)

그렇지만 나리, 제가 앞서 언급한 타당한 이유들을 나열하고 있다거나 이것들이 편향된 이유에 입각해 있다고 생각지는 마시기 바랍니다. 왜냐하면 저는 여성이기 때문입니다. 실제로 저는 순수한 사실을 변호하는 것 외에는 다른 동기가 없습니다. (…) 하지만 제가 여성인 한에서, 아무런 경험도 없으면서 추정이나 닥치는 대로의 방식으로 말하는 자보다는 제가 더 이러한 이들을 입증하는 데 적절하기 때문입니다. (…)

분명 제가 『장미 이야기』의 모든 부분을 비난하는 것은 아닙니다.

만족스럽게 표현된 좋은 점들도 있으니까요. 그렇지만 그만큼 위험성은 더 큽니다. 이 작품이 정당한 장점들을 지니고 있을수록 여기에 있는 악덕을 더 많이 믿을 수 있기 때문입니다. 이러한 식으로 섬세한 많은 사상가가 때때로 큰 오류를 저지릅니다. (…) [작중 인물인] 제니위스(Genius)가 "도망쳐, 여자들로부터 도망치라고! 여자들은 풀숲에 숨어 있는 사악한 뱀이야!"라고 말한 것처럼 저는 "도망쳐, 악덕으로부터 도망치라고! 악덕은 선과 덕의 그림자 밑에 숨어 있단 말이야!"라고 말할 수 있습니다.

(…) 앞서 언급한 주장들이나 다른 이유에 대해 살펴봤을 때 이 작품은 월계관을 받기보다 불의 장막에 휩싸이는 편이 더 적절해 보입니다. 나리께서 그것을 "훌륭한 삶의 거울이자 정치윤리 및 종교적인 현명한 삶을 위한 모범"이라고 칭한다 해도 말입니다. 죄송합니다만, 오히려 그 반대입니다. 그것은 음탕한 생활과 기만에 가득 찬 교의, 지옥으로 가는 길, 공적인 명예 실추, 의심과 불신의 원인, 수치의 근원, 그리고 분명 이단의 씨앗을 부추기는 악덕을 권유하고 있습니다.

(…) 마지막으로 여성인 제가 감히 한 [남성] 작가를 그렇게도 예리하게 질책 또는 반박하고 명성을 누리는 작품을 깎아내린다고 제가 미쳤다거나 거만하다는 말을 듣지 않았으면 합니다. 단지 한 사람[남자]에 불과한 그[장 드 묑]가 감히 모든 성(性) 전체를 예외 없이 중상모욕했던 점을 생각한다면 말입니다.

결과적으로 볼 때 크리스틴 드 피장은 인문주의자들이 장 드 묑에 대해 행한 문학적·예술적 가치평가에 도덕적 잣대를 들이미는 결과를 초래했다. 바로 이러한 점이 그녀와 인문주의자들 사이에 초점이 맞지 않는 논쟁이 전개될 수밖에 없는 이유가 되었다. 특히 1402년부터 개입한 신학자 장 제르송의 논의는 얼핏 크리스틴 드 피장과 마찬가지로 장 드 묑을 비판하는 것처럼 보였다. 하지만 실상 그의 글은 교회가 부과하는 도덕적 가치와 윤리들을 조롱하는 그의 작품을 이단적인 것으로 규정하고, 교회가 주재하는 결혼 제도의 옹호와 『장미 이야기』가 마구잡이로 이야기하고 있는 성적 방종을 경계하는데 주요 목적이 있었다. 1402년 장 드 몽트뢰유가 이름을 밝히지 않은 '대시인'에게[12] 보낸 편지를 보면 문학 나름대로의 접근과 관련해서는 일체의 이해도 없는 비판들에 대해 답답함을 토로하고 있다.[13]

(…) 그들은 캐릭터의 다양함을 구분하지도 않거니와 이 캐릭터들이 어떤 열정과 어떤 감정에서, 어떤 목적에서 동기 부여를 받는지에 대해서도, 또한 어떤 맥락에서 이 캐릭터들이 이야기하는지에 대해서도 주목하지 않습니다. 그들은 장 드 묑 선생님이 다른 작가에게는 금지된 많은 주제를 언급하고 있고, 이렇게 해서 그가 정확히 풍자가로서 역할을 하고 있다는 점도 고려하지 않습니다. (…) 사실 리비우스가 말하듯이 "영예로움이 더 클수록 그만큼 더 질투를 받기 쉽습니다."[14] 하지만 정말로 저를 화나게 하는 것이 있습니다. 인생에 대한 보감 또는 연설로 불려야 할 『장미 이야기』의 가치를 폄하하는 자들 가운데 일부는 그래도 자신들이 인정하는 것처럼 피상적으로나마 서둘러 읽음으로써 저작을 검토하기라도 했습니다. 그런데 나머지 사람들은 주의 깊게 연구했다고는 하지만, 이 위대한 작품을 전혀 이해하지도 못했을 뿐 아니라, 그 신비로움에 다가서지조차 못했다는 점입니다.

'사랑의 궁정' 참가자들 사이에서 뜨겁게 불타오른 이 논쟁은 어떠한 합의나 결론에 이르지 못했다는 점에서 논쟁 자체로 남았다. 문학에 대한 접근 방식 차원에서 인문주의자들(장 드 몽트뢰유, 공티에 콜, 피에르 콜 형제)이 작품의 내용과 내적 구조, 숨은 의미들에 찬사를 보내고 있다면, 크리스틴 드 피장은 작품의 형식과 외적 맥락, 그 효과에 대해 우려를 표명하고 있다. 크리스틴 드 피장의 입장은 풍자라 할지라도 여성을 저속하게 일반화해 도매금으로 비난하는 표현 자체가 용납될 수 없는 일이라는 것이고, 인문주의자들의 입장은 표현 방식 같은 지엽적인 부분이 아니라 풍자의 내용을 잘 이해해야 한다는 것이다.

　사실 크리스틴 드 피장과 인문주의자들, 장 제르송은 제각각 서로 다른 세계관을 가지고 있던 자들로, 각자의 입장에서 다른 편의 입장을 온전히 이해하고 수용하기보다 이를 자신의 관점에 맞게 전유한다고 이야기할 수 있다. 또한 이들은 각각 서로 다른 차원에서 각자의 새로운 가치관을 주장하며 서로 다른 방식으로 기존의 가치관을 유지하는 모습을 보인다. 크리스틴 드 피장은 남성과 대등한 여성의 도덕적 가치를 보여주고자 기존의 도덕적 가치를 긍정하고, 장 드 몽트뢰유 같은 인문주의자들은 성속 위계적인 제도권 기독교의 가치를 전복하고 새로운 문학적 실험을 추구하면서 남성 우월주의와 여성 비하에 대해서는 아무런 문제가 되지 않는 것으로 수긍한다. 장 제르송은 교회의 윤리와 규범을 옹호하기 위해 어쩔 수 없이 여성의 도덕성을 옹호하는 크리스틴 드 피장의 입장에 편승해야 하는데, 이는 신앙에서 여성의 역할을 일정 부분 인정하는 효과를 낸다.

　궁정식 사랑의 표면적 수사와 이면의 욕망으로 압축되는 『장미 이야기』는 작품이 쓰이고 100여 년이 지난 뒤 '사랑의 궁정'에서 새로운 구도로 전개되었다. 그리고 이 구도는 남성과 여성의 관계, 성직자와 세속인의 관계라는 최소 두 개의 축이 중심을 이루고 있었다. 물론 당대의 복잡한 현실들을 내포하고 표현한 『장미 이야기』에는 무수히 많은 축이 잠재할 수 있다. 어쨌든 『장미 이야기』가 지닌 잠재성은 '사랑의 궁정'이라는 현실과 만나면서 사랑을 둘러싼 남성과 여성의 문제, 종교적 규범과 자연적 욕망의 문제를 논쟁거리로 생산해 냈다.[15]

4. 불안의 시대, 사랑과 혐오

1400년 파리에 사회경제적 번영이 다시 찾아왔지만 그 위로는 대내외의 정치적 위기감이 드리워져 있었다. 용의주도한 정치력으로 일시적으로나마 국정을 안정시킨 왕실 원로 부르고뉴 공작 필리프 2세는 자신의 성취를 상징적으로 보여주는 '사랑의 궁정'을 조직했다. 그것은 지나간 기사도와 궁정식 사랑의 주제들이 새로운 인문주의와 결합한 '독특한' 또는 '기이한' 모습을 지니고 있었다. 새롭게 유행하는 그릇을 구입해 늘 먹던 음식을 담아놓은 꼴이라고나 할까. 어쨌든 이러한 혼성적 방식은 그 나름대로 또 다른 멋과 맛이 느껴질 수 있다. 흥미롭게도 '사랑의 궁정'은 정치적 안정의 산물이었지만 새로운 논쟁의 자리를 펼쳐놓았다. 크리스틴 드 피장과 장 제르송, 장 드 몽트뢰유 중 과연 '사랑의 궁정' 참가자들로부터 지지를 받은 입장은 무엇이었을까? 어떠한 증거도 없지만, 크리스틴 드 피장의 입장은 아니라는 점은 너무나도 명확하다. '사랑의 궁정'은 어디까지나 남성의, 남성에 의한, 남성을 위한 회합이었기 때문이다. 즉 크리스틴 드 피장이 명확하게 간파했듯이 이 회합은 남성 일방적·우월적·중심적 성격을 지녔으며 일종의 정치적 타협이라는 성격도 내포하고 있었다.

좀 더 고민해봐야 할 부분은 왜 하필 정치적 타협과 균형의 일환으로 굳이 '사랑'을 주제로 한 회합이 만들어졌는가 하는 점이다. 부르고뉴 공작 필리프 2세가 이에 대한 속내를 말해주지 않았기 때문에 몇 가지 추측을 제시하는 것으로 만족할 수밖에 없을 듯하다. 먼저 샤를 6세의 실성 이후 시작된 팽팽한 (남성) 귀족 파벌들 사이의 권력 긴장감을 달콤한 '사랑'을 주제로 한 회합으로 승화 또는 해소하려 했다고 볼 수 있다. 하지만 이들이 추구한 사랑의 주제가 기사도와 궁정식 사랑의 부활이라는 점은 이 회합을 긴장 해소의 장으로만 보게끔 하지 않는다. 이른바 '사생아 봉건제'라는 시대적 상황을 고려한다면[16] 이 남성 우월적 궁정식 사랑은 정치·경제적으로 국가체제에 종속된 남성 귀족들에게 지방분권적 자율성을 만끽하던 과거의 영광을 되살려주는 역할을 한다. 이 당시에는 사라져버린 기사로서의 봉건적 자율성은 시와 수사, 노래 같은 연극 방식을 통해 표현되고, 이는 다시 현실을 감추고 왜곡한다. 가령 국왕을 중심으로 화려한 예식과 함께 조직된 중세 말의 많은 기사단, 예를 들어 영국 가터 기사단(Order of the Garter)과 프랑스 성신(星辰) 기사단(Ordre de l'Étoile)은 봉건적 기사도의 외피를 둘러썼지만 실상은 국가가 귀족을 길들이는 작업이었다.

이러한 사회적 맥락에서 다양한 주제를 내포하고 있는 『장미 이야기』에서 크리스틴 드 피장이 여성 비하와 여성 혐오에 주목했던 까닭이 무엇인지 생각해볼 필요가 있다. 남성 귀족들의 헛된 자부심 되찾기 작업에서 가장 손쉬운 희생물이 여성이었기 때문은 아닐까? 자기 긍정이 결핍된 남성 귀족들이 한편으로는 여성을 이상화하며 봉건기사와 자신을 동일시하고, 다른 한편으로는 그 일방적 폭력성을 과시하면서 자신의 남성성을 확인했기 때문이 아닐까? 물론『장미 이야기』가 지닌 고차원적 풍자와 비틀기를 음미할 수 있었던 박식한 인문주의자들이 그러했을 리는 없을지도 모른다. 그렇지만 '사랑의 궁정'에서 장 드 묑의 작품을 '대중적으로' 소비하고 있던 자들이 거친 기사귀족이었다는 점에서 크리스틴 드 피장의 우려는 타당성을 획득한다. 사회적 인정의 결핍으로 좌절과 분노를 겪은 남성 귀족들이 스스로의 정체성 인정 전략으로서 사랑과 여성 비하라는 모순적인 주제를 '사랑의 궁정'에서 유희로 즐기고 있었던 것은 아닌지 생각해봐야 할 것이다.

중세 도시에서의 매춘

박흥식 서울대학교 서양사학과 교수

1. 서론

서양에서는 고대 말기와 중세 초기 사이에 성에 대한 사고와 행동 방식에 급격한 전환이 이루어졌다. 이 시기에 육체적 쾌락을 철저히 부정하는 문화가 지배하게 되었기 때문이다.[1] 그와 같은 변화는 멀리 거슬러 올라가면 히브리적 전통이 스며들어 있는 『성경』의 보급과 관련이 있고, 스토아적 금욕주의와 고대 말기부터 유행했던 금욕적 이상도 영향을 미쳤다. 한편 근동 지역에서 유행했던 영지주의(靈知主義) 혹은 마니교의 영향을 거론하는 의견도 있다.[2] 아무튼 로마 세계와 그 주변부에 그리스도교가 급속히 확산되던 4세기 이래로 유럽에서는 금욕적 성 규범이 지배하게 되었으며, 그로 인해 교회는 중세 내내 쾌락의 추구가 죄악이라고 가르쳐왔다.

그렇다면 그와 같은 규범이 현실에도 그대로 관철되었을까? 에마뉘엘 르 루아 라뒤리(Emmanuel Le Roy Ladurie)의 책 『몽타이유』

(*Montaillou*)는 중세 민중의 삶 전반에 대해 풍부한 사실적인 정보를 제공한다. 거기에는 성 문화에 대한 구체적인 정보도 적지 않은데, 몽타이유 지역에서는 강간이 빈번했고 처벌도 그리 엄하지 않았다. 이 책의 대부분은 1300년 전후 농촌 및 농민 문화를 다루고 있지만, 인접한 도시 지역에서 번성했던 매춘과 동성애에 대해서도 의외의 사실들을 알려준다.[3] 이 책의 사례가 중세 사회 일반을 반영하는지 논란을 빚기도 하지만, 그리스도교적 가르침이 실제의 생활공간인 농촌 및 도시에 얼마나 침투했는지, 중세의 그리스도교적 규범과 실제 세계의 간극이 얼마나 컸는지 가늠하는 하나의 척도는 될 수 있을 듯하다. 그에 따르면 중세 말 몽타이유에서는 교구교회나 탁발 수도사들의 활동이 거의 영향을 미치지 못했다. 통념과 달리 당대인들은 성에 대해 상당히 개방적이었을 뿐 아니라, 당시 그리스도교에서 강조하던 죄의식에 둔감했다.[4]

이 글은 중세 도시라는 공간에서 용인되었던 매춘의 양상과 그에 대한 규제, 그리고 그 이면에 있는 교회와 도시정부의 매춘에 대한 정책 변화를 살펴보는 것을 목표로 한다.[5] 성을 상품으로 거래하는 매춘이 '사랑'을 주제로 하는 이 책에 포함되는 것이 적절한지에 대해서는 다양한 비판적 의견이 제시될 수도 있다. 그에 대해 장황한 논변을 늘어놓는 일은 꽤 번거로운 일이다. 이에 은유적으로 함축된 보들레르의 글귀를 인용하는 것으로 변명을 대신하고자 한다. 대다수가 동의하는 것과 별개로 사랑을 육체적 쾌락과 동일시하려는 태도는 물론, 보들레르처럼 사랑을 달리 정의하려는 자들이 늘 존재하기 때문이다. "사랑이란 무엇인가? / 자신으로부터 탈피하려는 욕구. / 인간은 무엇인가를 숭배하는 동물이다. / 숭배한다는 것은 자신을 희생하고 자신을 파는 것이다. / 그러므로 모든 사랑은 매음이다."[6]

매춘은 '인류 역사상 가장 오래된 직업'으로 불릴 만큼 사회 유지의 한 구성 요소로 간주되어왔다. 특히 서양에서는 직업적인 매춘부의 출현이 도시의 발전과 궤를 같이했다. 그리스와 로마 등 고대 도시들에서도 매춘이 크게 번창했으나 중세 유럽의 상황이나 역사적 맥락과는 큰 차이가 있었기에 이 글에서는 논의를 중세로 한정해 살펴볼 것이다.[7] 즉 그리스도교적 이념이 지배했던 것으로 간주되는 중세 유럽의 도시들이 결국 매춘을 허용할 수밖에 없었던 요인은 무엇이었으며, 적지 않은 유럽 도시들이 심지어 공창제까지 운영하기에 이른 이유와 실제 양상을 살펴보고, 매춘부의 신분과 지위에 대해서도 단편적으로 검토하게 될 것이다.

2. 중세 유럽의 성 문화와 매춘

중세 유럽에서는 금욕주의적 성 문화가 일반적이었다. 서유럽에서 그리스도교가 지배종교이자 도덕의 척도로 자리 잡으면서 성에 대한 입장도 교회 및 성직자의 판단에 영향을 받았기 때문이다. 오리게네스(Origenes), 히에로니무스(Hieronymus), 아우구스티누스(Augustinus) 등 중세 초기 대표적인 교부들은 포괄적인 성 규범을 개발했다. 초기 교부들의 의견이 정확히 일치했던 것은 아니지만, 그들은 대체로 육체의 기본적인 욕구를 부정하고 금욕을 추구하며 수도사처럼 독신과 동정을 유지하는 것이 신앙원리에 부합한 최고의 생활방식이라고 가르쳤다. 인간의 성욕은 단지 종족번식을 위해서

부여된 것이라고 간주했기에 결혼은 육체의 유혹을 이길 수 없는 자에게만 권장했다. 이 지점에서 금욕을 추구하는 성직자의 삶이 더 이상적이며 우월하다는 인식이 출현했다. 결혼한 부부에게도 출산 이외의 목적으로 성적 쾌락을 추구하는 섹스는 자연 질서에 반하기에 매춘과 다를 바가 없다고 가르쳤다. 히에로니무스는 자신의 아내를 육정으로 사랑하는 것은 간음과 다름없으며, 그녀를 창녀로 만드는 것이라고 했다. 따라서 현명한 남편은 아내를 열정이 아니라 분별력을 갖고 사랑하여 넘치는 욕정으로 성급히 관계를 갖는 일이 없도록 해야 한다고 권고했다.[8] 이처럼 심지어 결혼한 부부 사이에서도 쾌락과 육체성을 철저히 부정하는 태도는 그리스도교화된 유럽에서 중세 내내 큰 공감을 얻었다. 교부들은 기본적으로 정신과 대비되는 육체와 성에 대해 부정적이거나 이원론적인 태도를 견지했으며, 금욕을 실천하는 독신과 참회는 성적 쾌락과 공존할 수 없다고 간주했다.

6세기에 성문화된 유스티니아누스 법전(Codex Justinianus)이나 829년 카롤링 제국의 경건황제 루이(Louis le Pieux, 813−840년 재위)가 주도한 파리 종교회의에서는 그와 같은 교부들의 입장을 반영해 성과 혼인에 대한 엄격한 규범을 제정했다.[9] 속인은 혼인 전까지 동정을 지켜야 했고, 결혼 안에서의 성행위는 자손을 얻으려는 목적에 충실해야 했다. 물론 첩을 두는 것은 허용되지 않았고, 음행으로 인한 것이 아니라면 이혼도 금했다. 이 규범들은 이후 좀 더 구체화되지만 기본적인 틀은 중세 내내 큰 변화를 겪지 않고 유지되었다. 한 학자의 추산에 따르면 교회의 절기와 권고사항들을 철저히 준수하는 경건한 부부라면 실제로 부부관계가 가능한 날은 1년에 91일 내지 93일 정도밖에 되지 않았다.[10] 심지어 성관계는 밤에만 하고, 단지 필요한 부분만 옷을 벗는 것을 권장하는 등 가톨릭교회는 부부간의 일상적인 성행위까지도 세밀하게 간섭하려 했다. 그렇다면 중세인들은 실제로 교회의 지시에 따라 쾌락과 육체성을 부정하는 생활방식을 순순히 따랐는가? 당연한 귀결이지만 현실에서 그와 같은 성 규범을 그대로 준수할 수는 없었다.

매춘 문제는 성 규범에서 그리스도교적 이상과 현실 사이의 괴리를 가장 적나라하게 드러낸다. 중세 사회가 처음부터 매춘에 대해 관용적인 입장을 보였던 것은 아니지만, 육체적 욕망을 신앙과 도덕으로 설득해 억제시키거나, 공권력으로 통제하려는 시도는 곧 한계에 봉착했으며 신앙인의 일상을 지배하지 못했다.[11] 당대의 여러 기록은 중세에 남성들의 혼전·혼외 성관계가 사회적으로 널리 자행되었을 뿐 아니라, 사실상 사회에서 관용되었음을 알려준다. 10대 후반이면 도시의 홍등가에 공공연히 출입할 수 있었다는 사실에서 알 수 있듯이 적지 않은 남성은 일찌감치 성 경험을 했다. 시대에 앞서 사랑을 노래한 안드레아스 카펠라누스(Andreas Capellanus)는 매춘이 수치스러운 것이고 육체의 방탕함에 이끌리는 것이기에 돈을 목적으로 하는 매춘 여성들의 유혹과 속임수를 피해야 한다고 조언하면서 사랑과 탐욕은 동시에 얻을 수 없는 것임을 강조했다.[12] 그는 사제답게 종교적 사랑을 절대화하며 삶의 목적을 찾았던 반면, 이성 간의 인간적 사랑의 가치를 상대화시켰다. 그렇지만 이런 호소는 문학을 벗어나 현실에까지 큰 영향을 끼치지는 못했다.

무엇보다 현실 사회는 수도사의 금욕적 이상과 거리가 멀었다. 심지어 성직자들도 육신의 욕망을 억제하며 성적 금욕을 실천하지 못했다. 10세기 중반 베르첼리(Vercelli)의 주교 아토(Atto)는 해당 교구의 성직자 중 "욕정에 사로잡혀 더러운 매춘부들을 집에 출입시키고 공공연히 먹고 자게 하면서 관계를 맺는 자들이 적지 않다"며 분노했다.[13] 11세기 말 이래 추진된 그레고리우스 개혁(Gregorian Reform)에서 성직자 독신 문제를 관철해 어느 정도 금욕을 강제하는 분위기를 형성하기는 했지만, 예상치 않게 하급 성직자들의 격렬한 반발에 부딪혔던 사실은 실제에 있어서는 성직자 집단조차 공의회에서 결정된 바대로 금욕을 실천할 수 없었음을 보여준다.[14] 심지어 '하느님의 뜻을 받든 거룩한 행렬'이던 십자군 원정과 순례여행에도 매춘부들은 섞여 있었다. 믿을 만한 정보에 따르면, 12세기의 십자군 원정 때 동행했던 매춘부의 수가 무려 수천 명이나 되었다고 한다.[15] 한편 서방 그리스도교의 본산인 로마에서도 매춘업은 번성하고 있었으며, 성직자들이 주요 고객이었다. 또 1414년 콘스탄츠(Konstanz)에서 공의회가 열렸을 때는 1,500명 이상의 매춘부들이 모여 활동했고 일부는 큰돈을 챙겼다.[16] 금욕을 서약하고 늘 하느님 앞에서 살겠다고 다짐한 성직자들조차 성욕을 억제할 수 없었음을 감안하면, 중세 유럽에서 매춘이 사라지기를 기대하는 것 자체가 비현실적이었다.

한편 유럽 각국의 국왕들이 매춘 문제를 그저 방치해두었던 것은 아니다. 후에 성인으로 시성된 프랑스 국왕 루이 9세(Louis IX, 1226-1270년 재위)는 왕국을 종교적 원리에 따라 통치해야 한다는 사명감에 충만하여 1254년 그가 '악행'으로 규정한 매춘을 일삼는 모든 여성을 왕국 내에서 추방하고 그녀들의 소유를 몰수하라고 명령했다. 2년 후에도 그는 동일한 명령을 되풀이했는데 이번에는 도심과 주요 거리에서 몰아내는 정도로 목표를 낮추었다. 루이는 그 후에도 포기

젊은 수도사와 늙은 수도원장의 이야기 중 일부. 육체적 욕망을 억누르지 못하는 수도 사들은 종종 일탈을 도모했다. 『중세의 사랑의 기쁨』(G. Bartz, A. Karnein, C. Lange, *Liebesfreuden im Mittelalter*, München, 2001, p. 52).

하지 않았고, 1269년 2차 십자군 원정에 나서면서 재차 매춘의 근 절을 지시했다.[17] 결국 국왕은 목표를 이루지 못했지만 이와 같은 시 도들을 통해 매춘을 파렴치한 범죄행위로 인식시키는 데 기여했다.

『성경』에는 성에 대한 다양한 상황이나 문제가 적시되지 않았다. 더구나 구약의 배경이 되는 히브리적 상황과 초대 교회의 무대가 되 는 1세기 그리스 사이에 시간적·공간적 차이가 상당해 지역의 교회 지도자들도 그들이 처한 상황과 경험, 개인적 편향 등으로 인해 일부 다처, 이혼과 재혼, 간음과 매춘에 대해 일관된 입장을 고수할 수 없 었다. 그로 인해 당대는 물론 후대에까지 권위를 지닌 일부 지도자 의 견해가 큰 영향력을 미쳤는데, 중세 유럽에서 매춘을 관용하는 종교적 근거를 마련해준 인물은 아우구스티누스였다. 그는 "만일 세상에서 매춘부를 모두 추방하면 그녀들이 도처에 퍼져 음욕이 사회를 전복할 것"이라며, 사회 전체의 구원을 위해 매춘이 불가피함을 인정했다.[18] 매춘이 죄라는 사실을 부정하지 않으면서도 더 큰 악을 예방하는 필요악 또는 '차악'(lesser evil)이라는 논리는 그로부터 약 800년이 지나 토마스 아퀴나스(Thomas Aquinas)에게서도 반복되었다.[19] 특히 그의 고해신부 톨로메오 다 루카(Tolomeo da Lucca)는 아우구스티누스의 주석을 쓰면서 앞선 논리를 차용해 대중화시켰다. 하수구를 없애면 궁전 전체가 오물로 가득 차게 되듯이 매춘을 추방하면 세상은 남색, 수간 등 더 악독한 죄들로 넘치게 될 것이라는 주장이었다. 교회나 종교 지도자들은 성적 유희를 저주하면서도 시민들이 매춘부를 접촉하는 '단순 간음'이 동성애와 같은 중죄에 빠져 사회 전체에 화를 초래하는 것보다 낫다는 이중 규범을 적용해 매춘을 관용하기에 이르렀다.[20] 물론 교회 내에 실용적인 사고를 하는 자들만 존재했던 것은 아니다. 레겐스부르크의 베르톨트(Berthold von Regensburg, 1210–1272년)처럼 일관되게 매춘의 철폐를 주장했던 영향력 있는 탁발수도사도 있었다. 그렇지만 13세기를 지나며 매춘은 도시들에서 일반적으로 용인되었고 그로 인해 종교적 의미의 '순결' 요구로부터 벗어날 길이 열렸다.

3. 도시적 현상

흔히 매춘은 도시적 현상이라고 한다. 도시가 발전하기 이전은 물론 중세에는 도시 밖에도 매춘이 다양한 형태로 존재했지만, 직업적인 매춘부는 도시 이외 지역에서는 생존하기 어려웠기 때문이다.[21] 12세기 이래 도시에는 사람들의 이동이 빈번했고, 홀로 생활해야 하는 인구도 많았다. 객지 생활을 하던 원거리 상인들뿐 아니라, 성직자처럼 결혼하지 않는 신분도 있었고, 확실한 일자리나 경제력을 갖추지 못해 결혼할 수 없던 수공업 및 상인 조합의 직인, 그리고 대학생 등이 활동했다. 중세 말기로 갈수록 결혼 연령은 높아지는 경향이 있었기에 미혼 인구는 더욱 늘어나 도시에서 결혼하는 사람의 비중은 통상 30퍼센트에도 미치지 못했다.[22] 미혼 남성의 증가라는 구조적 특징은 매춘을 필요로 하는 수요가 더욱 커졌음을 의미했다. 기존의 거점 도시들이 발전하는 것과 더불어 새로운 도시들이 빠른 속도로 성장하면서 도시로 사람들이 몰려들자 초기에는 주로 뜨내기 여성들, 그리고 얼마 후에는 도시에 정주하게 된 일부 여성이 매춘에 종사했다. 중세 도시에서도 초기에는 주로 종교적 관점에서 매춘을 불법화하고 매춘부를 추방하려는 시도가 있었다. 그렇지만 그 효과가 미미했으며, 기껏해야 도시 밖으로 내모는 정도였다. 그 결과 이 시기 유곽들은 도시의 중심가보다 대체로 외곽 지역이나 강가에 입지했다. 도시 당국은 매춘을 도시에서 추방하면서도 도시법의 적용 범위를 넘어서는 도시 밖의 시설까지 철거할 수는 없었다. 자연스레 도시의 외곽 은밀한 공간에 매춘이 가능한 구역이 조성되었다. 점차로 도시는 특정 구역이나 거리에 국한해 매춘을 관용하되 시참사회(市參事會)의 통제하에 두는 데 만족해야 했다. 대부분의 유럽 도시, 심지어 중소 도시들에도 조성된 매춘 시설은 미혼 남성을 상대하는 업소였다. 13세기 이래 대도시들은 물론, 중간 규모의 도시들에서도 유곽은 점차 팽창하는 추세였다. 15세기 중반 주민이 채 1만

명을 넘지 않던 디종(Dijon)에는 직업적인 매춘부가 100명 이상 존재했다.[23] 주민들은 물론이고, 단기간 도시를 방문하던 상인, 순례자, 타지에서 온 노동자, 그리고 기사나 용병 등도 매춘부의 고객이었다. 매춘부들은 거리에서의 호객 행위가 금지되었기 때문에 유곽 안에서 기다리는 것이 일반적이었다. 그렇지만 은밀하게 거리 혹은 특정 공간에서 불법 영업을 하는 자들이 있었다. 도시의 공중목욕탕이나 선술집에서도 경제적 필요나 다른 이유에서 부업으로 매춘에 종사하는 자들이 있었다.[24]

암스테르담의 한 문서에는 "매춘부들의 존재는 우리와 같은 커다란 교역 도시에서는 피할 수 없다. 거룩한 교회조차 그들을 관용했기 때문에 우리도 그들을 금하지 않는다"면서 도시 내 두 개의 거리에 유곽의 설립을 허용하는 이유를 밝혔다.[25] 도시에서도 교회가 매춘을 관용하던 논리를 그대로 반복했다. 14세기 이후 적지 않은 도시는 매춘을 관용하는 데 그치지 않고, 심지어 공창제를 도입했다. 1403년 피렌체 정부가 공창을 설립하면서 내세운 명분은 "덜 나쁜 악을 통해 더 나쁜 악을 제거하려 한다"는 소위 '차악의 논리'였다. 부르고뉴에서는 미혼 남성들의 성적 욕구를 충족시켜 고귀한 여성을 보호하기 위함이라고 밝혔다. 그 외에 중세 말기에 들어 남색에 대한 우려가 커졌기 때문에 젊은이를 이성애로 유도해 동성애를 퇴치하겠다는 명분도 내세웠다.[26]

여성에 대한 빈번한 성폭행 시도를 완화시켜보려는 측면도 매춘을 관용한 이유 중 하나였다. 디종의 사례 연구는 도시에서 집단 강간이 빈번했음을 보여준다. 이 도시에서는 15세기에 연평균 20건의 강간 사건이 발생한 것으로 추정되는데, 그 가운데 약 80퍼센트는 심지어 집단 강간이었다. 이 도시에서 성폭행에 연루된 자들이 매년 약 100명에 이를 정도였다. 범법자의 85퍼센트는 미혼 상태의 수공업 직인이었다.[27] 이는 당시 청년 집단의 성 풍속 일부로 간주될 정도로 도시의 일상에 속했다. 처벌도 그리 중하지 않은 벌금형이었다. 이들 가해자들은 주로 신분이 낮고 후견자가 없는 여성을 노렸지만, 그들만 피해를 본 것은 아니었다. 성폭행 사건 피해자의 60퍼센트는 미혼 여성이었는데, 이들은 평생 치명적인 상처와 불이익을 안고 살아야 했으며, 기혼 여성 중 일부는 남편으로부터 버림받기도 했다.[28] 유곽이 형성된 후에도 이런 종류의 성폭행이 사라지지는 않았지만, 그 전에 비하면 상당히 완화되었다.

이처럼 매춘은 성적 욕구를 해소시키며, 집단 강간 등의 범죄들을 억제하고, 동성애 같은 성적인 탈선을 예방하는 등 당대인에게 합법적인 욕구 해소를 가능케 하는 실제적 수단으로 인식되었다. 이런 탓에 18세에서 40세 사이의 남성들은 주기적으로 홍등가를 방문해 욕구를 해소했으며, 이런 행위는 비밀스럽기보다 그다지 거리낌 없는 일상이었다.[29]

한편 출입이 금지된 기혼 남성은 물론 성직자들도 사람들의 시선을 피해 밤에 방문하는 경우가 적지 않았던 것으로 보인다. 뇌르틀링엔(Nördlingen) 시참사회는 1472년 "성직자들이 유곽에 지나치게 많이 출입하여" 조례를 개정했는데, 낮에는 그들을 관용하되 밤에 유곽에서 소일하는 것만은 금지시켰다.[30] 조례를 어기고 방문했다가 발각되면 지불해야 하는 벌금이 부담스러웠기 때문에 그런 위험을 피하려던 자들에게는 목욕탕이나 선술집이 대안이 되었다. 자크 드 비트리(Jacques de Vitry, 1160/70년경–1240년)에 따르면 파리 한 사창가에서는 인접한 종교기관의 성직자들이 주요 목표가 되었던 듯하다. "창녀는 도심과 도시 주변 어디에서나 지나가는 성직자를 억지로 유곽으로 끌어들이려 한다. 만일 점찍은 성직자가 들어가려 하지 않으면 창녀는 그의 등에 대고 '이 남색쟁이야' 하고 욕을 해댄다."[31] 종교적 분위기를 해치거나 심지어 종교 활동을 방해한다고 인식하게 되었기 때문에 교회 및 수도원 주변에는 유곽을 세우는 것이 금지되었지만, 이런 원칙이 관철되지는 못했다.[32]

4. 매춘 정책

도시들은 매춘을 통제할 필요성이 커지자 관련 조례들을 제정했다. 고대 이래 정치적 중요성을 상실하지 않은 도시 런던은 오랜 기간 매춘이 관용되었지만, 관련 조례는 1161년에 처음으로 확인된다.[33] 독일 도시 쾰른의 유곽은 빈민 지역이며 개발되지 않은 변두리 베어리히(Berlich)에 조성되었는데, 매춘 관련 조례는 1229년에 처음 등장한다.[34] 도시의 시참사회들은 대체로 범죄의 온상이 될 가능성이 농후한 매춘 장소를 도시 내 특정 구역으로 한정하고 도시의 질서를 유지하려 했다.

도시의 조례들은 내용에 다소 편차가 있지만, 공통되는 사항은 기혼자, 성직자, 그리고 유대인이나 튀르크인(이슬람교도를 의미) 같은 비그리스도교인의 유곽 출입을 철저하게 막았다는 점이다. 무엇보다도 그리스도교인이 이들 비그리스도교인과 성관계를 맺는 것을 위험스럽게 생각하던 태도 때문이었다. 한편 미성년자는 물론, 질병이 있는

매춘과 유희의 공간으로 활용된 목욕탕. 『중세의 사랑의 기쁨』(G. Bartz, A. Karnein, C. *Lange, Liebesfreuden im Mittelalter*, München, 2001, p. 65).

것이 확인되는 여성은 매춘부로 고용될 수 없었다. 도시들은 매춘부의 불법 행위를 단속하고, 허용된 유곽 내에서만 매춘이 행해지도록 유도해 도시 내의 질서를 유지하려 했다.[35] 그리고 포주가 매춘부들에게 매춘을 강제하거나 속여 영업할 수 없도록 했고, 벌어들인 수입을 부당하게 빼앗는 것도 경계했다. 임신한 여성이나 월경 중인 여성이 일하는 것도 금지시켰다. 또 매춘부들은 대체로 밤에만 영업할수 있었으며 일요일이나 축일, 고난 주간 등에는 영업이 불가능했다.

매춘부들의 유곽 내 숙식을 허용하지 않는 경우도 있었으나, 숙식은 물론 주류 판매까지 가능한 도시들도 있었다. 울름(Ulm)에서는 심지어 매춘부가 손님의 집에 가서 자는 것도 허용했다. 이 경우에는 유곽에 더 많은 비용을 지불해야 했다.[36] 이처럼 일부 도시에서 유곽은 매춘 장소에 그치지 않고 좋은 술자리와 음악까지 제공되는 오락과 유희의 공간이었다. 변칙 영업이나 재산 탕진의 우려 때문에 도박 행위는 금지되었다. 이외에 조례에는 포주와 매춘부의 관계, 각종 불법 행위, 매춘부의 복장과 위생, 생활 관련 규정 등이 언급되었다. 포주가 조례 내용을 위반하면 시참사회는 개인적인 처벌은 물론이고, 유곽의 영업을 중지시킬 수 있었다. 현재는 스위스 지역인 빈터투어(Winterthur)의 1468년 서약에는 위반 행위에 대한 엄벌이 명시되어 있고, 실제 관리인 교체를 포함한 조치들이 빈번히 시행되었다.[37] 일부 도시는 유곽을 대상으로 분기마다 철저한 검열을 실시했고, 매춘부들에게 규정을 숙지시키며 서약을 요구했다. 포주 외에 여주인, 하인, 매춘부는 불법 행위에 대해 시참사회에 고지해야 할 의무가 있었다.[38] 매춘을 알선하는 행위나 공공연한 유혹도 금지되었다. 많은 도시에서는 시참사회 아래에 매춘을 포함한 풍속을 관장하는 특별한 관리나 조직을 두기도 했다.[39] 도시는 매춘을 특정 거리 또는 구역 내에서만 허용함으로써 가능한 한 단정한 시민들로부터 거리를 두려 노력했다. 매춘부들은 유곽에 머무르며 도시의 조례를 지키는 한 추방될 위험은 면할 수 있었다.

14세기 중엽 이후 유럽의 많은 도시에서는 시의 재정으로 공창을 설립한 후 특정 업자에게 임대를 위탁하는 이른바 시영 공창을 설립해 매춘 사업을 독점하거나 적어도 관여했다. 시는 주로 특정인에게 관리를 위탁했으며, 관리인은 매춘부들을 모집해 영업하되 도시의 관련 조례들을 철저히 준수해야 했다.[40] 1360년 베네치아에서 '작은 성'(Castelletto)이라고 불린 여러 건물로 구성된 단지에 시영 공창이 모습을 드러낸 후 피렌체(1403년), 시에나(1421년) 등으로도 확산되었고, 비슷한 시기에 프랑스 도시들에서도 유사한 시설이 도입되었다. 디종의 경우 1385년 첫 공창을 설립했는데, 그것이 성공적으로 운영되어 얼마 후 두 번째 공창도 지었다. 그리고 1447년에는 그것을 재차 확장했다. 공창제도는 비교적 도시 규모가 크고 많은 고객의 확보가 가능한 도시들에서 선택했는데, 디종의 사례처럼 15세기에 시영 공창은 전체적으로 확대되는 국면에 있었다.[41] 유곽 한 곳에서 생활하는 여성의 수는 많아야 15명 정도였다. 그렇지만 도시의 큰 축일이나 정기시, 혹은 공의회라도 열리면 수요에 맞추어 많은 수의 여성이 임시로 고용되어 대기했다.

시영 공창은 기존 유곽과 달리 비교적 사람들의 눈에 잘 띄는 중심부에 위치하는 경우가 적지 않았다. 시민들의 편의를 감안했을 뿐 아니라, 도시들이 공창을 재정 확보를 위한 방편으로도 활용했기 때문이다. 시의 입장에서 공창은 임대료 수입을 올릴 수 있는 이해관계가 달린 사업의 성격을 지녔다.[42] 이로 인해 교회와 궁정이 매춘 사업에 직접 관여한 사례도 빈번했다. 헨리 2세(Henry II, 1154-1189년 재위)는 1161년 칙령을 내려 런던 주변 서더크(Southwark)가를 홍등가로 지정하고, 윈체스터(Winchester) 주교에게 매춘 지역을 관할하고 세를 거둘 권한을 주었다. 다른 구역은 매춘이 허용되지 않았기에 사실상 독점영업권을 제공한 셈이었다. 주교는 영향력을 발휘해 유력자들이 이 도시에서 유곽이나 공창을 운영하지 못하도록 방해했다.[43] 주교구 외에 수도원, 수녀원, 그리고 교황청도 공창을 직접 소유하고 임대 수입을 올렸다. 유곽들이 번성하는 것에 비례해 종교기관의 재정도 두둑해졌다. 유력한 시민 중에는 재정적인 매력을 느껴 공창을 운영하려 나서는 자들도 있었다.[44]

한편 사창가를 집결시키고 철저히 통제하려던 도시의 정책은 한계는 물론 여러 부작용도 낳았다. 본래의 의도와 달리 현실적으로는 불법 매춘을 전적으로 통제하기 어려웠다. 매춘부들이 손님을 만나기 위해 은밀히 거리로 나가거나 선술집과 공중목욕탕 등에서 영업하는 것을 일일이 막을 수는 없었다.[45] 게다가 유곽 주변이 불결해지고 폭력이 난무하는 범죄의 소굴이자 범법자의 은신처로 활용되거나 변모하는 경우가 적지 않았다. 유곽의 존재가 풍속을 해칠 뿐 아니라, 공공질서를 위협하는 것으로 인식되는 경우 종종 매춘이 금지되는 조치가 단행되기도 했다. 한 도시 내에서도 매춘 관련 정책은 일관성 있게 지속되지 않았으며 제한적 허용, 금지 혹은 추방 등 시행착오를 반복했다.[46] 이는 매춘 문제가 도시에서 끊임없이 논란이 되었음을 시사한다. 도시 사회 내에 매춘을 비판하며 투쟁하는 사람들이 있는 반면, 불가피성을 인정하며 관용하려는 사람들이 뒤섞여 있었기 때문이다. 그렇지만 대체로 중세 성기 이래로 매춘이 불법화되지는 않았다.

5. 도시의 주변인 매춘부

매춘에 종사하던 여성들에 대한 정보는 단편적으로만 확인할 수 있다. 중세에 여성들이 매춘부가 되었던 이유로는 가난, 타고난 끼, 신분 상실, 가정 문제(근친상간, 강간 등) 등이 언급되고 있지만, 경제적 이유가 가장 결정적이었던 것으로 추정된다.[47] 일부 사례 연구에 따르면, 매춘부나 포주는 전업의 성격을 지니기 어려웠다. 매춘에 따른 수입이 많지 않아 다른 일을 병행한 경우도 빈번했고, 역으로 불황기에 다른 생업 기회가 축소되면 매춘으로 생계를 이어가려는 여성들이 다시 늘어났다.[48] 디종에서 매춘부의 약 80퍼센트는 극빈층이었으며 그러한 상황을 타개하기 위한 방편으로 매춘에 뛰어들었다. 당시에도 몸을 파는 노동은 대체로 극빈한 현실에서 벗어나거나 생존을 위한 막다른 선택이었다.

매춘부를 고용할 때 대체로 외국인 여성을 선택한 것으로 확인된다. 일부 예외도 있지만, 그 도시 시민의 자녀는 고용할 수 없게 하거나 가능하더라도 기피했다. 비그리스도교 여성도 마찬가지였다. 그로 인해 매춘부는 대부분 이방인이나 외국인으로 채워졌다.[49] 15세기 중엽 피렌체의 시영 공창에는 종사자 중 70퍼센트가 외국인(플랑드르, 독일, 북프랑스 등)이었으며, 28퍼센트만이 토스카나 출신이었다.[50] 디종의 경우 사창 매춘부의 약 70퍼센트가 디종시나 인근 지방 출신이었지만, 공창 매춘부는 대다수가 외국인이었다. 도시들이 그 지역 여성들을 보호하려는 의도와 더불어 매춘부 스스로가 고향이나 출신 지역에서 매춘업에 종사하는 것을 꺼리던 경향도 영향을 미쳤을 것이다. 대부분은 가족을 잃은 후 홀로 되거나 집단 강간 등을 겪은 후 상처를 안고 매춘업에 발을 들였다. 그리고 10대 후반에 매춘을 시작해 30세가 넘으면 공창을 떠났다.[51]

매춘부의 활동은 육신의 음행의 발로이고 자신뿐 아니라 다른 사람의 육체와 영혼에 해를 끼친다고 판단되었다. 그로 인해 도시 사회는 매춘의 필요성을 인정하면서도 매춘부들을 차별하고 주변화시켰다. 그녀들은 사회적 지위가 인정되지 않아 시민권을 획득하지 못했으며, 공식적으로 청혼을 받을 수도 없었다. 그리고 그들은 고소할 권리도 없었고, 법정에서 답변도 할 수 없었으며, 재산 상속도 허용되지 않았다.[52] 매춘부들은 도시에 거주하고 생활하면서도 그 사회에 속하지 않는 '타자'로 취급되고, 더 큰 악을 방지하기 위한 소모품처럼 다루어졌기에 매춘부를 시민으로서 보호해야 한다는 논리가 성립하기 어려웠다. 한편 매춘부들을 그 사회 구성원의 공동 재산으로 간주하는 경향도 있었다. 그들을 가리키던 'common woman' (public women, mulieres publice)이라는 칭호는 남성들의 공동체에 소유권이 있는 존재라는 의미였다.[53] 몇몇 도시에서 매춘부와의 강요된 성교는 합법적이었으며 강간이 아니었다. 그들에게는 거절할 권리조차 없었다.

한편 매춘부에게는 차별과 낙인도 뒤따랐다. 도시의 일정 지역에만 머물러야 했으며, 단정한 여성들과 구분 짓기 위해 외출 시에는 특정 색상의 모자를 쓰거나 복장에 독특한 매듭 혹은 표식을 부착해야 했다. 고급 의상의 착용이나 사치품의 장식도 금지되었다. 매춘에 종사하는 것을 일종의 사회적 죄로 간주해 낙인을 찍어 관리하려 했음을 엿볼 수 있다.[54] 그로 인해 종종 공격받기 쉬운 처지에 놓였다. 매춘부는 유대인처럼 불결한 자로 간주되어 다른 시민들과 섞이는 것이 경계되었으며, 목욕탕 출입도 금지되었다. 하지만 그녀들이 공동체로부터 완전히 격리되었던 것은 아니다. 미사에는 참석할 수 있었으며, 일부 교회에는 매춘부들이 앉는 별도의 자리가 마련되었다. 그녀들의 종교적 회심에 대한 기대 때문이었다.

매춘의 대가로 고객이 지불하는 비용은 그리 비싸지 않았다. 수공업자 조합의 직인같이 경제력이 대단치 않은 사람도 정기적으로 방문할 수 있을 정도였다. 요금은 가급적 선불로 지불해야 했다. 네 명의 매춘부와 잠자리를 한 대가로 달걀 한 개 값을 지불했다는 사료도 있다. 뉘른베르크(Nürnberg)에서는 유곽을 한 차례 방문하는 요금이 1페니였고, 밤을 지새우면 3페니를 지불했다. 매춘부의 벌이가 어느 정도였는지 다양한 주장들과 단편적인 자료들이 있지만, 대부분 신뢰할 만하지는 않다. 일부 문헌에는 매춘부의 평균 수입이 숙련공 수공업자의 두 배라거나, 매춘부들이 길드를 결성했다는 주장도 있다.[55] 중세 말 전업 매춘부의 경우 대략 일반 노동자에 준하는 수입을 올렸으리라 추측된다.[56]

중세 말에 흑사병 발병 이후 노동인구의 감소, 개인의 경제력 향상 등에 힘입어 매춘에 종사하는 여성들의 경제력도 어느 정도 나아졌다. 이 무렵 일부 도시에서 매춘부의 법적 지위를 개선하려는 시도도 있었다. 랑그독(Languedoc)에서는 비로소 매춘부가 법정 증인으로 출두하고, 유언장을 작성하며, 결혼 계약을 하는 사례가 있었다. 도시가 소득이 높아진 이 여성들에게 세금 수입을 징수하려고 기대했기 때문이라고 생각된다. 한편 일부 매춘부는 조합처럼 유사시의 필요를 위해 공동으로 돈을 모으고, 그 기금에서 교회 제단에 초를 밝히며, 아프거나 사정으로 생계를 이어갈 수 없는 여성을 지원하는 경우도 있었다.[57]

6. 결론을 대신하여

매춘의 사례를 통해 중세 서유럽에서 그리스도교적 윤리가 철저히 적용되거나 관철되지 않았다는 사실을 확인할 수 있다. 통념과 달리 중세 사회는 적지 않게 세속화되어 있었으며 수요와 공급이 조절하는 시장의 조건 아래서 개별 정책도 선택되었다. 특히 도시에서 매춘의 관용을 결정한 것은 종교적 가르침이 아니라 도시민의 실용적인 태도였다.

매춘에 대한 태도에 결정적인 변화가 생긴 것은 16세기였다. 대부분의 유곽은 16세기 중반 철폐되었고 제한적인 매춘도 허용되지 않았다. 무엇보다 종교개혁이라는 신학적이며 동시에 윤리적인 운동을 거치면서 매춘이 공공연한 간음임을 비판적으로 성찰하게 되었다.[58] 마르틴 루터(Martin Luther)는 『독일 민족의 그리스도인 귀족에게』에서 인간의 본성에 거슬러 금욕을 강요하는 성직 제도의 이면에는 교회의 부패와 모순이 자리하고 있다고 지적하고 성직자의 결혼을 권장했다.[59] 그리고 교회 혹은 그리스도교인이 공창을 운영하는 일을 강하게 비판했다.[60] 종교개혁의 확산과 더불어 개신교 도시들에서는 공창이 폐쇄되고, 매춘부들이 추방되었다. 장 칼뱅(Jean Calvin)은 루터보다 더 과격하게 성 산업을 반대하고, 간음과 불륜을 처벌했다.[61]

한편 가톨릭 세력으로 남아 있던 프랑스와 이탈리아에서도 16세기를 거치며 유곽들이 폐쇄되었는데, 이는 종교개혁 운동의 영향으로 도덕적 인식이 변모했기 때문으로 해석된다. 관용적이던 가톨릭 지역에서도 신교 지역 못지않게 부정적인 기류가 커졌고 종종 매춘을 더 엄격히 규제하려는 입장으로 선회했다.[62] 개신교와 가톨릭 모두 매춘을 억제해야 할 대상으로 인식했던 것이다. 대부분의 유럽 국가가 거의 유사한 태도로 전환해 종교개혁의 조류에 편승함으로써 이후 수세기 동안은 매춘이 다시 어두운 음지에 자리 잡게 되었다.[63] 물론 예외가 없던 것은 아니다. 쾰른(Köln) 같은 도시에서는 제한적이기는 했어도 16세기 내내 매춘이 끈질기게 살아남았다. 주민이 약 4만 명에 이르렀던 점을 감안하면, 이 시기 도시의 합법적인 사창가는 단지 8명 정도가 종사하고 있을 정도로 작은 규모를 유지했다.[64] 하지만 당시에는 낙인찍히기를 원치 않아 유곽에 방문하는 것을 기피하고 비밀리에 매춘부를 만나 욕구를 해결하려는 경향이 이어졌음을 감안하면, 매춘 자체가 얼마나 잦아들었는지 판단하기는 어렵다.

매춘이 근절되지 않은 근본적 요인 중 하나는 그 영역에 종사하던 여성들의 경제적 궁핍이었다. 종교개혁으로 유곽이 폐쇄된 지역에서는 매춘부들의 항의와 매춘 허용에 대한 요청이 줄을 이었다. 로마에서는 교황이 1566년 교서를 통해 매춘부의 추방을 명령했는데, 매춘부뿐 아니라 그들에게 의존해 생업을 이어가는 자들까지 총 2만여 명에 이르는 사람이 도시를 떠나려는 움직임을 보이자 그 명령을 번복했다.[65] 이처럼 종교개혁 시대에 이르기까지 그리스도교화된 유럽에서 매춘을 신앙심 혹은 도덕으로 대처하려는 시도는 결국 성공하지 못했다. 매춘의 끈질긴 생명력은 남성의 뿌리 깊은 성적 욕망과 경제적 이해관계의 합작품이었다.

제4부

사랑, 르네상스, 종교개혁

사랑의 소비와 소년 배우

김보민 서울대학교 영어영문학과 교수

1. 왜 소년 배우인가?

엘리자베스 여왕(Elizabeth I, 1558-1603년 재위) 치세에 처음으로 들어서기 시작해 1642년 영국 청교도혁명 초기에 폐쇄된 르네상스기 영국 극장은 여러모로 근대적 극장의 면모를 갖추고 있었다. 전업 작가가 집필한 대본이 전업 배우들에 의해 상설 무대에서 입장료를 지불한 관객을 위해 공연된다는, 현대인이 당연하게 받아들이는 공연 모델의 역사적 기원 가운데 하나가 바로 르네상스기 영국 극장이라고 할 수 있다. 극적 재현의 대상, 즉 소재라는 측면에서도 르네상스기 극장은 근대적 면모를 보이는데, 이는 종교적 교리와 서사 혹은 그로부터 파생된 소재에 국한되던 중세시대 연극과 달리 인간사 전반이 원칙적으로 교회의 제도적·교리적 통제로부터 독립된 시각에서 재현될 수 있었기 때문이다. 그 가운데서 근현대 극예술에서와 마찬가지로 르네상스기 영국 극장에서도 사랑은 가장 흔한 극적 재현의 대상이었다. 현대 극단들의 레퍼토리에 윌리엄 셰익스피어 (William Shakespeare, 1564–1616년)가 포함될 수 있는 것은 이런 극 장사적 연속성이 있기 때문이다.

반면 셰익스피어 시기 공연의 관행은 근현대 공연 양식과 상당한 차이를 보이는 것도 사실인데, 사랑의 재현이라는 관점에서 가장 핵 심적인 차이는 여성 캐릭터를 연기할 여성 배우의 존재 유무라 할 수 있다. 르네상스기 영국 극장에서 여성 캐릭터는 모두 소년 배우에 의해 연기되었기 때문이다. 이는 거의 비슷한 시기에 마찬가지로 융 성했던 스페인 극장과도 다르고 1660년 청교도혁명이 종결되고 복 귀한 왕정의 후원으로 개장된 극장의 공연 문화와도 다른, 셰익스피 어 시기 영국 극장이 가지는 고유한 공연 조건이었다. 공연의 물질문 화 관점에서 르네상스기 영국 극장과 현대적 극장 사이의 일련의 차 이를 해석하는 한 시각은 극장과 공연 문화의 계속된 진보라는 관점 일 것이다. 예컨대 셰익스피어 시기 대본이 그리는 상황을 무대 위에 시각적으로 재현해줄 배경 내지는 미장센이 전무했다는 사실을 당 대 기술력 부족으로 어쩔 수 없이 감내해야 했던, 그렇지만 현대 기 술력이 해결한 문제로 볼 수 있다. 조명의 부재(그래서 셰익스피어 시기 연극은 해가 남아 있는 오후 2시부터 4시 정도까지 천장이 없는 야외극장 에서 공연될 수밖에 없었다), 무대 효과 등등에 관해서도 비슷한 이야 기를 할 수 있을 것이다. 현대의 공연 물질문화야말로 셰익스피어와 그의 동료들이 꿈꾸던, 꿈꿀 수 있다는 것조차 상상하지 못하던 이 상향이었을 것이라는 점이 이런 논리가 필연적으로 내포하는 함의다.

셰익스피어의 소년 배우에 관해서도 이와 비슷한 논리를 적용할 수 있을까? 기회가 주어지기만 했더라면 셰익스피어와 그 동료들

1596년 런던의 스완(Swan) 극장을 방문했던 네덜란드인 요한네스 데 빗(Johannes de Wit)이 남긴 스케치의 모사본. 기본적인 극장 구조와 공연 조건은 셰익스피어의 글로브 극장과 동일했다. 귀부인과 그 하녀로 보이는 등장인물은 소년 배우들이 연기했다.

은 여성 캐릭터의 연기를 소년 배우에게 맡기기보다 여배우에게 맡기는 쪽을 선택했을 것이라고? (그리고 이 경우 기술 진보에 의해 좌우되는 공연 물질문화와 다르게 여배우라는 옵션은 분명 르네상스기 극작가 자신들이 하나의 실현 가능한 일로 인식했음은 거의 확실하다고 할 수 있다. 이미 이 시기 대륙에서 여러 극단이 공연차 영국을 방문한 기록이 남아 있고 이들 극단은 분명 여배우를 단원으로 포함했을 것이기 때문이다.) 이 질문에 그렇다고 답하는 것은 직관적으로 합당하게 보이나 유일하게 가능한 답은 아니다.

셰익스피어와 그의 동료 작가들이 여장 소년 배우보다 여배우를 더 선호했으리라는 추정은 무엇보다 희곡 언어 자체에 녹아들어 있는 당대 공연 문화를 제대로 이해하지 못하게 할 수 있다. 예컨대 셰익스피어의 『안토니와 클레오파트라』(*Antony and Cleopatra*)에서 클레오파트라는 전쟁에서 옥타비우스(Octavius)에게 패한 뒤 승자의 전리품으로 로마에 끌려가는 수모를 상상하며 이를 당대 공연 문화의 언어로 탄식한다.

> 암, 확실해, 이라스. 뻔뻔한 별배들은
> 우리를 갈보처럼 만지고 비열한 시인들은
> 우리를 멋대로 노래하며 약빠른 광대들은
> 즉석에서 우리를 무대에 올리고 우리의
> 알렉산드리아식 잔치를 열 텐데, 안토니는
> 취한 채로 나오고 웬 악쓰는 클레오파트라가
> 창녀 꼴로 내 위엄을 소년으로 낮추는 걸
> 난 보게 될 거야. (5.2.213-20)[1]

현대 한국어 번역에서 '소년으로 낮춘다'는 행위는 원문에서는 명사에서 동사로 전용된 'boy'라는 단어로 표시되는데, 이는 '유인원'을 뜻하는 'ape'가 '저열하게 흉내 내다'라는 뜻의 동사로 전용되는 용법을 참조해 셰익스피어가 조어한 것이다. 유인원의 인간 흉내가 그 태생적인 저열함을 극복할 수 없고, 그래서 결국 보는 이의 웃음 거리가 아닌 다른 것이 될 수 없듯이, 소년 배우가 연기하는 자신 또한 여왕의 위엄을 보여주기보다 조롱거리가 될 수밖에 없다는 것이다. 또 하나 주목할 점은 클레오파트라가 자신을 연기하는 소년 배우에 대해 "창녀 꼴"을 하고 있을 것이라고 당연시한다는 사실이다. 즉 소년 배우의 여장 자체가 연기자를 성적 소비의 대상으로 만든다는 생각이 무대 위 자신의 운명에 대한 클레오파트라의 공포에 전제되어 있는 것이다. 결국 이 시점에서 여왕으로 하여금 삶과 죽음 가운데 후자를 결정하게 하는 심리적 동인은 셰익스피어 당대의 극장 공연 문화와 떨어져 생각할 수 없게 된다. 요컨대 여장 소년 배우의 존재를 당대 작가들에게 주어진, 목적론적으로 극복될 수밖에 없고 실제로 그렇게 되었던 역사적 한계로 축소하는 일은 거꾸로 그런 한계를 그 구성 요소로 하고 있는 희곡 텍스트에 대한 온전한 해석에 미달하는 결과를 가져올 것이다.

또한 여장 소년 배우의 존재를 목적론적 시각에서 축소하는 것은 르네상스기 영국 극장에서 작동하던 욕망의 경제를 설명하지 못하는 결과를 낳을 수도 있다. 스티븐 오글(Stephen Orgel)이 지적하듯, 관객들이 극장에서 사랑을 소비하는 것이 무대 위의 행위에서 자신들의 환상을 충족시킬 요소를 발견하는 것이라면, 이는 일정 부분 배우라는 물리적 존재에 욕망을 투사함으로써 이루어진다고 할 것이다. 르네상스기 영국 극장에서 벌어진 복장 도착(cross-dressing)을 최소화하는 독법의 맹점은 바로 관객의 욕망이 투사될 수 있는 물리적 실체를 부재하는 것으로 만든다는 점이다. 근현대 극장 문화에서 극적 이성애 재현의 소비가 관객이 동성 등장인물과의 동일화를 매개로 이성 등장인물에게 욕망을 투사하는 형태로 이루어진다면, 셰익스피어 시기의 무대 위 복장 도착을 역사적 우연이 만들어낸 일회적 호기심의 대상 이상으로 고려하지 않는 시각은 필연적으로 배우라는 물리적 실체를 매개로 혹은 대상으로 하는 극장에서의 욕망의 경제를 설명할 근거를 상실할 수밖에 없다.

사랑의 극적 재현의 소비라는 관점에서 여장 소년 배우가 맡은 역할에 대한 이해는 현대 극예술의 실험으로부터 실증적으로 재구성을 시도하기 힘든 대상이다. 셰익스피어 시기 극예술 공연의 물질문화, 그리고 그 물질문화가 셰익스피어와 그 동료 작가들의 예술적 실천에 가질 수 있는 함의에 대한 가장 철저하고 광범위한 실험은 미국 배우이자 감독인 샘 워너메이커(Sam Wanamaker)의 주도하에서 기획되어 1997년 개장한 극장 '셰익스피어스 글로브'(Shakespeare's Globe)에서 이루어져왔다. 셰익스피어가 활동한 템스강 남안에 있던 원래의 '더 글로브'(The Globe) 극장에서 멀지 않은 곳에 세워진 이 극장은 셰익스피어 당대에 가능했던 기술들을 사용해 관광객에게 볼거리를 제공할 뿐 아니라 조명, 화장술, 음악, 배우와 관객 간 상호작용 같은 측면에서 르네상스 극예술이 가진 가능성의 한계를 시험하고, 이로부터 학계에 소중한 통찰을 제공해왔다. 하지만 셰익스피어스 글로브 극단이 '원공연'(original production)의 이름으로 고증에 충실한 무대를 올리는 경우에도 무대 위 복장 도착을 재현할 수는 있었을지언정 소년 배우에 의한 여장은 시도된 적이 없다. 공연 제작에 참여한 한 관계자는 "현대 연극 공연 관행에서의 제한"에서 여장 소년 배우의 부재 원인을 찾는다.[2] 하지만 10대 소년·소녀의 극장 무대 등장 자체가 보편화된 상황이라면, 그리고 공연에서 성인 배우의 복장 도착이 충분히 용인되는 것이 관행임을 상기한다면 "현대 연극 공연 관행에서의 제한"은 좀 더 복잡하고 논하기 곤란한 상황에 대한 우회적 표현임을 짐작하기 어렵지 않다. 즉 소년 배우 자체, 그리고 성인 배우의 복장 도착 자체는 용인될 수 있지만, 소년 배우의 복장 도착은 전혀 다른 이야기라는 것이다. 소년 배우의 복장 도착에 관한 "제한"은 단순한 아동 노동의 법적 금지를 넘어서는 어떤 것이다. 명문화되지 않은 이 제한은 여장 소년 배우가 성적 소비 대상이 될 가능성에 대한 사회적 터부가 아닐까?

근대 영국의 극예술과 극예술이 반영하고 형성했던 사랑과 관련된 감수성은 현대의 그것과는 매우 상이한 물질적·법적·윤리적 전제들의 산물이었다. 하지만 사랑의 극적 재현에서 소년 배우의 복장 도착에 관한 관심은 셰익스피어 시대와 근현대의 심미적 감성이 공유하는 요소라 할 수 있다. 다만 소년 배우의 복장 도착이 가지는 함의의 측면에서 두 시기는 전혀 상반된 모습을 보인다. 현대에서는 윤리적 감성의 최종 대상이 소년 배우의 인권에 있고 이 인권 보호가 복장 도착한 소년 배우의 가능성 자체를 억압하는 것으로 이루어진다면, 셰익스피어 시기의 심미적·윤리적 감수성은 소년 배우가 관객들에게 미치는 영향에 민감한 것이었다. 르네상스기에 보호받아야 할 대상으로 여겨진 것은 오히려 관객이었다. 그리고 관객들이 보호받아야 한다는 요구의 이면에는 역으로 소년 배우의 복장 도착에 대한 매료가 있었다. 이 글의 주제는 사랑의 극적 재현에서 이런 여장 소년 배우들이 관객에게 행사한 매료와 그것에 대한 불안감이다.

2. 극장사적·사회적 배경

르네상스기 영국의 상업 연극계에는 크게 두 종류의 극단이 있었고, 이 두 극단에서 소년 배우들은 상이한 맥락에서 여성 역할을 연기했는데 아동 극단(children's companies)과 성인 극단이 그것이다. 아동 극단은 (최소 명목상으로는) 고전 라틴어 숙달과 고전 라틴 문화의 이상이던 웅변술을 강조하고 이를 연극을 통해 배양하고자 했던 르네상스 휴머니즘적 커리큘럼에서 기원했다고 할 수 있다. 르네상스기 저명한 교육 이론가였던 로저 애스컴(Roger Ascham)은 타락한 중세 라틴어의 영향을 배제하고 오염되지 않은 "순수한" 라틴어를 체화하는 중요한 수단으로 고대 로마의 희극 작가 플라우투스(Plautus)와 테렌스(Terence)의 희극을 연기할 것을 주장했다.[3] 연기는 또한 배운 지식을 공적인 자리에서 설득력 있게 제시하는 웅변술의 핵심인 대담성과 용기를 배양하는 주요한 수단으로 여겨졌다.

르네상스기 상설화된 소년 극단의 형성에 직접적으로 관련된 기관은 교회 성가대였다. 국왕 직속 왕실 예배당(Chapel Royal)과 성 바오로 대성당의 소년 성가대원을 맡아 교육시키던 단장(masters)들이 왕실 행사나 국왕 여흥의 일부에 성가대원의 연기를 포함시키고 국왕으로부터 격려금 형태로 금전적 보상을 받은 관행이 아동 극단의 기원이었다. 단장들은 본 공연을 위한 "리허설"을 고관대작 등 소수의 엘리트 관객에게 공개하고 후원금을 받기 시작했으며, 이들 단장이 이후 왕실에 대한 봉사라는 명분이나 교육적 목적과 별개로 상업적인 기획으로 극단을 운영하기 시작했던 것이다. 그리고 이 소년 배우들의 극단은 원래 취지에서 벗어나 상업적 기획으로 변질된 후에도 여전히 소수의 엄선된 관객들을 위해 공연한다는 문화적 우월성을 여전히 보유했고, 이 우월성이 주요한 상업적 자산이기도 했다. 아래에서 이야기할 성인 극단이 배우들(당시 배우를 가리키는 일반적인 표현은 'actors'가 아니라 좀 더 평민적인 기원을 함의하는 'players'였다)의 조합이었고 따라서 상대적으로 '평민적'이었다면, 소년 극단은 단장과 극작가 등 교양 있는 엘리트 경영진이 역시 교양 있는 관객의 비평적 안목에 작가주의적 작품을 제공하는 고급 극예술 기관이었던 것이다.[4]

소년 극단은 역사적으로 르네상스기의 고유한 극단 형태였다. 대조적으로 셰익스피어 시기 성인 극단은 르네상스기를 넘어 근현대 극예술의 중심이 된 극단 형태의 시초였다. 영국에서 상업 극단을 위한 상설극장이 1567년 처음 개관한 이래 런던 외곽 지역에는 한 회 공연에 2,000~3,000명가량을 수용할 수 있는 야외극장들이 들어서기 시작했는데, 이 극장들을 주요 무대로 삼은 극단이 바로 셰익스피어가 일원이던 '킹스 멘'(King's Men), 그리고 그 라이벌 격이던 '프린스 헨리스 멘'(Prince Henry's Men) 같은 성인 극단이었다. 르네상스기 성인 극단은 본질적으로 주요 성인 남성 배우들이 출자한 조합 성격을 띠고 있었다. 하지만 극단은 법적으로는 런던시를 구성했던 길드(Livery Companies)의 하나가 아니었다. 그럼에도 극단의 몇몇 배우는 경제적 주체로 활동하기 위해선 런던 길드의 회원, 즉 법적으로 런던 시민이 될 필요가 있었다. 이 상황에서 런던 극단들에게 결정적으로 도움이 된 법의 허점은 르네상스기 런던 길드에서 장인(freeman)의 위치가 해당 길드에서의 실질적 수련과 관계없는 명목상 자격일 수도 있다는 것이었다. 장인에 오르는 길은 선배 장인

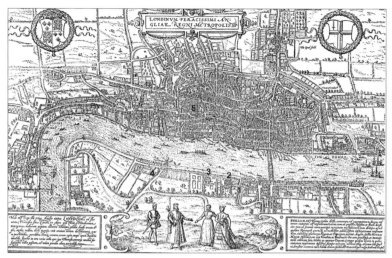

1572년 간행된 『세계의 도시』(*Civitates Orbis Terrarum*)에 실린 런던 지도.
1. 셰익스피어의 글로브 극장이 1599년에 들어서게 될 자리.
2, 3. 각각 투웅(鬪熊, bear baiting), 투우(鬪牛, bull baiting) 경기장. 투웅, 투우는 당대 주요한 대중 엔터테인먼트였으며 해당 경기장의 구조는 연극을 위한 야외극장 설계에 주요한 모델이 되었다.
4. 스완 극장이 1595년에 건축된 위치(그림 1 참조).
5. 성 바오로 대성당. 1666년 런던 대화재로 파괴되어 오늘날과 같은 바로크 스타일로 재건축되기 이전의 성 바오로 대성당은 고딕 양식의 건축물이었다. 성 바오로 대성당 소년 성가대원들의 교육 과정 일부로 시행되던 연극 공연은 이후 상업적 기획으로서 소년 극단의 기원이 되었다.

의 가계 일부가 되어 오랜 기간 수련을 거치는 방법 외에도 여러 가지가 있었기 때문이다. 극단의 주요 배우는 대부분 각각 한 길드의 장인으로, 길드에서 도제(apprentice) 기간을 거쳤거나 장인이던 아버지의 이름으로 장인임을 인정받았고, 이 법적인 자격을 통해 상업 연극이라는 경제 활동을 할 수 있었다. 예컨대 킹스 멘의 전신 '로드 체임벌린스 멘'(Lord Chamberlain's Men)이 활동한 극장 '더 시어터'(The Theatre, 1576년 개장)와 '더 글로브'(1599년 개장)의 소유주였던 제임스 버비지(James Burbage)와 그의 아들인 배우 리처드 버비지

(Richard Burbage)는 목수(joiner), 셰익스피어의 가장 큰 라이벌이던 벤 존슨(Ben Jonson, 1573~1637년경)은 건축업자(bricklayer), 당대 가장 유명한 예능인이자 배우였던 리처드 탈턴(Richard Tarlton)은 봉제 물품상(haberdasher), 셰익스피어의 동료였으며 첫 셰익스피어 전집 『일차 이절판』(First Folio)을 편찬했던 존 헤밍스(John Heminges)는 식료품상(grocer)이었다.[5]

극단의 주요 인원이 법적으로 길드 회원이었다는 사실은 자신들의 활동에 법적·사회적 보호막을 제공하는 동시에 극단의 인적 재생산에 핵심적인 기능을 했다. 그리고 사회적 금기로 상업 극장에 여배우가 존재할 수 없는 상황에서 이런 인적 재생산 기제는 무대에서 여성의 재현과 직접적인 관련이 있었다. 런던 길드에서 장인은 대략 14세 소년을 수련생으로 들였으며, 이 소년은 21세 정도에 도제 과정을 마치고 해당 길드의 장인 자격을 획득했다. 이 시스템은 길드의 장인 자격으로 극단에 참여한 소년 배우들에게도 동일하게 적용되었다. 그리고 이렇게 배우의 수련생이 된 소년은 무엇보다 여성 역할을 맡았다. 간혹 희곡이 요구하는 또래의 동성 등장인물 역을 맡을 수도 있었겠지만 변성기로 목소리가 변해 여성 연기가 불가능하지 않은 한 수련생에게 주어진 역할은 여성이었다.

각 극단에서 공연한 작품의 캐스팅 관련 자료는 극히 일부만 남아 있다. 다만 이 자료들은 상당한 수준의 일관된 경향을 보이는바, 그 전형적인 한 예를 존 웹스터(John Webster, 1578~1626년경)가 '킹스 멘'을 위해 쓰고 1612~1613년 초연, 1621~1623년 재공연된 「아말피의 여공」(The Duchess of Malfi)에서 찾아볼 수 있다.[6] 이 작품에 등장하는 여자 배역을 맡은 소년들은 다음과 같다.

리처드 샤프(Richard Sharpe): 여공작

1601년 10월생. 1616년 2월 도제, 헤밍스 아래 식료품상 조합 (Grocers' Company) 소속.

1623년 기준 21~22세. 배우 경력 약 5년.

로버트 팰랜트(Robert Pallant): 여공작의 하녀 카리올라(Cariola)

1605년 9월생. 1620년 2월 도제, 헤밍스 아래 식료품상 조합 (Grocers' Company) 소속.

1623년 기준 18세, 배우 경력 약 3년.

존 톰프슨(John Thompson): 추기경의 정부 줄리아(Julia)

생년 불명. 존 샹크(John Shank) 아래 방직공 조합(Weavers' Company) 소속.

알려진 최후의 여성 배역은 1631년.

이 자료에서 특히 주목할 만한 부분은 샤프와 톰프슨의 나이, 그리고 그들이 맡은 배역 사이의 상관관계. 여공작은 이탈리아 가톨릭 사회의 대표자 격인 두 오빠 칼라브리아(Calabria) 공작과 추기경에 반해 친(親)신교적 결혼관을 신봉하면서 혈통에 의해 정해지는 계급 체계에 맞서 능력을 갖춘 사람의 가치를 인정하는, 타락한 구교 사회에서 양심을 지키는 인물이다. 과부인 그녀는 자신의 육체적 욕망을 자각하고 이를 아래 신분의 능력 있는 남성과의 결혼을 통해 승화시켰으며, 오빠들의 하수인 보솔라(Bosola)에게 죽임을 당할 때도 의연하게 죽음을 받아들이는, 인간으로서 여성스러움과 공작으로서 위엄이 공존하는 여성이다. 여장 연기 경력의 끝부분에 있었음에 틀림없는 샤프가 이 배역을 맡은 것은 납득할 만하다. 이에 비해 줄리아는 늙은 귀족과 결혼한 젊은 부인이자 추기경의 정부이며, 남자 귀족들의 유혹을 받고 보솔라를 유혹하는, 타락한 로마의 성도덕을 체현하는 인물이다. 톰프슨이 1631년 마지막으로 여성 배역을 맡았을 때 나이가 22세였다면, 그리고 「아말피의 여공」 재공연이 1623년에 이루어졌다면 당시 그는 14세였을 것이고, 재공연이 1619년에 있었다면 그의 나이는 11세까지 내려갈 수 있다. 어떤 경우든 톰프슨은 도제로서 경력의 초반, 10대에 갓 들어선 나이에 줄리아라는 데카당트한 섹슈얼리티가 지극히 강조되는 배역을 연기한 것이다. 현대의 윤리적·심미적 상식으로 일견 이해가 가지 않는 이런 캐스팅이야말로 르네상스기 여장 소년 배우를 향한 당대의 전제가 드러나는 지점이다.

3. 소년 배우와 르네상스기 극장에서의 욕망의 구조

단적으로 말해 10대 초반의 소년이 남성에게 유혹되고 남성을 유혹하는 농염한 정부 배역을 맡을 수 있었던 것은 소년 자신이 작품 속 줄리아처럼 남성의 욕망 대상일 수 있었기 때문이다. 예컨대 셰익스피어의 『베니스의 상인』(The Merchant of Venice)에서 인용한 다음과 같은 장면을 보자.

제시카 이 상자를 받으세요, 수고비가 될 거예요.

밤이라서 난 기뻐요, 당신은 못 보지만

갈아입은 옷 때문에 난 아주 창피해요.

하지만 사랑은 눈멀었고 연인들 스스로는

자신들이 범하는 예쁜 짓을 못 보죠.

만약 볼 수 있다면 큐피드라 할지라도

소년 된 나를 보고 얼굴 붉힐 테니까.

로렌초 내려와. 내 횃불잡이가 돼야 할 테니까.

제시카 아니, 불을 들고 내 수치를 봐야 해요?

수치 그 자체가 정말이지 너무너무 밝아요.

아니, 그 일은 드러내는 거잖아요, 자기,

난 감춰져야만 하는데.

로렌초 감춰졌어, 자기야.

아름다운 소년의 차림새로 말이야.[7] (2.6.34-46)

유대인 샤일록의 딸 제시카와 눈이 맞은 로렌초는 샤일록의 집 밖에서 어둠을 틈타 자신의 연인이 귀중품을 챙겨 이층 창문으로 나오는 모습을 지켜보고 있다. 소년의 옷으로 갈아입은 것이 숙녀답지 못한 행동이라고 생각하는 제시카는 큐피드조차 조신하지 못한 자신의 모습에 얼굴 붉힐 것이라며 창피해하지만, 로렌초는 소년으로의 복장 도착에 오히려 흥분하는 모습을 보인다. 그가 복장 도착에 흥분한 것은 단순히 평소 입지 않던 의복을 착용해서가 아니라 구체적으로 소년 복장을 취해서다. 그리고 이런 욕망의 상승이 가능한 것은 소년 복장이 그 자체로 욕망의 대상이기 때문이다. 즉 원문에서 "the lovely garnish of a boy"라는 표현은 "the garnish of a lovely boy"라는 뜻과 다르지 않다. 로렌초의 이런 흥분 상태는 큐피드가 얼굴 붉힌다는 표현에 숨은 욕망의 결을 역으로 조명해준다. 즉 큐피드가 얼굴을 붉히는 이유는 제시카를 부끄러워해서가 아니라 더욱 욕망해서라는 것이다.

로렌초에게서 보이는, 즉 여성 연인과 소년 모두를 대상으로 한 욕망은 그에게만 국한된 것이 아니다. 베니스 법정에 법학자로 변장해 등장하는 포샤는 변성기("between the change of man and boy")의 가는 목소리("With a reed voice")로 자신의 하녀가 변장할 소년보다 더 예쁜("the prettier fellow of the two") 젊은이로 분해 안토니오를 샤일록으로부터 구한다. 그리고 그 대가로 자신이 남편 바사니오에게 애정의 증표로 선물한 반지를 뜯어내 곤란을 겪게 만드는데, 이 반지 트릭의 상징적 의미가 바사니오로 하여금 아내와 소년스러운 법학자 사이에서 선택을 강요하게 만드는 것인바, 이 선택 자체가 성인 남성에게 둘 모두가 욕망의 대상임을 암시하고 있다. 더욱 일반적으로 셰익스피어 낭만 희극의 가장 중요한 극적 장치인 소년으로 복장 도착하는 여주인공과 그로부터 발생하는 남성 주인공의 혼란이야말로 여성을 향한 이성애적 욕망과 소년을 향한 동성애적 욕망의 공존이 극화되는 한 방법이라고 할 수 있다.

19세기 말 이후 이성애와는 배타적인, 개인 정체성의 일부로 개념화된 동성애와 대조적으로 근세 영국 드라마에 드러나는 이성애와 동성애, 좀 더 정확히는 소년애(pederasty)의 공존은 넓게는 당시 남성의 욕망 지향이 조직되는 방법이었다. 법적으로 1533년 이후 르네상스기 영국에서 남색(sodomy)은 분명 사형에까지 이를 수 있는 범죄였다. 반면 동성애사(史) 연구에 의하면, 르네상스기 영국 사회는 실질적으로 벌어지는 동성애 사례에 대해서는 사실상 무신경했다. 도덕률 및 법률 차원에서의 남색에 대한 매도와 자신과 이웃이 벌이는 동성을 향한 욕망의 행위 사이에 상관관계를 수립하지 않았다는 것이다. 무신론, 주술(witchcraft), 반역 등 사회 기반을 위협하는 일련의 행위와 결합하지 않은 한, 그리고 남성 주체가 결혼에 수반되는 의무를 무시하고 배제적으로 동성애를 추구하지 않는 한 동성애가 특별히 처벌 대상이 되지는 않았다.[8] 특히 소년애는 르네상스의 이상이던 그리스-로마 문화에서 기원했다는 문화적 명망과 신임장까지 가지고 있었다. 소년에 대한 동성애적 욕망과 여성을 향한 이성애적 욕망의 공존은 이런 "실천의 논리"에서 이해되어야 한다.

르네상스기 영국에서는 성인 남성과 교제하고 그에 의해 부양되는, 양성적 성격을 지닌 소년을 일컫는 일련의 단어들('ganymede', 'ingle', 'catamite', 'epicene')이 유통되기 시작했다.[9] 이 표현들은 물론 비판적·풍자적 의도로 사용될 수도 있었겠지만 유한계급의 식자층 남성들 사이에서 소년애가 문화적으로 가치가 있는, 일종의 사치품 성격을 지닌 사회적 관행이 되었음을 방증한다. 문학 및 문화에 나타나고 그 속에서 고양되는 소년애적 드라이브가 명시적으로 특정되는 담론은 당대의 반극장론이었다. 반극장론은 반희곡론이 아니었다. 희곡은 지극히 적법한 문학의 일부였다. 반극장론이 반대한 것은 희곡이 무대 위 배우들의 몸을 통해 매개된다는 점이었다. 그리고 이 과정에서 무엇보다 문제가 된 것은 희곡의 여자 등장인물이 소년이라는 물리적 매개를 통해 관객에게 감상된다는 사실이었다. 즉 반극장론이 내포하는 반배우론은 특별히 여장 소년 배우가 일으킬 수 있는 욕망에 대한 감상이자 인정이라고 할 수 있다. 그 자신이 학생

시절 여장 연기를 한 바 있는, 옥스퍼드대학교의 저명한 학자 존 레이놀즈(John Rainolds)에 의하면 여장한 소년의 유혹은 사람을 무는 독거미만큼이나 치명적이다.

크리토불루스가 아름다운 소년 알키비아데스의 아들에 입맞춤을 했을 때 소크라테스는 그가 잘못했고 매우 위험한 일을 했다고 말했다. 왜냐하면 그 입으로 사람을 건드리기만 해도 그 사람에게 엄청난 고통을 주고 미쳐버리게 만드는 거미 종류와 같이, 아름다운 소년들은 입맞춤을 통해 사람을 쏘고는 비밀리에 일종의 독, 즉 음란의 독을 주입하기 때문이다. (…) 현자라는 사람들이 배우들의 역할에 아무런 음탕함이 없다고 믿을 수 있단 말인가? (현자들이 말하듯) 경험이 보여주는바, 그런 배우들을 방문함으로써 남자들이 간통을 저지르고 순결의 적이 되며, 감각이 움직이고 감정이 기뻐하고 강하고 지조 있는 마음도 그런 배우들에 의해 정복당하며, 여자 같은 배우가 사랑을 연기하는 동안 사랑의 상처를 입히는데도?[10]

한 세대가 지난 후 영문학사상 아마도 가장 유명한 반극장론자였던 사무 변호사 윌리엄 프린(William Prynne)이 쓴 『배우들을 위한 채찍』(*Histrio-mastix*)에서도 여장 소년 배우는 여전히 성인 남성 주체의 이성적인 자기 통제에 치명적인 위험을 가하는 존재로 묘사된다.

스텁스 씨가 보여준바, 배우들과 연극 애호가들은 비밀리에 만나 남색을 탐한다. 그는 또한 이렇게 여성의 의복을 입은 소년 배우들에 필사적으로 매료되어 글과 편지로 그들에게 구애하고, 심지어 실제로

그들을 오용한 근래의 예 또한 보여주었다.[11]

　주목할 점은 이들 반극장론에서 남성 주체가 "필사적으로 매료"되는 것은 소년 자체도, 배우의 의복 기제를 통해 여성으로 상정되는 재현의 기의(signified)도 아닌, 복장 도착한 소년이라는 기표 그 자체라는 점이다. 반극장론자에게 복장 도착은 이미 잠재적 대상에 대한 욕망을 현실화하는 역할을 한다. 그리고 그 욕망이 향하는 대상은 생물학적 구별과는 별개로 제삼의, 무대에서 공연되는 연극에 고유한 대상이다.

　극장이 기능하기 위한 필수 조건이 관객의 문화적 판타지를 충족시키는 것이라면,[12] 남성 관객에게 여장 소년 배우는 이성애적 욕망과 소년애적 욕망이 중첩된 대상 혹은 젠더를 현실화하고 무대에서 고유한 방식으로 판타지를 충족시켰다고 할 수 있다. 그리고 이는 여성 관객들에게도 마찬가지였을 것이라고 봐야 한다. 여성 관객에게 여장 소년 배우는 어떤 판타지를 충족시켰을까? 여성 관객이 여장 배우들에게 보였을 법한 반응을 기록한 문헌은 문학작품을 제외하면 사실상 찾아보기 어렵다. 하지만 여성들의 문화적 판타지가 문제라면 문학, 특히 드라마에 등장하는 소년의 복장 도착에 관한 언급이 충분히 가치 있는 통찰을 제공할 수 있다. 예컨대 벤 존슨의 1609년 작품 『에피신』(Epicene)은 '갤런츠'(gallants)로 불리던 런던 유한계급 한량들이 그들의 적(문화적·윤리적 측면에서)인 상인들과 얽혀 좌충우돌하며 승리하는 이야기를 그리는데, 이 작품의 도입부는 한 한량이 자신을 대신해 구애하고 오라고 보낸 '잉글'(ingle) 시종에게 그 숙녀가 소년을 어떻게 대접했는지 물어보는 장면이다.

소년 숙녀들이 저를 가지고 놀고, 저를 침대에 던지고서는 마님에게 데리고 간답니다. 마님은 화장기름 바른 얼굴로 입을 맞추고 제게 가발을 씌우고 마님의 가운을 입어보겠느냐고 묻지요. 아니라고 하면 귓방망이를 날리시고는 저를 순진한 것이라 부르시며 놓아주시지요.

클레리몽 네 주인에게는 문이 꼭 닫혀 있는 동안 네가 그렇게 손쉽게 들락거리는 게 놀랄 일이 아니군. 이 양반아, 이제 내 그녀의 집에 출입하는 것은 금지일세. 그렇게 안 하면 보름 후에는 그녀 집 바닥에 깔린 갈대 사이에서 네 목소리를 찾아야 할 터이니. 노래해보시게.

[트루윗 등장]

트루윗 여기 시간을 녹여 흘려보내 허송세월하고도 무슨 일이 있는지를 모를 친구가 있구먼. 집 밖에는 애인, 집 안에는 잉글이 있고, 좋은 음식에 푹신한 침대에 근사한 옷에 풍악이 있으니, 시간에 날개가 달려 있다고도, 하루하루가 역마 타고 뛰어간다고도 생각하지 않는군.[13] (1.1.12-25)

트루윗의 데카당트한 한량의 삶에 대한 묘사를 보면 여성 연인과 잉글은 동등한 위치에서 남성에게 쾌락을 제공하는 원천으로 그려진다. 그리고 이 잉글은 시녀들의 장난 대상이기도 하다. 침대에 던지는 행위가 암시하듯, 이 장난에는 분명 성적 함의가 포함되어 있다. 소년 시종을 성적으로 적극 환대하는 것은 클레리몽이 구애하고 있는 여성도 마찬가지다. 연인의 집 바닥에서 시종을 찾는다는 표현은 클레리몽이 자신의 연인이 시종에게 베푸는 다소 폭력적인 환대에 성적 성격이 내포되어 있다는 것을 명백히 보고 있음을 암시한다. 더는 연인의 집에 시종이 출입하지 못하게 하겠다는 말은 자신의 시종이 연인의 성적 파트너로 경쟁 관계에 있음을, 어쩌면 더욱 우월한 욕망의 대상임을 인정한 결과인 것이다. 클레리몽에게 잉글과 여성 연인이 구조적으로 동등한 위치에 있다면 이 여성에게도 클레리몽과 잉글은 동등한 위치에 자리한다. 소년의 복장 도착은 클레리몽의 연인이 행사하는 성적 정복 과정의 일부이자 결과물이다. 여성의 복장 도착적 소년애는 성인 남성에게는 행사하지 못하는 여성의 성적 자결권과 정복욕의 판타지가 구체적으로 나타나는 방식인 것이다.[14] 그리고 자신을 위해 이미 복장 도착을 한 소년이 극장 무대에 등장해 있다는 것 자체가 소비자로서의 여성의 권력이 극장이라는 제도를 통해 인정되고 있다는 사실의 방증이나 마찬가지다.

4. 결론

서양 문학에서 근현대 극예술이 오늘날과 같은 형태로 발전한 궤적의 근원에는 셰익스피어와 그 시대 극작가들의 상업적·예술적 실천이 있었다. 하지만 두 역사적 시기 사이의 연속성에도 불구하고 르네상스기 극예술은 사랑의 극적 재현 측면에서 근현대 연극술과는 매우 다른 물질적 조건하에서 작동했고, 근현대의 그것과 매우 상이한 욕망의 '감정 구조'에 기반을 둔 예술이었다. 이 감정 구조는 최소한 남성 주체에게는 이성애와 동성애, 특히 소년애가 서로를 배제하지 않는 사회적 실천을 용인하는 문화의 산물이었다.

르네상스기의 감정 구조를 가진 관객들이 무대 위 사랑의 재현을 소비하는 데 있어 복장 도착을 하고 여성 배역을 맡은 10대 소년 배우의 존재는 핵심적인 역할을 했다. 남성 관객에게 소년 배우의 복장 도착은 소년애와 이성애가 중첩된 욕망의 대상을 제공했다. 여성 관객에게도 소년 배우는 현실에서는 존재하기 힘든 주체적 자기 결정과 이성(異性) 정복의 욕망을 충족시키는 기능을 했다. 즉 남성, 여성 관객 모두에게 소년 배우의 여장은 이미 잠재적으로 작동하고 있는 욕망을 현실화하는 역할을 한 것이다. 르네상스기 극장의 여장 소년 배우는 근현대적 욕망 경제의 기원으로서 르네상스의 친숙함과 생경함을 동시에 체현한 존재다.

개혁된 사랑과 신성한 결혼

이종숙 서울대학교 영어영문학과 명예교수

1. 들어가며: 근대적 감성의 역사성

무엇이 근대이며 언제부터 근대인가란 질문은 역사적 현재를 탐구하고 진단하며 개조하려는 충동의 표현이다. 그런 의미에서 근대성의 형성 과정에 대한 질문은 언제나 현재적일 뿐 아니라, 질문자의 현재적 위치가 변화할 때마다 새롭게 구성되어야 하는 것이기도 하다. 서양의 근대성이 르네상스와 종교개혁기에 형성되었다는 얼핏 진부해 보이는 테제를 지금 다시 들여다봐야 하는 이유도 여기 있다.

서양의 근대가 한국의 정치·경제적 근대를 형성하는 데 깊이 개입했으며, 그것이 과거로 끝나지 않고 현재에도 계속되고 있다는 점은 누구도 부인할 수 없는 역사적 사실이다. 그래서, 또는 그럼에도 불구하고, 다음과 같은 질문을 한번 해볼 필요가 있다. 과연 근대적 한국인의 감성과 감정에도 서양의 역사가 결정적인 영향을 미쳤을까? 우리가 지금 자연스러운 감정이라고 생각하는 것에도 역사가 있고,

그 역사는 서양의 근대로 거슬러 올라가는 것일까? 우리의 근대적 문화와 감성이 서양에서 유래한다면 어떤 경로를 통해 어떻게 그리고 왜 오게 되었을까? 우리가 어느 정도까지 서양의 근대성을 우리 것으로 품어온 것일까? 이런 질문은 문화와 경제가 동서양의 경계는 물론이요, 국가와 국가 간 경계도 없이 유통되는 현시점에서 오히려 다시 한 번 다져 물어봐야 할 필요가 있다. 우리가 세계시민권이라고 생각하며 받아들였던 문화가 언젠가는 서양의 문화 자본에 의한 동양 문화의 흡수 통합으로 드러날 가능성도 적지 않기 때문이다.

이 글은 인간의 가장 자연스럽고 고귀한 감정이라고 여겨지는 사랑에도 역사가 있다는 점을 강조하는 동시에, 우리가 아는바 '진실한 사랑'이나 '사랑을 위한 사랑', '영육이 일치하는 사랑', '신성한 결혼'과 같은 이상뿐 아니라 '자유연애', '자유결혼', '이혼의 자유', '성의 해방'과 같은 이상 역시 르네상스와 종교개혁기를 거치면서 재구성된 사랑 담론으로부터 유래한다는 점을 지적하고자 한다.

2. 사랑의 개혁: 종교개혁기의 사랑

종교개혁기에 일어난 기독교 교리 개혁의 연장선상에서 사랑에 관한 당대의 담론을 살펴본다면 어떤 변화를 읽어낼 수 있을까? 이 질문의 첫 번째 전제는 앞서 언급한 사랑의 역사성이다. 사랑도 문화 담론의 일부로서 역사 속에서 구성되고 기능하며 변화하기 때문에 사랑 모형이나 사랑 이데올로기의 변화가 문화적 변동의 지표가 될 수 있다는 뜻이다. 두 번째 전제는 종교개혁이 당대 유럽 문화의 지

형도를 바꿨으며, 오늘날 우리가 근대라고 부르는 바로 그 근대의 역사를 여는 혁명적인 사건이었다는 점이다. 이 시대의 사랑 모형에 근대를 신호하는 변화가 일어났다고 생각할 여지가 있다는 뜻이다. 세번째 전제는 문화 영역에서 일어나는 혁명은 역사의 갑작스러운 단절이 아니라 오랜 세월에 걸쳐 일어난 점진적 변화와 그 과정에서 축적된 변화 에너지가 어느 시점에 혁명적 형태로 발현됨으로써 나타나는 역사, 즉 연속의 역사라는 점이다. 종교개혁기의 문화 변동이야말로 그것을 단적으로 보여주는 예이고, 따라서 종교개혁기 사랑의 역사는 그 전후의 연결선상에서 읽을 필요가 있다는 뜻이다.

르네상스와 종교개혁기 사랑 담론의 핵심은 인간의 인간에 대한 사랑을 어떻게 이해하고 평가할 것인가란 질문으로 요약될 수 있다. 이 시대의 사랑은 시어즈 레놀즈 제인(Sears Reynolds Jayne)이 지적한 대로 적어도 세 가지의 사랑 철학, 즉 플라톤적 사랑과 그에 기반한 르네상스의 궁정식 사랑, 프로방스에서 시작된 후 시칠리아를 거쳐 이탈리아에 도달한 낭만적이고 여성적이며 개인적인 사랑의 전통, 그리고 아우구스티누스(St. Augustine of Hippo, 원명은 Aurelius Augustinus, 354–430년)에 의해 지성적으로 분석되고 로마교회에 의해 제식화(制式化)된 기독교적 사랑이 서로 경합하는 장이기도 했다.[1] 기독교적 금욕주의는 이 시대에도 여전히 강력한 이념으로 살아남아 세속적 사랑에 대한 종교적 사랑의 우위 주장으로 번역되었을 뿐 아니라, 여성 혐오주의 전통으로도 번역되었다. 인간의 육체적 사랑을 기독교적 윤리의 알레고리로 읽으려는 중세의 해석 전통 또한 사라지지 않고 남아 있어서, 오비디우스(Publius Ovidius Naso, 기원전 43년–기원후 17년)의 사랑시 세계를 특징짓는 방탕주의(libertinism)

조차도 기독교적 윤리의 틀 안에 포섭하려는 노력이 계속되었다.[2] 그러나, 기독교의 금욕주의에도 불구하고, 이 시대의 사랑 담론이 꼭 인간적 사랑의 현세성과 육체성을 전적으로 부정하거나 감정과 이성의 화해가 아예 불가능하다는 식의 생각만을 고집하기 위해 동원됐다고 얘기할 수는 없다. 오히려 마크 로즈(Mark Rose)의 지적대로 이 시대의 사랑 담론은 기독교 전통에서 죄악으로 낙인찍힌 열정적 사랑을 이성과 화해시킬 수 있는 이론적 모형을 구하고자 하는 노력의 일환이었다.[3] 달리 말하자면, 이들 사랑 담론의 핵심적 관심사는 인간의 인간에 대한 사랑을 재정의하자는 데 있었다. 바로 그렇기 때문에, 이들 담론의 선결 과제는 인간의 인간에 대한 열정적 사랑을 죄악시하는 기독교의 전통적 시각과 대결하여 인간적 사랑의 윤리적 가치를 증명하는 일이 될 수밖에 없었다.

아래 논의에서는 14~15세기 이탈리아 르네상스 휴머니즘의 사랑 담론과 16세기 프로테스탄티즘(Protestantism)의 사랑 담론이 각각 중세 기독교의 금욕주의에 어떻게 반응하고 인간의 인간에 대한 사랑을 어떻게 정당화했는지 살펴보면서 종교개혁기의 사랑 모형인 '신성한 결혼'이 등장하는 과정을 추적해볼 것이다. 중세 기독교와 중세적 낭만주의의 계승자이자 르네상스 휴머니즘의 창시자인 프란체스코 페트라르카(Francesco Petrarca, 1304-1374년)와 그의 후계자 마르실리오 피치노(Marsilio Ficino, 1433-1499년)는 플라톤적 사랑의 모형인 '사랑의 사다리' 이미지를 원용하여 인간에 대한 사랑을 기독교적 신성을 향한 사랑의 일부라고 정의했다. 인간을 향한 사랑의 정당성을 그 정신성에서 찾으려는 이들의 기획은 감정과 이성을 화해시키는 데 실패하고, 오히려 중세 기독교의 금욕주의로 회귀하는 경향을 보인다. 프로테스탄트 종교개혁을 선도한 마르틴 루터(Martin Luther, 1483-1546년)는 '신성한 결혼'이라는 새로운 사랑 모형을 만들어내는데, 이는 바로 중세 기독교와 르네상스 휴머니즘의 사랑 모형에 자리 잡은 금욕주의적 경향에 대한 반격이다. 루터는 육체적 삶을 억누르거나 극복함으로써 신성에 다가갈 수 있다는 금욕주의적 생각을 근본적으로 부정한다. 인간의 성은 죄악이 아니라 먹고 마시는 일처럼 자연스러운 육체의 기능이며, 아이를 낳는 일은 인간을 창조한 신의 선한 의도를 기억하는 행위라는 것이다. 다시 말해 루터는 '신성한 결혼'이라는 새로운 테두리를 만들고 인간의 육체적 사랑을 그 안에 포섭하여 정당화하고자 하는 것이다.

'신성한 결혼'이라는 종교개혁기의 사랑 모형이 사랑의 역사에 가져온 변화가 얼마나 심대한 것이었는지 측정하는 작업은 이 글의 범위 밖에 있지만, 이 모형에 대한 이해 없이 근대적 사랑을 논의할 수 없다는 게 필자의 생각이다. 다른 무엇보다 부부간의 사랑을 전제조건으로 하는 이 모형을 통해 근대적 사랑의 근간인 '자유연애'와 '영육이 일치하는 사랑', '연애결혼', '일부일처제', '이혼의 자유' 같은 이상이 형성되었기 때문이다.

3. 플라톤주의적 사랑: 페트라르카와 피치노

3.1. 페트라르카의 라우라와 아우구스티누스

라우라(Laura)에 대한 사랑을 기록한 페트라르카의 『서정시집』(*Il canzoniere di Petrarca*)에는 두 명의 라우라, 살아 있는 라우라와 죽은 라우라가 등장하는데 이들이야말로 페트라르카식 사랑의 핵심에 자리 잡은 윤리적 분열, 즉 이성과 감정의 분열의 표증이다. 살아 있는 라우라는 사랑이란 굴레이고 위험한 병이며 재앙임을 보여주는 존재다. 아름답고 정숙한 그녀는 연인으로 하여금 채울 길 없는 욕망의 불길로 달아오르게 하는가 하면, 두려움으로 얼어붙게 만들고, 눈물 흘리며 한숨짓게 하며, 사랑 말고는 아무 일도 할 수 없게 만들고, 우울의 늪에 빠져 남의 눈길을 피하게 하며, 호젓한 곳에 숨어 뜬눈으로 밤을 지새우게 하는 존재인 것이다. 반면 죽은 라우라는 단테 알리기에리(Dante Alighieri, 1265~1321년)의 베아트리체(Beatrice)가 그랬던 것처럼, 인간의 영혼을 구원으로 이끄는 존재다. 육체를 벗어나 불가시적 존재가 된 그녀는 연인으로 하여금 그녀가 거하는 천상으로 눈을 돌리게 하고 그곳으로 그의 영혼을 이끈다. 인간에 대한 사랑이 곧 천상에 대한 사랑이 되는 것이다.

그러나 사랑하는 여인이 지상에서 사라졌을 때, 인간적 사랑에서 육체적인 근거가 없어졌을 때, 그때야 비로소 '천사와 같은 여인'(donna angelica)이 '천사'가 될 수 있다면 신성한 사랑과 인간적 사랑, 이성과 감정은 서로 화해한 것이 아니라 그 대립 자체가 죽음에 의해 일방적으로 폐기된 것으로 봐야 할 것이다. 페트라르카가 성스러운 사랑과 세속적 사랑 사이의 거리를 끝내 좁힐 수 없었던 건 아닌지 의심할 만한 근거가 여기에만 있는 것은 아니다. 좀 더 결정적인 근거는 페트라르카가 1347년에서 1353년 사이에 쓴 것으로 알려진 『나의 비밀』(De secreto conflictu curarum mearum)에서 발견된다.

아우구스티누스의 『고백록』(Confessiones)의 깊은 영향 아래 작성된 것이 분명한 이 책에서 페트라르카는 아우구스티누스와 사흘에 걸쳐 대화를 나눈다. 그중 첫 번째 날의 대화를 담은 제1대화록은 이렇게 시작된다. 페트라르카가 프로방스의 보클뤼즈(Vaucluse)에 머무르던 1342~1343년 어느 날, 생의 처음과 마지막에 관해 이리저리 생각하며 전전반측하고 있노라니 홀연히 어떤 아름다운 여인이 그에게 다가온다. 눈을 들어 보니 진리(Veritas)의 현현이었다. 곧이어 어떤 노인이 이들과 합류하게 되는데, 그는 바로 아우구스티누스였다. 이렇게 한자리에 모인 세 사람은 사흘에 걸쳐 대화를 나누게 된다. 진리는 전혀 입을 열지 않기 때문에 실제 대화와 문답은 페트라르카와 아우구스티누스 사이에서만 이루어진다. 이런 식의 알레고리 설정을 통해 페트라르카는 자신의 대화집을 보이티우스(Boethius, 477년경-524년)의 『철학의 위안』(*De consolatione philosophiae*)과 동일한 계보에 위치시킨다. 감옥에 갇힌 보이티우스가 운명의 수레바퀴로부터 자유를 얻기 위해 철학(Philosophia)을 호명했던 것처럼, 페트라르카는 자신의 생사에 관한 진리와 대면하기 위해 대화 상대 겸 고해사로서 아우구스티누스를 호명한 것이다. 『나의 비밀』의 제3대화록에서 아우구스티누스는 지난 이틀에 걸친 대화 치료에도 불구하고 페트라르카는 여전히 양손 모두 쇠사슬에 묶인 채여서 죽음은커녕 목전의 삶조차 되돌아다볼 정신이 없을 거라고 꼬집는다.

페트라르카 아아, [그렇다면] 제 처지는 제가 생각했던 것보다 더 비참하군요. 지금 제 정신을 붙들어 매는, 저도 전혀 알지 못하는 쇠사슬 두 개가 있다고 말씀하시는 겁니까?

아우구스티누스 자네는 그 쇠사슬들이 무엇인지 똑똑히 알고 있다네. 다만 그들의 아름다움에 현혹되어 쇠사슬이 아니라 보물이라고 생각하고 있는 거야. 같은 비유를 계속 사용하자면, 자네는 금으로 만든 수갑과 족쇄로 꽁꽁 묶였는데도 금만 쳐다보며 기뻐하느라고 올가미는 전혀 알아채지 못하는 자와 꼭 같단 말일세. 그래, 눈을 크게 뜬다면 자네도 자네를 구속하는 게 뭔지 볼 수 있겠지. 그러나, 눈이 멀었단 말일세. 보이지 않는 눈으로 자신을 죽음으로 끌어당기는 쇠사슬을 즐기고 있단 말이지. 그러나 이 모든 것보다 더 비참한 일은 자네가 그것들을 자랑으로 여긴다는 거라네.

페트라르카 스승께서 지금 말씀하시는 그 쇠사슬들이라는 게 도대체 무엇입니까?

아우구스티누스 사랑과 명예라네.[4]

라우라에 대한 사랑과 시인으로서의 명예를 얻고자 하는 욕망이 페트라르카를 죽음으로 끌어당기는 두 가지 죄악이라고 말하는 이 아우구스티누스가 『서정시집』에 나타나는 페트라르카식 사랑의 기획에 어떤 판결을 내릴지는 불문가지다. 그의 판결은 단호하다. 그건 처음부터 실패할 수밖에 없는 기획이라는 것이다. 페트라르카가 여인에게 바친 사랑과 명예욕은 그를 천상으로 인도하기는커녕 오히려 그 길을 방해했으며, 자신의 영혼을 돌아보고 덕을 실천할 시간을 빼앗았고, 세상의 헛된 평가에 목매달도록 만들었다는 것이다. 명예의 상징인 월계관이 월계수(laurus) 가지를 엮어 만든 것이고 보면, 페트라르카는 두 명의 라우라를 섬긴 셈이다.

이 대화편에서 시간, 곧 죽음은 지상에서 사랑과 명예의 반대편에 세워져 그 모든 것의 헛됨을 보여주는 거울이다. 아우구스티누스는 머리털이 희끗희끗해진 페트라르카가 이제 정말 해야 할 일은 감정의 요구가 아니라 이성의 요구에, 육체의 갈망이 아니라 영혼의 갈망에, 지상의 시간이 아니라 신적 역사의 시간에 자신의 모든 관심을 집중하는 것이라고 충고한다. 시간과 죽음이 지상의 모든 것을 휩쓸어버린다는 이 감상은 물론 '세상에 대한 경멸'(contemptus mundi) 모티프의 주조(主潮)지만, 페트라르카식 사랑을 그 근저에서 흔들고 현세적 사랑을 염세적 우울로 바꿔놓는다. 지상의 존재들의 뒤를 쫓아 달려오는 시간의 수레바퀴 소리는 페트라르카의 영향 아래 시작된 영국 르네상스의 사랑시가 페트라르카식 사랑의 무위를 말하는 반(反)페트라르카식 사랑시로 변할 때, 오비디우스식 방탕주의와 결합해 페트라르카식 사랑이 애써 무시하거나 이상화하려 시도한 사랑의 육체적 현실을 거리낌 없이 주장하는 카르페 디엠(carpe diem)의 유혹시로 변할 때, 또는 페트라르카식 짝사랑이 아니라 서로 주고받는 사랑의 모형을 구하며 결혼의 찬미가(讚美歌)로 변할 때 어김없이 들려오는 배경음악이 된다.[5]

3.2. 피치노의 '사랑의 사다리'와 동성애

페트라르카와 아우구스티누스의 대화에서 드러나는 신에 대한 사랑과 인간에 대한 사랑의 대립은 이 시대의 사랑 담론 전반을 가로지르는 모티프이기도 하다. 피치노의 사랑 담론 역시 그런 대립에 뿌리박고 있다. 『플라톤의 「향연」에 관한 주해』에서 피치노는 디오티마(Diotima)의 '사랑의 사다리'를 영혼의 상승 과정으로 바꾸고, 그 최상 단계에 플라톤적 이데아로서 아름다움이나 플로티노스(Plotinos 204/5년경-270년)의 '유일자'(the One) 대신 기독교의 신성을 위치시킨다. 우주만물의 창조자인 신은 '천사의 정신'(Angelic Mind)과 영혼을 통해 하강하여 세상 모든 것을 아름답게 만든다. 인간 영혼은 아름다움을 욕구하는 사랑의 힘을 통해 천사의 정신 단계로 상승하고, 거기서부터 다시 사다리 꼭대기까지 올라가 신과의 합일을 꾀한다. 이 '사랑의 사다리'라는 체계 속에서 인간의 사랑은 윤리성뿐 아니라 종교성까지 확보할 수 있게 된다.

피치노는 이 두 종류의 사랑이 하나의 사다리로 연결된 동질의 것이라고 주장함으로써 페트라르카를 괴롭히던 신에 대한 사랑과 인간에 대한 사랑의 대립을 해결한다. 빛나는 육신을 사랑하는 것은 육신이 아니라 그에 비친 세계-영혼(World-Soul)의 빛을 사랑하는 것이고, 세계-영혼을 사랑하는 것은 그에 깃든 천사의 정신을 사랑하는 것이며, 천사의 정신을 사랑하는 것은 그를 만든 빛 그 자체인 신을 사랑하는 것이기 때문이다. 그러나 우리의 논의에서 주목할 점은 피치노가 그리는 '사랑의 사다리' 맨 아래쪽에는, 플라톤이 말하는 디오티마의 사다리 맨 아래쪽에서처럼 아름다운 여성이 아니라 아름다운 남성이 자리 잡고 있다는 것이다. 피치노의 플라톤적 사랑은 기본적으로 여성에 대한 사랑이 아니라 남성에 대한 사랑이기 때문이다. 피치노에 의하면 영혼은 아름다움의 성을 구별하지는 않지만, 남성의 남성에 대한 사랑은 영혼의 자식을 낳고 남성의 여성에 대한 사랑은 육체의 자식을 낳는다. 남성에게 이끌리는 자는 천상의 사랑을 낳지만, 여성에게 이끌리는 자는 지상의 사랑을 낳는다는 것이다.[6] 이 동성애와 이성애에 대한 차별적 시각이 피치노적 영혼 상승에 깃든 기독교적 금욕주의를 드러낸다면, 금욕의 그림자를 지우고 이성애를 동성애와 같은 단계에 위치시켜 인간적 사랑의 육체성을 긍정하도록 하는 해법을 개발하는 과제는 그다음 세대, 즉 앞으로 논의할 종교개혁기 프로테스탄트 사랑 담론가들에게로 넘겨진 셈이다.

피치노가 영국의 상상 체계에서 차지하게 된 자리는 아마도 발다사레 카스틸리오네(Baldassare Castiglione, 1478–1529년)가 『궁정인의 책』(*Il libro del Cortegiano*)에서 피에트로 벰보(Pietro Bembo) 추기경에게 맡긴 연설을 통해 좀 더 손쉽게 측정될 수 있을 것이다.[7] 『궁정인의 책』 말미에서 벰보는 사랑에 대한 칭송으로 연설을 끝내는데, 이는 플라톤적 사랑에 강한 종교적 색깔을 입히는 작업이기도 하다. 이 색칠 작업은 성경적 이미지를 동원함으로써 이루어질 뿐 아니라, 초기 기독교회의 교부들이 경험한 "명상의 격렬한 힘"이 결국 사랑의 힘이었다는 점을 논증해 보임으로써 이루어진다. 교부들로 하여금 육체에서 벗어나 신과 결합할 수 있게 한 힘, "영혼에 남아 있는 인간적인 것을 태우고 없애서 감각 때문에 죽어 묻힌 천상의 것을 다시 살리고 아름답게 정련하는 신성한 불"의 힘이 바로 사랑이라는 것이다.[8]

여기서 주목할 것은 벰보의 이 육체 탈각(脫却)의 연설이 늙은이의 사랑과 젊은이의 사랑을 구별하면서 시작된다는 점이다. 육체적인 사랑으로부터 해방된 늙은이의 사랑이 신성한 사랑에 더 가깝다는 벰보의 주장은 인간적 사랑의 육체성을 폄하 또는 배제한다는 점에서 동성애와 이성애의 차이에 관한 피치노의 주장과 유사하다. 남성과 남성 사이의 우정과 사랑은 신성한 사랑에 가깝지만 여성에 대한 남성의 사랑은 번식을 목적과 결과로 삼는 육체적이며 열등한 종류의 사랑에 불과하다고 차별하는 시각과, 늙은이의 사랑을 정신적이라고 보는 시각이 크게 다를 수 없기 때문이다. 다시 말해, 이 두 시각의 뒤에는 인간적 사랑의 육체성을 영적인 사랑으로부터 잘라내면서도 인간적 사랑을 신성으로 가는 사다리로 정당화하고자 하는 금욕주의적 욕망의 특징적인 논리 구조가 공히 자리 잡고 있기 때문이다. 중세 금욕주의적 담론에서와 마찬가지로 여기서도 인간적 사랑의 육체성을 어떻게 처리할지가 여전히 중요한 문제로 남아 있다는 뜻이다.

그 맥락에서 볼 때 흥미로운 것은 벰보가 이 연설을 한 장소다. 벰보의 연설은 우르비노(Urbino) 궁정에서 피치노의 플라톤적 남성이 아니라 여성인 우르비노 공작부인 엘리사베타 곤자가(Elisabetta Gonzaga, Duchessa di Urbino)의 주재 아래 남성의 남성에 대한 사랑이 아니라 남성의 여성에 대한 사랑을 논의하는 자리에서 행해졌다. 다시 말해, 벰보의 육체 탈각의 황홀지경이 사실은 늙은이의 고양된 정신성 때문이 아니라, 육체성 결핍의 결과일 뿐이라고 희화화할 수 있는 여지가 다분하다는 것이다. 연설을 끝내고 "황홀경에 빠진 듯, 정신이 나간 듯" 움직이지 않고 서 있는 벰보에게 다가와 에밀리아 부인(Emilia Pia)이 하는 말, "이런 생각이 그대의 영혼으로 하여금 육신을 저버리게 만들지 않도록 조심하세요"에서 살짝 암시되듯, 우르비노 궁정인들에게 벰보의 연설은 사랑의 전폭적인 이상화를 시도하는 것이라기보다는 현세적 궁정에서 이상화된 사랑을 운위하면 어떤 웃음거리가 될 수 있는지 보여주는 것으로 들렸을 수도 있다는 뜻이다.[9] 앞서 논의된 페트라르카와 아우구스티누스의 대화가 늙은이의 정신성을 긍정하며 죽음 앞에 선 모든 인간이 '늙은이'에 불과하다는 것을 보여준다면, 이 화려하고 우아하며 현세적인 우르비노의 선남선녀에게 육체성에 대한 경멸이란 말은 육체의 껍데기만 남은 늙은이가 자신의 사랑할 권리를 옹호하기 위해 동원한 우스꽝스럽고 안쓰러운 수사로 들렸을지도 모른다는 얘기다.

　그러나 여기서 주목해야 할 것은 벰보의 사랑론이 사랑을 천상의 원칙으로 정의할 뿐 아니라, 조화로운 사회를 구성하는 정치적 원칙으로도 그런다는 점이다. 벰보·카스틸리오네의 사랑론이 이 책에서 강조하고자 하는 바는 사랑의 개별성이 아니라 사랑의 정치성, 즉 사랑이야말로 궁정을 궁정으로 만드는 위계질서의 확보 및 안정에 필요한 원칙이라는 점이다. 카스틸리오네의 책이 궁정인 또는 궁정 신사, 즉 지배층의 교육을 통해 사회 전체를 교화하겠다는 휴머니즘의 기획에 참여하고 있다는 점을 기억한다면 당연한 일이다. 카스틸리오네가 강조하는 사랑의 정치성은 현실 정치의 장에서 전략적이고 선전적인 효과를 가질 뿐 아니라 그에 못지않게 이 시대의 또 다른 관심사인 선한 공동체 건설의 꿈과도 맞닿아 있다. 필자의 생각에는 르네상스 휴머니스트들에 의해 생산된 사랑 담론에 담긴 궁극적인 꿈, 즉 인간에 대한 사랑과 신에 대한 사랑이 맞닿고 육체와 영혼이 조화롭게 만날 수 있는 공간에 대한 꿈이야말로 이 시대 유토피아 건설의 꿈을 이끄는 추동력이다. 그렇게 보면 종교개혁기 프로테스탄트 교회가 발견한 '신성한 결혼'의 모형은 바로 이 사랑의 유토피아 건설의 실현 가능성을 실험하는 장이라고 할 수 있다. 결혼과 가족이란 것이 부부와 자식들로 이루어진 극히 제한적이고 개인적인 공동체에 불과함에도 불구하고 공동체의 최소이자 기본 단위라는 점을 기억할 필요가 있다는 얘기이기도 하다.

4. 인간적 사랑의 육체성: 신성한 결혼과 낙원 회복의 꿈

아우구스티누스는 아담과 이브가 낙원에서 번식의 의무를 다했을 것이고, 그들의 성적 결합은 격렬한 욕정 없이 고요하고 평온하게 치러졌을 것이라고 말한다.[10]

[인류가 낙원에 있었을 때] 자손의 씨를 불건전한 성욕 없이 뿌리는 것이 불가능했으리라 생각할 수 없다. 오히려 성기는 다른 신체 부위와 마찬가지로 의지의 명령에 따라 움직였을 것이다. 그때에는, 격한 정욕의 자극이 없기에, 평온한 마음으로, 아내 육신의 무결성을 훼손하지 않으면서, 남자는 자신의 씨를 아내의 자궁에 쏟아부을 수 있었으리라. 이것을 경험으로 증명할 수는 없지만, 육신의 그 부분이 격렬한 열기에 휩싸여 돌진하지 않고 필요할 때 의지에 의해 사용된다면, 남자의 씨는 아내가 무결성을 잃지 않게 하면서도 자궁 안으로 들어갈 수 있었을 것이기 때문이다. 마치 경혈(經血)이 무결성의 상실 없이 처녀의 자궁으로부터 나올 수 있듯이 말이다. 씨도 경혈이 지금 나오는 바로 그 길로 들어갈 수 있었을 것이다. 여자의 자궁은 오로지 태아가 성숙함에 따라 고통의 신음 없이, 출산을 위해 저절로 열렸을 것이고, 바로 그렇게 남자와 여자도 수정과 수태를 목적으로 음탕한 욕망에 의해서가 아니라 의지를 본래적으로 사용함에 따라 결합했으리라.

아담과 이브가 타락 이전 낙원에서도 부부의 정을 나누었으리라고 상상하는 것이 결코 불경한 짓이 아니라는 주장과 함께 이루어지는 이 묘사는 여러 가지 의미에서 기독교의 성 담론에 테두리를 제공해왔다. 감정, 욕정의 동요와 자극 없이 오직 번식이라는 기능을 수행하기 위한 성이 상상 가능하다고 생각하고, 그런 성이 타락 이전 낙원에서 결혼이라는 테두리 안에 실제로 이루어졌으리라 상상한다면, 타락 이후의 남녀 결합을 죄와 욕정으로 얼룩졌다고 보는 것은 논리적일 뿐 아니라 당연한 일이다. 이런 생각은 또한 욕정과 성을 배제하는 동정(童貞)의 삶이 결혼보다 더 영광되다는 생각이나, 결혼은 번식을 위한 것이고 결혼 안에서일지라도 과도한 욕정은 사통이며 간통이라는 생각과도 통한다. 아우구스티누스는 타락 이후 인간의 성을 이렇게 묘사한다.[11]

욕정은 남자의 온몸을 짓누른다. 밖에서뿐 아니라 안에서도. 마음의 움직임이 몸의 욕망과 결합할 때, 남자의 온몸은 경련하고, 다른 모든 육체적인 쾌락을 능가하는 쾌락이 따른다. 그게 너무나 강렬한 나머지, 절정에 도달하게 되면 인간 정신의 경계 태세가 거의 완전히 사라지게 된다.

그러나 아우구스티누스는 육체적 쾌락을 자신의 낙원에서 추방한 것은 아니었다. 금욕의 처방전이라고 할 만한 앞서의 묘사도 사실 아담이 낙원에 있을 때 어떤 방식으로 번식했을까, 육체도 영혼이고 감정도 의지이며, 인간의 이성도 신의 이성이고, 이브에 대한 사랑도 신에 대한 사랑일 때 육체적 사랑이 과연 나쁜 것이었을까 하는 질문으로부터 파생된 것이었다. 다시 말해, 낙원에서 추방되기 전에 시간만 있었다면 이루어졌을 법한 아담과 이브의 성적 결합 방식이 보여주는 바는 인간의 육체적 사랑조차 신에 대한 사랑의 방식이고, 신을 생각하는 수단이며, 거기서 생겨나는 쾌락은 낙원에서만 가능한 평온하고 선하며 이성적인 쾌락, 그래서 완전한 쾌락이었으리라는 것이다. 종교개혁기의 결혼 개념은 아우구스티누스의 바로 이런 상상, 즉 아담과 이브가 타락 이전의 낙원에서는 온전히 이성적인 성, 따라서 '성스러운' 성을 누렸으리라는 상상에서 출발한다.

어떤 젊은이에게 보내는 편지에서 데시데리우스 에라스무스(Desiderius Erasmus, 1466-1536년)는 결혼한 상태가 동정이나 독신 상태보다 우월하다, 동정이나 독신으로 남는 것보다 결혼 안에서 결합하는 것이 더 좋고 더 행복하다고 말하며 결혼을 권고하는데, 이 권고는 그대로 이 시대의 성 역사에서 일어난 변화의 지표라고 할 만하다.[12] 중세 기독교와 르네상스 플라톤주의에 깊이 자리 잡은 금욕주의적 이상에 대한 반격은 에라스무스에 의해서뿐 아니라 루터, 장 칼뱅(Jean Calvin, 1509-1564년)과 같은 종교개혁가들에 의해서도 이루어졌다. 한마디로 결혼의 윤리성은 이 시대의 최대 이슈였다. 루터는 사제와 수녀에게 결혼을 권했고 그 자신도 수녀와 결혼해 가정을 이루었다. 그는 또한 남녀가 결혼으로 향하는 길에 중세 가톨릭 교회가 세운 수많은 장애물을 제거하고 공개 결혼을 장려했으며, 강제 결혼의 부당성을 역설하고 결혼 당사자들의 자유로운 선택을 옹호했다. 스티븐 오즈먼트(Steven Ozment)의 지적대로, 루터는 전통적 기독교가 수도원에 쏟아부은 칭송을 결혼과 가정에 쏟아부었다.[13]

루터의 결혼 제도 개혁 노력은 그가 앞장서 일으킨 종교개혁과 동일한 논리의 연장선상에 있다. 그의 종교개혁은 사랑 모형의 개혁과 더불어 시작되었기 때문이다. 그는 신이 예수의 수난을 통해 인간을 사랑하겠노라 약속했으니 그 약속을 믿을 때만, 신이 인간을 사랑해 인간 세상에 내려오심을 믿을 때만 구원을 얻을 수 있다고 주장한다. 하늘로 가는 사다리라는 이미지에 아로새겨진 중세 기독교와 르네상스 플라톤주의의 금욕주의적 면모를 비판하면서 루터는 인간이 하늘로 올라가다가는 목이 부러진다, 신이 인간에게로 내려오시는 것이다, 신에 대한 사랑은 이 세상 안에서 생겨나는 법이라고 주장했다. 다시 말해 루터는 신이 인간 세상에 임재(臨在)하심을 강조함으로써 중세 기독교가 말하는 선행과 구원의 관계를 부정하는 동시에 페트라르카를 괴롭히던 신성한 사랑과 세속적 사랑의 경계를 단칼에 허물어버린다. 루터에게 인간의 육체성은 신이 주신 것이기에 극복과 혐오의 대상이 아니라 향유해도 좋을 어떤 것이고, 성적 결합은 낙원의 추억을 불러일으키는 행위였다. 루터의 이런 생각은 동정(童貞)이 아니라 신앙심이 낙원을 가득 채웠을 거라는 이 시대 개혁론자들의 외침과도 일맥상통한다.

사실 루터가 타락 이전의 인간의 성을 보는 시각은 앞서 언급한 아우구스티누스의 그것과 크게 다르지 않다. 1519년에 행한 결혼에 관한 설교에서 루터는 신이 아담의 갈비뼈를 꺼내어 이브를 창조한 그 순간의 낙원으로 되돌아가 이브 창조에서 결혼의 창시를 발견한다. 루터는 아담이 이브를 보는 순간 자신의 아내라고 생각했고 사랑하기 시작했다고 지적하면서, 남편과 아내 사이의 사랑은 "모든 사랑 중에서 가장 크고 가장 순결하다 (…) 결혼한 사랑은 불처럼 타오르고 배우자 외 다른 아무것도 구하지 아니한다. (…) 다른 모든 사랑이 사랑하는 사람만을 구하는 게 아니라 다른 것도 구하는데, 오직 이 종류의 사랑만이 사랑하는 사람의 전부를 그 자체로서 원한다"라고 칭송한다.[14] 남녀의 결합은 성스러우며, 번식은 축복이자 특권이고, 번식을 통해 인간은 신이 행한 창조의 뜻을 이 세상에서도 확인할 수 있다는 얘기다. 결혼 속에서의 결합을 통해 인간은 희미하게나마 낙원의 축복을 다시 한 번 맛볼 수 있다는 생각인 것이다.

인간이 결혼에 어떤 꿈을 실을 수 있는지 잘 보여주는 문서가 바로 존 밀턴(John Milton, 1608-1674년)의 『낙원 상실』(*Paradise Lost*)이다. 종교개혁기 결혼 논의의 역사라는 맥락에서만 본다면, 이 시는 인간의 타락과 낙원 상실에 대한 시가 아니라 오히려 인간적 사랑에 바치는 혁명적 찬미라고 불러도 좋을 것이다. 밀턴에게 낙원을 낙원으로 만드는 요소는 바로 아담과 이브의 부부간 사랑이다. 따라서 낙원의 타락은 곧 이들의 부부간 사랑의 타락을 통해 시작되고 완성된다. 아담은 이브에 대한 사랑 때문에 타락과 낙원 추방의 운명을 함께하기로 결심하지만, 그 결심은 곧바로 사랑이라는 또 다른 낙원의 상실을 부른다. 밀턴은 바로 그 결정적 순간에 이들 부부가 성을 나누었다고 묘사하는데, 이때 이들이 나눈 것은 사랑이 아니라 타락이어서 이들의 부부간 사랑은 이미 격렬한 욕정으로 변질되어 있었다는 것이다. 낙원에서의 사랑 상실이 낙원으로부터의 추방보다 더 먼저 찾아온 것이다. 그러나 밀턴은 바로 이 점이, 감정과 내면의 낙원 상실이 물리적 장소로서의 낙원을 상실하는 것에 선행함을 보여주는 바로 이 지점이 인간에게 낙원 회복의 길을 열어준다고 시사한다. 내면의 낙원이 외면화된 낙원에 선행함을 보여주기 때문이다. 다시 말해 이들의 사랑이 타락 이전 낙원에서 나누었던 완전한 사랑의 기억을 품고 있는 한, 이들의 사랑은 외면화된 낙원을 회복하는 동력으로 작동할 수 있을 것이기 때문이다. 그래서 밀턴은 서로의 손을 붙잡고 세상을 향해 외로운 발걸음을 옮기는 아담과 이브의 모습에서 신의 섭리를 발견하는 것으로 자신의 사랑 찬미가를 끝마친다. 세상에서 이들은 사랑뿐 아니라 고통도 함께 나누는 가족이라는 공동체를 세울 것이다. 이들에게 결혼은 낙원의 기억일 뿐 아니라 훨씬 더 행복한 내면의 낙원을 회복하는 길이 될 테다.[15]

이 시에서 밀턴이 그리는 결혼의 모습은 개혁된 사랑의 완성본인 동시에 근대적 사랑과 결혼, 우리가 흔히 낭만적이라고 수식하는 사랑과 결혼의 예언적 모형이기도 하다. 육체적 사랑의 긍정, 사랑을 성립 전제조건으로 하는 결혼, 또는 결혼과 가족 공동체에서 낙원을 발견할 수 있다는 생각 등 근대적 사랑과 결혼의 특징적 면모가 밀턴의 '신성한 결혼'에서 발견되기 때문이다.

5. 나가며: 1920년대 조선의 '자유연애'

1920년대 조선과 일본에서는 '자유연애'라는 이름의 새로운 사랑이 등장해 세상을 휩쓴다. 「신여성, '자유연애'를 통해 해방을 꿈꾸다」라는 제목의 글에서 서지영은 그 현상을 이렇게 설명하고 있다.

1910년대에 일본 메이지 시기의 '고상하고 신성한 연애' 개념이 소설 속에 등장하고, 1920년대에 이르러 서구에 기원하는 근대적 연애론이 일본을 경유하여 조선 문화 속으로 침투한다. 그 대표적인 예는 동아시아 전역에 크나큰 영향을 끼쳤던 스웨덴의 여성운동가 엘렌 케이(1849~1926)의 연애론이었다. 엘렌 케이 연애론의 가장 주목되는 바는 육체적인 것과 정신적인 것이 조화를 이루는 '영육일치'(靈肉一致)의 연애론이다. 이는 육체적 욕망(肉)과 정신(靈)을 이분화하고, 이들의 조화로운 결합을 추구했던 근대적 사유체계를 기반으로 한다. 연애를 통해 욕망의 실현과 사회의 발전을 동시적으로 추구한 엘렌 케이의 연애론은 근대 일부일처제의 근간이 되었다.[16]

'자유연애'를 통해 "욕망의 실현과 사회의 발전을 동시적으로 추구" 한 '신여성'에 대한 역사적 평가가 무엇이든 여기서 한 가지 분명한 것은 우리의 근대성 추구가 근대적 사랑의 추구, 특히 인간 육체성의 자유로운 향유와 깊이 연루되어 있다는 점이다. 근대적 사랑이 인간의 인간에 대한 사랑의 긍정에 있다고 한다면, 1920년대 신여성을 충동질한 '자유연애'와 '자유결혼', '신가정'(新家庭)의 이상도 종교개혁기의 사랑 모형인 '신성한 결혼'에서 나왔다고 할 수 있을 것이다.

서문: '근대적 사랑'의 전사(前史)

1. 이 묘사는 낭만적 사랑에 대한 여러 선행 논의를 참조하여 필자가 재구성한 것이다. 특히 Niklas Luhmann, *Love as Passion: The Codification of Intimacy*, trans. Jeremy Gaines and Doris L. Jones (Cambridge, MA: Harvard University Press, 1986), 129-54; Anthony Giddens, *The Transformation of Intimacy: Sexuality, Love and Eroticism in Modern Societies* (Stanford: Stanford University Press, 1922), 37-64; William M. Reddy, *The Making of Romantic Love: Longing and Sexuality in Europe, South Asia & Japan, 900-1200 CE* (Chicago: University of Chicago Press, 2012), 1-222.

2. C. S. Lewis, *The Allegory of Love: A Study in Medieval Tradition* (Oxford: Oxford University Press, 1936), 1-156; Georges Duby, *Love and Marriage in the Middle Ages*, trans. Jane Dunnett (Chicago: University of Chicago Press, 1994), 3-104; C. Stephen Jaeger, *Ennobling Love: In Search of a Lost Sensibility* (Philadelphia: University of Pennsylvania Press, 1999), 1-108; Louis-Georges Tin, *The Invention of Heterosexual Culture*, translation provided by Translate-a Book (Cambridge, MA: MIT Press, 2012), 1-100.

3. R. Howard Bloch, *Medieval Misogyny and the Invention of Western Romantic Love* (Chicago: University of Chicago Press, 1991), 143-64.

4. Duby, *Love and Marriage*, 3-104.

5. Chretién de Troyes, *Arthurian Romances Including* Perceval, trans. D. D. R. Owen, Everyman's Library (London: J. M. Dent, 1987), 247.

6. Bernard of Clairvaux, *Sermons on the Canticle of Canticles* (Aeterna Press, 2014), sermon 20. Kindle-E-book.

7. Bernard, *Sermons*, sermon 79.

8. Julia Kristeva, *Tales of Love*, trans. Leon S. Roudiez (New York: Columbia University Press, 1987), 99.

9. Abelard and Heloise, *The Letters and Other Writings*, trans. William

Levitan (Indianapolis, IN: Hackett, 2007)을 텍스트로 사용했다.

10. Luhman, *Love as Passion*, 129-54.

제1부 사랑과 중세 문학

12세기의 사랑

* 이 글은 인문정책총서 2016-24에 실린 「중세적 사랑의 탄생」을 일부 수정한 것이다.

1. 조르주 뒤비, 『알리에노르 다키텐과 다른 6명의 여인들』, 『12세기의 여인들』 1권, 최애리 옮김 (새물결, 2005), 10-11.

2. 기욤 9세의 시들은 *Les Chansons d'amour et de joy de Guillaume de Poitiers IXe duc d'Aquitaine*, ed. and trans. Jean de Poitiers (Paris: Eugène Figuière, 1926)에서 인용하고 본문에 행수를 표기한다.

3. C. S. Lewis, *The Allegory of Love: A Study in Medieval Ttradition* (Oxford: Oxford University Press, 1958), 5.

4. 베르나르 드 방타두르와 조프레 뤼델의 시들은 *Anthologie des troubadours: Édition bilingue*, ed. and trans. Pierre Bec (Paris: Union Génerale d'Éditions, 1979)에서 인용하고 본문에 행수를 표기한다.

5. Charles Baladier, Monique David-Ménard, Dominique Iogna-Prat, and Christopher Lucken, "L'Amour au Moyen Âge, Débat autour du livre de Ch. Baladier, *Eros au Moyen Âge, Amour, désir et 'delectatio morosa,'" Médiévales* 40 (2001): 143.

6. Baladier et al., "Amour au Moyen Âge," 137-38; 김정희, 「토마의 『트리스탕』과 '몰입의 쾌락 delectatio morosa'」, 『프랑스 고전문학 연구』 15 (2012): 7.

7. Baladier et al., "Amour au Moyen Âge," 138.

8. Charles Baladier, *Eros au Moyen Âge: Amour, désir et "delectatio morosa"* (Paris: Les Éditions du Cerf, 1999), 177-78.

9. Georges Duby, "A propos de l'amour que l'on dit courtois," dans *Mâle Moyen Âge* (Paris: Flammarion, 1990), 75-78.

10. 김정희, 「아더왕 신화의 형성과 해체 (II): 궁정적 사랑을 중심으로」, 『불어불문학연구』 46 (2001): 135.

11. 조르주 뒤비, 『알리에노르 다키텐과 다른 6명의 여인들』, 112.

12. 양자는 각각 공통 버전과 궁정식 버전을 대표하는 텍스트들로 간주되고 있다. 공통 버전에는 베룰, 아일하르트 폰 오베르크, *Folie de Berne*가 포함되며 궁정식 버전에는 토마, 고트프리트 폰 스트라스부르크, *La Saga norroise, Folie d'Oxford*가 포함된다. 이 작품들의 추정 연대에 대해 에마뉘엘 봄가르트네르가 정리한 내용에 따르면 1150년쯤 구전 혹은 책 형태로 트리스탕과 이죄에 관한 '이야기'(estoire)가 존재했을 것이라는 가설이 있으며, 1160~1180년 마리 드 프랑스의 "Le Lai du Chèvrefeuille", 1170년쯤 아일하르트 폰 오베르크가 '프랑스 책'(livre français)에 의거해 쓴 『트리스트란트』(*Tristrant*), 1170~1173년 토마본(本), 1180년 무렵 베룰본, 그리고 12세기 말~13세기 초 옥스퍼드와 베른의 Folies, 1200~1210년 토마본에 기반을 둔 고트프리트 드 스트라스부르의 『트리스탄』(*Tristan*), 1226년 역시 토마본에 기반을 둔 로베르 수사의 *La Saga norroise*가 각각 쓰인 것으로 추정된다. Emmanuèle Baumgartner, *Tristan et Iseut* (Paris: Ellipses, 2001), 5 참조.

13. 김정희, 「아더왕 신화의 형성과 해체 (II)」, 142.

14. Duby, "A propos de l'amour," 79-81.

15. 김정희, 「『에렉과 에니드』의 '다시쓰기' 구조 분석: '문학적' 결혼모델의 발견」, 『불어불문학연구』 116 (2018), 29-69 참조.

모더니즘의 눈으로 바라본 『니벨룽엔의 노래』

* 이 글은 『독일어문화권연구』 27권(2018)에 실린 「모더니즘의 눈으로 바라본 중세: 프리츠 랑의 영화 「니벨룽엔」을 예로」를 일부 수정한 것이다.

1. Piotre Sadowski, *The Semiotics of Light and Shadows: Modern Visual Arts and Weimar Cinema* (London: Bloomsbury, 2017), 143 참조.

2. 자크 르 고프, 『서양 중세 문명』, 유희수 옮김 (문학과지성사, 2012), 18 이하 참조.

3. 『에다: 게르만 민족의 신화, 영웅전설, 생활의 지혜』, 임한순·최윤영·김길웅 옮김 (서울대학교출판부, 2004), 16 이하 참조.

4. 『에다』, 302 참조.

5. Siegfried Kracauer, *From Caligari to Hitler: A Psychological History of the German Film* (Princeton: Princeton University Press, 1947), 93.

6. 『에다』, 316 참조.

7. 『에다』, 318.

8. 페터 아렌스, 『유럽의 폭풍: 게르만족의 대이동』, 이재원 옮김 (들녘, 2006), 236 이하 참조.

9. 『니벨룽겐의 노래』, 허창운 옮김, 상권 (서울대학교출판부, 1996), 20연 이하 참조. 이하 『니벨룽겐의 노래』는 본문에 권수(부수)와 연수(聯數)를 표시해 인용한다. 예컨대 상권(1부)의 354연은 1.354, 하권(2부)의 1153연은 2.1153로 표기한다.

10. Elisabeth Lienert, "Perspktiven der Deutung des Nibelungenlieds," in *Die Nibelungen: Sage-Epos-Mythos*, ed. Joachim Heinzle (Wiesbaden: Reichert, 2003), 107 참조.

11. Andrew Cowell, *The Medieval Warrior Aristocracy: Gifts, Violence, Performance, and the Sacred* (Woodbridge: Boydell & Brewer, 2007), 135 이하 참조.

12. Ursula Schulze, *Das Nibelungenlied* (Stuttgart: Reclam, 1997), 65 이하 참조.

13. 요한 하위징아, 『중세의 가을』, 이종인 옮김 (연암서가, 2012), 166 이하 참조.

14. 르 고프, 『서양 중세 문명』, 26.

단테와 베아트리체

* 이 글은 인문정책연구총서 2016-24에 실린 같은 제목의 글을 경제인문사회연구회의 승인 하에 재수록한 것이다.

1. 푸블리우스 베르길리우스 마로(Publius Vergilius Maro, 기원전 70–19년). 고대 로마의 대표적 시인.

2. 단테, 「지옥」, 1.1. 『신곡』은 총 3권, 단테 알리기에리, 김운찬 옮김 (열린책들, 2007, 2018). 『신곡』에서 '노래 편'(cantica)별로 「지옥」, 「연옥」, 「천국」으로 나누어 곡수와 행수로 인용한다.

3. 대부분 '속어'로 해석하지만 '비속한 언어'라는 뜻보다 '민중의 언어'를 가리키는 말이므로 '민중어'로 옮기는 편이 더 나을 것이다.

4. 단테, 『새로운 삶』, 2.2. 『신곡』을 제외한 단테의 작품들은 상세한 서지 정보 없이 인용하되, 『새로운 삶』은 장수(章數)와 절수(節數), 『향연』은 권수와 장수, 『속어론』은 장수, 절수, 행수, 『서간집』(*Epistolae*)은 서간문 번호를 주석에 표기한다.

5. 단테, 『새로운 삶』, 2.1.

6. 단테, 『새로운 삶』, 29(30).1.

7. 단테,『새로운 삶』, 2.4. 이 부분은 원문이 라틴어로 되어 있다.

8. 단테,『새로운 삶』, 3, 7, 8장 등 여러 곳.

9. 단테,『새로운 삶』, 3.12.

10. 단테,『새로운 삶』, 5.3.

11. 단테,『새로운 삶』, 35.2.

12. 단테,『향연』, 2.1; 서간문 13 참조.

13. 단테,「연옥」, 30.28-33.

14. 단테,「지옥」, 1.2-3.

15. 단테,「천국」, 4.28-42.

16. 단테,「지옥」, 4.102.

17. 단테,「지옥」, 2.94-96.

18. 단테,「연옥」, 11.97-99.

19. 단테,「천국」, 21.5-11.

20. 단테,「천국」, 31.1.

21. 단테,「천국」, 31.67-68.

22. 단테,「천국」, 32.4-9.

23. 단테,「연옥」, 27.36.

24. 단테,「천국」, 7.13-15.

25. 단테,「연옥」, 24.57 참조.

26. 페데리코의 독일어 이름은 프리드리히(Friedrich)다.

27. 단테,「연옥」, 27곡 참조.

28. 단테,『새로운 삶』, 3, 24, 25, 30장 참조.

29. 단테,『새로운 삶』, 25장 참조.

30. 단테,『새로운 삶』, 25장 참조.

31. 단테,「지옥」, 5곡 참조.

32. 단테,「지옥」, 5.69, 5.71-72.

33. 단테,「지옥」, 5.74-75, 5.82-84.

34. 단테,「지옥」, 5.100-07.

35. 단테,「지옥」, 5.121-23.

36. 단테,「지옥」, 5.141-42.

37. 단테,「천국」, 9곡 참조.

38. 단테,『속어론』, 2.4.2.

39. 단테, 「지옥」, 3.5-6.

40. 단테, 「천국」, 33.145.

41. 단테, 「연옥」, 17.91-102.

42. 단테, 「연옥」, 17.97-98.

43. 단테, 「연옥」, 17.113.

44. 단테, 『향연』, 1.1.18.

45. 단테, 『향연』, 2.12.9.

46. 단테, 『향연』, 2.12.1-2.

47. 단테, 『향연』, 1.1.7.

48. 단테, 「천국」, 2곡 참조.

49. 단테, 『향연』, 2.13.9.

50. 단테, 『서간집』, 서간문 13 참조.

51. 단테, 『속어론』, 6장 참조.

크리세이드와 궁정식 사랑

* 이 글은 인문정책연구총서 2016-24에 실린 「사랑, 비밀, 명예 그리고 관음증: 크리세이드의 "두 가지 슬픔"」을 크게 개고한 것이다. 앞서 간행된 글에서 1절 첫 세 문단과 2절 첫 문단을 가져왔으며 나머지 부분은 새로 집필했다.

1. Jean Froissart, *Chronicles*, trans. Geoffrey Brereton (London: Penguin Books, 1969), 161.

2. Froissart, *Chronicles*, 162, 161.

3. 안드레아스가 말하는 '고상한 사랑'(amor honestus)은 '궁정식 사랑'을 의미한다. '궁정식 사랑'(amour courtois)은 프랑스 학자 가스통 파리스(Gaston Paris)가 1883년에 붙인 명칭이며, 초기 트루바두르들은 주로 '정련된 사랑'(fin' amor)이라는 표현을 썼다. '고상한 사랑'은 '정련된 사랑'의 라틴어 번역인 셈이다. 김정희 교수는 'fin'amor'를 '순정한 사랑'으로 옮긴다. 이 책에 실린 김 교수의 글을 참조할 것.

4. Andreas Capellanus, *The Art of Courtly Love*, trans. John Jay Parry (New York: Columbia University Press, 1990), 171. 알리에노르(Aliénor d'Aquitaine, 1122-1204년)는 프랑스 왕 루이 7세(Louis VII)의 왕비였지만 1152년 이혼하자마자 앙주 백작 겸 노르망디 백작 헨리 플랜태지넷(Henry Plantagenet)과 재혼했다. 헨리가 2년 뒤 헨리 2세로 영국 왕위를 계승하면서 그녀는 프랑스와

영국 두 나라에서 왕비 자리에 오른 유일무이한 여성이 되었다.

5. Andreas, *Art of Courtly Love*, 103. 안드레아스의 냉소적이고 때로는 자아 분열적인 텍스트를 얼마나 진지하게 받아들일 것인지에 대해서는 의견이 분분하지만, 그의 논의가 당대 궁정식 사랑 담론의 핵심을 꿰뚫는 것만은 분명하다.

6. Chrétien de Troyes, *Cliges*, in *The Complete Romances of Chrétien de Troyes*, trans. David Staines (Indianapolis: Indiana University Press, 1990), 94.

7. Marie de France, *Lanval*, in *The Lais of Marie de France*, trans. Glyn S. Burgess and Keith Busby (London: Penguin Books, 1986), 75.

8. 『트로일루스와 크리세이드』는 Stephen A. Barney, ed., *Troilus and Criseyde* (New York: W. W. Norton, 2006)에서 인용하고 본문에 권수와 행수를 표기한다.

9. '일 필로스트라토'는 '사랑으로 인해 쓰러진 자'라는 뜻으로, 주인공 트로일로를 가리킨다. 브누아의 에피소드와 보카치오 작품의 주요 등장인물들은 모두 『일리아스』(*Ilias*, 기원전 700년경)에서 이름을 따왔다. (하지만 『일리아스』의 인물들과는 사실상 무관하다.) 『일리아스』에서 트로일로스(Troilos)는 헥토르(Hektor)에 앞서 전사한, 프리아모스(Priamos) 왕의 아들로 한 차례 이름이 언급되며, 브리세이스(Briseis)와 크뤼세이스(Cryseis)는 각각 아킬레우스(Achilleus)와 아가멤논(Agamemnon)에게 전리품으로 주어진 여성이다. 아폴론(Apolon)의 개입으로 크뤼세이스를 포기한 아가멤논이 그 대가로 브리세이스를 요구한 것이 아킬레우스의 분노를 야기하고 그것이 『일리아스』 서사의 시발점이 된다. 칼카스(Kalchas)는 크뤼세이스의 송환이 아폴론의 뜻임을 알리는 아카이아(그리스) 측 예언자, 판다로스(Pandaros)는 메넬라오스(Menelaos)에게 부상을 입힌 뒤 디오메데스(Diomedes)에게 죽임을 당하는 트로이아 측 장수로 등장한다. 브리세이스와 크뤼세이스가 애초에 남성 간의 교환 및 쟁탈 대상이었음을 상기할 때 보카치오가 브리세이다를 크리세이다로 바꾼 것, 즉 두 여성이 대체 가능하다고 간주한 것 또한 시사하는 바가 있다.

10. Stephen A. Barney, Introduction, in *Troilus and Criseyde*, x.

11. C. S. Lewis, "What Chaucer Really Did to *Il Filostrato*," *Essays and Studies* 17 (1932): 59.

12. Lewis, "What Chaucer Really Did," 74-75. 기욤 드 로리스(Guillaume de Lorris)는 후대에 베스트셀러가 된 미완성 궁정식 알레고리 『장미 이야기』(*Le*

Roman de la rose, 1225년경-1240년)를 집필한 중세 프랑스 시인, 윌리엄 콩그리브(William Congreve, 1670-1729년)는 영국 왕정복고기에 풍자적 희극으로 이름을 날린 극작가, 아나톨 프랑스(Anatlole France, 1844-1924년)는 콩그리브처럼 인간 본성에 대해 냉소적 태도를 취한 근대 프랑스 시인 겸 소설가다.

13. Lewis, "What Chaucer Really Did," 66.

14. E. Talbot Donaldson, "Chaucer the Pilgrim," in *Speaking of Chaucer*, by Donaldson (London: Atholone, 1970), 9.

15. Carolyn Dinshaw, *Chaucer's Sexual Poetics* (Madison: University of Wisconsin Press, 1989), 30-39.

16. Benoît de Sainte-Maure, *The Roman de Troie by Benoît de Sainte-Maure*, trans. Glyn S. Burgess and Douglas Kelly (Cambridge: D. S. Brewer, 2017), 207.

17. 보카치오는 판다로를 크리세이다의 사촌으로 설정한다. 『일 필로스트라토』는 바니가 엮은 『트로일루스와 크리세이드』에 재수록된 앱로버츠와 셀디스의 번역에서 인용하고 본문에 권수와 연수(聯數)를 표기한다. 번역 원본은 Robert P. apRoberts and Anna Bruni Seldis, trans. *Il Filostrato* (New York: Garland, 1986)를 참조할 것.

18. 트로일루스는 크리세이드와의 사랑을 이어준 답례로 판다루스에게 폴릭세나(Polixena)든, 카산드라(Cassandra)든, 헬렌(Helen)이든 마음에 드는 트로이 여자가 있으면 골라만 보라고 통 큰 제안을 한다(3.407-13). 초서는 이 대목에서 보카치오의 트로일로가 한 제안을 거의 그대로 따온다(3.18).

19. Dinshaw, *Chaucer's Sexual Poetics*, 57-58.

20. 『일 필로스트라토』에서는 크리세이다를 빼앗긴 트로일로가 비슷한 꿈을 꾼다. 꿈속에서 디오메데(Diomede)를 상징하는 멧돼지가 주둥이로 그녀의 심장을 파낼 때 "크리세이다는 그렇게 큰 상처에도 개의치 않고 그 동물이 하는 일을 거의 즐기고 있었다"고 되어 있다(7.24). 초서가 멧돼지를 독수리로 치환한 것은 디오메드와 트로일루스가 그리 다르지 않다고 보았기 때문일 수도 있다.

21. 보카치오의 크리세이다는 죽은 남편을 애도하면서 평생 "정절을 지키는 것"이 과부인 자신에게 합당한 삶이라 여기고(2.49-51), 트로일로의 구애를 받아들일지 고민할 때조차 결혼을 생각지 않으며 "훨씬 더 높은 신분"인 그가 자신에게 품은 감정이 오래갈 것이라 기대하지도 않는다(2.73-76). 트로일로 또한 신분 차이 때문에 아버지가 크리세이다를 자신의 신붓감으로 여기지 않으리라는 점

을 분명히 알고 있다(4.69). 이들은 처음부터 자신들의 사랑을 혼외 관계로 상정한 셈이다.

22. 트로일루스는 크리세이드를 떠나보내기 전날 밤 그녀에게 "우리 둘이서 몰래 도망치자"고 제안한다(4.1503). 그러나 그는 "그녀를 납치하라"는, 즉 그녀를 데리고 달아나라는 판다루스의 앞선 충고에 대해서(4.530) "여성의 납치"가 발단이 된 트로이 전쟁의 역사, "도시의 이익"을 위한 결정을 거스르는 것의 부당함, 도주로 인해 "그녀의 이름에 가해질 비방" 등을 조목조목 거론하면서(4.548, 553, 564) '납치'가 불가능함을 역설한 바 있다. 이를 감안하면 그가 절망적인 상황에서 다급하게 내놓은 선택지를 진지하고 현실적인 대안으로 받아들이기는 힘들다.

23. 버지니아와 도리젠은 초서의 『캔터베리 이야기』(The Canterbury Tales, 1387년경-1400년)에 포함된 「의사의 이야기」(The Physician's Tale)와 「향반의 이야기」(The Franklin's Tale)의 여주인공이다. 버지니아가 그녀를 탐하는 총독의 '수청' 요구를 물리칠 수 없게 되자 그녀의 아버지는 "죽음 또는 수치"의 갈림길에서 딸과 자신의 명예를 지키고자 몸소 그녀를 참수한다. 도리젠은 유부녀인 자신에게 치근대는 수습 기사에게 남편의 귀향에 방해가 되는 해안가 암초를 제거해주면 구애에 응하겠다고 경솔한 약속을 했다가 그가 마법사를 동원해 암초가 사라지는 환상을 만들어내는 바람에 몸을 허락해야 하는 곤경에 처한다. 하지만 남편, 수습 기사, 마법사가 앞다투어 '관대함'을 뽐내는 틈바구니에서 정절을 지키고 무사히 남편 품으로 돌아온다. 크리세이드는 버지니아처럼 무력하게 목숨을 내놓을 인물이 아니지만, 그렇다고 도리젠처럼 남성들의 '아름다운' 기사도 정신을 기대할 수 있는 형편도 아니다. 이유경의 졸업 논문 「죽음 또는 수치: 로맨스의 행복한 결말이 숨겨둔 암초」(2018)를 지도하면서 크리세이드와 이 두 여성 인물의 유사성을 새삼 인식하게 되었다.

24. 김재환, 「작품 해설」, 『트로일루스와 크리세이드』, 김재환 옮김 (까치글방, 2001), 347.

25. E. Talbot Donaldson, "The Ending of *Troilus*," in *Speaking of Chaucer*, 100.

26. Dinshaw, *Chaucer's Sexual Poetics*, 37.

27. 초서를 처음 '영시의 아버지'라 칭한 것은 17세기 영국 시인 존 드라이든(John Dryden, 1631-1700년)이다.

28. Dinshaw, *Chaucer's Sexual Poetics*, 30.

29. Froissart, *Chronicles*, 309.

30. '향사'는 기사 아래 등급의 하층 귀족이다.

31. Froissart, *Chronicles*, 314.

32. Froissart, *Chronicles*, 37.

33. Froissart, *Chronicles*, 311, 312.

34. Froissart, *Chronicles*, 313.

35. Froissart, *Chronicles*, 310.

36. "Jean de Carrouges," *Wikipedia*, https://en.wikipedia.org/wiki/Jean_ de_Carrouges와 "Jacques Le Gris," *Wikipedia*, https://en.wikipedia.org/ wiki/Jacques_Le_Gris를 참조할 것.

37. 강간 서사가 중세 사회에서 '소프트 포르노그래피'로 갖는 효용에 관해서 는 Barbara A. Hanawalt, "Whose Story Is This? Rape Narratives in Medieval English Courts," in *"Of Good and Ill Repute": Gender and Social Control in Medieval England*, by Hanawalt (Oxford: Oxford University Press, 1998), 124-41을 참조할 것. 해너월트는 1320년 3월 영국 런던에서 발 생한 열한 살짜리 소녀 조운(Joan)의 강간 재판 기록을 분석하면서 그녀의 강 간 서사가 "변호사를 위한 14세기 소프트 포르노그래피"로 기능했음을 지적한 다(137). 마르그리트의 경우는 강간 서사의 소비 범위가 조운의 경우보다 훨씬 더 컸을 것이다.

38. Froissart, *Chronicles*, 315n.

『사랑의 감옥』 그리고 사랑이라는 종교

* 이 글은 인문정책연구총서 2016-24에 실린 「차가운 대리석에서 피와 살을 가진 여인으로: 라우레올라와 멜리베아」와 내용이 일부 중첩된다. 멜리베아 관련 내용 을 삭제했고, 라우레올라 관련 내용을 대폭 수정하고 추가했다.

1. Alan D. Deyermond, "The Lost Genre of Medieval Spanish Literature," *Hispanic Review* 43 (1975): 231-59.

2. Marcelino Menéndez Pelay, *Orígenes de la Novela* (Madrid: Bailly-Balliére, 1905-1915). 스페인 산문 문학 연구에서 메넨데스 펠라요의 『소설의 기원』이 차지하는 위상은 거의 절대적이다. 미구엘 드 세르반테스(Miguel de Cervantes Saavedra) 이전의 산문을 다루고 있는 이 연구서는 당시 제목만 겨우 알려진 작품이나 전혀 알려지지 않은 작품들을 스페인 문학 연구의 대상

으로 편입시켜 장르를 분류하고 평가했다. 비록 작품을 평가하는 시각이 매우 도덕적이고 국수적이라는, 특히 『루카노르 백작』(*El conde Lucanor*)과 『데카메론』(*Decameron*)의 비교 부분에서 비판을 받기는 하지만, 이 연구서는 후대 연구자들의 필수 지침서가 되어왔다. 그 뒤로 연구자들은 그가 밝힌 사실들을 확인하고 부분적인 수정을 가하는 작업을 연구의 출발점으로 삼았다. 센티멘탈 소설이라는 장르도 이런 과정을 거쳐 탄생하고 진화해갔다.

3. Carmelo Samoná, *Studi sul romanzo sentimentale e cortese nella letteratura spagnola del Quatrocento* (Roma: Carucci, 1960).

4. Armando Durán, *Estructura y Técnica de la Novela Sentimental y Caballeresca* (Madrid: Gredos, 1973), 60-61.

5. Diego de San Pedro, *Tractado de omores de Arnaltey Lucenda*, ed. Keith Whinnom, vol. 1 of *Obras Completas* (Madrid: Castalia, 1973), 53.

6. Diego de San Pedro, *Cárcel de Amor*, ed. Enrique Moreno Báez (Madrid: Cátedra, 1984). 이후 인용되는 텍스트의 출처는 이 판본이다.

제2부 사랑과 중세 신학

헬로이사와 아벨라르두스

* 이 글은 인문정책연구총서 2016-24에 실린 「세속적 사랑의 그리스도화: 12세기를 중심으로」와 주제 및 문제의식을 공유하지만 사실상 다른 글이다.

1. 이름과 한국어 표기에 대해 간단한 해명이 필요하다. 헬로이사는 지금까지 연구에서는 대개 '엘로이즈'(Heloise)로 표기된 인물이다. 아벨라르두스 자신은 이 이름이 구약의 '엘로힘'에서 나온 것으로 이해한다(편지5). 구약성서는 히브리어 '엘로힘'을 쓰고 있지만, 히브리어를 모르는 아벨라르두스는 불가타 성경의 주석에서 읽은 대로 Heloim이라 쓰고 있다. 당대 라틴어에서 '헬로임'으로 읽었는지 확인할 수 없지만, '헬로이사'(당대 라틴어 발음에서 '엘로이사'에 가까웠는지도 알 수 없다)를 어원적으로 헬로임의 여자, 즉 주님의 여자라는 뜻으로 이해하는 것이다. 물론 이 연결이 정확한 어원은 아닐 수 있다. 이 이름이 사실 고대 독일어 Helewise에서 온 것으로 'hele'는 '건강한', '괜찮은'이라는 뜻이고, 'wise'는 '넓은', '강한'의 뜻을 가진다는 지적도 있다. *The Letters of Abelard and Heloise*, trans. Betty Radice, rev. ed. (London: Penguin Books, 2003), 268, n. 31.

2. 앞서 언급한 「세속적 사랑의 그리스도화」가 이런 시도를 담고 있다.

3. 이 글은 주로 둘 사이에 오간 진본 편지들을 중심으로 이야기를 재구성한 것이다. 연구자 일부가 두 사람 사이의 편지로 간주하지만, 아직 진행 중인 위작 논쟁에 휩싸여 저자가 확정되지 않은 편지 모음은 고려하지 않았다. 아벨라르두스의 첫 번째 편지는 원래 헬로이사가 아니라 다른 친구에게 쓴 것인데, 우연히 손에 들어온 이 편지를 읽고 헬로이사가 편지를 쓰기 시작해 일련의 서신 교환이 일어난다. 그러니까 첫 번째 편지는 엄밀한 의미에서 헬로이사에게 쓴 것은 아니고 『나의 수난 이야기』(*Historia calamitatum*)라는 별도의 제목을 가진 서한이지만, 연구자들은 서신 교환에서의 첫 번째 편지로 계산해 이후 편지들의 순서를 정한다. 필자도 이 관행을 따라 인용했다. 인용은 David Luscombe, ed., *The Letter Collection of Peter Abelard and Heloise* (Oxford: Oxford University Press, 2013)에서 하고 편지(epistola) 번호, 문단 번호와 함께 쪽수를 표기한다. 한국어 번역은 모두 필자가 한 것이다.

4. Luscombe, *Letter Collection*, 1.17, pp. 26-28.

5. Luscombe, *Letter Collection*, 1.18, p. 28.

6. Luscombe, *Letter Collection*, 1.20, p. 30.

7. Luscombe, *Letter Collection*, 1.21, pp. 30-32.

8. Luscombe, *Letter Collection*, 1.26, p. 42.

9. Luscombe, *Letter Collection*, 1.31, p. 48.

10. Luscombe, *Letter Collection*, 1.31, p. 48.

11. Luscombe, *Letter Collection*, 1.31, pp. 48-50. 루카누스가 로마 시민전쟁의 참상을 노래한 『파르살리아』(*Pharsalia*) 8권 94-98행을 인용한 것이다.

12. Luscombe, *Letter Collection*, 1.63, p. 98.

13. Luscombe, *Letter Collection*, 1.65-70, pp. 102-12.

14. Luscombe, *Letter Collection*, 2.14, p. 136.

15. Luscombe, *Letter Collection*, 5.20, pp. 198-200.

16. Luscombe, *Letter Collection*, 2.16, p. 140.

17. 조르주 뒤비, 『알리에노르 다키텐과 다른 6명의 여인들』, 『12세기의 여인들』 1권, 최애리 옮김 (새물결, 2005), 94-95

18. Carol Harrison, *Augustine: Christian Truth and Fractured Humanity* (Oxford: Oxford University Press, 2000), 163

19. Luscombe, *Letter Collection*, 5.17, p. 196.

20. Luscombe, *Letter Collection*, 2.10, p. 132.

21. 라틴어 그라티아(gratia)는 감사, 혹은 감사의 마음이나 그런 마음을 불러일으키는 것, 즉 감사할 만한 것을 뜻한다. 나에게 진 빚을 갚는 행위는 당연한 일이지 감사할 일은 아니라고 생각하는 것처럼, 빚도 없는데 혹은 내가 그런 호의를 받을 만하지 않은데도 선행이 주어진다면 감사의 마음이 생길 것이다. 신학적 맥락에서 은총으로 번역되는 것도 이런 의미를 바탕으로 이해될 수 있다.

22. Luscombe, *Letter Collection*, 2.10, p. 132.

23. Luscombe, *Letter Collection*, 2.15, p. 138.

24. 물론 자발성과 서원을 통한 속박이 양립 불가능한 것은 아니다. 이미 안셀무스(Anselmus, 1033-1109년)는 수도 서원에 의한 속박이 자발성을 해치는 것은 아니라고 논증했다. 물론 서원을 어기면 파문되는 것이 필연적이지만, 파문되는 것이 무서워서가 아니라 애초에 서원했을 때의 자유로 거룩하게 사는 것이라면 그 삶이 필연의 존재 때문에 칭찬하고 감사할 이유를 줄이지는 않는다는 것이다. *Cur deus homo*, in *S. Anselmi Cantuariensis Archiepiscopi opera omnia*, ed. Franciscus Salesius Schmitt, vol. 2 (Stuttgart: Frommann, 1984), p. 100, ll. 2-19. 이 논변에 대한 설명은 강상진, 「안셀무스의 「하느님은 왜 인간이 되셨는가」(Cur Deus Homo)에 나타난 '후행적 필연성'에 관한 연구」, 『중세철학』 18 (2012) P. 86 참조.

25. Luscombe, *Letter Collection*, 4.8, p. 164.

26. Luscombe, *Letter Collection*, 4.13, p. 172.

27. Luscombe, *Letter Collection*, 5.23-24, pp. 202-04.

28. Luscombe, *Letter Collection*, 5.33-34, p. 212.

29. Luscombe, *Letter Collection*, 5.29, pp. 208-10.

30. Luscombe, *Letter Collection*, 5.31, p. 210.

31. Luscombe, *Letter Collection*, 5.35, p. 216.

32. Luscombe, *Letter Collection*, 5.1, p. 178.

토마스 아퀴나스의 사랑론

* 이 글은 인문정책총서 2016-24에 실린 「토마스 아퀴나스의 사랑론: 정념, 의지, 신적인 덕」을 대폭 수정한 것으로 이 책에 수록되기에 앞서 『중세철학』 24권(2018)에 게재되었다.

1. 드니 드 루주몽, 『사랑과 서구문명』, 정장진 옮김 (한국문화사, 2013), 406.

2. Julia Kristeva, *Histoires d'amour* (Paris: Denoël, 1983), 190.

3. 신의 사랑에 대한 저작을 남긴 대표적인 저자 두 명만 언급하자면 시토 수도 원의 기욤 드 생티에리(Guillaume de Saint-Thierry, 1085–1148년)와 그의 동료 베르나르 드 클레르보(Bernard de Clairvaux, 1090–1153년)를 들 수 있다.

4. 「요한1서」 4장 8절. 성서는 개역개정판에서 인용한다.

5. Peter Brown, *The Body and Society: Men, Women and Sexual Renunciation in Early Christianity* (London and Boston: Faber & Faber, 1990), 402.

6. 자연에 대한 이 새로운 태도는 중세 '12세기 르네상스' 시기에 나타나기 시작해 토마스 아퀴나스가 활동하던 13세기에 아리스토텔레스 철학이 문화적 언어가 되면서 더욱 본격화되었다. Marie-Dominique Chenu, *Nature, Man, and Society in the Twelfth Century: Essays on New Theological Perspectives in the Latin West*, ed. and trans. Jerome Taylor and Lester K. Little (Chicago and London: University of Chicago Press, 1979) 참조.

7. H. X. Arquillière, *L'Augustinisme politique: Essai sur la formation des théories politiques du Moyen Âge* (Paris: J. Vrin, 1972), 53–54.

8. 신적인 덕의 의미는 아래 4.1에서 자세하게 설명된다.

9. Dante Alighieri, *Paradiso*, 30.40. 단테의 『신곡』(*La Divina Commedia*)은 *The World of Dante*, Institute of Advanced Technology in the Humanities, University of Virginia, http://www.worldofdante.org/index.html에서 칸티카(cantica)별로 인용하고 주석에 곡수와 행수를 표기한다.

10. Thomas Aquinas, *Summa theologiae*, 9 vols. (Rome: Commissio Leonina, 1888–1906), I-II, 26, c. 이하에서는 ST로 표기.

11. James McEvoy, "Amitié, attirance et amour chez Thomas d'Aquin," *Revue philosophique de Louvain* 91, no. 3 (1993): 393.

12. ST I-II, 22, 1, c.; ST I-II, 22, 3, c.

13. ST I-II, 23, 1, c.

14. ST I-II, 25, 2, c.

15. ST I-II, 27, 4.

16. ST I-II, 25, 2, sc.

17. ST I-II, 26, 1, c.

18. ST I-II, 28, 6, c.

19. Aristoteles, *Rhétorique*, ed. and trans. Médéric Dufour (Paris: Gallimard, 1998), 1380b35.

20. ST I–II, 26, 4.

21. ST I–II, 26, 4, sc.

22. ST I–II, 27, 1, c.

23. ST I–II, 27, 2, c.

24. Aristoteles, *Ethique à Nicomaque*, trans. J. Tricot (Paris: J. Vrin, 1959), 1167a3–5.

25. ST I–II, 28, 1, c.

26. ST I–II, 26, 4, c.; Ibid. ad 1.

27. Aristoteles, *Ethique à Nicomaque*, 1165b27.

28. Dionysius Areopagita, *De divinis nominibus*, 4, §13, *Patrologia Graeca* 3:712.

29. ST I–II, 28, 3, sc.

30. ST I–II, 28, 4, c.

31. ST I–II, 28, 5, ad 1.

32. ST I–II, 28, 5, c.

33. ST I–II, 62, 1, c.

34. ST II–II, 23–46.

35. ST II–II, 23, 1, c. in fine.

36. Aristoteles, *Ethique à Nicomaque*, 1155b31.

37. ST II–II, 23, 1, sc.

38. 토마스 아퀴나스는 성서만이 신학의 "내적이고 필연적인 권위"이고, 철학자들의 주장은 신학의 "외적이고 개연적인 권위"라고 명시한다. ST I, 8, ad 2.

39. Petrus Lombardus, *Sententiae in IV libris distinctae* (Grottaferrata: Editiones Collegii S. Bonaventurae ad Claras Aquas, 1971), I, d. 17.

40. ST II–II, 23, 2, c.

41. ST II–II, 24, 2, c.

42. 아우구스티누스, 『그리스도교 교양』, 성염 옮김 (분도출판사, 2011), I, XXIII, 22–XXX, 31.

43. 「마태복음」 5장 44절.

44. 아우구스티누스, 『그리스도교 교양』, I, XXX, 31.

45. 「요한1서」 4장 21절.

46. ST II-II, 25, 1, sc.

47. ST II-II, 25, 1, c.

48. ST II-II, 25, 3, c. in fine.

49. 「디모데후서」 3장 2절.

50. ST II-II, 25, 4, obj. 3 & ad 3.

51. ST II-II, 25, 7, c.

52. Aristoteles, *Ethique à Nicomaque*, 1168a28-1168b28; Thomas Aquinas, *Sententia libri ethicorum*, in *Sancti Thomae de Aquino opera omnia*, by Thomas 47.2 (Romae: St. Thomas Aquinas Foundation, 1969), lib. 9, lect. 8.

53. ST II-II, 25, 5, c.

54. ST II-II, 25, 6, c.

55. ST II-II, 25, 8, c.

56. 아우구스티누스, 『신국론』, 성염 옮김 (분도출판사, 2004), XV, xxii. 아우구스티누스는 이 텍스트에서 'ordo caritatis', 'ordo amoris', 'ordo dilectionis'를 동의어로 사용한다. 이 세 표현에 사용된 라틴어 'caritas', 'amor', 'dilectio'는 모두 '사랑'을 의미하는 단어로 문맥에 따라 의미의 차이가 있지만, 여기서처럼 모두 사랑을 의미하는 동의어로도 사용된다.

57. 아우구스티누스, 『그리스도교 교양』, I, 27, 28.

58. 아우구스티누스, 『그리스도교 교양』, I, 27, 28.

59. 아우구스티누스, 『그리스도교 교양』, I, 28, 29.

60. ST II-II, 26, 1, c.

61. ST II-II, 26, 3, c.

62. ST II-II, 26, 4, c.

63. 「고린도전서」 13장 5절.

64. Augustinus, Epistola 211, *Patrologia Latina* 33: 963.

65. ST I, 75, 4, c.

66. ST II-II, 26, 5, ad 2.

67. '카리타스의 감정'(affectus caritatis)은 의지 안에 존재하는 사랑의 감정을 일컫는다. 앞에서 말한 정념으로서 사랑의 감정과 구분된다. 후자가 감각적 선을 향한 끌림이라면 전자, 즉 카리타스의 감정은 이성적 욕구인 의지 안에서 이성

이 좋은 것이라고 판단하는 것에 끌리는 감정이다.

68. Petrus Lombardus, *Sententiae*, III, d. 29.

69. ST II-II, 26, 6, c.

70. ST II-II, 26, 9, c.

71. Thomas Aquinas, *Summa contra gentiles*, in *Sancti Thomae de Aquino opera omnia* 13 (Rome: Typis Riccadi Garroni, 1918), III, 123, 6.

72. Thomas, *Summa contra gentiles*, III, 123, 6.

73. Augustinus, *De bono conjugali*, ed. Robert Weber (Turnhout: Brepols, 1979), Corpus Christianorum, Continuatio Mediaevalis 27B, p. 909-31; Emile Schmitt, *Le Mariage Chrétien dans l'oeuvre de Saint Augustin* (Paris: Etudes Augustiniennes, 1983), 260-95; Elizabeth Clark, "'Adam's Only Companion': Augustine and the Early Christian Debate on Marriage," *Recherches Augustiniennes* 21 (1986): 139-62; Eric Fuchs, *Sexual Desire and Love: Origins and History of the Christian Ethic of Sexuality and Marriage* (Cambridge: J. Clarke, 1983), 117을 참조할 것. Brown, *Body and Society*, 402, n. 60에서 재인용.

74. Dante, *Paradiso*, 33.145.

75. ST II-II, 24, 2, c.

76. Thomas Aquinas, *Quaestiones disputate de virtutibus*, q. 2 a. 8 co., *Corpus Thomisticum*, Fundación Tomás de Aquino, http://www.corpusthomisticum.org/qdw100.html.

77. 우리 현대사의 인물 가운데 '사랑의 원자탄'으로 불리는 손양원 목사는 자신의 두 아들을 죽인 학생을 양자로 삼아 원수 사랑의 모범을 실제로 보여주었다. 그는 인간의 자연적 사랑을 뛰어넘는, 신의 은총으로 가능했던 카리타스를 삶으로 실천했다. 그는 예수가 인간의 눈에 불가능해 보이는 원수 사랑을 명령한 것은 그 명령을 따를 힘도 주시겠다는 약속이었음을 믿고 실천한 인물이다. 손동희, 『나의 아버지 손양원 목사』 (아가페북스, 2014) 참조.

마리아 막달레나의 사랑

* 이 글은 인문정책연구총서 2016-25에 실린 같은 제목의 글을 경제인문사회연구회 승인 하에 재수록한 것이다.

1. 「마태오복음서」 27장 56절, 「마르코복음서」 15장 40절, 「요한복음서」 19장 25

절. 복음서는 가톨릭 신약 『성경』에서 인용한다.

2. 「마태오복음서」 28장 1절, 「마르코복음서」 16장 9절, 「루가복음서」 24장, 특히 「요한복음서」 20장 11~18절.

3. 「요한복음서」 8장 1~11절.

4. 「요한복음서」 12장 1~8절.

5. 카타르파 이단과 마리아 막달레나의 관계에 대해서는 다음의 논문을 참조할 것. Mary Ann Beavis, "The Cathar Mary Magdalene and the Sacred Feminine: Pop Culture Legend vs. Medieval Doctrine," *Journal of Religion and Popular Culture* 24, no. 3 (2012): 422-26. 그레고리 교황에 의해 정립된 마리아 막달레나의 정체성과 위상에 대해서는 다음의 글을 참조할 것. Christopher Witcombe, "The Chapel of the Courtesan and the Quarrel of the Magdalens," *Art Bulletin* 84, no. 2 (2002): 279-80; Lisa Marie Rafanelli, "The Ambiguity of Touch: Saint Mary Magdalene and the *Noli Me Tangere* in Early Modern Italy" (PhD diss., New York University, 2004), 48-53.

6. 독일어권의 마리아 막달레나 신앙과 관련해서는 다음의 글을 참조할 것. Amy M. Morris, "Lucas Moser's *St. Magdalene Altarpiece*: Solving the Riddle of the Sphinx" (PhD diss., Indiana University, 2006), 102-46.

7. 복음서에 나오는 '마리아'들의 정체와 혼동에 대해서는 다음의 논문을 참조할 것. Mary Ann Beavis, "Reconsidering Mary of Bethany," *Catholic Biblical Quarterly* 74 (2012): 282-89.

8. 「요한복음서」 12장 1~8절.

9. 「루가복음서」 7장 36~38절, 44~50절.

10. 『딕비 매리 막달렌』에 대해서는 다음의 글을 참조할 것. David Bevington, ed., *Medieval Drama* (Boston: Houghton Mifflin, 1975), 687-89; Jacob Bennett, "The Meaning of the Digby *Mary Magdalen*," *Studies in Philology* 101, no. 1 (2004): 38-47.

11. Robert Barry Donovan, "The MS Digby 133 *Mary Magdalene*: A Critical Edition" (PhD diss., Arizona State University, 1977), p. 45, lines 665-70. 15세기 영어의 해석을 도와준 영어영문학과 김현진 교수에게 감사한다.

12. Juliette Vuille, "'Towche me not': Uneasiness in the Translation of the *Noli Me Tangere* Episode in the Late Medieval English Period," in *The*

Medieval Translator, ed. Alessandra Petrina, vol. 5 (Turnhout: Brepols, 2013), 216-17.

13. Bernard de Clairvaux, Sermon 3.5, *Sermones super Cantica Canticorum, in Patrologia Latina* 183: 796A.

14. Bernard, Sermon 4.1, in *Patrologia Latina* 183: 797B.

15. 「요한복음서」 20장 11~18절.

16. 마저리 켐프의 영성에서 마리아 막달레나의 역할에 대해서는 다음의 글을 참조할 것. Carolyn Coulson, "Mysticism, Meditation, and Identification in *The Book of Margery Kempe*," *Essays in Medieval Studies* 12 (1995), http://www.illinoismedieval.org/ems/emsv12.html; Audrey Walton, "The Mendicant Margery: Margery Kempe, Mary Magdalene, and the *Noli Me Tangere*," *Mystics Quarterly* 35, nos. 3-4 (2009): 3-9.

17. *The Book of Margery Kempe*, ed. Anthony Bale (Oxford: Oxford University Press, 2015), ch. 81, pp. 176-77.

18. Donovan, "MS Digby 133," p. 73, lines 1061-77.

19. Bernard de Clairvaux, *De vita beatae Mariae Magdalenae et sororis ejus Sanctae Marthae,* in *Patrologia Latina* 112: 1473-74.

20. Jacobus de Voragine, *Legenda aurea vulgo historia Lombardica dicta*, ed. Johann Georg Theodor Grässe (Leipzig: Impensis librariae arnoldianae, 1850), 409.

21. Jacobus, *Legenda aurea*, 413.

22. Donovan, "MS Digby 133," p. 134, lines 2032-39.

23. Jacobus, *Legenda aurea*, 414-15.

24. 중세 성녀들에게 나타나는 거식증을 이러한 육체 부정의 영성으로 해석한 연구에 대해서는 다음의 글을 참조할 것. Caroline Walker Bynum, *Holy Feast and Holy Fast: The Religious Significance of Food to Medieval Women* (Berkeley: University of California Press, 1988), ch. 6, pp. 189-218.

25. Margaret Miles, "Vision: The Eye of the Body and the Eye of the Mind in Saint Augustine's *De trinitate and Confessions*," *Journal of Religion* 63 (1983): 125-42.

26. 모리스는 루카스 모저가 프랑스에서 미술 훈련을 받았으며 이 시기 현지에서 인기 있던 마리아 막달레나 도상에 노출되었으리라는 학설과 함께, 바젤 공의

회(Council of Basel, 1431년) 때문에 독일 남서부 지역을 방문한 프로방스 성직자들에 의해 마리아 막달레나의 프로방스 관련 전설과 도상이 유입되었을 것이라는 학설을 소개하고 있다. Morris, "Lucas Moser's *St. Magdalene Altarpiece*," 112-14.

제3부 사랑과 중세 역사

샤를 6세의 '사랑의 궁정'

* 이 글은 인문정책연구총서 2016-24에 실린 「중세 말 파리의 '사랑의 궁정'」을 경제인문사회연구회 승인 하에 재수록한 것이다.

1. 1328년 새로 들어선 발루아(Valois) 왕조의 필리프 6세(Philippe VI)가 최초로 인구조사를 시행했는데, 시대적 한계 때문에 이를 완성하지는 못했다. 그럼에도 이 자료를 토대로 인구학자들은 1348년 흑사병 직전 프랑스 인구가 대략 2,000만 명이 넘었을 것으로 추정하고 있다. 이는 유럽 전체 인구 6,500만 명의 3분의 1에 해당하며 잉글랜드 인구(약 600만)의 세 배에 달한다. 프랑스에서 흑사병 이전의 인구 수준은 17세기 초에 가서야 회복된다.

2. 중세에 새해는 시기마다 달랐으며, 통상적으로 3월 말~4월 초에 위치하는 부활절이 새해의 시작을 알리는 축일이었다. 16세기에 들어와 베네치아, 스웨덴, 신성로마제국 등이 1월 1일을 새해로 채택하기 시작해 16세기 말까지 서유럽 국가 대부분이 이를 따랐다. 이후 1582년 교황 그레고리우스 13세(Gregorius XIII)가 율리우스력을 개혁하면서 교회에서도 1월 1일을 새해로 명확히 규정하기 시작했다. 프랑스는 1564년부터, 영국은 1752년부터 이 체제를 따랐다. 그러므로 15세기 문헌에서 1400년 2월은 현대식으로는 1401년 2월이 된다. 한편 이 회합이 열린 오텔 다르투아는 이후 내전기에 방어용 군사 성채로 증축되었다. 현재 남아 있는 이 구조물의 일부가 에티엔 마르셀가에 자리한 '투르 드 장 상 푀르'(Tour de Jean sans Peur)다.

3. 1346년 유럽에 처음 등장한 흑사병은 이후 주기적으로 발병했다. 1399~1400년에도 첫 번만큼의 가공할 위력은 아니었지만 유럽 전체에 흑사병이 발병했던 것으로 기록되어 있다.

4. 이미 북프랑스 각지에 이러한 문예 동아리들이 조직되어 축일을 이름으로 삼았다. 예를 들어 루앙(Rouen)의 무염수태(Conception) 동아리, 디에프(Dieppe)

의 성모승천(Assomption) 동아리, 릴(Lille)의 노트르담(Notre Dame) 동아리 등이 있다.

5. Carla Bozzolo and Hélène Loyau, *La Cour Amoureuse dite de Charles VI*, 3 vols. (Paris: Léopard d'Or, 1982-1992).

6. 1392년 샤를 6세의 광기 이후 잠복해 있던 귀족들 간 갈등이 1407년 부르고뉴 공작 장 1세(장 상 퍼르[Jean sans Peur], 일명 '두려움 없는 장')가 사촌인 왕제 오를레앙 공작 루이 2세를 암살하면서 폭력적으로 폭발했다. 1419년 그 또한 암살되면서 아들 필리프 2세가 공위를 이어받았고 이후 부르고뉴 공작령은 프랑스에서 떨어져 나와 독립적인 공국의 노선을 취했으며 나아가 잉글랜드와 손잡게 된다.

7. 1413년 잉글랜드에서는 리처드 2세(Richard II)의 왕위를 찬탈해 왕위에 올랐던 헨리 4세(Henry IV)가 죽고 헨리 5세가 즉위했다. 1415년 그는 군대를 조직해 프랑스 노르망디 원정을 감행했으며 그해 10월 25일 아쟁쿠르 전투에서 9,000명의 병력으로 1만 5,000명가량의 프랑스군을 궤멸시켰다. 대부분 궁수였던 잉글랜드군의 사상자가 600명에 불과했던 데 반해 기사가 주력이던 프랑스군은 6,000명 이상이 사망하고 2,000명 넘게 포로가 되었다. 이 전쟁이 끝나고 잔 다르크(Jeanne d'Arc)가 등장할 때까지 프랑스 왕정은 샤를 7세 이후로 파리를 비롯한 북프랑스까지 내주고 루아르(Loire)강 이남으로 후퇴할 수밖에 없었다.

8. 14세기 초 유기체적 정치 이데올로기 차원에서 교황 보니파키우스 8세(Bonifacius VIII)가 스스로를 영혼을 담당하는 머리라고 주장하자 프랑스 왕 필리프 4세는 스스로를 심장에 비유했다. 이러한 관계는 "은총이 자연을 완성한다"는 토마스 아퀴나스의 가르침에서 크게 벗어나지 않는다. 하지만 필리프 4세의 측근들은 다음과 같은 사실들을 상기시킨다. 은총을 받기 전 자연이 먼저 그 자체로 존재한다는 사실, 아리스토텔레스의 발생론에 따르면 태아가 생겨날 당시 머리보다 심장이 먼저 형성된다는 사실, 즉 교황 이전에 왕이 선행하며 이것은 『성경』 내용으로도 증명된다는 사실, 그렇기 때문에 그리스인은 왕을 가장 근본적인 '기반'(base)으로 생각해 '바실레우스'(basileus)라고 불렀다는 사실 말이다. 이는 더 나아가 신학에 대한 철학의 독립성과 자율성을 주장하는 아베로에스주의(Averroism)와도 연결된다.

9. 강선미, 「사랑이라는 이름의 궤변:『장미 이야기』에 나타난 남성 환상과 여성혐오의 자기해체」,『중세르네상스 영문학』 19, no. 2 (2011): 122.

10. 크리스틴 드 피장은 이 논쟁 당시에도 많은 편지와 시, 연설문을 작성했는데 특히 이 논쟁 이후에 저술한『여성들의 도시』(최애리 옮김, 아카넷, 2012)는 그녀가『장미 이야기』를 비롯한 당대의 남성 우월적 편견에 맞서 여성의 존재와 가치를 변호하고 높이 끌어올린 종합적인 저작이다.

11. Christine de Pizan, "Christine de Pizan to Jean de Montreuil (June-July 1401)," in *Debate of the Romance of the Rose*, ed. David F. Hult (Chicago: University of Chicago Press, 2010), 58-63.

12. 외스타슈 데샹(Eustache Deschamps, 1340-1406년) 또는 오노라 보베 (Honorat Bovet, 1350-1410년)로 추정된다. 이들은 14세기 후반에 활동한 시인들로 장 드 몽트뢰유의 선배 세대를 이룬다.

13. Christine de Pizan, "Christine de Pizan to Jean de Montreuil," 104.

14. 이 문장은 티투스 리비우스 파타비누스(Titus Livius Patavinus)의『로마사』 (*Ab urbe condita*)에 나오는 다음 구절에서 유래한다. "스키피오의 영광은 더 컸습니다. 그리고 더 클수록 그만큼 더 질투를 받습니다."『로마사』는 1350년대 중반 국왕 장 2세의 주문으로 피에르 베르쉬르(Pierre Bersuire, 1290년경-1362년)에 의해 프랑스어로 번역되었다. 이에 대해서는 홍용진, 「정치, 문화, 역사: 14세기 중반 티투스 리비우스『로마사』의 프랑스어 번역」,『한국사학사학보』 27 (2013): 173-209 참조.

15. 국내에 소개되고 있는『장미 이야기』와 크리스틴 드 피장에 대한 논문은 대부분 여성 비하 및 여성 혐오 문제를 전면으로 내세우며 작품을 이분법적 구도에서만 조망하고 있다. 하지만 이러한 문제를 인정한다 해도 기욤 드 로리스와 장 드 묑의『장미 이야기』는 좀 더 복잡한 구조와 표현, 현실과의 관계들을 지니고 있다.『장미 이야기』에 대한 종합적이면서도 복합적인 연구가 절실하다.

16. 성백용, 「백년전쟁과 프랑스 귀족사회의 변화」,『프랑스사 연구』 34 (2016), 5-31.

중세 도시에서의 매춘

* 이 글은 인문정책총서 2016-14에 실린 같은 제목의 글을 상당 부분 수정하고 보완한 것이다.

1. 장 보테로 외,『사랑과 결혼 그리고 섹슈얼리티의 역사』, 이선희 옮김 (새로운사람들, 1996), 69-170.

2. Michel Foucault, "Le Combat de la chastetè," *Communications* 35 (1982):

15-25.

3. 라뒤리는 1300년 전후 파미에 지역의 재판 기록을 토대로 매춘과 남색이 도시적 현상이었음을 강조한다. 에마뉘엘 르 루아 라뒤리, 『몽타이유: 중세 말 남프랑스 어느 마을 사람들의 삶』, 유희수 옮김 (길, 2006), 248-56.

4. 몽타이유 사람들은 매춘을 통한 성관계에 죄의식을 거의 느끼지 않았다. 라뒤리, 『몽타이유』, 258-60. 이와 관련해서는 유희수의 연구를 참조할 것. 유희수, 『사제와 광대: 중세 교회문화와 민중문화』 (문학과지성사, 2009), 72-80.

5. 오늘날 경제적 대가를 받고 몸을 파는 행위를 매춘이라고 칭하는 것과 달리, 중세에는 매춘이 경제적·법적 맥락만을 의미하지 않았다. 상대를 가리지 않는 문란한 성행위를 모두 포함했다. 용어상의 혼란과 복잡함을 피하고자 이 글에서는 현대적 맥락에 준해 이 용어를 사용한다. Ruth Mazo Karras, "Prostitution in Medieval Europe," in *Handbook of Medieval Sexuality*, ed. Vern L. Bullough and James A. Brundage (New York: Garland, 1996), 243-44.

6. 샤를 보들레르, 『벌거벗은 내 마음』, 이건수 옮김 (문학과지성사, 2001), 120.

7. 고대 서양 도시의 매춘에 대해서는 다음의 고전적인 저작에 상세한 사례들이 담겼다. Iwan Bloch, *Die Prostitution*, vol. 1 (Berlin: Louis Marcus, 1912), 209-587.

8. 조르주 뒤비, 『중세의 결혼: 기사, 여성, 성직자』, 최애리 옮김 (새물결, 1997), 40에서 재인용.

9. James A. Brundage, *Law, Sex, and Christian Society in Medieval Europe* (Chicago: University of Chicago Press, 1987), 114-23; *Monumenta Germaniae Historica, Capitularia* II, 1, 45, 46.

10. 장 베르동, 『중세의 쾌락: 서양 중세 사람들의 사랑, 성 그리고 삶의 즐거움』, 이병욱 옮김 (이학사, 2000), 85.

11. 중세 유럽의 매춘에 대한 일반적인 내용은 번 벌로와 보니 벌로, 『매춘의 역사』, 서석연·박종만 옮김 (까치, 1992), 175-215 참조.

12. 안드레아스 카펠라누스, 『궁정풍 사랑의 기법』, 이동춘 옮김 (논형, 2009), 208-10.

13. Anne L. Barstow, *Married Priests and the Reforming Papacy: The Eleventh Century Debates* (New York: Edwin Mellen, 1982), 208에서 재인용.

14. 성직자의 독신, 즉 금욕의 준수는 그레고리우스 개혁의 핵심 의제였다. 바캉다르(E. F. Vacandard)와 오귀스탱 플리슈(Augustin Fliche)는 이런 입장에서

그레고리우스 개혁을 연구한 선구자들이다. E. F. Vacandard, "Les Origines du cellibat ecclesiastique," in *Études de critique et d'histoire religieuse* (Paris: Librairie Victor Lecoffre, 1906); Augustin Fliche, *La Réforme Grégorienne*, 3 vols. (Paris: Honoré Champion, 1924–1937). 그레고리우스 개혁에 대한 반발로 결혼의 안정성을 유지하기 위해 간음을 일정 정도 묵인하게 되었다는 해석도 있다. 뒤비, 『중세의 결혼』, 231-58.

15. 아랍의 연대기 작가 아부 알피다(Abu al-Fida)의 글에는 당시 성지에서 매춘부들의 노골적인 구애 상황이 묘사되어 있다. Francesco Gabrieli, *Arab Historians of the Crusades*, trans. E. J. Costello (London: Routledge & Kegan Paul, 1984), 204-06.

16. 이 공의회가 열리는 기간에 한 고급 창부는 무려 800굴덴을 벌었다고 한다. Bloch, *Die Prostitution*, 790.

17. *Ordonnances des rois de France*, vol. 1, 65, art. 34 (1254), 77 (1256), 104 (1269). 이외 유럽 각 국왕의 매춘 근절 시도에 대해서는 『매춘의 역사』, 192-95 참조.

18. Augustinus, *De ordine*, II, iv, *Patrologia Latina* 32.

19. *Summa theologiae*, II-II, q. 10, art. 11.

20. Jacques Rossiaud, *Medieval Prostitution*, trans. Lydia G. Cochrane (New York, 1988), 80-81, 87-89. 우리에게도 "홍등가가 여염집 규수의 정조를 지킨다"는 옛말이 있는데, 이는 유럽 중세 성직자들의 논리와 큰 차이가 없다.

21. 도시화와 더불어 유동성과 화폐경제를 전제 조건으로 지적하기도 한다. Franz Irsigler and Arnold Lassota, *Bettler und Gaukler, Dirnen und Henker: Aussenseiter in einer mittelalterlichen Stadt; Köln 1300-1600*, 5th ed. (München: dtv Verlagsgesellschaft, 1993), 179.

22. 16세기 전반 디종의 사례 연구에 따르면 결혼 연령은 남성 24.5세, 여성 21.9세였다. Rossiaud, *Medieval Prostitution*, 15. 한편 도시에서는 여성인구가 과잉 현상을 보였다. 일반적으로 남성인구에 비해 10~25퍼센트 더 많았던 것으로 추정된다. Bloch, *Die Prostitution*, 691-92.

23. 100명의 매춘부 중 공창에서 20~30명, 사창에서 약 60명, 공중목욕탕에서 20~30명이 매춘에 종사했다. Rossiaud, *Medieual Prostitution*, 10, n. 13 참조.

24. Karras, "Prostitution," 253.

25. Bloch, *Die Prostitution*, 806.

26. 제프리 리처즈, 『중세의 소외집단: 섹스, 일탈, 저주』, 유희수·조명동 옮김 (느티나무, 1999), 186-89.

27. Rossiaud, *Medieval Prostitution*, 11-13, 21-22.

28. Rossiaud, *Medieval Prostitution*, 27-29.

29. Rossiaud, *Medieval Prostitution*, 38-42.

30. Bloch, *Die Prostitution*, 777.

31. 리처즈, 『중세의 소외집단』 175에서 재인용.

32. Bloch, *Die Prostitution*, 751-54.

33. E. J. Burford, *Bawds and Lodgings: A History of the London Bankside Brothels c. 100-1675* (London: Peter Owen, 1976), 32.

34. Irsigler and Lassota, *Bettler und Gaukler*, 180-81.

35. Bloch, *Die Prostitution*, 767, 811.

36. Bloch, *Die Prostitution*, 767-68.

37. Bloch, *Die Prostitution*, 765-66.

38. Bloch, *Die Prostitution*, 769-70.

39. 스트라스부르(Strasbourg)의 1493년 조례에 따르면 이 도시에서는 매춘을 단속하는 인원 7명이 배정되어 있었다. Bloch, *Die Prostitution*, 810-11.

40. 유희수, 『사제와 광대』, 98-99.

41. Rossiaud, *Medieval Prostitution*, 59-60.

42. 프랑크푸르트시의 경우 세금을 납부하면 독자적으로 매춘하는 여성도 불법이 아니었다. 정기시가 열리는 기간에는 도시 외부에서 매춘 시설로 들어와 주거하며 매춘을 할 수 있었는데, 일주일에 1굴덴을 징수했다. Bloch, *Die Prostitution*, 763.

43. Karras, "Prostitution," 245.

44. 한편 이탈리아나 프랑스와 달리, 독일 도시의 사례를 추적한 슈스터는 독일의 경우 재정적 관심에서 돈을 벌려고 유곽을 소유한 경우는 없었다고 주장한다. Peter Schuster, *Das Frauenhaus: Städtische Bordelle in Deutschland 1350 bis 1600* (Paderborn: F. Schöningh, 1992), 26-28.

45. 1469년 스트라스부르에서 매우 많은 사람이 허가 없이 매춘 행위를 하다 적발된 사실을 밝히고 있다. 그들은 개인 집, 비밀 유곽, 주막, 목욕탕, 이발소, 방앗간 같은 장소에서 개인적으로 대가를 받고 매춘을 했다. Bloch, *Die Prostitution*, 780-81.

46. 이것이 매춘 연구가 일반론보다 도시별 사례 연구 위주로 진행된 이유이기도 하다. Karras, "Prostitution," 244, n. 7의 관련 문헌 참고.

47. 당대 교회법학자들도 매춘이 경제적 필요 때문에 발생한다고 언급했다. Rossiaud, *Medieval Prostitution*, 38.

48. 영국의 지역 매춘을 연구한 코발레스키(Kowaleski)와 골드버그(Goldberg)에 따르면 매춘부들은 비교적 수입이 적었고, 포주들은 적은 자본으로 영업했기에 매춘이 전업은 아니었다. 매춘 종사자는 소매업이나 식료품업 등을 겸업했으며, 생존을 위해 여러 일을 했다. 여성들이 돈을 벌 수 있는 방법이 제한적이었기에 경제적 곤궁과 기회의 부족이 여성으로 하여금 매춘에 나서도록 유도했다는 것이다. Karras, "Prostitution," 247-48.

49. Karras, "Prostitution," 251, n. 34.

50. R. C. Trexler, "La Prostitution florentine au XVe siècle: Patronages et clientèles," *Annales ESC* (1881): 986.

51. Rossiaud, *Medieval Prostitution*, 32-33.

52. 니키 로버츠, 『역사 속의 매춘부들』, 김지혜 옮김 (책세상, 2004), 143.

53. Lyndal Roper, "The Common Man, the Common Good, Common Women: Gender and Meaning in the German Reformation Commune," *Social History* 12 (1987): 3.

54. 리처즈, 『중세의 소외집단』, 178-79.

55. 로버츠의 『역사 속의 매춘부들』 180쪽에는 15세기 파리 4,000명의 매춘부가 조합을 결성하고 국왕으로부터 깃발과 북, 고적대를 하사받았으며 아비뇽의 매춘부들이 나폴리 여왕 조안나에게 길드를 인정받았다는 서술이 있다.

56. Schuster, *Das Frauenhaus*, 113.

57. Bloch, *Die Prostitution*, 769.

58. 유곽들이 철거된 원인을 매독에서 찾는 견해도 있다. 하지만 윤락업소 폐쇄가 절정을 이룬 16세기 중엽에는 매독에 대한 공포가 이미 수그러들었다. 게다가 당시에는 매독이 성적 접촉을 통해 감염되는지도 규명되지 않았다.

59. 마르틴 루터, 『독일 민족의 그리스도인 귀족에게 고함』, 황정욱 옮김 (길, 2017), 87-93.

60. 루터, 『독일 민족의 그리스도인 귀족에게 고함』, 134-35.

61. 벌로, 『매춘의 역사』, 220-22.

62. 이러한 변화를 1470년경 잔 스탄돈크(Jan Standonck)가 파리에서 시작하고

얼마 후 피렌체에서 사보나롤라도 가세한 일련의 대중설교를 통한 그리스도 교적 도덕운동의 결과로 보는 시각도 있다. Rossiaud, *Medieval Prostitution*, 142-43.

63. Karras, "Prostitution," 247.

64. Irsigler and Lassota, *Bettler und Gaukler*, 186-87.

65. Preserved Smith, *The Age of Reformation* (New York: Henry Holt, 1920), 506-07.

제4부 사랑, 르네상스, 종교개혁

사랑의 소비와 소년 배우

* 이 글은 인문정책연구총서 2016-25에 실린 「르네상스 극장에서의 사랑의 소비와 소년 배우」를 일부 수정한 것이다.

1. 윌리엄 셰익스피어, 『안토니와 클레오파트라』, 『셰익스피어 전집』 5권, 최종 철 옮김 (민음사, 2014), 633. 원문은 William Shakespeare, *Antony and Cleopatra*, ed. David Bevington (Cambridge: Cambridge University Press, 1992) 참조.

2. Claire van Kampen, "Music and Aural Texture at Shakespeare's Globe," in *Shakespeare's Globe: A Theatrical Experiment*, ed. Christie Carson and Farah Karim-Cooper (Cambridge: Cambridge University Press, 2008), 84.

3. Roger Ascham, *The Scholemaster*, 1570, in *English Works of Roger Ascham*, ed. William Aldis Wright (Cambridge: Cambridge University Press, 1904), 286-88.

4. 소년 극단에 대한 좀 더 자세한 사항은 Harold Newcomb Hillbrand, *The Child Actors: A Chapter in Elizabethan Stage History* (New York: Russell & Russell, 1964); Michael Shapiro, *Children of the Revels: The Boy Companies of Shakespeare's Time* (New York: Columbia University Press, 1977); Edel Lamb, *Performing Childhood in the Early Modern Theatre: The Children's Playing Companies (1599-1613)* (New York: Palgrave Macmillan, 2009)를 참조.

5. 르네상스기 연극계 관련 인물들의 런던 길드 소속 상황에 관해서는 David Kathman, "Grocers, Goldsmiths, and Drapers: Freemen and Apprentices in the Elizabethan Theater," *Shakespeare Quarterly* 55, no. 1 (2004): 1-49를 참조.

6. 아래 제시되는 캐스팅 관련 자료는 G. E. Bentley, *Dramatic Companies and Players*, vol. 1 of *The Jacobean and Caroline Stage* (Oxford: Clarendon, 1966), 76에서 찾을 수 있다. 소년 배우들의 신상 관련 정보는 David Kathman, "How Old Were Shakespeare's Boy Actors," *Shakespeare Survey* 58 (2005): 231-34를 참조했다. 『아말피의 여공』은 한국어로도 출판되었다. 이성일 옮김 (소명출판).

7. 윌리엄 셰익스피어, 『베니스의 상인』, 『셰익스피어 전집』 1권, 최종철 옮김 (민음사, 2014), 165-66. 원문은 William Shakespeare, *The Merchant of Venice*, ed. M. M. Mahood (Cambridge: Cambridge University Press, 1996) 참조.

8. Alan Bray, *Homosexuality in Renaissance England*, Morningside ed. (New York: Columbia University Press, 1995), 58-80; Mario DiGangi, *The Homoerotics of Early Modern Drama* (Cambridge: Cambridge University Press, 1997), 1-28 참조.

9. Steve Brown, "The Boyhood of Shakespeare's Heroines: Notes on Gender Ambiguity in the Sixteenth Century," *Studies in English Literature, 1500–1900* 30, no. 2 (1990): 250-52.

10. John Rainolds, *Th'Overthrow of Stage-Plays* (1599), 18.

11. William Prynne, *Histrio-mastix: The Players Scourge* (1633), 211-12.

12. Stephen Orgel, *Impersonations: The Performance of Gender in Shakespeare's England* (Cambridge: Cambridge University Press, 1996), 11.

13. 졸역. 원문 출처는 Ben Jonson, *Epicoene or The Silent Woman*, ed. Roger Holdsworth (London: A & C Black, 1999), 12.

14. Orgel, *Impersonations*, 74-82.

개혁된 사랑과 신성한 결혼

* 이 글은 인문정책연구총서 2016-25에 실린 「개혁된 사랑과 신성한 결혼」을 일부 수정한 것이다.

1. Sears Reynolds Jayne, Introduction to *Marsilio Ficino's Commentary on*

Plato's Symposium, *The Text and a Translation, with an Introduction*, by Marsilio Ficino, trans. Sears Reynolds Jayne (Columbia: University of Missouri Press, 1944), 20. 여기서 "기독교적 사랑"은 아가페(agape), 카리타스(caritas), 신의 사랑, 신에 대한 사랑, 신과 같은 사랑이라는 의미에서 '신성한 사랑'을 뜻한다. 반면 "열정적 사랑"은 아모르(amor), 에로스(eros), 인간에 대한 인간의 사랑이란 의미로 탐욕(cupiditas), 정욕(concupiscentia), 육체적 사랑, 인간적 사랑, '세속적 사랑'을 포함한다.

2. 예컨대 아서 골딩(Arthur Golding)의 1567년 영역본 『변화』(*Metamorphoses*) 에 붙인 역자의 편지 "To the Reader"를 보라. *Ovid's Metamorphoses*, trans. Arthur Golding, ed. and intro. John Frederick Nims (Philadelphia: Paul Dry Books, 2000), 423-29.

3. Mark Rose, *Heroic Love: Studies in Sidney and Spenser* (Cambridge, MA: Harvard University Press, 1968), 7-34. 르네상스의 사랑이 중세의 금욕주의적 사랑에 대한 반응으로서 인간적 사랑의 윤리적 가치를 추구했다는 로즈의 지적은 학계의 '정설'이 되었다. 필자의 이 글 또한 로즈를 비롯한 여러 선행 연구자의 논의에 커다란 빚을 지고 있다.

4. 인용문은 필자의 번역으로 니컬러스 만의 원문 영역 대조본을 참조했다. Francesco Petrarca, *My Secret Book*, ed. and trans. Nicholas Mann, I Tatti Renaissance Library (Cambridge, MA: Harvard University Press, 2016), 145-47.

5. 르네상스의 사랑시가 페트라르카식 사랑에 의해 전적으로 지배된 것은 아니다. 사랑을 통한 영혼의 새로운 탄생을 노래한 르네상스의 사랑시가 오비디우스의 사랑시를 비롯한 로마 사랑시의 영향 아래 온갖 종류와 형태의 육체적 사랑을 노래하는 시로 바뀌었다는 지적에 관해서는 James Grantham Turner, "Literature," in *A Companion to the Worlds of the Renaissance*, ed. Guido Ruggiero (Oxford: Blackwell, 2007), 376 참조.

6. Ficino, "Sixth Speech (Socrates)," in *Marsilio Ficino's Commentary*, 207, 182-215.

7. 피치노의 플라톤주의가 당대 영국에 끼친 영향은 미미하다는 게 학계의 정설이다. 그러나 그의 사랑 담론은 16세기 영국의 페트라르카식 사랑과 카스틸리오네의 바로 이 책을 통해 상당한 영향력을 행사했다. 이 논의에서 사용한 텍스트인 토마스 호비(Thomas Hoby)의 번역본 *The Courtyer*는 1561년 런던에서

출간되었다. 이 번역본의 현대 판본으로는 Baldassare Castiglione, *The Book of the Courtier*, trans. Sir Thomas Hoby, intro. J. H. Whitefield (London: J. M. Dent, 1975) 참조.

8. Castiglione, *Book of the Courtier*, 319-20. 번역은 필자의 것.

9. Castiglione, *Courtier*, 322. 필자의 번역.

10. Augustine, *The City of God against the Pagans*, ed. and trans. R. W. Dyson (Cambridge: Cambridge University Press, 1998), bk. 4, ch. 26. 번역은 필자의 것.

11. Augustine, *City*, bk. 14, ch. 16. 번역은 필자의 것.

12. Desiderius Erasmus, "An Epistle to perswade a young ientleman to Mariage, deuised by Erasmus in the behalfe of his frende," in Thomas Wilson, *The Arte of Rhetorique* (1553), facsimile reproduction with an introduction, by Robert Hood Bowers (Delmar, NY: Scholars' Facsimiles & Reprints, 1977), fol. 21-34.

13. Steven Ozment, *Protestants: The Birth of a Revolution* (London: Fontana, 1993), 151-69.

14. *Luther on Women: A Sourcebook*, ed. and trans. Susan C. Karant-Nunn and Merry E. Wiesner-Hank (Cambridge: Cambridge University Press, 2003), 89-92. 번역은 필자의 것.

15. John Milton, *Paradise Lost*, ed. Barbara K. Lewalski (Oxford: Blackwell, 2007), 4.480-91; 9.895-915; 12.645-49.

16. 서지영, 「신여성, '자유연애'를 통해 해방을 꿈꾸다」, 『월간문화재사랑』 2011년 2월 14일. 조선닷컴, http://newsplus.chosun.com/site/data/html_dir/2011/03/14/2011031400576.html에 재수록된 버전을 참조할 것. 2017년 12월 21일~2018년 4월 1일 국립현대미술관에 전시된 「신여성 도착하다」는 1920년대 수입된 자유연애와 그 행로에 관해 귀중한 정보와 자료를 제공한다. 2017년 국립현대미술관이 발행한 책 『신여성(新女性) 도착(到着)하다』(*The Arrival of New Women*)를 참조할 것.

Abelard and Heloise. *The Letter Collection of Peter Abelard and Heloise.* Edited by David Luscombe. Oxford: Oxford University Press, 2013.

———. *The Letters and Other Writings.* Translated by William Levitan. Indianapolis, IN: Hackett, 2007.

———. *The Letters of Abelard and Heloise.* Translated by Betty Radice. Revised edition. London: Penguin Books, 2003.

Andreas Capellanus. *The Art of Courtly Love.* Translated by John Jay Parry. New York: Columbia University Press, 1990.

Anselm von Canterbury. *S. Anselmi Cantuariensis Archiepiscopi opera omnia.* Edited by Franciscus Salesius Schmitt. Vol. 2. Stuttgart-Bad Cannstatt: Frommann-Holzboog, 1984.

Aristoteles. *Ethique à Nicomaque.* Translated by J. Tricot. Paris: J. Vrin, 1959.

———. *Rhétorique.* Edited and translated by Médéric Dufour. Paris: Gallimard, 1998.

Arquillière, H. X. *L'Augustinisme politique: Essai sur la formation des théories politiques du Moyen Âge.* Paris: J. Vrin, 1972.

Ascham, Roger. *The Scholemaster* (1570). In *English Works of Roger Ascham*, edited by William Aldis Wright, 171-302. Cambridge: Cambridge University Press, 1904.

Augustine. *The City of God against the Pagans.* Edited and translated by R. W. Dyson. Cambridge: Cambridge University Press, 1998.

Augustinus. *De bono conjugali.* Edited by Robert Weber. Turnhout: Brepols, 1979.

———. *De ordine.* In *Patrologia Latina* 32.

———. *Epistola.* In *Patrologia Latina* 33.

Baladier, Charles. *Eros au Moyen Âge: Amour, désir et "delectatio morosa."*

Paris: Les Éditions du Cerf, 1999.

Bale, Anthony, ed. *The Book of Margery Kempe*. Oxford: Oxford University Press, 2015.

Barstow, Anne L. *Married Priests and the Reforming Papacy: The Eleventh Century Debates*. New York: Edwin Mellen, 1982.

Baumgartner, Emmanuèle. *Tristan et Iseut*. Paris: Ellipses, 2001.

Beavis, Mary Ann. "The Cathar Mary Magdalene and the Sacred Feminine: Pop Culture Legend vs. Medieval Doctrine." *Journal of Religion and Popular Culture* 24, no. 3 (2012): 419-31.

──────. "Reconsidering Mary of Bethany." *Catholic Biblical Quarterly* 74 (2012): 281-97.

Bec, Pierre, ed. and trans. *Anthologie des troubadours: Édition bilingue*. Paris: Union Gènerale d'Editions, 1979.

Bennett, Jacob. "The Meaning of the Digby *Mary Magdalen*." *Studies in Philology* 101, no. 1 (2004): 38-47.

Benoît de Sainte-Maure. *The Roman de Troie*. Translated by Glyn S. Burgess and Douglas Kelly. Cambridge: D. S. Brewer, 2017.

Bentley, G. E. *Dramatic Companies and Players*. Vol. 1 of *The Jacobean and Caroline Stage*. Oxford: Clarendon, 1966.

Bernard de Clairvaux. *De vita beatae Mariae Magdalenae et sororis ejus Sanctae Marthae*. In *Patrologia Latina* 112.

──────. *Sermones super Cantica Canticorum*. In *Patrologia Latina* 183.

──────. *Sermons on the Canticle of Canticles*. Aeterna Press, 2014. Kindle-E-book.

Bevington, David, ed. *Medieval Drama*. Boston: Houghton Mifflin, 1975.

Bloch, Iwan. *Die Prostitution*. Vol. 1. Berlin: Louis Marcus, 1912.

Bloch, R. Howard. *Medieval Misogyny and the Invention of Western Romantic Love*. Chicago: University of Chicago Press, 1991.

Boccaccio, Giovanni. *Il Filostrato*. Translated by Robert P. apRoberts and Anna Bruni Seldis. New York: Garland, 1986.

Bozzolo, Carla, and Hélène Loyau. *La Cour Amoureuse dite de Charles VI*. 3 vols. Paris: Léopard d'Or, 1982-92.

Bray, Alan. *Homosexuality in Renaissance England*. Morningside ed. New

York: Columbia UP, 1995.

Brown, Peter. *The Body and Society: Men, Women and Sexual Renunciation in Early Christianity*. London: Faber & Faber, 1990.

Brown, Steve. "The Boyhood of Shakespeare's Heroines: Notes on Gender Ambiguity in the Sixteenth Century." *Studies in English Literature, 1500-1900* 30, no. 2 (1990): 243-63.

Brundage, James A. *Law, Sex, and Christian Society in Medieval Europe*. Chicago: University of Chicago Press, 1987.

Burford, E. J. *Bawds and Lodgings: A History of the London Bankside Brothels c. 100-1675*. London: Peter Owen, 1976.

Bynum, Caroline Walker. *Holy Feast and Holy Fast: The Religious Significance of Food to Medieval Women*. Berkeley: University of California Press, 1988.

Castiglione, Baldassare. *The Book of the Courtier*. Translated by Sir Thomas Hoby with an introduction by J. H. Whitefield. London: J. M. Dent, 1975.

Chaucer, Geoffrey. *Troilus and Criseyde*. Edited by Stephen A. Barney. New York: W. W. Norton, 2006.

Chenu, Marie-Dominique. *Nature, Man, and Society in the Twelfth Century: Essays on New Theological Perspectives in the Latin West*. Edited and translated by Jerome Taylor and Lester K. Little. Chicago: University of Chicago Press, 1979.

Chretién de Troyes. *Arthurian Romances Including Perceval*. Translated by D. D. R. Owen. Everyman's Library. London: J. M. Dent, 1987.

―――. *The Complete Romances of Chrétien de Troyes*. Translated by David Staines. Indianapolis: Indiana University Press, 1990.

Christine de Pizan. "Christine de Pizan to Jean de Montreuil (June–July 1401)." In *Debate of the Romance of the Rose*, edited by David F. Hult, 50-62. Chicago: University of Chicago Press, 2010.

Clark, Elizabeth A. "'Adam's Only Companion': Augustine and the Early Christian Debate on Marriage." *Recherches Augustiniennes* 21 (1986): 139-62.

Coulson, Carolyn. "Mysticism, Meditation, and Identification in *The Book of Margery Kempe*." *Essays in Medieval Studies* 12 (1995): 69-79, http://www.illinoismedieval.org/ems/emsv12.html.

Cowell, Andrew. *The Medieval Warrior Aristocracy: Gifts, Violence, Performance, and the Sacred.* Woodbridge: Boydell & Brewer, 2007.

Dante Alighieri. *La Divina Commedia.* In *The World of Dante*, Institute of Advanced Technology in the Humanities, University of Virginia, http://www.worldofdante.org/index.html.

David-Ménard, Monique, Dominique Iogna-Prat, and Christopher Lucken. "L'Amour au Moyen Age: Débat autour du livre de Ch. Baladier, *Eros au Moyen Age: Amour, désir et 'delectatio morosa.'*" *Médiévales* 40 (2001): 133-57.

Deyermond, Alan D. "The Lost Genre of Medieval Spanish Literature." *Hispanic Review* 43 (1975): 231-59.

Diego de San Pedro. *Cárcel de Amor.* Edited by Enrique Moreno Báez. Madrid: Cátedra, 1984.

———. *Tractado de Amores de Arnalte y Lucenda.* Vol. 1 of *Obras Completas.* Edited by Keith Whinnom. Madrid: Castalia, 1973.

DiGangi, Mario. *The Homoerotics of Early Modern Drama.* Cambridge: Cambridge University Press, 1997.

Dinshaw, Carolyn. *Chaucer's Sexual Poetics.* Madison: University of Wisconsin Press, 1989.

Dionysius Areopagita. *De divinis nominibus.* In *Patrologia Graeca* 3.

Donaldson, E. Talbot. *Speaking of Chaucer.* London: Atholone, 1970.

Donovan, Robert Barry. "The MS Digby 133 *Mary Magdalene*: A Critical Edition." PhD diss., Arizona State University, 1977.

Duby, Georges. *Love and Marriage in the Middle Ages.* Translated by Jane Dunnett. Chicago: University of Chicago Press, 1994.

———. *Mâle Moyen Âge.* Paris: Flammarion, 1990.

Durán, Armando. *Estructura y Técnica de la Novela Sentimental y Caballeresca.* Madrid: Gredos, 1973.

Erasmus, Desiderius. "An Epistle to perswade a young ientleman to

Mariage, deuised by Erasmus in the behalfe of his frende." In *The Arte of Rhetorique (1553)*, by Thomas Wilson, Facsimile Reproduction with an introduction by Robert Hood Bowers, Fol. 21-34. Delmar: Scholars' Facsimiles & Reprints, 1977.

Ficino, Marsilio. *Marsilio Ficino's Commentary on Plato's* Symposium. Translated by Sears Reynolds Jayne. Columbia, MO: University of Missouri Press, 1944.

Fliche, Augustin. *La Réforme Grégorienne*. 3 vols. Paris: Honoré Champion, 1924-1937.

Foucault, Michel. "Le Combat de la chasteté." *Communications* 35 (1982): 15-25.

Froissart, Jean. *Chronicles*. Translated by Geoffrey Brereton. London: Penguin Books, 1969.

Fuchs, Eric. *Sexual Desire and Love: Origins and History of the Christian Ethic of Sexuality and Marriage*. Cambridge: J. Clarke, 1983.

Gabrieli, Francesco. *Arab Historians of the Crusades*. Translated by E. J. Costello. London: Routledge & Kegan Paul, 1984.

Giddens, Anthony. *The Transformation of Intimacy: Sexuality, Love and Eroticism in Modern Societies*. Stanford: Stanford University Press, 1922.

Golding, Arthur, trans. *Ovid's Metamorphoses*. Edited with an introduction by John Frederic Nims. Philadelphia: Paul Dry Books, 2000.

Guillaume de Poitiers. *Les Chansons d'amour et de joy de Guillaume de Poitiers, IXe duc d'Aquitaine*. Edited and translated by Jean de Poitiers. Paris: Eugène Figuière, 1926.

Hanawalt, Barbara A. *"Of Good and Ill Repute": Gender and Social Control in Medieval England*, Oxford: Oxford University Press, 1998.

Harrison, Carol. *Augustine: Christian Truth and Fractured Humanity*. Oxford: Oxford University Press, 2000.

Hillbrand, Harold Newcomb. *The Child Actors: A Chapter in Elizabethan Stage History*. New York: Russell & Russell, 1964.

Irsigler, Franz, and Arnold Lassota. *Bettler und Gaukler, Dirnen und*

Henker: Aussenseiter in einer mittelalterlichen Stadt; Köln 1300-1600. 5th ed. München: dtv Verlagsgesellschaft, 1993.

Jacobus de Voragine. *Legenda aurea vulgo historia Lombardica dicta.* Edited by Johann Georg Theodor Grässe. Leipzig: Impensis librariae arnoldianae, 1850.

Jaeger, C. Stephen. *Ennobling Love: In Search of a Lost Sensibility.* Philadelphia: University of Pennsylvania Press, 1999.

Jayne, Sears Reynolds. Introduction. In Ficino, *Marsilio Ficino's Commentary,* 13-33.

Jonson, Ben. *Epicoene, or The Silent Woman.* Edited by Roger Holdsworth. London: A & C Black, 1999.

Karant-Nunn, Susan C., and Merry E. Wiesner-Hank, eds. and trans. *Luther on Women: A Sourcebook.* Cambridge: Cambridge University Press, 2003.

Karras, Ruth Mazo. "Prostitution in Medieval Europe." In *Handbook of Medieval Sexuality,* edited by Vern L. Bullough and James A. Brundage, 243-60. New York: Garland, 1996.

Kathman, David. "Grocers, Goldsmiths, and Drapers: Freemen and Apprentices in the Elizabethan Theater." *Shakespeare Quarterly* 55, no. 1 (2004): 1-49.

———. "How Old Were Shakespeare's Boy Actors." *Shakespeare Survey* 58 (2005): 231-34.

Kracauer, Siegfried. *From Caligari to Hitler: A Psychological History of the German Film.* Princeton: Princeton University Press, 1947.

Kristeva, Julia. *Histoires d'amour.* Paris: Denoël, 1983.

———. *Tales of Love.* Translated by Leon S. Roudiez. New York: Columbia University Press, 1987.

Lamb, Edel. *Performing Childhood in the Early Modern Theatre: The Children's Playing Companies (1599-1613).* New York: Palgrave Macmillan, 2009.

Lewis, C. S. *The Allegory of Love: A Study in Medieval Tradition.* Oxford: Oxford University Press, 1958.

———. "What Chaucer Really Did to *Il Filostrato." Essays and Studies* 17

(1932): 56-75.

Lienert, Elisabeth. "Perspktiven der Deutung des Nibelungenlieds." In *Die Nibelungen: Sage-Epos-Mythos*, edited by Joachim Heinzle, 91-112. Wiesbaden: Reichert, 2003.

Luhmann, Niklas. *Love as Passion: The Codification of Intimacy*. Translated by Jeremy Gaines and Doris L. Jones. Cambridge, MA: Harvard University Press, 1986.

Marie de France. *The Lais of Marie de France*. Translated by Glyn S. Burgess and Keith Busby. London: Penguin Books, 1986.

McEvoy, James. "Amitié, attirance et amour chez Thomas d'Aquin." *Revue philosophique de Louvain* 91, no. 3 (1993): 383-408.

Miles, Margaret. "Vision: The Eye of the Body and the Eye of the Mind in Saint Augustine's *De trinitate and Confessions*." *Journal of Religion* 63.2 (1983): 125-42.

Milton, John. *Paradise Lost*. Edited by Barbara K. Lewalski. Oxford: Blackwell, 2007.

Morris, Amy M. "Lucas Moser's *St. Magdalene Altarpiece*: Solving the Riddle of the Sphinx." PhD diss., Indiana University, 2006.

Orgel, Stephen. *Impersonations: The Performance of Gender in Shakespeare's England*. Cambridge: Cambridge University Press, 1996.

Ozment, Steven. *Protestants: The Birth of a Revolution*. London: Fontana, 1993.

Pelay, Marcelino Menéndez. *Orígenes de la Novela*. Madrid: Bailly-Balliére, 1905-15.

Petrarca, Francesco. *My Secret Book*. Edited and translated by Nicholas Mann. I Tatti Renaissance Library. Cambridge, MA: Harvard University Press, 2016.

Petrus Lombardus. *Sententiae in IV libris distinctae*. Grottaferrata: Editiones Collegii S. Bonaventurae ad Claras Aquas, 1971.

Prynne, William. *Histrio-mastix: The Players Scourge*. 1633.

Rafanelli, Lisa Marie. "The Ambiguity of Touch: Saint Mary Magdalene and the *Noli Me Tangere* in Early Modern Italy." PhD diss., New

York University, 2004.

Rainolds, John. *Th'Overthrow of Stage-Playes*. 1599.

Reddy, William M. *The Making of Romantic Love: Longing and Sexuality in Europe, South Asia & Japan, 900-1200 CE*. Chicago: University of Chicago Press, 2012.

Roper, Lyndal. "The Common Man, the Common Good, Common Women: Gender and Meaning in the German Reformation Commune." *Social History* 12 (1987): 1-21.

Rose, Mark. *Heroic Love: Studies in Sidney and Spenser*. Cambridge, MA: Harvard University Press, 1968.

Rossiaud, Jacques. *Medieval Prostitution*. Translated by Lydia G. Cochrane. New York, 1988.

Sadowski, Piotre. *The Semiotics of Light and Shadows: Modern Visual Arts and Weimar Cinema*. London: Bloomsbury, 2017.

Samoná, Carmelo. *Studi sul romanzo sentimentale e cortese nella letteratura spagnola del Quatrocento*. Roma: Carucci, 1960.

Schmitt, Emile. *Le Mariage Chrétien dans l'oeuvre de Saint Augustin*. Paris: Etudes Augustiniennes, 1983.

Schulze, Ursula. *Das Nibelungenlied*. Stuttgart: Reclam, 1997.

Schuster, Peter. *Das Frauenhaus: Städtische Bordelle in Deutschland 1350 bis 1600*. Paderborn: Ferdinand Schöningh, 1992.

Shakespeare, William. *Antony and Cleopatra*. Edited by David Bevington. Cambridge: Cambridge University Press, 1992.

――――. *The Merchant of Venice*. Edited by M. M. Mahood. Cambridge: Cambridge University Press, 1996.

Shapiro, Michael. *Children of the Revels: The Boy Companies of Shakespeare's Time*. New York: Columbia University Press, 1977.

Smith, Preserved. *The Age of Reformation*. New York: Henry Holt, 1920.

Thomas Aquinas. *Quaestiones disputate de virtutibus*. In *Corpus Thomisticum*. Fundación Tomás de Aquino, http://www.corpusthomisticum.org/qdw100.html.

――――. *Sancti Thomae de Aquino opera omnia*. Roma: Typis Riccadi Garroni,

1918.

———. *Sancti Thomae de Aquino opera omnia*. Roma: St. Thomas Aquinas Foundation, 1969.

———. *Summa theologiae*. 9 vols. Rome: Commissio Leonina, 1888-1906.

Tin, Louis-Georges. *The Invention of Heterosexual Culture*. Translation provided by Translate-a Book. Cambridge, MA: MIT Press, 2012.

Trexler, R. C. "La Prostitution florentine au XVe siècle: Patronages et clientèles." *Annales ESC* (1881): 983-1015.

Turner, James Grantham. "Literature." In *A Companion to the Worlds of the Renaissance*, edited by Guido Ruggiero, 366-83. Oxford: Blackwell, 2007.

Vacandard, E. F. *Études de critique et d'histoire religieuse*. Paris: Librairie Victor Lecoffre, 1906.

Van Kampen, Claire. "Music and Aural Texture at Shakespeare's Globe." In *Shakespeare's Globe: A Theatrical Experiment*, edited by Christie Carson and Farah Karim-Cooper, 79-89. Cambridge: Cambridge University Press, 2008.

Vuille, Juliette. "'Towche me not': Uneasiness in the Translation of the *Noli Me Tangere* Episode in the Late Medieval English Period." In *The Medieval Translator*, edited by Alessandra Petrina, vol. 5, 213-23. Turnhout: Brepols, 2013.

Walton, Audrey. "The Mendicant Margery: Margery Kempe, Mary Magdalene, and the *Noli Me Tangere*." *Mystics Quarterly* 35, no. 3/4 (2009): 1-29.

Witcombe, Christopher. "The Chapel of the Courtesan and the Quarrel of the Magdalens." *Art Bulletin* 84, no. 2 (2002): 273-92.

강상진. 「안셀무스의 『하느님은 왜 인간이 되셨는가』(*Cur Deus Homo*)에 나타난 '후행적 필연성'에 관한 연구」. 『중세철학』 18 (2012): 81-113.

강선미. 「사랑이라는 이름의 궤변: 『장미 이야기』에 나타난 남성 환상과 여성혐오의 자기해체」. 『중세르네상스 영문학』 19, no. 2 (2011): 115-38.

김정희. 「아더왕 신화의 형성과 해체 (II): 궁정적 사랑을 중심으로」. 『불어불문학연구』 46 (2001): 133-64.

_____. 「『에렉과 에니드』의 '다시쓰기' 구조 분석: '문학적' 결혼모델의 발견」. 『불어불문학연구』 116 (2018): 29-69.

_____. 「토마의 『트리스탕』과 '몰입의 쾌락 delectatio morosa'」. 『프랑스 고전문학연구』 15 (2012): 7-35.

『니벨룽겐의 노래』. 허창운 옮김. 총 2권. 서울대학교출판부, 1996.

뒤비, 조르주. 『알리에노르 다키텐과 다른 6명의 여인들』. 『12세기의 여인들』 1권. 최애리 옮김. 새물결, 2005.

_____. 『중세의 결혼: 기사, 여성, 성직자』. 최애리 옮김. 새물결, 1997.

드 루주몽, 드니. 『사랑과 서구문명』. 정장진 옮김. 한국문화사, 2013.

라뒤리, 에마뉘엘 르 루아. 『몽타이유: 중세 말 남프랑스 어느 마을 사람들의 삶』. 유희수 옮김. 길, 2006.

로버츠, 니키. 『역사 속의 매춘부들』. 김지혜 옮김. 책세상, 2004.

루터, 마르틴. 『독일 민족의 그리스도인 귀족에게 고함』. 황정욱 옮김. 길, 2017.

르 고프, 자크. 『서양 중세 문명』. 유희수 옮김. 문학과지성사, 2012.

리처즈, 제프리. 『중세의 소외집단: 섹스, 일탈, 저주』. 유희수·조명동 옮김. 느티나무, 1999.

벌로, 번·보니 벌로. 『매춘의 역사』. 서석연·박종만 옮김. 까치, 1992.

베르동, 장. 『중세의 쾌락: 서양 중세 사람들의 사랑, 성 그리고 삶의 즐거움』. 이병욱 옮김. 이학사, 2000.

보테로, 장, 외. 『사랑과 결혼 그리고 섹슈얼리티의 역사』. 이선희 옮김. 새로운사람들, 1996.

서지영. 「신여성, '자유연애'를 통해 해방을 꿈꾸다」. 『월간문화재사랑』 2011년 2월 14일.

성백용. 「백년전쟁과 프랑스 귀족사회의 변화」. 『프랑스사 연구』 34 (2016): 5-31.

셰익스피어, 윌리엄. 『베니스의 상인』. 『셰익스피어 전집』 1권. 최종철 옮김. 민음사, 2014.

_____. 『안토니와 클레오파트라』. 『셰익스피어 전집』 5권. 최종철 옮김. 민음사, 2014.

손동희. 『나의 아버지 손양원 목사』. 아가페북스, 2014.

아렌스, 페터. 『유럽의 폭풍: 게르만족의 대이동』. 이재원 옮김. 들녘, 2006.

아우구스티누스. 『그리스도교 교양』. 성염 옮김. 분도출판사, 2011.

_____. 『신국론』. 성염 옮김. 분도출판사, 2004.

안드레아스 카펠라누스. 『궁정풍 사랑의 기법』. 이동춘 옮김. 논형, 2009.

알리기에리, 단테. 『신곡』. 김운찬 옮김. 총 3권. 열린책들, 2007. 2018.

『에다: 게르만 민족의 신화, 영웅전설, 생활의 지혜』. 임한순·최윤영·김길웅 옮김. 서
　　울대학교출판부, 2004.

유희수. 『사제와 광대: 중세 교회문화와 민중문화』. 문학과지성사, 2009.

초서, 제프리. 『트로일루스와 크리세이드』. 김재환 옮김. 까치글방, 2001.

크리스틴 드 피장. 『여성들의 도시』. 최애리 옮김. 아카넷, 2012.

하위징아, 요한. 『중세의 가을』. 이종인 옮김. 연암서가, 2012.

홍용진. 「정치, 문화, 역사: 14세기 중반 티투스 리비우스 『로마사』의 프랑스어 번
　　역」. 『한국사학사학보』 27 (2013): 173-209.

지은이 소개

이종숙

서울대학교 영어영문학과 명예교수.

주요 논문으로 「'여성작가'의 탄생? 이피지나이아(Iphigeneia)에서 메리엄(Mariam) 까지」(2006), 「움직이는 석상과 셰익스피어의 문화전쟁」(2014)이 있다.

강상진

서울대학교 철학과 교수.

최근 논문으로 「아우구스티누스의 『행복론』 연구: 추구와 소유 사이의 간격을 중심으로」(2015), 「고대 철학의 종언 혹은 새로운 모색: 아우구스티누스에서 보에티우스까지」(2016)가 있다.

김경범

서울대학교 서어서문학과 기부금교수.

최근 논문으로 「문학과 시장 II: 『아마디스 데 가울라』와 베스트셀러의 조건」(2014), 「문학과 시장 III: 『아마디스 데 가울라』의 서사구조: 영웅담의 수직적 상승구조와 수평적 대립구조」(2015)가 있다.

김보민

서울대학교 영어영문학과 교수.

최근 논문으로 「1604년 반주술/마술법령과 극장」(2017), "After the pure manner of Amsterdam': Baptism in the Post-Reformation Church of England and Thomas Middleton's *A Chaste Maide in Cheapside*"(2018)가 있다.

김운찬

대구가톨릭대학교 교양교육원 교수.

최근 저서로 『움베르토 에코』(2016), 역서로 『팔로마르』(2016)와 『달과 불』(2018)이 있다.

김정희

서울대학교 불어불문학과 교수.

최근 논문으로 「그라알 행렬의 재해석: 피흘리는 창을 중심으로」(2014), 「『에렉과 에니드』의 '다시 쓰기' 구조 분석: '문학적' 결혼모델의 발견」(2018)이 있다.

김현진

서울대학교 영어영문학과 교수.

최근 논문으로 「가웨인 경의 '인식 불가능'한 딜레마: 로맨스, 남성성, 그리고 이성애의 위안」(2018), 「로그르 왕국의 관습과 로맨스 문법: 서양 중세 문학의 현재, 그리고 미래」(2018)가 있다.

박흥식

서울대학교 서양사학과 교수.

최근 저서로 『미완의 개혁가, 마르틴 루터』(2017), 역서로 『마르틴 루터와 그의 시대』(2017)가 있다.

손은실

장로회신학대학교 신학과 교수.

주요 저서로 *Miséricorde n'est pas défaut de justice: Savoir humain, révélation évangélique et justice divine chez Thomas d'Aquin*(2018), 주요 역서로 토마스 아퀴나스의 『사도신경 주해 설교』(2015)가 있다.

신준형

서울대학교 고고미술사학과 교수.

주요 저서로 『뒤러와 미켈란젤로』(2013)가 있다.

오순희

서울대학교 독어독문학과 교수.

최근 논문으로 「우울과 광기의 치유자: 『빌헬름 마이스터의 수업시대』에 나타난 근대적 주체의 자화상」(2017), 「아리스토텔레스의 『시학』을 넘어: 괴테의 『파우스트』에 나타나는 반(反)아리스토텔레스적 메타드라마」(2018)가 있다.

홍용진

원광대학교 사학과 교수.

최근 논문으로 「백년전쟁 초기 프랑스 시가에 나타난 정치적 감정들」(2017), 「1303년 9월 7일, 아나니 폭거」(2018)가 있다.

찾아보기

사랑, 중세에서 종교개혁기까지

엮은이 서울대학교중세르네상스연구소
펴낸이 윤양미
펴낸곳 도서출판 산처럼

등 록 2002년 1월 10일 제1-2979
주 소 서울시 종로구 사직로8길 34 경희궁의 아침 3단지 오피스텔 412호
전 화 02) 725-7414
팩 스 02) 725-7404
이메일 sanbooks@hanmail.net
홈페이지 www.sanbooks.com

제1판 제1쇄 2019년 4월 25일

값 20,000원
ISBN 978-89-90062-89-5 93000